魏晉史學的思想與社會基礎

逯耀東　著

③
東大圖書公司

國家圖書館出版品預行編目資料

魏晉史學的思想與社會基礎 ／ 逯耀東著. --初版. --臺北市：東大, 民89
面； 公分
參考書目：面
ISBN 957-19-2317-6(精裝)
ISBN 957-19-2318-4(平裝)
1. 史學 - 中國 - 魏晉南北朝(220-588)
601.923 88015977

網際網路位址 http://www.sanmin.com.tw

著作人 逯耀東
發行人 劉仲文
著作財產權人 東大圖書股份有限公司
臺北市復興北路三八六號
發行所 東大圖書股份有限公司
地址／臺北市復興北路三八六號
電話／二五〇〇六六〇〇
郵撥／〇一〇七一七五——〇號
印刷所 東大圖書股份有限公司
總經銷 三民書局股份有限公司
門市部 復北店／臺北市復興北路三八六號
重南店／臺北市重慶南路一段六十一號
初 版 中華民國八十九年二月
編 號 E 61029
基本定價 捌元貳角
行政院新聞局登記證局版臺業字第〇一九七號

ISBN 957-19-2318-4 (平裝)

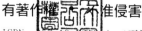

序：原地踏步

終於在付梓前，我將這部書的稿子，從頭到尾仔細看了一遍。並且作了最後的修改，還動用了剪刀剪貼，這是過去所沒有的事。然後，才弄清楚三十年前，我做的是什麼，以後的三十年，又做了些什麼。最後，發現自己竟什麼也沒有做，祇是原地踏步。原地踏步，就是沒有長進的意思。

說來慚愧，這部書的稿子，是以我當年的畢業論文為底本，陸續改寫或重寫結集的，名為《魏晉史學的思想與社會基礎》。至於為什麼選擇這個範圍拾荒，其中的過程與曲折，在我另一本書《魏晉史學與其他》的序〈走過舊時的蹊徑〉，已有表敘。祇是在撰寫論文時，時間過於倉促，其中有許多誤漏和不周延的地方。在取得塵土功名後，總想找一個機會，徹底改寫一次。所以，以後不論環境如何轉變，一直將稿子置於篋中，隨身攜帶，準備隨時開始工作。但一拖再延，始終沒有真正開始。

雖然文章寫作時過於草率，但對於文章的主旨和所提出的理念，卻是我這幾十年教書和研究一直堅持的。就是中國史學雖然和政治有千縷萬緒的牽扯，但如果一個時期的政治權威的控制力量稍減，文化理想又超越政治權威時，史學就趨向多元化的發展，出現一個史學繁榮與黃金的時代。魏晉和我們現在所處的時代一樣，就提供了這樣一個史學發展的環境。

魏晉處於兩漢與隋唐之間，是一個解構與重組的時代。在解構與重組的過程中，許多的矛盾現象也隨著出現。由於政權嬗遞頻仍，邊疆民族與外來思想的滲入，結束了自上古以來，漢民族在長城之內單獨活動的時期。這是一個離亂與動盪的時代，於是孔子《春秋》所提出的危機意識又重現。這種危機意識每遭逢離亂，都會一再重現的。因此，劉知幾所謂古今正史二體之中，繼承《春秋》意識的編年體，在這個時期復興並流行。不過，編年體復興流行之際，卻有更多非儒家價值體系的新史學寫作形式湧現，形成魏晉史學發展的雙重性格。我所探索和討論的，就是這批新萌芽的史學寫作形式。因為這批新的史學寫作形式，更能突顯這個時代的史學性格。

因此，我一直想認真地整理這部著作，闡釋非史學主流外的另一種史學思想。但在準備著手整理時，卻又旁生枝節做了另外的其他的工作，不過我心中卻存著盼望和懸念。所以，每過一個時期，又開始重理舊業。所謂重理舊業，就是重新開始。幾經斷續的重新開始，書中的文章出現了一種現象，就是一再重復某些材料或論證。不過，經過一再重復後，某些論點已言之成理，漸漸形成自我的體系。這是我所說的原地踏步，自己不長進的地方。雖然原地踏步，但踏下的腳印卻深深烙在泥土裡，也表示對自我的肯定。稿件整理已畢，糊塗齋外大雨滂沱，已近黃昏，清理案上的殘稿，與剪貼下來的碎片斷紙，舉目四望，室內寂寂，架上羅列的群書默默。順筆寫下：「三十載舊欠已了，雖無銳見卓識，但其中存下許多待決的問題，祇好留待來者了。」

三十年是一世，是段漫長的時間了。但一路行來，並不寂寞。因此，我必須感謝在路上攜我助我的人。首先是我的三位論文導師，沈剛伯、李玄伯、姚從吾先生，雖他們已謝世二十多年了。當年臺灣大學歷史研究所博士班初創，我有幸得親炙他們的教誨。他們傳道授業的情景，歷歷在目。後來姚、李二先生遽歸道山，我有更多機會親近剛伯先生。往往是我們各執酒一杯，他靜靜聽我報告問題所在，與解決問題的方法。他聽完後總說：「很好，我沒有意見。」我感謝他們對我啟導，然後給一個任我馳騁，獨立思考與判斷的揮灑空間。尤其從剛伯先生那裡習得治史的胸襟，並且還感染了他「量才適性」的處世淡泊。

後來在論文撰寫期間，我去了日本京都人文研究所，掛單於平岡武夫先生的研究室，讀館藏的《三國志》明清刊本。平岡先生除了請我飲於「十二段家」外，對我多所照顧。最後又轉到香港新亞研究所。新亞研究所是我舊遊之地，圖書館所藏的圖書，都是舊時故識，用起來非常得心應手。我的業師牟潤孫先生，對我提出劉知幾出於裴松之，感到非常有興趣，可惜這個問題到現在，我衹提出了幾個點，沒有更作線的串連。不過，在這段期間，非常感謝嚴耕望先生，遇到考證問題請教他，他總是不厭其詳地向我解說。文章完後仍有些問題橫在心中，這時錢賓四先生已遷居臺北外雙溪的素書樓，有較多的時間前往請益。我向他問起《世說新語》卷帙分篇的問題，並說這種分類方法與漢魏間個人意識醒覺有密切關係。他聽了頻頻頷首，認為這是一個值得做的問題。是時正是盛夏午後，室外樹影在薰風中搖曳，室內我們隔几並坐，兩支燃著的香煙，在寧靜的空氣裡裊裊上升。

我覺得我是幸運的，得到這麼多師長的眷顧。不過，最要感謝的，還是我妻李戎子。她是我最好的聽眾和助手。往往一有所得，我就將看法反復說給她聽，她反復聽我敘說，最後她說她不是學歷史的，但對我做的那一套，都已了解。的確，從最初抄錄資料和製表都由她經手，論文完成後，她曾謄錄兩遍，當時經濟條件很差，抄寫時得墊幾張複寫紙，落筆必須用力，以致她的拇指受傷，至今仍彎曲不便。這些年我雖然在原地踏步，她卻繼續前進，臨老又學習電腦，目的衹有一個，就是為我作文字的處理。最後還麻煩她架起老花眼鏡，將早已束置高閣、封塵已久的古籍找出來，核校引文的材料，真是有始有終。所以，她最了解這部書寫作過程所經歷的辛苦。因此，我將這部書獻給她。

我們核校一遍後，又把黃清連弟找來，請他再將稿子清理一次，清連弟從我遊三十餘年，又在史語所默默工作這麼多年，從事中古社會史的研究，卓然有成。他在整理與核校的過程中，遇到問題提出討論，並且在若干地方還增加了補證的材料，的確辛苦他了。

不過，我要感謝的，還是劉振強先生，承蒙概允我的《糊塗齋史學論稿》及《糊塗齋文稿》由東大出版，才激勵我將一系列著作陸續整理結集。我也非常感謝負責《糊塗齋》系列的編輯和校對的先生和小姐們，由於他們的熱心和細心，這一系列的著作才能順利出版。

走筆至此，突然想到當年上姚從吾先生的課，我們師徒在他的研究室隔桌而坐，他穿著汗背心，揮著扇子，以濃郁鄉音緩緩地講他的治學經驗，他說：「寫文章，像醃菜，越陳越好。」可是醃菜得不時翻動，不像我將菜丟進罈子，就不管了，而且缺鹽短醬，早已不對味了。但醃菜還是醃菜。

耀東序於臺北糊塗齋

一九九九年歲末

魏晉史學的思想與社會基礎 目次

導言：魏晉史學的思想與社會基礎

無可否認的，在中國歷史發展的過程中，魏晉南北朝處於衰微和離亂的時代。兩漢統一大帝國崩潰之後的四百年間，戰亂連年相繼，政權嬗遞頻仍，人民背井離鄉，輾轉流徙，邊疆民族的內滲，更增添這個時代的歷史衝擊力。「攜白首于山野，棄稚子于溝壑，顧故鄉而哀離，向阡陌而流涕」，正是這個離亂時代的寫照。劉琨北征的〈傷亂詩〉，桓公過金城的攀柳泫涕，衛洗馬渡江時的神形慘悴，周侯暇日新亭的觸景傷情，……都說出這是一個動亂的時代，這是一個轉變的時代，這是一個充滿矛盾的時代，這是一個漢民族單獨活動結束的時代。任何的動亂，轉變與矛盾都會激起知識分子心靈深處的激盪。這種心靈深處的激盪，往往是凝成而且又是迸發歷史感情的泉源。

一

在意識形態方面，由於作為兩漢最高指導原則的儒家思想，發展到後來由於本身的凝結與僵化，失去最初的活力與彈性，隨著漢帝國的崩潰，因而喪失原有至高無上的權威地位。雖然許多知識分子從各方面努力，企圖挽救這座偶像的墜落，然終歸徒勞。因此，他們飲酒行藥，他們傲嘯狂放，他們談玄論難，他們向道慕仙，雖然他們所尋求的生活情趣充滿美感，那些美感寫在郭璞的詩裡，點綴在顧愷之的畫裡，但其中卻滲拌難以排遣的悲涼。這悲涼的境界正是他們苦悶的象徵。因為舊的規範既然失去依據，而新的秩序又無法一簣而成，在社會結構解構與重組之間，原來集結在舊的規範下的個人，祇有游離四散，尋求個人暫時棲寄之處，這是魏晉為這個時代的史學所提供的歷史環境和歷史條件。

一個時代的史學孕育在它所存在的時代中，並且與這個時代發生交互的影響。透過一個時代的社會與文化的變遷，可以了解這個時代史學的轉變與特色；分析一個時代的史學的發展，同樣也可以尋找這個時代社會與文化變遷的痕跡。因此每一個時代的史學，都有其自身的特質和個性。

分析魏晉史學所具有的特質，因為儒家思想衰退所形成個人意識的醒覺，是一個存在而且重要的條件。由於漢武帝選擇儒家思想，作為帝國的主要的支柱，於是儒家思想便超越各家一躍變成權威。不過，任何思想一旦變成唯我獨尊的權威後，就會很容易定型。既經定型的思想，往往失去原有的活力而逐漸僵化。人們對於這種行之既久的思想，祇有在接受或不接受之間選擇，很難再作最小幅度的調整，而且更沒有批評的餘地。因此一旦社會發生變動，這種既已僵化的思想體系，很難適應變動的新環境。這種情形同樣也發生在兩漢被視為權威的儒家思想，在西漢末年已遭遇困境，拖延到東漢末年，就不能不放棄原有的權威地位，自第一線向後撤退。於是使得原來籠罩在儒家思想之下的其他各家思想，以及意識形態領域裡的文學與藝術，獲得獨立發展的機會。❶當然，作為意識形態結構重要環節的史學，也在這時漸漸開始脫離儒家的經學羈絆，由原來附驥在《漢書・藝文志・春秋類》的史書，經過四百年的演變，最後形成《隋書・經籍志》獨立的〈史部〉，是魏晉史學轉變的重要關鍵。❷

雖然儒家思想失去原有的權威，使得史學掙脫經學的繫羈而獨立。但如果沒有因儒家思想喪失權威，而促成魏晉個人意識的醒覺，也不會產生魏晉史學超越兩漢、睨視隋唐的輝煌成就。唯有這樣，原來在儒家道德規範約束下的個人，才能使個性和感情獲得一個解放的機

❶〈魏晉玄學與個人意識醒覺的關係〉，頁一五三。

❷《隋書・經籍志・史部》形成的歷程〉，頁二十九。

會，不必完全依據儒家的價值標準選擇材料。於是過去許多縉紳先生難言的材料，也進入了歷史解釋領域，因而史料引用的範圍也隨著擴大。由於選擇史料範圍擴大，新的史學著作形式相繼出現，《隋書・經籍志・史部》的十三種史學著作的分類，雖然某些在淵源上可以尋找到傳統的依據，但大多卻是魏晉時代發展而形成的。

在這些新的史學作品形式中，最足以表現魏晉史學特色的是雜傳。因雜傳不僅在數量上超過當時其他形式的史學著作，而且雜傳的內容誠如其名，相當複雜，包括郡書、家史、類傳、別傳、僧道、志異等。所以雜傳的雜字，就不能從《隋志》那種傳統的解釋去了解，而有《隋志・子部・雜家類》所謂「雜者兼儒墨之道，通眾家之意」的傾向，也就是說這種史學寫作形式，已將許多非儒家正統的思想，也歸納到這種史學寫作之中。這一方面說明魏晉史學漸漸脫離儒家的範圍，而「通眾家之意」並收兼取，形成獨立的科門；另一方面分析這些史學寫作形式形成的背景，就會發現它的思想根源和社會基礎都根植魏晉時代之中。❸

所謂思想根源，也就是在魏晉玄學思想發展的影響下，所形成的率真自然人格，揚棄儒家繁瑣、古板、矯揉做作的禮俗，而自由自在的尋求個人心靈上的樂趣。於是率性而行，回歸到自然，使得在傳統壓抑下的個性和感情，同時獲得解放，於是出現許多儒家道德

❸ 《隋書・經籍志・史部》及其〈雜傳類〉的分析〉，頁七十一。

規範以外的個性新類型。這種個性的新類型，給當時史學家對於人物的評論，樹立了新的標準。由於這種人物評論的新標準，而開闢了魏晉以人物為主的別傳寫作的新境界。另一方面在雜傳中有許多敘鬼怪之志異作品，這批作品在唐以後被視為小說。但是在魏晉時代卻認為是一種真實的存在，而進入歷史記載之中。這一類的著作進入歷史記載，也是由於儒家思想衰退，相對的非儒家的新價值觀念出現，志異就是對這種不同觀念肯定下的產物，更配合當時玄學發展過程中，儒生方士化傾向的蛻變，凝結成其特有的時代性格，而進入魏晉史書記載之中。❹

至於社會的基礎，世家大族表現了魏晉社會的特色，而九品官人法最初建立的目的，有抑制世家大族的意味在內，但後來的發展卻反而變成為世族服務，並成為支持大家世族門楣不墜的重要支柱。其中的「輩目」及「齊名」，不僅是魏晉的雜傳豐富的資料來源，同時「輩目」及「齊名」的類比人物評論方法，對雜傳中的郡書、家史、類傳、別傳也發生了啟發作用。❺

魏晉的史學，尤其代表魏晉史學特質的雜傳，是個人意識自覺下的產物。但魏晉時代個

❹〈志異小說與魏晉史學〉，頁二二一。

❺〈魏晉別傳的時代性格〉，頁一〇一。

人意識的醒覺，卻是以儒家思想失去原有的權威為前提的。由於舊的權威失去原有的作用，於是在傳統約束下的個人，開始對過去的偶像發生懷疑，經過自我的反省後，而發現自我的存在，最後個人終於從傳統的束縛中解放出來。這是漢晉間發展的過程中所出現的特殊景象，也是魏晉史學脫離經學而獨立的基礎，更是魏晉別傳興起的動力。

二

在雜傳作品中的別傳，更表現這種時代的特質。分析《隋書・經籍志》所未著錄，而《三國志》裴注、《世說新語》劉注、《文選》李注，及《北堂書鈔》、《初學記》、《太平御覽》、《藝文類聚》等類書所引的別傳共二百一十種，其著作的時代在東漢末年至東晉間，也就是說人物的別傳，在東漢末年出現，在西晉時代漸漸形成，至東晉末年發展至高峰。至於東晉以後的南北朝時代，這種人物的別傳，又被另一種以人物類型歸納後的類傳所代替。這種類傳如孝子、忠臣等傳，在南北朝時代發展到高峰，這是一個社會經過解構後重組的前奏。而以個人為主體的人物別傳，其形成與發展是史學脫離經學獨立過程中所出現的特殊現象，而且和這個時代的思潮與社會變遷有密切的關係。❻

❻ 拙作，〈漢晉間史學思想變遷的痕跡——以列傳和別傳為範圍所作的討論〉，《臺大歷史學報》二十期，

單純以個別歷史人物為單位的別傳，是魏晉史學轉變過程中，出現的新的史學寫作形式。這種新的寫作形式，劉知幾稱為「別錄」或「私傳」。別傳既稱為別錄或私傳，自然是由私家撰寫，而不是國家的紀錄。所以湯球認為別傳「別乎正史而名之」，❼和以人繫事的正史的列傳或傳是不同的。事實上，魏晉別傳的「別」，含意不僅限於此，和魏晉時期文學領域裡出現的「別集」相似。別集是個人個別的文集。每一個個人的文集各自有其不同的風格。《隋書．經籍志．別集》小序說文學作者「其志尚不同，風流殊別，後之君子，欲觀其體勢，而見其心靈，故別聚焉」。所以別集的個別表現作者各自與眾不同。同樣地，個人的別傳稱之為別，也有這種意味在內。所以，別傳的別，可作分別或區別解。因此，魏晉別傳代表了兩種不同的意義，一是表現別傳與正史傳記不同，一是表現別傳與別傳間彼此不同。這兩種意義說明一個事實，就是由於魏晉個人自我意識的醒覺，對個人性格的尊重和肯定。而且不再重視對儒家道德實踐的表揚，而偏重個人性格的發揮。❽

肇創於司馬遷的《史記》列傳，和流行於魏晉間的別傳，是中國傳統史學兩種不同的寫

〈逯耀東教授榮退專刊〉，本文為耀東退休紀念演講稿。

❼ 湯球輯《晉諸公別傳．序》。

❽ 同❻。

作形式。雖然列傳和別傳表面上都以人物為主體，但表現的意義卻不同，列傳以人繫事，和以時繫事編年體的本紀相結合，形成中國傳統正史紀傳體的版型。雖然紀傳體的寫作還有表、志，但列傳卻是紀傳體的主體結構，並且依附本紀而存在。列傳人物的功能，環繞本紀而敘事與闡釋，表現這些人物在其生存的歷史時期中，對他們生活的社會群體所作的貢獻。這個社會群體以儒家的價值結構而成，個人侷促在結構之中，除了為這個群體服務或貢獻之外，並無獨立施展的餘地。所以，列傳基本上是以人繫事。但以人敘事是沒有個人獨立的個性可言的。❾

至於別傳，是一種以個人為單位的傳記。其性質和列傳以人繫事不同。別傳是以傳敘人，比較注重個人在群體社會中的表現。表現和貢獻不同，表現象徵著個人已突破過去儒家的價值體系的框限，對個人價值的肯定，使個人在群體社會中，有更大的揮灑空間，而且不僅限於政治一隅。至於貢獻個人則融於社會群體之中，祇要政治或社會的需要，個人除作無私無我的奉獻和犧牲，別無其他選擇。由於東漢末年儒家思想權威的地位衰退，促使個人意識的醒覺，漸漸形成許多非儒家性格的新類型，為別傳的形成提供了有利的發展條件。❿

❾ 同❻。

❿ 同❻。

關於魏晉時代個人意識的醒覺，分析《世說新語》所記載的人物可以得了解。《世說新語》所敘述的人物時代，也從二世紀晚期的東漢末年開始，到四世紀末的晉宋之際，這兩百年正處於中國歷史最大的變動時代，也是魏晉史學轉變的時期。《世說新語》所出現的六百四十五個人物，就分佈在這兩百年中，共同聯綴成這段歷史。所以《世說新語》所表現的，是舊的道德規範鬆懈後，新的價值觀念逐漸形成的歷史。這種新的價值觀念，分別出現在當時意識形態和社會結構之中，也就是舊的價值崩潰，新的價值觀念樹立之間，在舊的價值觀念下的個人的個性，獲得一個發展的機會。《世說新語》所記載的論辯的機智、生活的情趣、感情的奔放都說明這個事實。《世說新語》人物所經歷的時代，正是魏晉別傳形成與發展的時期。

分析《世說新語》上中下三卷的三十六篇排列秩序，可以發現並不是以篇目多寡為秩，而是依個性的轉變與發展為先後。在第一卷裡的德行、語言、政事、文學，雖然在形式上還保持儒家四科的名目，但卻有了新的內容。說明《世說新語》的開始，就處在一個轉變的時代，這種轉變包括政治、學術及價值觀念的轉變。當然，最重要的轉變還是儒家思想本身失去原有的權威，使得個人意識的醒覺，於是形成個人性格不同方向的發展，鑄成儒家四科之外的新的個性類型。所以中卷自方正、雅量、識鑒以下等十一篇，就是儒家理想人格轉變期中，逐漸分化形成的個性新類型。這種個性的新類型，很明顯是由於東漢末年的選舉與人物評論風氣形成的。不過，在中卷裡所出現的個性新類型，在某種程度上，還是以儒家道德規範為依據，這是兩晉個人性格解放的過渡時期。在這個過渡時期中，由於玄學的興起，使得個人個性完全解放，因而形成與儒家道德規範完全不同的二十一種新的個性類型。所以《世說新語》所出現的三十六種個性的新類型，是魏晉思想與社會交互影響下的產物。由於人物個性新類型的出現，對人的評價也產生新的價值觀念，成為魏晉人物傳記選擇材料與評價的標準，構成魏晉別傳產生的基礎。⓫

三

在二百一十種人物別傳中，作者可考的祇有二十七種，二十三人，而且都屬於兩晉時代。分析作者與傳主的關係，多是由於血緣或姻戚關係而互相立傳，說明魏晉時代特有的社會結構的門閥制度，對當時史學轉變與發展產生的作用與影響。因為家族的血緣關係是門閥社會的主要的支柱，姻戚關係又是鞏固門閥社會的籬藩。不過，以世族為中心的魏晉社會，在世族的內部，仍然分劃成若干層次。這個層次是以門第高下為基礎的，但門第的高下卻又是因九品官人法所形成的。因此九品官人法對魏晉史學的轉變，也發生直接的影響。歸納九品官

⓫ 〈《世說新語》與魏晉史學〉，頁一七三。

人法對魏晉雜傳所發生的影響，一是中正品狀不僅對魏晉雜傳提供了豐富的資料來源，並且對魏晉史傳人物評論發生決定的作用。二是九品官人之法的「齊名」和「輩目」對於雜傳形式所發生的作用。因為「齊名」與「輩目」是當時門閥社會內部的類比。類比的範圍或以一個家族與婚姻集團，或兩個以上同等門閥社會家族中的個人的類比。這種類比說明門閥社會發展到這時，已形成一個封閉的社會。所有的「齊名」、「輩目」的類比，都局限於這個封閉的門閥社會之中。因此，一個家族的郡望、家風、家學、婚宦都成為構成門第社會的重要因素，這許多因素同時也反映在魏晉史學之中。這也是魏晉雜傳中的別傳、家傳、家史、世錄以及代表姻戚關係的中表簿，在魏晉形成的原因。同時，另一方面也影響到魏晉史學著作的形式，《晉書》的許多列傳，就是以一人為主，而以一個家族中許多人物為副的傳記。何法盛的《中興書》就有以家族為單位的〈陳郡謝錄〉、〈會稽賀錄〉、〈琅琊王錄〉、〈濟陽江錄〉、〈陳郡袁錄〉、〈太原王錄〉等，也都是以家族為單位的傳記。唐李延壽所撰的《南史》、《北史》就不以王朝嬗遞為斷限，而以一個家族的盛衰為主軸。這種史學的寫作形式不僅表現魏晉史學的特色，同時也說明九品官人之法對當時史學所發生的直接影響。⑫

魏晉中正的「輩目」，及門閥社會人物評論的「齊名」形式，淵源於東漢士人的齊名類比。

⑫ 拙作，〈魏晉雜傳與中正品狀的關係〉，《中國學人》第二期。

因為東漢士人團結共同對抗宦豎，因而有三君、八俊、八廚等的人物類比的品評形式。這種人物類比的品評形式，在本質上，仍然是以兩漢地方選舉的鄉里評議為基礎。所以根本上就存在地域性的差異，因此一旦原有的對抗關係消逝，其內部產生區域性的分化。雖然這種分化的情況包含著學術、社會層次與地域性的差異，但最突出的還是地域性的差異。而且這種地域性的差異，由於東漢帝國崩潰後，形成群雄割據的局面，因而使原有的地域性質變得格外尖銳化。魏晉士人階層中各言其地風土之美、人物之俊，彼此往復論難都以此為據，因此形成代表魏晉史學特色的雜傳中，以不同地區為主體的先賢、耆舊傳。⑬

在魏晉雜傳中，最能突出這個時代史學特色的就是志異。這一部分志異作品在唐宋以後劃入小說，但在魏晉時代卻被視為真實的存在而進入史學的範圍。這是由於魏晉玄學的發展而促成的。因為中國的小說最初出於方術與方士，而魏晉玄學的本身就具有方術的傾向。魏晉時代所謂的《莊》、《老》及《周易》的三玄，就具有宗教神秘與哲理深奧兩種不同的意義。因此魏晉時代名士所談的玄，也應該有宗教與哲理的區別。此處所謂的宗教包含著巫、方術和仙道而言。何晏、王弼所尋求的是哲理，而阮籍、嵇康雖然也談三玄，但他們對於三玄的解釋已有方士的色彩，並且有宗教神秘的氣氛。由於阮籍和嵇康在思想與行為雙方面，都受

⑬〈魏晉對歷史人物評價標準的轉變〉，頁一三九。

了方士的影響，因此魏晉的三玄發展至此，就和名士的玄談與方士的思想凝合為一。同時這種方士的思想隨著當時所流行的道教，又與大家士族結合。由於名士方士化的傾向，以及魏晉個人意識的自覺隨著魏晉玄學的形成與發展，使個人的感情與個性，都獲得一個充分發揮的機會。這種轉變發展到嵇康時代，又有了新的趨向，即是徹底破壞儒家的傳統，尋求個人個性與情感完全的解放。這個時候三玄也滲入方士宗教的神秘色彩，二者之間存在著互相的關係與影響。因為個人自我意識的自覺，對個人個性的尊重，形成儒家道德規範以外的個性新類型。因此出現許多個人的別傳，及不同性質的類傳，就在這種情況下，也成為志異在魏晉發展的歷史環境。也就是魏晉志異進入史學記載的領域，是對於非儒家的新價值觀念的肯定。⓮

四

魏晉社會與思想的轉變，形成魏晉史學異於兩漢，又別於隋唐的史學特質。這種現象同樣反映在學術領域中。作為兩漢學術最高指導原則的經學，失去其原有絕對權威地位，原來在經學籠罩下的其他學術，紛紛脫離經學的羈絆而獨立。但由於史學與經學有千縷萬緒的牽

⓮ 同❹。

連，獨立的步履緩慢而迂迴，但經史分途卻是魏晉史學轉變的重要關鍵。

司馬遷《史記》奠定中國傳統史學的基礎，但對材料的選擇與處理，仍然無法完全擺脫經典的約束。尤其漢代經學形成之後，班固的《漢書》更與儒家經典凝而為一。因此，班固以劉歆《七略》的藍圖，編撰的《漢書・藝文志》，將《太史公》附於〈六藝略・春秋類〉之後，另一部分史學著作則著錄於〈諸子・儒家類〉之中。對《漢書・藝文志》不另立史部，後世一般認為當時史部著作過少，不必另立史部。⓯

其實《漢書・藝文志》的史部著作不獨立成類，與史部著作多寡無關。由於在東漢中期以前，對史字的解釋，仍保持其原始意義，偏重在文書應用方面，並不具有後世歷史的意義與概念。⓰另一方面認為孔子的《春秋》是史學的根源，史部著作附於〈春秋類〉之後，作為經學的附庸是理所當然的。雖然現在還很難明確劃出經史分途的始點，但最早不會超過漢魏之際，是非常可能的。因為在這個時期司馬遷的《太史公書》被轉稱為《史記》。《史記》原來是對太史紀錄的普遍稱謂，如今轉變為司馬遷個人著作的專稱，象徵著史學已脫離經學的絆繫，邁出獨立的第一步。這種轉變說明一個事實，史的概念已超越過去紀錄之史，具有

⓯ 同❷。

⓰ 沈剛伯師，〈說史〉。

後世歷史發展的連續性，並從歷史連續發展之中，尋找其因果關係的歷史意識與概念。⓱

就在司馬遷的《太史公書》轉稱為《史記》之時，學術領域裡出現「三史」的新名詞。當時所謂的「三史」和唐以後的「四史」概念不同，是「三史」與「六經」的相對稱謂，省略言之，即為「經史」。「經史」並稱，是魏晉之間學術的另一種代名詞。這種現象的出現，說明史學不僅不再是經學的附庸，而且已上升至與經學並駕齊驅的地位。《史記》、《漢書》也成為專家之學，與六經同樣成為講授與傳習對象，為了適應當時講習的實際需要，於是出現大批《史記》、《漢書》的注釋。這類的注釋以經學教學的音義與訓解的形式形成的，劉知幾稱其為「儒宗訓解」形式的史注。這類史注的出現，是經史分途發展的一個重要階段。⓲

在經史並稱的經史分途轉變過程中，至東晉以後，又與當時意識形態領域裡，另一種新的發展趨勢相結合，出現了「文史」新的學術名詞。在兩漢時期文學著作的形式和數量都有限，但卻不在〈六藝〉之列，《漢書．藝文志》另成立〈詩賦略〉。而且文學著作向不為正統經學家所重視，認為是一種壯夫不為的雕蟲小技。因此，在經學籠罩下的兩漢時期，卻為文學著作提供了一個較大的活動空間。所以，在東漢末年儒家思想失去其原有的權威地位後，

⓱〈經史分途與史學評論的萌芽〉，頁二五三。

⓲同❷。

文學便脫穎而出，迅速向獨立的途徑邁進，除了詩賦之外，又出現碑、誄、銘、贊、箴、議等許多新的文學寫作形式。更因為非儒家的曹氏父子推波助瀾，文學在建安時期，已漸脫離宣揚儒家人倫正教的工具獨立發展，欣欣向榮。范曄《後漢書》的〈文苑傳〉，就是在這種發展趨勢下形成的。[19]東晉以後，經史分途的史學，與已具有獨立性格的文學結合，形成「文史」合流的新學術面貌。雖然兩漢期間，已有文史合稱的現象，但兩漢時期文史的概念，比較偏重實用，而且也不普遍。東晉以後的「文史」，不僅包括了文史，並且包涵經學在內，因此，文史成為東晉以後流行的新學術名詞。

魏晉時期經史分途轉變的過程中的文史合流，表現了文學和史學各自脫離經學而獨立的過渡時期的現象。這種過渡時期的特殊現象，具體表現在劉勰《文心雕龍》之中。《文心雕龍》雖然確立〈史傳篇〉。不過，《文心雕龍》並未將史學作為獨立的科目，祇將史傳視為文學寫作體裁的一種。所以，經史分途從漢魏之際開始，由單純的紀錄之史，轉變為具有後世歷史概念之史，其間經歷了魏晉時期的經史並稱，東晉以後的文史合流，史學漸漸從經學羽翼之下浮現。不過，文史合流的關係，遲至南朝後期，《昭明文選》出現，才劃清彼此的界限。[20]

---

[19] 同[17]。

[20] 拙作，〈史傳論贊與《史記》「太史公曰」〉，《新史學》，三卷二期。

蕭統編輯《昭明文選》的態度，已和文史合流期間劉勰的《文心雕龍》完全不同。他認為「記事之史，繫年之書，所以褒貶是非，記別異同，方之篇翰，亦已不同。」[21]因此，將史學著作摒於文學棄而不入《文選》。不過，卻選了與文學性質相近的史傳論贊，別立〈史論〉一目。就在蕭統將史學著作摒出《文選》之時，而有阮孝緒的《七錄》出現。《七錄》第二為〈紀傳錄〉，共分十二類，收錄了史學著作一千二百種，一萬四千八百八十卷。《七錄‧紀傳錄》不僅說明在經史分途的過程中，新的史學著作形式不斷湧現，而且著作的數量增多，蔚為大國。[22]

中國傳統目錄學的目的，是為了「部次流別，申明大道，敘九流百氏之學，使之繩貫珠聯，無少缺軼。」實際就是中國學術思想發展史。[23]因此，和一個時代學術思想的流變，有不可分割的關係。所以，由班固將司馬遷的《太史公》附著於〈六藝略‧春秋類〉，最後《隋書‧經籍志》又將《七錄‧紀傳錄》的〈國史類〉析為〈古史〉與〈正史〉，把司馬遷的《史記》列於〈正史〉之首，非僅是部次的變化，而是數百年間經史分途的學術演變結果。在魏

㉑《昭明文選‧序》。

㉒同❷。

㉓《校讎通義》，卷一，〈互著篇〉。

晉經史並稱之際，目錄學方面出現了荀勖的《新簿》。荀勖的《新簿》雖然以鄭默的《中經簿》為藍圖編輯而成，但不論形式和內容已和劉歆《七略》、班固《漢書・藝文志》完全不同。荀勖《新簿》不僅劃出甲（經）、乙（子）、丙（史）、丁（集）等四部的範疇，其丙部包括《皇覽簿》、《史記》、舊事等內容，將史學著作自〈春秋類〉析出，形成後來〈史部〉的雛形。所以，荀勖《新簿》不僅是中國傳統目錄學發展的里程碑，同時也反映了當時經史分途學術領域的實際情況。㉔

後來在東晉初年的文史合流之際，李充又將荀勖《新簿》加以調整，將〈子部〉與〈史部〉的次第調換，確立了後來經、史、子、集四部排列秩序。雖然後來王儉的《七志》欲恢復劉歆《七略》的舊觀，將史部著作回歸〈六藝略・春秋類〉，但學術的本質已前後不同，再無法回復劉歆《七略》的原有的面貌。阮孝緒《七錄》雖然以「七」為名，但其〈紀傳錄〉不論內容和形式，都是繼承荀勖《新簿》的精神發展而成。所以，阮孝緒《七錄》的〈紀傳錄〉，不僅總結了魏晉以來經史分途過程中史學的發展，而且後來《隋書・經籍志》的〈史部〉，即以《七錄》的〈紀傳錄〉為藍圖編輯而成。《隋書・經籍志》的〈史部〉，不僅鑄成以後史部之學的版型，並且象徵經史分途發展至此，史學脫離經學已具有獨立門類的條件。㉕

㉔ 同❷。

五

學術趨勢的轉變，直接影響目錄學部次流別的分類。目錄學分類的變化同樣反映一個時代學術領域的實際情況。在魏晉經史並稱，文史合流之後不久，宋文帝元嘉十五年，迎廬山慧遠高足雷次宗來京師，設儒學館，集生徒數百人教授。次年又命丹陽何尚之立玄學館，司徒謝元立文學館，著作郎何承天立史學館，分別集徒教授。由於劉宋沒有設立國子學，玄、儒、文、史四館的設立，宋文帝屢屢親幸，有以四館代國子學的意味。所以，玄、儒、文、史四館的設立，即肯定四種學術獨立並存的價值，而儒家絕對權威因此相對減低，經史分途的現象更顯明。

不過，在玄、儒、文、史四館設立前的元嘉六年，裴松之完成了他的《三國志注》。後世對裴松之《三國志注》的評價，多集中在其保存魏晉史料之功。因為裴松之糾集群書，補陳壽之闕，不似酈道元注《水經》，李奇箋《文選》割裂原卷，存於細書。裴松之《三國志注》引用眾多材料，多首尾俱全，魏晉史料倖存於今，的確是裴松之蒐集之功。[26]但保存魏晉材

㉕ 同❷。

㉖ 〈裴松之與《三國志注》〉，頁三二九。

料傳於後世，只是裴松之注《三國志》意外的收穫。因為裴松之《三國志注》真正的價值，在於突破以往「儒宗訓解」史注的形式，由經注的義理闡釋，轉向歷史事實的探討，是經史分途過程中重要轉變的關鍵。㉗

注經與注史不同，經注為了明瞭經中所蘊的義理，而理寓於訓詁，訓詁明而理自現。史注為了達事，以史實補前史之闕，若事不明而囿於箋箋訓詁，於事亦無所補。在經史分途之初，因為史書也成為講授的課目，為了講授實際的需要，而有解經訓詁式的史注出現。這種被劉知幾稱為「儒宗訓解」的史注，是魏晉六朝史注的主流。不過，兩晉間另有「委曲敘事，存於細事」的史注出現，這類「委曲敘事」的史注，漸漸脫離訓解式史注的形式，由義理的解釋向達事的領域過渡，至裴松之「掇眾史之異辭，補前書之所闕」的《三國志注》出現，完全脫離經注的形式，專注於對歷史事實的輯補，更具有史注獨立的性格。所以，裴松之新形式的史注與玄、儒、文、史四館先後出現，象徵著經史分途轉變新的發展階段。

裴松之這種新形式的史注，不僅是補陳壽之闕而已。補陳壽之闕，祇是裴松之注《三國志》的體例之一，其〈上《三國志注》表〉自敘其注陳壽《三國志》體例，即補闕、備異、懲妄、論辯四種。四種體例可歸納為兩類，一是補闕與備異，這類注釋的目的，為補陳壽之

㉗〈裴松之《三國志注》的自注〉，頁三六三。

闕，僅止於對材料的歸納與處理，這一部分工作由裴松之發凡起例，而另由其助手負責蒐集與歸納完成。㉘一是懲妄與論辯，則由裴松之對其助手整理的材料，親自考訂與辨其異同，斷以己意，分別以「臣松之案」與「臣松之以為」的形式表現。前者「臣松之案」是對陳壽《三國志》，及注中所引其他魏晉時期的史學著作材料考辨異同與真偽。至於「臣松之以為」則是以經過考辨後的材料為基礎，提出其個人對歷史事件與歷史人物評價，所發抒的己意。㉙

所以，《三國志注》的「臣松之案」與「臣松之以為」，可視為裴松之的自注。這類形式的裴松之自注，為數不多，僅佔《三國志注》的十分之一左右，卻是裴松之《三國志注》深旨精義所在，即裴松之〈上《三國志注》表〉最後所說「繢事以眾色成文，蜜蠭以兼采為味，故能使絢素成章，甘踰本質。」也就是對眾多材料考辨異同以後，尋覓出較接近的歷史事實。而且考辨異同的範圍，不僅限於陳壽的《三國志》，並且對所引用的魏晉史學著作也提出批判。㉚所以，「臣松之案」與「臣松之以為」是裴松之《三國志注》的自注，對脫離經學邁向獨立的魏晉史學，作了全面總結性的討論與批評，經史分途發展至此，裴松之的《三國志注》，

㉘ 同㉗。

㉙ 同㉗。

㉚ 同㉗。

逐漸洗滌經學的鉛華，由經義的闡釋轉向歷史事實的探索與討論。

六

考辨材料的異同與真偽，是裴松之《三國志注》主要的功能，也是後來史學評論淵源所自，象徵史學獨立成科的劉知幾《史通》，即由此而出。㉛中國的史學評論隨著經史分途逐漸萌芽，最早發生在司馬遷的《太史公》轉稱《史記》的漢魏之際，首先是對司馬遷《史記》的討論與批評。對《史記》的討論與批評，環繞著司馬遷對漢武帝「微文刺譏」與「是非頗謬於聖人」兩個問題進行。因而涉及《史記》對材料應用與處理，甚至於對篇章結構等問題的評析。首先是譙周的《古史考》，關於譙周《古史考》，劉知幾說譙周「以遷書周、秦以上，或採家人諸子，不專據正經，於是作《古史考》二十五篇，皆憑舊典以糾其謬。」㉜也就是譙周引經據典對司馬遷《史記》的材料進行批評。不過司馬遷「不專據正經」的問題，班氏父子與揚雄已提出批評在先，其後范升對司馬遷違戾五經提出批判，又引起陳元的辯難，並詣闕上疏抗爭。譙周《古史考》總結東漢以來，對司馬遷引用「是非頗謬於聖人」的材料，

㉛〈劉知幾《史通》與魏晉史學〉，頁二七七。

㉜《史通》，卷十二，〈古今正史篇〉。

作了系統的評論。譙周《古史考》是經史分途過程中，出現的第一本系統的史學評論，利用經學材料對中國第一部史學著作進行討論與批評。[33]

不過，晉太康二年，汲冢出現大批新材料，尤其是《紀年》與經典所載大異。這批新材料的發現，不僅引起當時學術界非常大的震撼，而且又當儒家思想衰退之際，更促使史學家的覺悟與反省。在史學領域裡，司馬彪就根據這批汲冢的新材料，「復以（譙）周為未盡善也，條《古史考》中凡百二十二事為不當，多據《汲冢紀年》之義。」[34]司馬彪據汲冢新的材料，又對譙周所據經學資料進行批評。他們彼此評論都以考辨材料的異同為基礎。考辨材料的異同，則源於魏晉時期所流行的一種史學著作形式，其名為〈史鈔〉。當時這類著作甚多，著錄於《隋書·經籍志·史部·雜史》。〈雜史類〉小序云：「自後漢已來，學者多鈔撮舊史，自為一書」。但在鈔錄舊史的過程中，往往數種材料並列，就是裴松之所謂「同說一事而辭有乖離，或出事本異，疑不能判」的問題存在。於是，考辨材料與論斷材料得失的問題，就隨著出現了。[35]

[33] 同[17]。
[34] 《晉書》，卷八十二，〈司馬彪傳〉。
[35] 〈裴松之與魏晉史學評論〉，頁四三九。

裴松之《三國志注》屢引《傅子》。《隋書・經籍志》有《傅子》百二十卷，晉司隸校尉傅玄撰。《晉書》本傳稱傅玄「少時避難河內，專心誦學，後雖顯貴，著述不廢。撰經國九流及三史故事，評斷得失，各為區例，名為《傅子》，為內、外、中篇。」其內篇論經國九流，中篇是傅玄集撰《魏書》的底本，甚至於外篇則是論斷三史得失部分，也是《文心雕龍・史傳篇》所謂「傅玄譏《後漢》之尤煩」，這是考辨異同的部分。

傅玄曾擇定過《魏書》，在他鈔錄眾書材料之時，已開始考辨其異同，論斷其得失了。這種情形更顯著地呈現在孫盛的《異同雜語》中。孫盛曾先後撰寫過《魏氏春秋》、《晉陽秋》，裴松之《三國志注》曾先後引用孫盛的《異同評》，或稱「孫盛曰」，或《異同雜語》。《隋書・經籍志》有《魏晉春秋異同雜語》八卷，孫壽撰，壽是盛之誤。裴氏所引同是一書的三個不同的部分。此書包括歷史敘述，考辨材料的異同，以及對歷史事件與人物的評論三個部分。裴松之《三國志注》自注的「臣松之案」、「臣松之以為」就是繼承魏晉傅玄、孫盛鈔錄舊史，考辨異同，斷以己意的史學寫作形式而形成的。所以，這種以鈔錄眾書開始，經過考辨材料異同，最後評論其得失，是史學評論在魏晉發展的實際情況。裴松之《三國志注》的「臣松之案」，「臣松之以為」，就是這種史學發展潮流下的產物。

裴松之《三國志注》引用的魏晉史學著作中，有孫盛的《異同評》、徐眾《三國評》、《傅子》、《袁子》以及習鑿齒、干寶等人的史論。這些史學著作多是以鈔錄眾書開始，經過對考辨材料的異同，最後斷以己意，評論其他史學著作的得失。綜合裴松之對陳壽《三國志》所作的評論，包括對材料異同的考辨，材料取捨，記載敘述的得失，傳記人物的分類，歷史言語的應用等等，正是後來劉知幾《史通》主要的論辨範圍。不過，裴松之的評論不僅限於陳壽的《三國志》，評論的範圍還包括其所引用的魏晉其他史學著作。所以，裴松之注陳壽《三國志》，非僅補陳壽之闕軼，同時對魏晉史學作了總結性的評論。其評論的基礎則建築在考辨異同上，對於記載不實材料批評的態度是非常堅持的，往往以「言不附理，深可忿疾也」，或「疑誤後生，實史籍之罪人」評之。因為裴松之認為考辨材料異同，使歷史事實「顯彰茂實，使百世之下，知其不虛。」[36]考辨異同是經史分途過程中，史學脫離經學跨出的第一步，裴松之的自注，則是史學脫離經學轉變過程中，一個重要的轉捩點。不僅對魏晉史學作了批評性的總結，而且使中國史學逐漸滌盡經學的鉛華，客觀地探索史實的真象，並且為後來中國史學評論闢創了新的蹊徑。中國史學脫離經學而獨立的歷程，從漢魏之際開始，至劉知幾《史通》出現，才完全成為一個獨立的學科。因為任何學術的評論，必須這門學科具有獨立的條件以後才能出現。[37]所以，中國最初經史分途的歷程非常緩慢與曲折，裴松之的《三國志注》

[36] 《宋書》，卷六十四，〈裴松之傳〉。

卻是經史分途過程中的重要轉變關鍵。

考辨異同是魏晉時期流行的史學方法。《三國志注》的「臣松之案」，就是以考辨材料異同為基礎形成的。至於「臣松之以為」，則是考辨材料之後，斷以己意，並發抒個人的意見。史學家發抒個人的意見，是中國傳統史傳論贊的主要內容。中國史傳論贊是中國特殊的寫作形式，表現史學家個人的意見。但歷史的敘述與史學家個人意見的發抒，卻有客觀和主觀的不同。客觀的歷史敘述與個人主觀意見的抒發，正是史學和文學主要的區別所在。因此，蕭統編《文選》摒棄歷史著作，但卻認為史傳論贊「錯比文華，事出沉思」，與文學的性質相近，故將其納入〈史論〉類。所以，史傳論贊是一種具有文學性質的史學寫作形式。㊳

中國的傳統史傳論贊，由司馬遷兼蓄《左傳》的「君子曰」形式，具體地表現在《史記》的「太史公曰」之中。但《文選》的〈史論〉所選的史傳論贊，卻沒有選司馬遷的「太史公曰」，而自班固《漢書》的論贊始。《文選》不選史傳論贊的肇始者的「太史公曰」，因為《史記》「太史公曰」是司馬遷「明述作之本旨，見去取之從來」的自注，㊴「見去取之從來」，

㊲ 同㉛。

㊳ 同⑳。

㊴ 《文史通義》，卷三，〈史注篇〉。

即為對材料的處理，在對材料的蒐集與處理後，經過鑒別材料與考辨異同的過程，最後定其去取。所以，《史記・五帝本紀》的「太史公曰」即其處理材料凡例。㊵至於對史事或歷史人物的評價，七十列傳卷首的〈伯夷列傳〉，即其選擇歷史人物敘事的標準，㊶這一部分為後世史傳論贊所繼承。至於對材料的處理，屬於史學方法的範疇，這是《文選》不選「太史公曰」的原因。

《文選》所選的《漢書》論贊，其對歷史人物的評價，以〈古今人表〉的儒家價值體系為標準，將古往今來的歷史人物納入九品框限之中，卻鑄成後世史傳論贊的版型。㊷至於《史記》的「太史公曰」，至裴松之的《三國志注》，始上承其遺意。裴松之《三國志注》的「臣松之案」與「臣松之以為」，包括了考辨異同與斷以己意兩個部分，雖然是經史分途流勢發展的結果，但其淵源卻來自司馬遷的「太史公曰」。㊸其後，司馬光的《資治通鑑》，有《考異》之作。雖然《通鑑考異》單獨成書，然其目的在於考辨異同，至於司馬光對史事的議論與歷

㊵ 拙作，〈漢武帝封禪與《史記・封禪書》〉。
㊶ 拙作，〈漢晉間史學思想變遷的痕跡——以列傳和別傳為範圍所作的討論〉。
㊷ 同⑰。
㊸ 同⑳。

史人物的評價，則見於《通鑑》的「臣光曰」。《考異》與「臣光曰」雖然兩存，卻是一體的兩面，一如裴松之的「臣松之案」與「臣松之以為」。[44]中國史學的兩司馬，一為紀傳體的創始者，一為編年體的功臣，其間經裴松之《三國志注》的轉折，彼此相承的脈絡自現。所以，裴松之的《三國志注》，不僅是經史分途重要的轉變關鍵，同時在中國史學發展過程中，發生了承先啟後的作用。

[44] 〈司馬光《通鑑考異》與裴松之《三國志注》〉，頁四七七。

《隋書・經籍志・史部》形成的歷程

魏晉不僅是中國文化發生第一次蛻變的時代，❶同時也是中國史學發展過程中的關鍵時代，更是中國史學的黃金時代。❷從當時編撰而今仍然存在的史學著作，以及這個時期出現的各種不同種類的新史學著作形式觀察，可以發現這個時代的史學，已突破兩漢經學的框限，不論本質和形式方面都有顯著差異。

一個時代的學術思想，孕育在這個時代之中，和這個時代的歷史發展有密切的關聯，並且發生交互的影響。因此，每一個時代的學術思想，都表現了其自身特殊時代風格，史學是意識形態領域的重要環節之一，更突出了這種特殊的時代風格。分析魏晉史學的時代特殊風格，最顯著地，就是像當時意識形態領域裡其他的文學、藝術一樣，都有掙脫兩漢經學的桎

❶ 沈剛伯師，〈論文化蛻變兼述我國歷史上第一次文化大革新〉。

❷ 沈剛伯師，〈史學與世變〉；及拙作，〈史原・發刊辭〉，《史原》創刊號。

梏，漸漸邁向獨立的趨勢。尤其史學的發展更表現了這種傾向。

一

在兩漢時代的史學完全翼附在經學之下，不是一個獨立的科目。因此，劉歆的《七略》沒有史部這個門類。後來班固以《七略》為藍圖，編撰了《漢書・藝文志》，將史部的書籍驥存於〈六藝略〉的〈春秋家〉之後，另一部分又雜入〈子部・儒家〉之中。直到《隋書・經籍志》才將〈史部〉標出，成為一個完全獨立的科目。而《隋書・經籍志・史部》的形成，完全建築在魏晉史學發展的基礎上。

後世對《漢書・藝文志》不另立〈史部〉，一般都認為「秦漢之事，篇帙不多」而已，❸由於當時史學著作的份量太少，所以不需要特別成立一個獨立的〈史部〉。這種論點，從梁代阮孝緒的《七錄》已經存在，阮孝緒的《七錄》將史學著作歸納在〈紀傳錄〉中，《隋書・經籍志》的〈史部〉，就是依據《七錄》的〈紀傳錄〉而形成的。阮孝緒認為在劉歆時代，史學著作非常少，《七略》將史學著作「附見《春秋》，誠得其例」。但經過魏晉南北朝的發展，「眾家記傳，倍於經典」，如果再像過去那樣將史學的著作，還附在經書之下，就顯得繁蕪了。所

❸《文獻通考》，卷一九一，〈經籍考〉十八。

以，阮孝緒的《七錄》，便依照劉歆《七略》詩賦不附於〈六藝略・詩類〉的體例，而「分出眾史、序記、傳錄」，❹另外成立一個獨立部門。

當然，這種論點是可以成立的，因為一方面由於東漢時代紙的發明，在魏晉以後廣泛應用，改變了原來的書寫形式，使得書籍在量的方面，較兩漢時代顯著增加。另一方面，由於儒家思想在魏晉失去了原有的權威地位，使得著作的形式的限制減少，不僅出現了許多新的著作形式，著作的本質也發生轉變。於是原有的圖書目錄分類，無法包容這許多新的內容，因而不得不作重新的調整與組合。

不過，如果認為劉歆的《七略》及班固的《漢書・藝文志》，不立史部，僅單純由於史部書的書籍「篇帙不多」，這個問題還是值得討論的。因為在《漢書・藝文志・六藝略・春秋家》所著錄的書籍中，屬於史學的著作不論部數和篇帙，都佔〈春秋家〉所著錄的書籍約百分之五十，❺再加上著錄在〈諸子略・儒家類〉的史學著作，更不止此數。既然在《漢書・藝文

❹《七錄・序》，《廣弘明集》，卷三，《大藏經》，第五十二冊，〈史傳部〉。

❺《漢書》，卷三十，〈藝文志・六藝略・春秋家〉條，共著錄「《春秋》二十三家，九百四十八篇」，自石渠論議奏三十九篇以下，有《國語》二十一篇，《新國語》五十四篇，《世本》十五篇，《戰國策》三十三篇，《（秦）奏事》二十篇，《楚漢春秋》九篇，《太史公》百三十篇，馮商《續太史公書》七

志》中〈方技家〉、〈神仙家〉、〈五行家〉、〈兵權謀家〉以少數的部帙，都可以獨立成部，甚至〈兵形勢家〉與〈兵技巧家〉僅一家一部，也可以成為一個單獨的學門。那麼《漢書·藝文志》所著錄的史部圖籍，共十四家五百四十八篇，當然也可以成為一個獨立的學門的。

所以，《漢書·藝文志》不另立史部，和史學著作篇帙的多寡無關。《漢書·藝文志》所以將史部書籍附於〈春秋家〉，是因為當時史的獨立概念還沒有形成，經史沒有分立，史學祇不過是依附於經學下的一個旁枝而已。同時漢代認為《春秋》本身就是史，不論在體例和義例方面，都是中國史學最高的原則，又是中國史學的根源。❻章實齋認為自孔子據魯史修《春

篇，《太古以來年紀》二篇，《漢著記》百九十篇，《漢大年紀》五篇，共十二家，四百二十五卷。

❻《史通》，卷十四，〈惑經篇〉認為「夫子所修之史，是曰《春秋》」。《漢書·藝文志·春秋家·小序》認為孔子「與左丘明觀其史記，據行事，仍人道，因興以立功，就敗以成罰，假日月以定曆數，藉朝聘以正禮樂。有所褒諱貶損，不可書見，口授弟子」，已樹立了以後中國傳統史學的精神與義例。《文史通義》，卷五，〈答客問上〉則認為「史之大原，本乎《春秋》。《春秋》之義，昭乎筆削。筆削之義，不僅事俱始末，文成規矩也。以夫子義則竊取之旨觀之，固將綱紀天人，推明大道，所以通古今之變，成一家言者」。不僅精神和義例如此，章學誠在《校讎通義》，卷一，〈宗劉篇〉中更認為「二十三史，皆《春秋》家學也。本紀為經，而志表傳錄，亦如《左氏傳》例之與為終始發明耳」。

秋》以後，祇有司馬遷一人體會到《春秋》的精義所在。❼雖然司馬遷創造了中國史學的新的體例，事實上《史記》的紀傳形式，以及其所表現的精神，都是承繼《春秋》而發展的。這種精神的繼承，表現在司馬遷的《史記》全部著作之中。《史記・十二諸侯年表・序》與〈儒林傳〉，敘述了《春秋》學術傳統的傳承，以及《春秋》之學在漢代的發展情形。司馬遷在他的自序裡，有一段他和上大夫遂壺討論《春秋》的記載，更突出了《春秋》的精神，他認為《春秋》「上明三王之道，下辨人事之紀，別嫌疑，明是非，定猶豫，善善惡惡，賢賢賤不肖，存亡國，繼絕世，補敝起廢，王道之大者」。「《春秋》以道義，萬物之散聚皆在《春秋》」，《春秋》是「禮義之大宗」。❽所以，司馬遷不僅予以孔子最崇高的評價，同時對於其他歷史人物的評價，也是以孔子的六藝為標準的。這就是他在〈伯夷列傳〉開始所說的「夫學者載籍極博，猶考信於六藝」。❾〈伯夷列傳〉就是司馬遷對歷史人物評價的綱領，同時也是《史記》列傳的總序。僅對歷史人物評價如此，《史記》紀傳體的結構形式，章實齋就認為是由《春

---

❼ 章學誠在《文史通義》，卷五，〈申鄭篇〉認為「史遷絕學，《春秋》之後，一人而已。其範圍千古、牢籠百家者，惟創例發凡，卓見絕識，有以追古作者之原，自具《春秋》家學耳」。

❽ 《史記》，卷一三〇，〈太史公自序〉。

❾ 《史記》，卷六十一，〈伯夷列傳〉。

秋左氏傳》演變而來的。⑩至於司馬遷對歷史資料的撰集與考證，也必須「不離古文者近是」，⑪「古文」是指孔子的六藝而言。所以《史記》是以《春秋》為主線，以孔子的六藝為基礎而發展。這就是班固《漢書・藝文志》將《太史公書》附《春秋類》之後的原因。至於《漢書》本身，班固在他的〈敘傳〉裡說得很清楚：「旁貫五經，上下洽通」，⑫這種濃厚的經典意義，充塞在《漢書》的表志之中，這也是班固撰《漢書》的意旨所在。所以在東漢中期以前沒有獨立的史學，即使有也是附庸於經學下的史學。

至於漢代「史」的定義與應用，至少在東漢中期以前，還保持史的原始功能，也就是手執書寫工具，會寫字的人。⑬這和許慎的《說文》將史字的定義，解釋為右手持中的記事者，

---

⑩《文史通義》，卷五，〈書教上〉。

⑪《史記》，卷一，〈五帝本紀〉。

⑫《漢書》，卷一〇〇，〈敘傳〉。

⑬自從清代江永《周禮疑義舉要》和吳大徵《說文古籀補》對許慎的「史」字解釋，提出了疑義，近代學者對於史字的原始意義的探索，見王國維〈釋史〉，胡適〈說史〉，戴君仁〈釋史〉，李宗侗師〈古代史官的原始任務〉，勞榦師〈史的結構與史的原始任務〉，徐復觀〈原史〉，從各方面尋求解釋，已有很大的貢獻。沈剛伯師〈說史〉以「史載筆」，「南史氏執簡以往」，並比較配合古埃及象形文字所

並且這種記事者必須持有中正的態度，似乎有意將這種記事者，固定為記載歷史的人，是有某種程度的距離的。因為漢代史的範圍並非如此狹窄。《漢書‧藝文志‧六藝略》小學條下，謂「漢興，蕭何草律，其法曰：太史試學童，能諷九千字以上者，乃得為史」。這裡史是指中央或地方機構的低級屬官而言，有令史或佐史，他們所負責的業務是「上章、表報、書記」，⓮也就是文書的工作。雖然他們也是記事者，他們所記載的，將來也許可能成為歷史文獻，但是他們卻不是專門負責記載歷史的人。

雖然，司馬談臨終時，對司馬遷說：「自獲麟以來四百有餘歲……余為太史而弗論載，廢天下之史文」。⓯但記載或撰寫歷史，並不是太史的本職。漢武帝置太史公，他的職掌是負責保管及整理「石室金匱之書」以及文獻資料。但他主要的任務是掌「曆象日月陰陽度數」，⓰

作的解釋認為「史」是執筆和簡會寫字的人，與魯實先師《文字析義》（未刊稿）認為史字是從口從→從手的會意字。口是象簡牘之形，→是象雕刀之形。史乃是手執雕刀，契刻於簡牘之上的人。古人最初用刀不用筆，故稱書寫為書契。所以綜合二家之說引申為手執書寫工具，會寫字的人。

⓮《漢書》，卷十九，〈百官公卿表〉。

⓯《史記》，卷一三〇，〈太史公自序〉。

⓰《後漢書‧續漢志》，志二十五，〈百官志〉。

這也就是司馬遷自嘲的「文史星曆近乎卜祝之間」。⓱至於後來的褚少孫，劉向、馮商、揚雄等，也都不是史官專職，而是以其他的職務兼繼《太史公書》的。班固以蘭臺令史繼續撰寫《漢書》，以及撰寫《光武本紀》及有關的列傳，但蘭臺令史掌的是奏及印工文書。「蘭臺令史，職校書定字，比夫太史、太祝，職在文書」，⓲編史撰述並不是他的專職。和後來完成《東觀漢記》的東觀一樣。東觀是後漢皇家最佳的藏書地方，在那裡工作的劉珍、馬融等，他們的主要的工作是「整齊脫落，以正文字」。⓳管理圖籍，整齊文字本來就是古代史官傳統的工作。不過，卻也說明一個事實，那就是在東漢中期以前，史字的應用偏重在文書方面，就是說這個「史」並不具有後世歷史的概念，也可以為《漢書・藝文志》為何不立史部，留一個旁證。

後漢章帝時，孔僖上書說漢武帝的政治得失，「顯在漢史，坦如日月」。⓴這裡所說的「史」字，已超越了過去「職在文書」之史的範疇，和單純的紀錄之史的概念已不同。孔僖所指的

⓱《漢書》，卷六十二，《司馬遷傳》引〈報任安書〉。

⓲《論衡》，卷十三，〈別通第三十八〉。

⓳《後漢書》，卷八十，〈劉珍傳〉。

⓴《後漢書》，卷七十九，〈儒林・孔僖傳〉。

漢史，已具有後世歷史的意識與概念。至東漢末年，具有後世歷史意識之史的概念已更清晰了。王允稱蔡邕「曠世逸才，多識漢事，當續成後史，為一代大典」。㉑「後史」也就是東漢的歷史。荀悅更建議設置史官，他說：「得失一朝，而榮辱千載。……宜於今者備置史官，掌其典文，紀其行事」。㉒由此可以了解，到了東漢末年，原來附庸於經學下的史學，漸漸脫離經學所繫羈，史學獨立概念也隨著浮現了。就在這個時候司馬遷所寫的《太史公書》，也被尊稱為《史記》。

司馬遷的《史記》，在《漢書・藝文志》裡稱為《太史公》。東漢中期以前，不僅《漢書》稱《史記》為《太史公》，王充《論衡》對《史記》也稱之為《太史公書》，應劭的《風俗通》則稱為《太史公記》。將《太史公書》轉稱為《史記》，最初見於《西京雜記》。《西京雜記》卷四稱：「司馬遷發憤，作《史記》百三十篇」，但後世對《西京雜記》的作者有不同的意見，不能作為肯定的論證。㉓不過《太史公書》被轉稱為《史記》，最早不會超過東漢末年。服虔

㉑《後漢書》，卷六十，〈蔡邕傳〉。

㉒《後漢書》，卷六十二，〈荀淑附悅傳〉。

㉓關於《西京雜記》，《隋書・經籍志》入〈史部・舊事類〉，二卷，不著撰人。不過唐宋以後的書目，都說《西京雜記》是葛洪所採。而葛洪的《西京雜記・序》稱：《西京雜記》是劉歆準備編輯《漢

注《史記・太史公自序》「於是卒述陶唐以來至於麟止」。「麟止」服虔注稱：「武帝至雍獲白麟，而鑄金作麟足形，故云『麟止』。遷作《史記》止於此，猶《春秋》終於獲麟」。服虔在《後漢書・儒林傳》有傳，傳稱他中平末，卒於離亂之中。㉔

到了三國時代，將《太史公書》稱為《史記》已經很普遍。王肅答魏明帝問司馬遷所受的刑罰，就稱司馬遷著《史記》。㉕與王肅同時的譙周，因批評司馬遷《史記》所用的材料，不合古經，因而著《古史考》，就稱司馬遷著《史記》的。㉖魏文帝的《典論》則將《史記》、

書》所撰的材料，後來因劉歆逝世而未及完成。故「此書無宗，雜記而已」。這部分材料共有一百卷，後來被班固利用刪成《漢書》的一部分。葛洪的《西京雜記》則是用「固所不取，不過二萬餘字，今鈔為二卷，名為《西京雜記》，以裨補《漢書》之闕爾。」因此，就發生《西京雜記》作者是誰的問題。《隋志・史部・雜史類》有葛洪的《漢書鈔》三十卷。所以，如果說葛洪所抄的《西京雜記》，的確是劉歆所輯的《漢書》材料，那麼這部分材料因班固《漢書》定稿後，便不再受到重視，而在傳鈔時可能有更改的地方，且經過葛洪鈔錄後，可能又滲入葛洪的意識，將《太史公書》稱為《史記》，或許是葛洪所改。

㉔ 王國維，〈太史公行年考〉。陳直，〈太史公書名考〉。

㉕ 《三國志》，卷十三，〈王肅傳〉。

㉖ 《隋書》，卷三十三，〈經籍志・史部・正史類〉有《古史考》二十五卷，晉義陽侯譙周撰。《三國志》

《漢書》並稱為《史》《漢》。《史》《漢》並稱，在三國時是習見的。當然在東漢末年以前，也有將《太史公書》略稱為《史》的，[27]但這種情形畢竟不普遍。所以《太史公書》轉稱為《史記》，究竟起於何時，雖然還很難肯定，但大致而言，起自漢魏之際是可以肯定的。到西晉以後，對《太史公書》都直稱為《史記》了。

「史記」是先秦時代對於史官紀錄的普遍稱呼。孔子因魯史記而著《春秋》，魯史記也就是魯國史官的紀錄。當時王室與諸侯的宮廷之中，都有這一類的歷史紀錄。祇是名稱不同而已。這種不同的名稱，就是《孟子・離婁篇》所述在魯稱之為《春秋》，在晉稱之為乘，在楚稱之為杌檮。這些不同的名稱，也就是司馬遷《史記・六國表》所說的「諸侯史記」。諸侯史記就是當時諸國之史的記錄，雖然各國的名稱不同，但一般都稱之為「史記」。司馬遷的《史記》最初被稱為《太史公書》，也是先秦對史之記錄的另一個稱呼。[28]不過這稱呼祇是史隨時

譙周本傳稱「凡所著述，撰定法訓、五經論、《古史考》書之屬百餘篇」。案《史通》，卷十二，〈古今正史篇〉指出：「（譙周）以遷書周、秦已上或採家人諸子，不專據正經，於是作《古史考》二十五篇，皆憑舊典以糾其繆。今則與《史記》並行於代焉」。

[27] 《隋書・經籍志・史部・雜史類》有《史要》十卷，漢桂陽太守衛颯撰，並謂「約《史記》要言，以類相從」。衛颯見《後漢書》，卷七十六，〈循吏傳〉。

隨地的臨時紀錄。㉙這些臨時所作的紀錄，都是獨自成篇，既無嚴密的結構，也沒有歷史意識可言。不過，這些紀錄並不一定都為書，祇有太史兼書的國家大事，才冠以國名稱為某書。那些分則散見在《左傳》、《墨子》、《禮記》中的〈虞書〉、〈夏書〉、〈殷書〉、〈商書〉、〈鄭書〉、〈楚書〉等，都是當時各代各國太史的記錄。所以書和記都是先秦史的臨時記錄。王充稱《太史公書》，應劭稱《太史公記》，可能是以太史公的官名，冠於書或記之上。所以，史記是對史官紀錄的一種普遍稱呼。但這個普遍的稱呼，到東漢末年卻轉變為司馬遷一本歷史著作的專門稱呼。這種轉變說明了一個事實，那就是東漢末年的史已超越了過去單純的紀錄之史，

㉘《左傳．襄公十四年》：「史為書」。又「史不絕書」。〈莊公二十三年〉「君舉必書」；又《國語．周語上》：「史獻書」，〈楚語上〉：「史不失書」。《周禮》，卷三：「史掌官書以贊治」等，都說明史「書」是史的紀錄另一稱呼。

㉙《史記》，卷八十一，〈廉頗藺相如列傳〉載趙王與秦王會澠池，酒酣，秦王請趙王鼓瑟。「秦御史前書曰：『某年月日，秦王與趙王會飲，令趙王鼓瑟』。」藺相如前進，因跪請秦王擊，「秦王不懌，為一擊。相如顧召趙御史書曰：『某年月日，秦王為趙王擊。』」也許史的臨時紀錄就是這樣的。又《史記》，卷七十五，〈孟嘗君傳〉稱他「待客坐語，而屏風後常有侍史，主記君所與客語」，也許就是史臨時紀錄的形式。

由無組織與無系統的史料，形成為具有後世歷史意識與觀念的史書。中國的史學發展到這個時候，已突破經學的約束，漸漸邁向獨立的里程。

自東漢末年將《太史公書》轉稱為《史記》後，在三國時代又有「三史」的名詞出現。《三國志・蜀志・孟光傳》，稱他「博物識古，無書不覽，尤銳意三史，長於漢家舊典」。「漢家舊典」是指漢代的歷史而言。至於「三史」，當然不是唐代所稱的《史記》、《漢書》，與范蔚宗的《後漢書》。因為當時謝沈、華嶠的《後漢書》還未出，范蔚宗的《後漢書》更在其後了。那麼，三史究竟何所指？《三國志・吳志・孫權傳》也稱他少年時，曾讀《禮記》、《左傳》、《國語》，而「惟不讀《易》」，但自他治事以後，「省三史、諸家兵書，自以為大有所益」。孫權所省的三史，與孟光所精的三史，應該是相同的。《隋書・經籍志》有《三史略》二十九卷，吳太子太傅張溫撰。張溫與孫權同時，他的《三史略》也應該與上述「三史」的概念相同的。

或謂三國所稱的「三史」是指《史記》、《漢書》、《東觀漢記》而言。但《東觀漢記》成於眾人之手，後來華嶠猶嫌它煩穢，所以改撰《後漢書》。因此，《東觀漢記》是無法與《史記》、《漢書》並駕齊驅的。魏晉以後，不僅有很多人精於三史，如晉的劉耽「明習詩、禮、三史」，北魏的闞駰「三史群言，經目則誦」；又如隋的潘徽「少受《禮》於鄭灼，受《毛詩》

於施公，受《書》於張沖，講《莊》、《老》於張譏，並通大義，尤精三史」。[30]三史與《禮》、《詩》、《書》及《莊》、《老》並舉，似乎已成為一種獨立的學問。所以，魏晉之際的三史，顯然不是單純指《史記》、《漢書》、《東觀漢記》三部史書而言。《北堂書鈔》卷九十九引《華嶠集・序》稱：「張華等稱其（嶠）有良史之才，足以繼跡遷固，乃藏之秘府與三史並流。」《晉書》本條稱華嶠「有良史之志」，因為嫌《東觀漢記》「煩穢」、「慨然有改作之意」，後來完成《後漢書》。張華、荀勖認為華嶠的《後漢書》「有遷固之規，實錄之風，藏之秘府」，與《華嶠集・序》相合。集序謂「三史」，當然不是三種史書。又《晉書・傅玄傳》稱玄「撰論經國九流及三史故事，評論得失，各為區例，名為《傅子》」。「經國九流」與「三史故事」並舉，「三史」可能是對當時史書的一種泛稱，而不是固定的三本史書。正如王鳴盛所說，「三史並言，以配六經」。[31]

二

因此，魏晉時代所稱的「三史」，並不固定指某三種史書，適正像祖納推薦王隱典國史，

[30] 分別見《晉書》、《魏書》、《隋書》各本傳。

[31] 《十七史商榷》，卷四十二。

稱王隱「五經群史，多所綜悉」一樣，[32]而是泛指一般史學著作而言，與唐以後的「三史」、「四史」的含義是不同的。所以當時三史與五經或六經並舉，若省略而言，就變成了「經史」。因此，「三史」概念出現，是史學脫離經學而獨立過程中，重要的發展階段，象徵著經與史對立的觀念業已形成。在這種觀念下，原來附庸於六經《春秋》類下的史書，就漸漸脫離經學的籠罩而浮現了。這種轉變發生在漢魏之際，形成於魏晉之間。

在魏晉以後，「經史」並稱的現象已經很普遍。《三國志‧蜀志‧尹默傳》稱他曾遊學荊州，從當時在荊州的司馬德操、宋仲子等學習「經史」。說明史學也像經學一樣，成為一種研習的對象。西晉以後研習經史的更多，如虞預「少好學，有文章。……雅好經史」，謝沈「博學多識，明練經史」，馮紞「少博涉經史」，盧欽「篤志經史」，唐彬「晚乃敦悅經史」，邵續「博覽經史」等等。[33]這說明一個現象，那就是史學不僅不再是經學的附庸，而且上升至與經學同等的地位，並與經學同樣成為教授與學習的對象。《太平御覽》卷六〇七引皇甫謐《玄晏春秋》稱：

---

[32]《晉書》，卷八十二，〈王隱傳〉。

[33]分別見《晉書》各本傳。

> 十七年，予長七尺四寸，未通史書，與從姑子梁柳等或編荊為楯，執杖為戈，分陳相刺，有若習兵，母數遣予。予出得瓜果歸，以進母，母投諸地，曰：《孝經》稱日用三牲之養，猶為不孝。何孝者莫大於欣親。今爾年近乎二十，志不存於教，心不存入道，曾無怵惕，小慰我心。修身篤學，爾自得之，於我何有？因對予流涕，予心小感，遂伏書史。

《晉書》本傳稱皇甫謐自號玄晏先生，《玄晏春秋》是他年譜式的自傳，說他自己最初「未通史書」，後來「遂伏書史」。本傳稱他「致力於學，雖病中不輟」，而被稱之為「書淫」。在研讀的書籍中，史書可能是重要的部分。他的傳世之作如《帝王世紀》、《高士傳》、《列女傳》等，也都是史學作品。因此，在皇甫謐設帳授徒的科目中，史學可能也是其中之一。他的得意弟子摯虞，就曾為趙岐的《三輔決錄》作注。在魏晉時代史學不僅被視為教習的對象，同時也成為世代相傳的家學。《晉書．王接傳》，就稱他「世修儒史之學」。〈孝友傳〉又稱劉殷有七子，「五子各授一經，一子授《太史公》，一子授《漢書》」，又〈戴邈傳〉稱他「少好學，尤精《史》《漢》」。都說明了史學不僅被教習，而且成為一種專家之學。到了南北朝晚期，這種情形格外顯著，〈儒林傳〉記載包愷曾從王仲通受《史記》、《漢書》，後來與蕭該同為研究

《漢書》的宗匠，「聚徒教授，著錄者數千人」。李密就曾從包愷學《史記》、《漢書》，而且是包愷門下最得意的弟子。

由於史書與經書一同為傳習的對象，史書也像經書一樣有了單獨的注釋。《隋書・經籍志》著錄了大批魏晉以後史書的注釋。這些史書的注釋，單就稱呼而論，就有音、注、疏、音訓、集解、正義、集解音義、訓纂、讀訓、考、駁議、決疑、辨惑、定疑等。而其中又以《漢書》的注釋最多。在這些不同名稱的史書注釋，除去裴松之的《三國志注》，劉昭的《續漢書注》是另外的形式外，[34]其他的歸納起來，不外音義訓解與辨誤兩種，這兩種不同的形式，也就是劉知幾所稱「儒宗訓解」類型的史注。[35]這種類型的史注是繼承經注的傳統發展而形成的，以訓詁為基礎對字句、音義所作的闡釋。這些注釋的出現是為了實際教學的需要，正如《隋書・經籍志・史部・正史類・小序》指出《史記》、《漢書》心法相傳，並有解釋，史學發展到此時，也成為一種專家之學了。這種專家之學即章實齋所稱的：

> ……至於史事，古人以業世其家，學者就其家以傳業……夫馬、班之書，今人見之悉

---

[34] 〈裴松之與《三國志注》〉，頁三二九。

[35] 《史通》，卷五，〈補注篇〉。

> 矣，而當日傳之必有以其人，受讀必有其所自者，古專門之學，必有法外傳心，筆削之功所不及，則口授其徒，而相與傳習其業，以垂永久也。遷書自裴駰為注，固書自應劭作解，其後為之注者，猶若千家，則皆闡其家學者也。㊱

闡其家學，嚴守家法是注經者必須嚴格遵從的準則。史學成為專家之學後，設帳授徒，口傳其業，必然會發生音讀與解義的困難。因此產生了訓詁音義的教學方式，這種教學方式與經學「法外心傳」是一脈相承的。所以，自東漢末年至魏晉以後，大量史書注釋的出現，完全為了適應史學脫離經學轉變的情勢。

不過，在這個轉變的過程中，不僅形成魏晉時代經史的對稱，然後脫離經學而且與當時意識形態領域裡另一個發展的新情勢相結合，而形成「文史」合稱。雖然《漢書・藝文志》已將一部分文學作品劃入〈詩賦略〉的範圍，但文學著作的形式還是很有限的。而且由於詩賦也出於孔子的詩教，而被視為宣揚人倫政教的工具。在儒家經學籠罩之下，卻劃於六藝的範圍之外，不為一般正統經學家所重視。所以揚雄就認為詩賦是壯夫不為的雕蟲小技，桓範更直接評批詩賦作者，「小辯被道，狂簡之徒，斐然成文，皆聖人之所疾也」。㊲正因為如此，

㊱《文史通義》，卷三，〈史注篇〉。

提供了文學脫離經學而獨立的有利條件。所以在東漢末年儒家思想衰退後，立即脫穎而出生動活潑地發展，突破了原有詩賦的框限，出現了更多的創作新形式，更加上曹魏政權的反對東漢儒家思想，為欲掙脫儒家思想桎梏而獨立的文學，提供了有利的發展環境。所以文學發展到建安已蔚為大國，具備了完全獨立的條件，不似史學脫離經學而獨立的過程那麼緩慢而迂迴，因為當時史學完全控制在經學之下全無獨立可言。所以，當史學脫離經學獨立之初，很容易就和當時蓬勃發展的文學結合起來了。

「文史」合稱在兩晉時代已非常普遍，如祖納「披閱文史」，吳隱之「博涉文史」。敘述張華的藏書，則「文史溢于机篋」。[38]東晉初年，袁瓌上疏稱「宗周既興，文史載煥」，[39]「宗周」指東晉而言，「文史」則是廣義的，如張華所藏的「文史」書籍一樣，經書也包括在內。這時的「文史」已成一般學術文化的代名詞，和兩漢時代「文史」的含義已顯然不同。兩漢時代的文史比較偏於實用。太史公〈報任少卿書〉謂「僕之先人非有剖符丹書之功，文史星曆近乎卜祝之間，固主上所戲弄，倡優畜之，流俗之所輕也」。[40]文史，星曆與卜祝是中國古

[37] 《全上古三代秦漢三國六朝文》，《全三國文》，卷三十七，桓範，《世要論・序作篇》。

[38] 分別見《晉書》各本傳。

[39] 《晉書》，卷八十三，〈袁瓌傳〉。

代史官的職務，不過其中文史卻是史官的原始任務，星曆與卜祝則是史官任務擴大的兼掌。因此，司馬遷所指的文史，和史字原始解釋書寫文字的意義比較接近，而且這也代表了漢代一般對「文史」的看法。

　　這種看法正是《漢書・東方朔傳》自敘求學的經過，「年十三學書，三冬文史足用。十五學擊劍。十六學詩書……」。他十三歲時學的書，和十六歲時所學詩書是不同的，前者專指文字而言，也就是《漢書・藝文志・小學家》所載的《蒼頡篇》：「漢興，閭里書師合〈蒼頡〉、〈爰歷〉、〈博學〉三篇，斷六十字以為一章，凡五十五章，並為《蒼頡篇》。」這是漢代學童的基礎教育，東方朔最初學的書應該是這些。「文史足用」也就是以這種文字的基礎，經過考試後，可以擔任公家機構的低級文書工作，也就是王充《論衡》所說的「文吏」，而「文吏之學，學治文書也」。「文吏曉簿書」，因此「文史足用」與「文吏之學」是相同的，㊶工作的範圍是文字書寫，《漢書・倪寬傳》謂「張湯為廷尉，廷尉府盡用文史法律之吏」，也是如此。所以，兩漢的「文史」偏重於實際的文書工作。《後漢書・左雄傳》曾建議「諸生試家法，文吏課牋奏」，將儒生與文吏的考試科目加以區分，文吏所考的科目是牋箋，也較注重技術性的

㊵《漢書》，卷六十二，〈司馬遷傳〉。

㊶《論衡》，卷十二，〈量知篇〉、〈謝短篇〉。

文書撰寫工作。與後來魏晉的「文史」，表現的意義是不同的。《北堂書鈔》卷五十七引〈溫嶠表荀崧為秘書〉稱：

> 夫國史之典，將明得失之跡，以諷其上，記功書過，謂之實錄。使一代之典煥然可觀，今之秘書著作是也，宜得平允文史之才，以經之緯之。

《晉書》卷二十四〈百官志〉稱，「隸秘書。著作郎一人，謂之大著作郎，專事史任，又置佐著作郎八人」。著作原屬中書，在兩晉時代秘書著作與所司文誥中書郎官一樣，同被甲族子弟佔據，而且這兩個職務都必須「才堪著述，學綜文史」的才能勝任。當然「事籍文傳」與「良史工文」是一個優秀史學家的基本條件。劉劭《人物志》就說「有儒學，安民之任也；有文章，國史之任也。」他並且進一步的解釋「能屬文著述，是謂文章」，司馬遷、班固屬於這一類。不過，魏晉時代的史學家除了上述的原因外，還有其本身的歷史條件。劉知幾對魏晉的史學批評，認為：

> 自世重文藻，詞宗麗淫，於是，沮誦失路，靈均當軸：每西省虛職，東觀佇才，凡所

> 拜授，必推文士。遂使握管懷鉛，多無銓綜之識，連章累牘，罕逢微婉之言，而舉俗共以為能，當時莫之敢侮。㊷

劉知幾批評魏晉史學過份注重辭藻，這正是魏晉史學脫離經學發展過程中，與文學結合過渡期間特殊的現象。這種現象表現在魏晉史學著作裡，《隋書・經籍志・正史類》小序謂當時「一代之史，至數十家」，從《隋志・正史類》所著錄的史書作者分析，這些史書大都出自第一流的文士的手筆。《晉書》卷八十二將陳壽、孫盛、干寶、習鑿齒、司馬彪、謝沈、鄧粲、王隱等「良史之才」聚在一起，可說是中國最早的史學傳。但撰《後漢紀》的袁宏卻在〈文苑傳〉，而〈文苑傳〉裡的伏滔、李充、曹毗、庾闡、左思都曾任過大著作或著作郎「專掌國史」。所以，文藻麗澤是魏晉史學家的先決條件。因此王隱雖著《晉書》，但卻認為他「雖好著述，而文辭鄙拙，蕪舛不倫」，㊸不是一部好的史學著作。《梁書・姚察傳》謂「觀乎二漢求賢，率先經術；近世取人，多由文史」。不僅說明兩漢與兩晉在政治上選士的標準已經不同，同時也反映這兩個時代學術的內容更有顯著的差異。

㊷《史通》，卷九，〈覈才篇〉。

㊸同㉜。

這種文史合稱的特殊現象，一直發展到南朝後期的梁代，蕭統編輯《文選》的工作完成後，才將文與史的界限劃開，《昭明文選・序》稱：

> 至於記事之史，繫年之書，所以褒貶是非，紀別異同，方之篇翰，亦已不同。若其讚論之綜緝辭采，序述之錯比文華，事出於沈思，義歸乎翰藻，故與夫篇什，雜而集之。

蕭統認為記事之史與繫年之書，與文學作品是不同的，至於史學作品中表現個人意見的序論贊述，卻和文學接近。因此他所編輯的《文選》，將這一類的作品收入。這種分類方法說明文史脫離經學各自發展，本身獨立的概念已經形成。就在蕭統編輯《文選》，將史傳排出的同時，而有阮孝緒的《七錄》出現。阮孝緒的《七錄》第二是〈紀傳錄〉，〈紀傳錄〉所包含的內容都是史學著作，而且是後來《隋書・經籍志・史部》的藍本。《文選》和《七錄》兩種極不同類型的著作，出現在同一個時代裡，卻共同劃清文史的界限，當然不是偶然的。

從東漢末年，史的概念由單純的記錄之史，轉變為具有後世歷史意識之史開始，然後史學漸漸由經學的羽翼之下浮現。經過魏晉的經史分立，文史合流的發展，其間至宋文帝元嘉十五年，迎盧山慧遠的高足雷次宗到京師，在北郊雞籠山設儒學館，集生徒數百人教授。第二年，又命丹陽何尚之立玄學館，司徒參軍謝元立文學館，著作郎何承天立史學館，分別集徒教授。由於當時劉宋沒有設立國子學，玄、儒、文、史四館有幾分私學的色彩。不過，宋文帝屢屢親幸，即有以四館代替官學的意味在內。所以玄、儒、文、史四館的設立，即肯定這四種學術獨立並存的價值。相反地，儒家超越一切學術地位的絕對權威，卻因此相對減低。在史學方面不僅脫離經學，而且上升至與儒學分庭抗禮的同等地位。就在史學館成立後不久，中國第一部單獨的史學目錄著作《史目》，也由裴松之編輯完成。㊹另一方面，史學與文學結合而成的「文史」，卻遲到梁代才劃清界限。所以，史學脫離經史而獨立的歷程是緩慢而迂迴的，經過數百年的演變與發展逐漸形成。

三

章實齋認為中國傳統目錄學是為了「部次流別，申明大道，敘九流百氏之學，使之繩貫珠聯」。㊺所以，追溯學術的流變，剖析各種學術相互的關係，將中國學術的發展與演變作系

㊹ 裴松之的《史目》，隋唐〈志〉皆不著錄，見《史記・五帝本紀》，《正義》所引。可能是一部系統的史學目錄著作。拙作，〈裴松之與魏晉史學評論〉、〈裴松之與《三國志注》〉。

㊺ 《校讎通義》，卷一，〈互著篇〉。

統的整理，是中國傳統目錄學主要的任務。尤其史學與目錄學更有密切的關係，因為掌管圖書原本就是中國古代史官基本任務之一，至少在漢代仍然保持這種特色。漢代的重要史學著作，都是這些史學工作者一面整理圖書，一面撰述的情況下完成的。因此，整齊脫落與撰述傳記，不僅是中國古代史學工作者的雙重任務，更是一體兩面的工作。所以，透過圖書目錄的整理與編纂，可以了解史學演變的跡象。尤其《隋書・經籍志》的〈史部〉，不僅總結了中國上古及魏晉以來的中國史學著作，更重要的是劃清經學與史學的界限，樹立起史學獨立的旗幟。所以，分析《隋書・經籍志・史部》形成的背景，也可以尋覓出史學脫離經學轉變的歷程。

前述史學脫離經史獨立的過程，從東漢末年，《太史公書》轉稱為《史記》，其間經歷魏晉之際經史的對稱，東晉以後的文史合流，最後到南朝後期，《文選》編輯完成，劃清文史之間的界限，形成史學與文學兩個各自獨立的學科，前後轉變歷程將近四百年。分析這四百年間，中國目錄學的發展與轉變，在經史對稱的魏晉之際，首先出現了荀勖據鄭默的《中經》所編纂的《新簿》，將秘閣書籍分為四部，經部的書籍列於甲部，《太史公書》則入丙部。在文史合流的東晉初期，李充整理圖書分為甲乙丙丁四部，將史部書籍置於乙部，是後來《隋書・經籍志》所依據的四部分類，最早出現的形式。最後，當《文選》將史傳著作摒於文學創作之外的時候，阮孝緒的《七錄》的〈紀傳錄〉都收容了全部的史學著作，而且史學著作的形式分成十三種之多。不僅種類眾多，《隋書．經籍志》的〈史部〉就建築在這個基礎上。所以，史學脫離經學的每一個轉變的關鍵階段，也是目錄學發生變化的時期，由此也可以說明史學與目錄學二者的交互關係。

如前所述，任何一種學術都孕育在它生存的時代之中，和這個時代有不可分割的關係，同時發生交互的影響。尤其記載學術分類的目錄學，更表現了這種精神。所以從劉歆的《七略》變化到《隋書．經籍志》的四部，如章實齋所說像篆書隸書變成行書楷書一樣，是由當時情勢影響的結果，無法改變的。[46]也就是說每一個時代目錄學的變化，都受當時學術環境與思想流變的影響。所以，從《七略》到四部的變化，不僅是分類形式的不同，而且在本質方面所表現的精神也不一樣，彼此間的差異，是經過長久時間演變而來的。關於這個問題，首先從兩漢掌管圖書職官的演變來分析。

西漢初期，由御史大夫的屬官中丞，負責掌管圖書的工作。中丞「在殿中蘭臺，掌圖籍秘書」，[47]這是繼承秦柱下御史掌管「四方文書」及「天下圖書計籍」的傳統演變而來的。漢

---

[46] 《校讎通義》，卷一，〈宗劉篇〉。

[47] 《漢書》，卷十九，〈百官公卿表〉，「御史大夫」條下。

初的御史大夫張蒼，就曾擔任過秦時的柱下御史。不過，在漢初中丞還有另一項重要的任務，就是「受公卿奏事，舉劾按章」。後來中丞改為御史長史，負責「出討姦猾，治大獄」。東漢以後中丞改隸少府，「在殿中，密舉非法」，㊽中丞的業務後來轉變為專員監察的任務。於是管理圖書秘籍的工作，轉由蘭臺令史負責。蘭臺令史是尚書的屬官，秩六百石，「掌奏及印工文書」，㊾同時負責圖書蒐集的工作。班固在明帝被任命擔任這個工作，後來賈逵、楊終、傅毅以校書郎、秘書郎的身分，分別進入蘭臺，與班固共同擔負校書的工作。㊿《論衡》卷十三〈別通篇〉稱：

> 通人之官，蘭臺令史，職校書定字，比夫太史、太祝，職在文書，無典民之用，不可施設。是以蘭臺之史，班固、賈逵、楊終、傅毅之徒，名香文美，委積不泄，失用于世。

㊽《後漢書・續漢志》，志二十六，〈百官〉，「少府」條下。

㊾同㊽。

㊿《後漢書》，卷三十六，〈賈逵傳〉，稱逵「與班固並校秘書」；卷四十八，〈楊終傳〉，終「徵詣蘭臺，拜校書郎」；卷八十，〈文苑・傅毅傳〉，「毅為蘭臺令史，拜郎中，與班固、賈逵共典校書」。

由此可知，蘭臺令史的職責，一是「校書定字」，負責圖書的整理與校讎的工作。王充認為蘭臺令史官職雖微，但「典國道藏，通人所由進，猶博士之官，儒生所由興也。」[51]進入蘭臺擔任校書定字工作，都是一流的經學通儒。所以，他們一方面校書定字，同時兼負撰寫紀傳的工作。最初班固奉詔進入蘭臺，即與陳宗、尹敏、孟異等，先後完成〈世祖本紀〉以及〈功臣〉、〈新市〉、〈平林〉、〈公孫述〉等傳二十八篇。[52]東漢時代的辟雍、蘭臺、石室、宣明、鴻都、東觀都是皇家藏書的所在，其中以東觀的書庫最佳。最初劉珍、馬融、騊駼、李優、張衡等入東觀，最初的任務是「校定東觀五經、諸子、傳記」，後來又命他們「著作東觀，撰集漢記」，[53]續班固等未竟的前業，完成了一部分表紀、〈儒林〉、〈外戚〉等傳。劉珍、李優卒後，蔡邕、韓說、盧植等相繼進入東觀，「並在東觀，校中書五經記傳，補續漢記」，[54]同時又負責撰《漢記》。後來東觀成為東漢編纂王朝歷史的所在，他們相繼編纂的成果，完成了

---

[51] 《論衡》，卷十三，〈別通篇〉。

[52] 《史通》，卷十二，〈古今正史篇〉。

[53] 《後漢書》，卷五十九，〈張衡傳〉、〈李優傳〉；卷八十，〈劉珍傳〉。

[54] 《後漢書》，卷六十，〈蔡邕傳〉；卷六十四，〈盧植傳〉。

《東觀漢記》。

東漢時期沒有專設的史官，所以蘭臺令史與東觀校書，同時負責整齊脫落與撰集傳記的雙重任務。曹魏明帝時置著作郎專負史傳撰集的工作，就是由「著作東觀」演變而來的。《晉書》卷二十四〈職官志〉稱：

> 著作郎，周左史之任也。漢東京圖籍在東觀，故使名儒著作東觀，有其名，尚未有官。魏明帝太和中，詔置著作郎，於此始有其官，隸中書省。及晉受命，武帝以繆徵為中書著作郎。元康二年，詔曰：著作舊屬中書，而秘書既典文籍，今改中書著作為秘書著作。於是改隸秘書省。

魏明帝設置專負史責的著作郎，不過是正東觀著作之名。但這些著作東觀的名儒，他們進入東觀的最初任務，卻不專門負責著作，而是為了「整齊脫落，以正文字」的。晉惠帝將著作郎由中書改隸秘書，又恢復東觀校書的舊置，因為秘書省的工作就是典掌文籍的。由此可以證明史書的撰述與圖書的整理，二者間的密切關聯性。所以，東漢末年史學脫離經學端倪已現，促使史的概念轉變，同時也會影響與史學有密切關係的目錄學，隨著發生轉變。

中國古代圖書分類的目錄，並非僅僅為了甲乙分次而已，必須「剖析源流」而對書籍作有系統的歸納。所以中國傳統的目錄學，在本質上是為了鏡考學術源流；最後成為學術發展的綱紀。劉向因校書而著《別錄》，其子劉歆又辨別群書而著《七略》，將雜亂無章的書籍，固定其性質與類別，然後編定目錄，開創了中國目錄學的新境界。雖然，中國的目錄學出自校讎。「校讎」是「一人讀書，校其上下，得謬誤為校；一人持本，一人讀書，若怨家對為讎」。但最初的校讎，並非僅為了校勘文字，校正卷帙的錯誤。校勘文字的脫落與調整編帙，祇是校讎最初的手段。校讎最終的目的，卻是「取歷朝著錄，略其魚魯豕亥之細，而特部次條則，疏通倫類，考其得失之故」。[55]這也正是鄭樵《通志》立〈校讎略〉的本意所在。章實齋後來著《校讎通義》，更將中國傳統目錄的微言精義表現出來。他認為中國傳統校讎學的意義是這樣的：「著錄部次，辨章流別，將承朿大道，不徒為甲乙紀數之需」，「部次流別，申明大道，敘九流百氏之學，使之繩貫珠聯，無少缺軼，欲人即類求書，因書究學」。[56]所以出自校讎的著錄分類方法的本義，是在於辨章學術，鏡考學術發展的源流，使經過整理後的著籍，及各種學術思想都有系統的貫聯起來，最終的目的是使學者能夠「即類求書，因書究學」。所以中

[55] 《校讎通義》，卷一，〈敘〉。

[56] 《校讎通義》，卷一，〈原道篇〉、〈互著篇〉。

國傳統的目錄學，實質上是為了追溯學術源派，剖析各種學術的關係以及其發展與演變，使之各自有序。因此，中國傳統目錄學，事實上就是中國學術思想史。既然中國傳統目錄學和一代學術思想的發展與演變，有不可分割的密切關係。同樣地，一代學術思想的演變，也可以促使辨章學術，鏡考源流的目錄學發生變化。

漢魏間，由於社會上鑒識之風的流行，因而出現對人物觀察分析的學問。所以劉劭《人物志》及鍾會有才性異同之論，在學術政治上都發生了很大的作用。在當時政治上有曹魏所行的名法之治，在學術上有流行的「形名之學」，這也可以稱之為名家之學。其理論的基礎是以「檢形核名」為中心，「崇名核實」為骨幹而形成的。但本質上，和儒家的「正名」，法家的「核校名實」是接近的；實際上魏漢之際所流行的名家之學，就是綜合了「正名」與「核校名實」而形成的。這種思想所以流行，是以當時政治上的需要為前提，以選人得才為目的。認為君主有兩種主要的任務，第一是設官分職恰如其份，也就是人君應有知人之明，而量才授官。這都是針對東漢末年名士月旦人物，標榜交遊，選士名不符實而引起的。[57]

因為兩漢地方察舉的主要依據是鄉閭評議，而鄉閭評議的基礎卻建立在人物的品評上。但東漢末年對於人物的品評，實際上操縱在一批名士手裡，像許劭、郭林宗、鄭太都是當時

---

57 湯用彤，〈魏晉玄學流別略論〉。

品評人物的有力之士。一經品題即入清流，結果不僅干涉了政府用人的權力，而且互相標榜，臧否人物，造成社會上一批名不符實的浮華之士。所以後來葛洪批評說：「漢末之世，靈獻之時，品藻乖濫，英逸窮滯，饕餮得志，名不準實，賈不本物，以其通者為賢，塞者為愚。」[58]

事實上，這種現象已引起當時一批名政論家如崔寔、仲長統、徐幹、王符的痛心疾首，曾作過痛切的批評，都是以名實相符為依據的。所以徐幹認為「名者所以名實也，非名立而實從之」，劉廙也認為「無實不稱於名，名無不當於實」。他們的立論都在於崇名核實的「形名之辯」。劉劭的《人物志》也在這個時候出現。雖然劉劭的《人物志》是漢代人物品評風氣的結果，但《人物志》的宗旨仍然是以名實為歸的。劉劭的《人物志》在《隋書・經籍志》列於名家類，名家是漢魏間所流行的學術思想，雖然涉及儒名法三家，而且不脫離政治人事，都是以名實或名形觀念為中心。由於名家的學說在於名實之辯，所以《隋書・經籍志・名家・小序》說：

> 名者，所以正百物，敘尊卑，列貴賤，各控名而責實，無相僭濫者也。

[58] 《抱朴子・外篇》，卷二十五，〈疾謬篇〉。

鄭樵《通志·校讎略》對於書籍的分類也認為「類列既明，學術自明，其先後本末俱在」。所以圖書分類，將某種書籍置於某一類之中，肯定所佔的地位，與名家的「正百物，敘尊卑，列貴賤，各控名而責實」的性質是相近的。既然名家之學是漢晉學術的主流，而且由於魏晉以後書籍增多，對於原有的圖書分類方法，不能不適應當時的需要予以調整。這種新的學術思想對書籍方法發生影響，而遂使其在質的方面發生變化。

這種影響反映在魏文帝所編纂的《皇覽》中，這部書是由眾人合作編輯而成的，共約八百多萬字，千餘卷四十餘部，每部數十篇，是中國第一部類書。上述的四十餘部，每部數十篇，也就是將當時書籍「區分義別」，「隨類相聚」分類歸納編輯而成。[59]這種分類的方法，對當時的目錄學發生了直接的影響。因為類書是主題目錄的擴大，它分類以事物為主題，搜集不同的參考資料，置於不同類別的主題下，使學者「因類求書」，一目了然。這種分類方法不僅分類目錄的內容豐富，同時也促使書籍目錄分類向前邁進一大步。西晉荀勖因鄭默的《中

---

[59] 《三國志》，卷二十，〈魏志·文帝紀〉：「初，帝好文學，以著述為務，自所勒成垂百篇。又使諸儒撰集經傳，隨類相從，凡千餘篇，號曰《皇覽》」。《隋書·經籍志·子部·雜家類》有《皇覽》一百二十卷，繆卜撰，梁時有六百八十卷。《太平御覽》，卷六一八引《三國典略》稱：「祖珽等上言，昔魏文帝命韋誕諸人撰集《皇覽》，包括群言，區分義別」。

經》更著《新簿》，第三丙部中有《史記》、舊事、《皇覽簿》、雜事等，這是在梁阮孝緒編輯《七錄》立〈紀傳錄〉前，首先將史部書籍歸納在一類之中的。其中的《皇覽簿》，就是《皇覽》的目錄。由於荀勖的《新簿》是據魏鄭默的《中經》而來的，由此可知《皇覽》的目錄，在曹魏時代已單行成書，成為目錄編輯的專門書目。

同時值得注意的，在參與編輯《皇覽》的諸人中，劉劭即是其中之一。[60] 劉劭不僅編纂了人物分類的《人物志》，而且還著過「都官科考課七十二條」之法，及受任作〈新律〉十八篇，並且著〈律略論〉。是漢魏「崇名核實」名家思想的主流人物。[61] 因此，他對分類方法的新觀念，當然會影響《皇覽》「區分義別」及「隨類相聚」的分類方法，那是非常可能的。

學術思想的轉變，可以影響目錄的分類方法。同樣地，新的資料出現可能改變目錄分類的內容。晉太康二年，汲郡人不準盜魏襄王墓，得竹書十餘車，後來由官家沒收。由於這批材料都是以古文書寫的，於是晉武帝以其書「付秘書校綴次第，尋考指歸，而以今文寫之」。[62]

---

[60] 《三國志》，卷二十一，〈劉劭傳〉：「黃初中，為尚書郎、散騎常侍。受詔集五經群書，以類相從，作《皇覽》」。

[61] 湯用彤，〈讀《人物志》〉。

[62] 《晉書》，卷五十一，〈束皙傳〉。

這次所得的材料，除殘簡七篇不識題名外，共十六種，七十五篇。這批新資料的出現，不僅增加學術的內容，同時也引起學術界很大的波動。尤其是《竹書紀年》所記載的與「經傳大異」，當時正處在儒家思想衰退之際，更增加學者對於儒家經典的懷疑。所以劉知幾認為「向若二書不出，學者為古所惑，則代成聾瞽，無由覺悟也。」[63]由於這批新資料的出現，司馬

[63] 這次所得的材料，案《晉書・束皙傳》，經過整理後的情形是這樣的：

書名	篇數	校讎結果
《紀年》	13	記夏以來至周幽王，為犬戎所滅，以事接之，三家分，仍述魏事，至安釐王之二十年，蓋魏國之史書。略與《春秋》相應，其中經傳大異，則云夏年多殷；益干啟位，啟殺之，太甲殺伊尹，文丁殺季歷，自周受命，至穆王百年，非穆王百歲也；幽王既亡，有共伯和者攝行天子事，非二相共和也。
《易經》	2	與《周易》上下經同。
《易繇陰陽卦二》	2	與《周易》略同，繇辭則異。
《卦下易經》	1	似說卦而異。
《公孫段》	2	公孫段與邵陟論《易》。
《國語》	3	言楚晉事。

彪對於譙周根據經典批評司馬遷的《古史考》發生了懷疑，利用這批新資料為基礎予以駁難。64

《名》	3	似《禮記》、又似《爾雅》。
《春師》	1	書《左傳》諸卜筮，「春師」似是造書者姓名。
《瑣語》	11	諸國卜夢妖怪相書也。
《梁丘藏》	1	先敘魏之世類，次言丘藏全玉之事。
《繳書》	2	論弋射法。
《生封》	1	帝母王所封。
《大曆》	2	鄒子談天類也。
《穆天子傳》	5	言周天子遊行四海，見帝臺，西王母事。
《圖師》	1	畫讚之屬也。
《雜書》	19	周食用法，周書，周穆王美人盛姬死事。
《殘簡》	7	不識題目。

右錄汲郡竹書，都是經過秘書「校綴次第，尋考指歸」而以今文家定的。劉歆《七略》今已不得見，這一部分可能是目前留存最古中國的「校讎」資料了。

64 《史通》，卷十，〈雜述篇〉。

除了司馬彪「據汲冢之書」對譙周所作的駁難，衛恆對古文字的考校，杜預對於他的《左傳集解》，也有了新的認識，而寫下〈左傳後序〉，都是由於這批新資料的出現而促成的。

至於直接影響到目錄分類方面的，最初晉武帝將這批材料交付秘書整理，並令「校綴次第，尋其指歸」，這種工作就是目錄學上的「校讎」。當時參加整理工作的，除了束皙「隨疑分釋，皆有義證」外，㊺還有衛恆等，在整理過程中，因意見相左而引起互相辯難。所以這批新資料的整理工作，是經過不斷的研究和辯難後才完成的。㊻這批新資料整理完成後編成部篇，然後又由荀勖編成簿錄。㊼荀勖所編的《新簿》，《隋書・經籍志》稱：「(晉)秘書監

㊺《晉書》，卷八十一，〈司馬彪傳〉：「初，譙周以司馬遷《史記》書周秦以上，或採俗語百家之言，不專據正經，周於是作《古史考》二十五篇，皆憑舊典，以糾遷之謬誤。彪復以周為未盡善也，條《古史考》中凡百二十二事為不當，多據汲冢紀年之義。」

㊻《晉書》，卷五十一，〈束皙傳〉：「初，太康二年，汲郡人不準盜發魏襄王墓，或言安釐王冢，得竹書數十車……皙在著作，得觀竹書，隨疑分釋，皆有義證」。

㊼《晉書》，卷五十一，〈王接傳〉：「時秘書衛恆考正汲冢書，未訖而遭難。佐著作郎束皙述而成之，事多證異義。時東萊太守陳留王庭堅難之，亦有證據。皙又釋難，而庭堅已亡。散騎侍郎潘滔謂接曰：『卿才學理議，足解二子之紛，可試論之。』接遂詳其得失。摯虞、謝衡皆博物多聞，咸以為

荀勖，又因《中經》，更著《新簿》」。魏《中經》是鄭默編輯的，68不過荀勖所編的《新簿》，祇是以鄭默《中經》的資料作為基礎，最初在理論上還是以劉向的《別錄》為依據。但在魏晉思想影響下所形成的《皇覽簿》，及新出現的汲冢資料，對於《新簿》的凝成，卻都曾發生刺激作用。69《皇覽簿》與《史記》、舊事、雜事並列丙部，汲冢書及詩賦、圖譜同時存在乙部，就是一個很好的證明。

所以，荀勖的《新簿》不論在形式和內容上，都和劉氏的《七略》及《漢書·藝文志》

允當。」

68 《隋書》，卷三十三，〈經籍志·序〉：「發冢者不以為意，往往散亂。帝命中書監荀勖、令和嶠撰次為十五部，八十七卷」。又《晉書》，卷三十九，〈荀勖傳〉：「汲郡冢中古文竹書，詔勖撰次之，以為《中經》，列在秘書。」

69 《晉書》，卷四十四，〈鄭袤附默傳〉：「默字思元。……考覈舊文，刪省浮穢。中書令虞松謂曰：『而今而後，朱紫別矣。』」本傳所說鄭默「考覈舊文，刪省浮穢」。《太平御覽》，卷二三三引王隱《晉書》稱，「鄭默刪省舊文，餘其浮穢，著魏《中經》」。又案阮孝緒《七錄·敘》：「魏晉之世，文籍逾廣，皆藏於中外三閣，秘書郎鄭默刪定舊文，時之論者，謂為朱紫有別，晉秘書郎荀勖因魏《中經》更為《新簿》，分為十有餘卷，總四部以別之。」

不同。⑩因為，荀勖的《新簿》不僅分劃出甲、乙、丙、丁：經、子、史、集的範圍，而且將史部書籍，自〈春秋類〉摘出獨立成為一部，的確是中國目錄學史發展過程中新的里程碑。後來到東晉初年李充以荀勖的《新簿》加以調整，將史部與子部對換，成為經史子集的分類形式，四部分類的版型由此初定。雖然，後來宋王儉的《七志》，又想恢復劉歆的《七略》的傳統，將史書再回歸六藝，但卻不能再恢復劉歆的舊觀，⑪因為王儉的《七志》，另有佛經、

⑩《晉書》，卷三十九，〈荀勖傳〉：「俄領秘書監，與中書令張華依劉向《別錄》，整理記籍。……汲郡冢中古文竹書，詔勖撰次之，以為《中經》，列在秘書。」

⑪《隋書》，卷三十三，〈經籍志・序〉：「魏氏代漢，采掇遺亡，……秘書郎鄭默，始制《中經》，秘書監荀勖，又因《中經》，更著《新簿》，分為四部，總括群書。一曰甲部，紀六藝小學等書；二曰乙部，有古諸子家、近世子家、兵書、兵家、術數；三曰丙部，有《史記》、舊事、《皇覽簿》、雜事；四曰丁部，有詩賦、圖讚、汲冢書，大凡四部合二萬九千九百四十五卷。但錄題及言，盛以縹囊，書用緗素。至於作者之意，無所論辯。」又晁公武《郡齋讀書志》，卷一稱：「勖之部，蓋合兵書、術數、方技於諸子。自〈春秋類〉摘出《史記》，別為一部。六藝、諸子、詩賦，皆仍歆舊。其後歷代書目，如王儉、阮孝緒之徒，咸從歆例；謝靈運、任昕之徒，咸從勖例。」王儉的《七志》是劉歆《別錄》之體編輯而成的，案阮孝緒《七錄・序錄》稱：「儉又依《別錄》之體，撰為《七志》」。又稱「王儉《七志》改六經為經典，次諸子，次詩賦為文翰，次兵書為軍書，次術類為陰陽，次方

道經不在其範圍之內。所以，王儉的《七志》，雖然在形式上是承繼劉歆的《七略》，但事實上卻不祇七部。至於阮孝緒的《七錄》，除了在題目上有「七」字外，不論在形式和內容方面，都是以荀勖的《新簿》發展而形成的。《七錄》合諸子與兵家為〈子兵錄〉，與《隋志》將子兵合於子部相同，又變《七志》的〈文翰〉為〈文集部〉，也就是後來《隋志》的集部；合《七志》的〈術數〉、〈方技〉為〈術技〉，這部分《隋志》編入子部，至於佛、道，《隋志》也另錄，不在四部之數，所以分類的傾向與《隋書·經籍志》漸漸接近，而且事實上《七錄》的前四錄，經典、記傳、子兵、文集，就是《隋書·經籍志》經、史、子、集的排列秩序，《隋志》謂「遠覽馬史班書，近觀王阮志錄，挹其風流體制，削其浮雜鄙俚，離其疏遠，合其近密，約文緒義，凡五十五篇。」五十五篇又分屬四部，所以《隋書·經籍志》在形式上是採取荀勖的甲、乙、丙、丁的四部分類，但在內容和精神方面，卻是承受阮孝緒的《七錄》而

技為藝術，以劉歆雖云《七略》，實有六條，故別錄圖譜一志，以全七限。」而將史部書籍併入經典，圖還《七略》舊觀已不可能。至阮孝緒雖以《七略》形式完成《七錄》，但基本精神是承荀勖《新簿》發展而來，與王儉不同。故王應麟《玉海》，卷四十五稱：「歷代國史，其流出於《春秋》，劉歆敘《七略》，王儉撰《七志》，《史記》以下，皆附《春秋》，荀勖分四部，《史記》、舊事入丙部。阮孝緒《七錄》，〈紀傳錄〉記史傳，由是經與史分。」

來。因為阮孝緒《七錄》是魏晉目錄發展，自荀勖以後的另一個新的階段。《隋書·經籍志》就繼承這個基礎，對魏晉以來的圖書分類，作了最後的總結並且鑄成以後中國圖書分類，至清代仍遵循的經、史、子、集四部分類形式。

阮孝緒的《七錄》不僅是通向四部的橋樑，更重要的是分別經史，將史部標出獨立成部。所以阮孝緒的《七錄》將史部標出，是「經與史分」的重要關鍵，《廣弘明集》卷三保存了阮孝緒《七錄》五十五種分類，其中〈傳記錄〉內篇第二的分類是這樣的：一、國史部，二、注曆部，三、舊事部，四、職官部，五、儀典部，六、法制部，七、偽史部，八、雜傳部，九、鬼神部，十、地部，十一、譜狀部，十二、簿錄部。後來《隋書·經籍志》的史部，將〈國史部〉分為〈正史類〉、〈古史類〉，〈注曆部〉變成〈起居注類〉，〈職官部〉保留舊名，〈儀典部〉成為〈儀注類〉，〈法制部〉成為〈刑法類〉，〈偽史部〉成為〈霸史類〉，合〈雜傳部〉與〈鬼神部〉為〈雜傳類〉，〈地部〉為〈地理類〉，〈譜狀部〉為〈譜系類〉，〈簿錄部〉用的還是舊名，至於《隋志》所出現的〈雜史類〉，阮孝緒《七錄》並沒有這個名稱。《隋書·經籍志·史部·雜史類》所包括的範圍很廣，其中所著有《魏末傳》、《呂布本事》、《晉諸公讚》、《漢皇德紀》、《洞紀》、《帝王世紀》等書，和《隋志》的〈舊事〉所著錄的書如《漢武故事》、《西京雜記》、《漢魏吳蜀雜事》、《交州雜事》等，在性質上是很接近的。《隋志·舊事・小序》所謂「搢紳之士，撰而錄之，遂成篇卷」，即為舊事。所以《隋書・經籍志》的〈雜史〉可能是由阮孝緒《七錄》的〈舊事〉分化出來的。因此《隋書・經籍志・史部》將《七錄》的記傳分化或省併，然後就成為十三類：一、正史，二、古史，三、雜史，四、霸史，五、起居注，六、舊事，七、職官，八、儀注，九、刑法，十、雜傳，十一、地理，十二、譜系，十三、簿錄。

所以，《隋書・經籍志・史部》的出現不是偶然的，而是經過長期演變而後形成的，這個轉變重要的關鍵在魏晉之際，荀勖《新簿》的第三類丙部將史部書籍標出，形成史部脫離經部而獨立的傾向。後來阮孝緒就以這個基礎構成〈紀傳錄〉，《隋書・經籍志》的史部，就是以阮孝緒的〈紀傳錄〉為藍圖，對魏晉以來目錄學的發展，作出最後的總結。同時甲乙丙丁的經史子集的四部分類，又鑄成以後圖書分類的版型。因此，《隋書・經籍志・史部》的形成，不僅僅只是甲乙部次的轉變，並且和這個時代的學術思想變遷有密切的關係。

《隋書・經籍志・史部》及其〈雜傳類〉的分析

《隋書・經籍志》的經史子集四部分類方法，鑄成以後中國目錄學分類的版型。自兩《唐書》〈經籍〉〈藝文志〉至清《四庫總目提要》都無法超越這個範疇。其中史部細目分類有十三種，著錄的史學著作共八百零七部，一萬三千二百六十四卷。不僅內容豐富，卷帙眾多，與《漢書・藝文志》著錄的史書相比，不可以道里計。兩《唐書》〈經籍〉〈藝文志〉史部，所著錄的史書雖較《隋書・經籍志》多，但其中百分之五十以上，是魏晉時代的作品。另一方面，《隋書・經籍志・史部》十三類中，自正史、古史以下，都是魏晉時代所出現的新的史學著作形式。所以，《隋書・經籍志》的史部，不僅剖析了魏晉史學發展的流變，並且總結了魏晉史學的成果。因此，分析《隋書・經籍志・史部》及其〈雜傳類〉，也可以突出魏晉史學的特質。

一

劉知幾敘述史學寫作的形式，以及形成時代的先後，而分為《尚書》、《春秋》、《左傳》、《國語》、《史記》、《漢書》等六家。這六種寫作的史學著作的形式，在兩漢以前都已形成，魏晉時代承其餘緒發展，相繼出現了許多與六家形式相同的史學著作。其中除一部分著錄於雜史類外，其他的分別置於正史與古史類中。《隋書·經籍志》將魏晉時代模仿《史記》與《漢書》寫作形式的史學著作，稱之為正史；效法《春秋》寫作體裁的史學著作稱之為古史。這兩種不同的史學寫作體裁，也就是劉知幾所稱紀傳與編年「二體」。在魏晉時代紀傳與編年並稱為國史。阮孝緒的《七錄》，其〈紀傳錄〉的〈國史類〉，兼蓄紀傳編年二體。其後劉知幾也把紀傳和編年兩種不同的寫作體裁，同稱之為國史。所以，紀傳和編年二體，同是魏晉時代流行的史學寫作體裁。即劉知幾所說的「班荀二體，角力爭先」；紀傳和編年「各有其美，並行於世」，不分軒輊。❶

❶ 劉知幾分析六家在魏晉時代的發展：「《尚書》家」有孔衍的《漢魏尚書》二十六卷；「《春秋》家」缺；「《左傳》家」有荀悅的《漢紀》三十卷、樂資的《春秋後傳》三十一卷、張璠的《後漢紀》三十卷、孫盛的《魏氏春秋》三十卷、干寶的《晉紀》二十卷、徐廣的《晉紀》四十五卷；「《國語》

不過，《隋書・經籍志》的史部，卻將阮孝緒《七錄・紀傳錄》的國史一分為二，將紀傳體列為正史第一，編年體則稱之為古史，降列史部第二。於是，正史代表了國史，成為以後中國王朝歷史唯一的寫作體裁。由紀傳表志組合而成的紀傳體，「顯隱必該，洪纖靡失」，❷可以對一個時代的歷史作綜合的敘述與分析。《隋書・經籍志》剖析正史的源流，認為中國古代史官「當時記事，各有職司，又後合而撰之，總成書紀」。❸就是說正史是將一個時代的歷史作一綜合歸納後，所完成的最後總結。因此，以人繫事的紀傳體，較以時繫事的編年體，更能表現這種特色。

不過，《隋書・經籍志》的〈史部・正史類〉，卻是以司馬遷《史記》紀傳體的體裁，和

家」有孔衍的《春秋時國語》十卷、《春秋後國語》十卷、司馬彪的《九州春秋》十卷；「《史記》家」在魏晉無撰者，後來有梁武帝的《通史》四〇八卷、元暉的《科錄》二七〇卷；「《漢書》家」撰者甚眾，但僅錄了劉珍的《東觀漢記》一四三卷、陳壽的《三國志》六十五卷。在這些史學著作中，《隋書・經籍志》將孔衍的《春秋時國語》、《春秋後國語》、司馬彪的《九州春秋》置於〈雜史類〉中，其他則分別置於〈正史類〉與〈古史類〉中。

❷《史通》，卷一，〈六家篇〉。

❸《史通》，卷二，〈二體篇〉。

班固《漢書》「究西都之首末，窮劉氏之廢興，包舉一代，撰成一書」的形式，❹凝結而成的。將紀傳體列為正史，可能與前述史學脫離經學而獨立的發展過程，有某種程度的關聯性。魏晉時代史學從經學的羽翼下上升，形成經史分立的形勢，《史記》、《漢書》也成為一種「師法相傳，並有解釋」的專家之學，❺和經學同樣作為教學傳授的對象。「正史體專，義與經配」，❻可能是《隋書・經籍志》將《史記》、《漢書》紀傳體的體裁，升為史部正史第一的原因。

也許由於《漢書》「言皆精練，事甚該密，故學者尋討，易見其功」。❼《漢書》較《史記》的變化少，容易掌握。而且《漢書》較《史記》更接近儒家的經典意義。所以，自魏晉以後研究《漢書》的專家特多，梁時的劉顯、韋稜、陳時的姚察、隋時的蕭詠、包愷都是研究《漢書》的著名學者。著錄在《隋書・經籍志》有關《漢書》的注釋，就有近二十家之多。至於《史記》則「傳者甚微」，❽除了南朝梁武帝的《通史》、元暉的《科錄》外，都是模仿

❹《隋書》，卷三十三，〈經籍志・正史・小序〉。

❺同❷，「《漢書》家」條。

❻同❷。

❼同❷。

❽同❸。

《漢書》的形式斷代為史的。於是《漢書》成為隋唐以後正史寫作的典範。

至於史部第二類編年體的古史，是司馬遷創立紀傳體以前，就存在的史學寫作體裁。後來因《史記》出現而被代替，《史記》以後，續太史公書者相繼，都是以紀傳體的形式寫作。其後東漢時期班固的《漢書》，東觀校書諸人合撰，而以劉珍為首的《東觀漢記》，都是以紀傳體的體裁寫成。直到東漢末年的靈帝時代，荀悅奉命將「文繁難省」的《漢書》，依《春秋左氏傳》的編年體，刪約成《漢紀》三十卷，由於荀悅剪裁得體，「歷代褒之，有踰本傳」，而使這種古代史學寫作體裁再度復興。❾袁宏的《後漢紀》、干寶的《晉紀》都是以編年體的形式寫成。

雖然，荀悅是編年體復興的功臣。但西晉太康元年，汲冢《竹書紀年》的重現，對魏晉時代編年體的再度勃興，也發生推波助瀾的作用。《隋書・經籍志・史部・古史類》首先著錄的是《紀年》十二卷，《汲冢書》並《竹書異同》一卷，就是據汲郡發現的竹簡資料整理與考辨而成的。此後才是荀悅依《左氏》體而纂為的《漢紀》。自《漢紀》以下，從袁宏的《後漢紀》開始，都是在竹書發現以後完成的。由於竹書的記載與傳統經書有許多不同之處，引起當時學者濃厚的興趣，因而形成魏晉時代「有所著作，多依《春秋》之體」。❿

❾ 同❷。

在正史、古史之後的第三類雜史，共著錄了七十二部，九百一十七卷不同的史學著作。〈雜史類〉所包含的內容，誠如其名，的確非常複雜。這些雜史「其屬辭比事，皆不與《春秋》，《史記》，《漢書》相似，蓋率爾而作，非史策之正也」。⓫也就是這些史學寫作的體裁，與紀傳編年的「二體」有所不同。依《隋書・經籍志・雜史類》的〈小序〉，除魏晉以前的作品如《戰國策》、《古今注》、《越絕記》、《楚漢春秋》、《吳越春秋》、《南越志》等外，魏晉時代的雜史著作，分為兩類：

⓾ 案《後漢書》卷六十二〈荀淑附悅傳〉：「悅，年十二能說《春秋》，……（獻）帝好典籍，常以班固《漢書》文繁難省，乃令悅依《左氏傳》體以為《漢紀》三十篇，詔尚書給筆札。辭約事詳，論辨多美」。《史通》，卷二，〈二體篇〉稱：「荀悅依《左氏》成書，翦裁班史，篇才三十，歷代褒之，有踰本傳。」又案馬端臨《文獻通考》，卷二十，〈經籍考〉稱：「自司馬遷創改《春秋》記事之體，……至悅始能復古，學者甚重其書，袁宏、干寶以下，皆祖述焉」。《隋書・經籍志・史部・古史類》小序稱這種體裁是「古史記之正法，有所著述，多依《春秋》之體」。案編年體較切合儒家的意識形態，荀悅在《漢紀》自序其體例云：「立典有五志焉，一曰達道義，二曰彰法式，三曰通古今，四曰著功勳，五曰表賢能。於是天人之際，事物之宜，粲然顯著罔不備矣。」這種古史體裁的復興與脫離儒家規範的雜傳盛行，正表現了魏晉史學的雙重性格。

⓫ 同❸。

一、「靈獻之世，天下大亂，史官失其常守，博達之士，愍其廢絕，各記所聞，以備遺亡，是後群才景慕，作者甚眾」。⑫如劉芳《漢靈獻二帝紀》、樂資的《山陽公載記》、王粲的《漢末英雄記》、司馬彪的《九州春秋》、郭頒的《魏晉世語》、傅暢《晉諸公贊》，以及不著撰人的《魏武本事》、《魏末傳》、《呂布本事》……等，都屬於這一類。這些著作包括的範圍很廣泛，而且體裁也不相同，但作者都是魏晉時代人，所記的都是當代的事。

二、「自後漢以來，學者多鈔撮舊史，自為一書。或起自人皇，或斷自近代，亦各言其志，而體制不經。又有委巷之說，迂怪妄誕，真虛莫測，然其皆帝王之事。」⑬如衛颯的《史要》、張溫的《三史略》、葛洪的《漢書鈔》、張緬的《晉書鈔》等，都屬於這一類。《隋書·經籍志》謂「鈔撮舊史，自為一書」，是魏晉以來所形成的史學著作新體裁。這種體裁後來在《宋史·藝文志》別立〈史鈔〉一類。雖然孔子刪詩書，定禮樂，述而不作，可說是史鈔的始祖。⑭但在魏晉時代卻形成一種專門的寫作體裁，這種史學寫作體裁最初起

---

⑫ 同❸。

⑬ 同❸。

⑭ 《校讎通義》，卷一，〈宗劉篇〉。

於葛洪的《漢書鈔》。尤其在魏晉以後的南北朝時代，特別在梁朝這種風氣非常盛行，王筠曾鈔子史諸集一遍，庾仲容鈔諸子書三十卷，眾家地理書二十卷，烈女傳三卷，張緬「鈔後漢，《晉書》眾家異同」，後來完成了《後漢紀》四十卷，《晉書鈔》三十卷。袁峻「省鈔《史記》，《漢書》各為二十卷」。[15]

這種在魏晉時代形成的史學著作的新體裁，後來蔚為大國。《四庫總目提要》即將魏晉時代形成的史鈔歸納為三類：一、即「以類相從」的衛颯的《史要》與張溫的《三史略》；二、「專抄一史」有葛洪的《漢書鈔》和張緬的《晉書鈔》；三、「合鈔家史」有阮孝緒的《正史削繁》等。不過魏晉時的史鈔所抄的，當然不僅限於正史，並抄錄史部其他的書籍。像陸澄的《地理鈔》二十卷、任昉的《地理書鈔》九卷、王僧孺的《百家譜集鈔》三十卷，都屬於史鈔的範圍。這種在魏晉時代所流行的史鈔，對後來袁樞紀事本末體裁的形成，也發生了啟發作用。

〈雜史類〉的範圍雖然非常廣泛，但就寫作的體裁而言，仍然不出紀傳與編年二體之外。不過，劉知幾對這類史學著作的看法，與《隋書・經籍志》的分類法較有不同，將正史與古史兩種寫作體裁以外的史學著作，都歸納「雜述」之中，《隋書・經籍志・史部・雜史類》除

[15] 分別見《梁書》各本傳。

史鈔外，「權記當時，不終一代」如樂資的《山陽公載記》一類史學作品，在雜述中置於〈偏記類〉。劉知幾《史通》的〈雜述〉包涵的內容，較《隋書・經籍志・史部・雜史類》更豐富。關於〈雜述〉他認為：

偏記小說，自成一家，而能與正史參行，其所由來尚矣。爰及近古，斯道漸煩。史氏流別，殊途並鶩，権而為論，其流有十焉。

劉知幾所說的雜記十種，計分偏紀、小錄、逸事、瑣言、郡書、家史、別傳、雜記、地理書與都邑簿等：

分類	定義	所列舉書目	《隋書・經籍志》分類
偏紀	皇王受命，有始有終，作者著述，有權記當時，不終一代，謂之偏紀。	陸賈《楚漢春秋》 樂資《山陽公載記》 王韶之《晉安帝紀》 姚最《梁昭後略》	雜史 雜史 雜史 古史
小錄	普天率土，人物弘多，求其行	戴逵《竹林名士》	雜傳

	是，罕能周悉，則有獨舉所知，編為短部，此之謂小錄者也。	王粲《漢末英雄》 蕭世誠《懷舊志》 盧思道《知己傳》	雜史 雜傳 雜傳
逸事	國史之任，記言記事，視聽不該，必有遺逸，於是好奇之士，補其所亡。	和嶠《汲冢紀年》 葛洪《西京雜記》 顧協《瑣語》 謝綽《拾遺》	雜史 舊事 子部小說家
瑣言	街談巷議，時有可觀，小說卮言，猶賢於已，故好事君子，無所棄諸。	劉義慶《世說新語》 裴啟《語林》 孔思尚《語錄》 陽玠松《談藪》	四種皆入〈子部・小說家類〉
郡書	汝潁奇士，江漢英靈，人物所生，載光郡國，故鄉人學者，編而記之。	圈稱《陳留耆舊傳》 周裴《汝南先賢傳》 陳壽《益部耆舊傳》 虞預《會稽典錄》	四種皆入〈雜傳類〉
家史	高門華冑，奕世載德，才子承家，思顯父母，由是紀其先烈，貽厥後來。	揚雄《家諜》 殷敬《世傳》 《孫氏譜紀》	雜史 譜系 譜系

		陸景獻《陸宗系歷》	
別傳	賢士貞女，類聚區分，雖百行殊途，而同歸於善，則有取其所好，各為之錄。	劉向《烈女傳》 梁鴻《逸民傳》 趙采《忠臣傳》 徐廣《孝子傳》	四種皆入〈雜傳類〉
雜記	陰陽為炭，造化為工，流形賦象，於何不育，求其怪物，有廣異聞。	祖台之《志怪》 干寶《搜神記》 劉義慶《幽明錄》 劉敬叔《異苑》	四種皆入〈雜傳類〉
地理書	九州土宇，萬國山川，物產殊宜，風化異俗，如各志其本國，足以明此一方，此之謂地理書。	盛弘之《荊州記》 常璩《華陽國志》 羅含《湘中山水記》 辛氏《三秦記》	地理 霸史 地理 地理
都邑簿	帝王桑梓，列聖遺塵，經始之制，不恒厥所，苟能書其軌則，可以龜鏡將來。	潘岳《關中記》 陸機《洛陽記》 漢人《三輔黃圖》 不著撰人《建康宮殿簿》	地理 地理 地理

以上劉知幾所分雜述十種。並列舉四十種史書，與《隋書・經籍志》的分類方法略有不同，不過卻包含了《隋書・經籍志・史部》的雜史、古史、雜傳、舊事、地理、譜系、霸史等，魏晉以來新興或流行的史學著作。其中《瑣言》所列舉的書籍，也是魏晉史學發展過程中，非常繁榮的一支，但《隋書・經籍志》卻列入〈子部・小說家類〉。

所以，《隋書・經籍志・史部》與劉知幾的《史通》，不僅分類方法，而且分類的內涵都不相同。劉知幾的分類方法仍然以六家二體為基礎，他認為在二體以外的十種〈雜述〉，雖然自成一個體系，但還可與「正史參行」的。這些雜述都是由六體分化而成，形成史學發展的另一個別流。這個流別發展的趨勢，在魏晉時代澎湃起來。劉知幾在其〈雜述篇〉所列舉的四十種史學著作，多是魏晉以後形成的。自司馬遷將上古複雜的歷史資料，歸納在《史記》紀傳體的版型中，確定了後世正史的內容和範圍。但魏晉以後史學逐漸脫離經學而獨立，史學寫作的範圍也隨著拓廣，因而不得不從正史之外另闢新的寫作途徑，這是魏晉史學發展必然的趨勢。劉知幾所說的「雜述」十種，正是魏晉史學發展的結果。至於《隋書・經籍志・史部》分類的職官、儀注、刑法、簿錄等，劉知幾並沒有深入討論。因為這些類目和正史的志書有密切的關聯，是正史發展的另一個形式。

劉知幾「雜述」十種在《隋書・經籍志・史部》分類中，分別屬於雜史、雜傳、地理、舊事、譜系等範圍。這些不同種類的史學著作，不僅是魏晉時代出現的史學著作新體裁，而且數量也非常豐富，是《隋書・經籍志・史部》構成的主要內容：以《隋書・經籍志・史部》存目的部次計：

類別	存目部數	位次
正史	67	4
古史	34	9
雜史	72	3
霸史	27	12
起居	44	6
舊事	25	13
職官	27	11
儀注	59	5
刑法	35	8
雜傳	217	1
地理	139	2
譜系	41	7
簿錄	30	10

從上表可以看出雜傳、地理、雜史等三類，在《隋書・經籍志》十三種分類中所佔的地位。尤其雜傳和地理兩類，突出魏晉史學性格的新的史學體裁。這些新的史學寫作體裁，雖然可以尋找其傳統的依據。但就其發展的形式而論，都表現了魏晉史學的特殊色彩。因為這些新的史學寫作體裁，必須在一定的歷史環境和條件下才能產生的。其中尤其雜傳所包括的範圍非常廣泛，性質也非常複雜。而且劉知幾所列舉的十種「雜述」史學著作中，也以雜傳為多。所以，雜傳較地理更能突出魏晉史學的特質。

《隋書・經籍志・史部》十三種分類中，雜傳著作二百一十七部，一千二百七十七卷。就卷帙而論，次於正史、儀注、地理而列第四，佔總卷帙的10.3%強。但若以部數單位計，則列第一，佔《隋書・經籍志・史部》所著錄八百十七部中30.6%。但還沒有包括《隋書・經籍志》所沒有著錄，而魏晉其他著作如《三國志》裴注、《世說新語》劉注，以及唐宋類書中所引用的大批雜傳資料在內。否則，雜傳所佔魏晉史學著作的比例將更增加。所以，分析雜傳的形成與發展，不僅可以對魏晉史學脫離經學而獨立的過程，會有更深層次的了解；同時也可以發現魏晉時代的思想與社會轉變，對這個時代的史學所發生的作用，以及彼此間所產生的交互影響。

二

《隋書・經籍志》不僅創立了〈史部〉，而且〈史部〉的分類竟有十三種之多，計有正史、古史、雜史、霸史、起居注、舊事、職官、儀注、刑法、雜傳、地理、譜系、簿錄，共八百一十七部，一萬三千二百六十四卷。⑯不論在數量、內容，以及著作的形式各方面，都顯示中國史學在魏晉時代有卓越的成就與發展。在上述十三類史學著作中，雜傳不僅是魏晉時代所出現的嶄新寫作形式，而且作品的數量也非常豐富。⑰案《隋書・經籍志・雜傳》小序的

⑯《隋書》，卷三十三，〈經籍志〉。

⑰《隋書》，卷三十三，〈經籍志・史部・雜傳類〉所列二一七部，實際所著錄的只有二〇七部。

解釋：

操行高潔，不涉於世者，《史記》獨傳夷齊，《漢書》但述楊王孫之儔，其餘皆略而不說。又漢時，阮倉作《列仙圖》，劉向典校經籍，始作〈列仙〉、〈列士〉、〈列女〉之傳，皆因其志尚，率爾而作，不在正史。後漢光武，始詔南陽，撰作風俗，故沛、三輔有耆舊節士之序，魯、廬江有名德先賢之讚。郡國之書，由是而作。魏文帝又作《列異》，以序鬼物奇怪之事，嵇康作《高士傳》，以敘聖賢之風。因其事類，相繼而作者甚眾，名目轉廣，而又雜以虛誕怪妄之說。推其本源，蓋亦史官之末事也。載筆之士，刪採其要焉。魯、沛、三輔，序贊並亡，後之作者，亦多零失。今取其見存，部而類之，謂之雜傳。⑱

雖然雜傳是作者「因其志尚，率爾而作」，而不能視為「正史」的史學作品，但所謂「推其本源」，卻也是「史官之末事」。那麼，可以說雜傳是正史在魏晉時代發展所出現的一個旁支。不過，「雜傳」這個名詞，不是《隋志》首創，而淵源於阮孝緒的《七錄》。⑲阮孝緒《七

⑱《隋書》，卷三十三，〈經籍志・史部・雜傳類・小序〉。

錄・紀傳錄》共分十二部，即國史、注歷、舊事、職官、儀典、法制、偽史、雜傳、鬼神、土地、譜狀、簿錄。⑳雜傳在《七錄・紀傳錄》位列第八，不過若依《隋志・雜傳》所著錄作品分析，其內容除記先賢節士序贊，「以敘聖賢之風」外，還有「序鬼物奇怪之事」的志異在內。不過關於後者，阮氏另有「鬼神部」。㉑所以《隋志・史部・雜傳類》，是將阮氏〈紀傳錄〉的第八「雜傳」及第九「鬼神」兩部省併而成的。

不過，《隋志・雜傳》小序所謂的三種分類，似無法完全包括所著錄作品的內容，上述劉知幾〈雜述篇〉對於這些著作的性質，曾作了具體的分析。所謂的郡書、家史、別傳、雜記四種㉒雜述，除最後一種「求其怪物，有廣異聞」的雜記之外，其他三種不論其為郡書、家史或別傳，都是以人物為主的傳記。但《隋志》的〈雜傳〉依其性質和內容，又可分為個人的別傳，如《管輅傳》；行為事跡相似的類傳，如《高士》、《孝子》、《逸民》等傳；以及以家族為單位的家史，如《裴氏家傳》。但如果以時間和空間區分，則有全國性的總傳，如《四

---

⑲ 鄭鶴聲，《中國史部目錄學》。

⑳ 《七錄・序》。

㉑ 《史通》，卷十，〈雜述篇〉。

㉒ 分見《隋書》，卷三十三，〈經籍志・史部・雜傳〉。

海耆舊傳》、《海內先賢傳》；以地域州郡劃分，則有《徐州先賢傳》、《海岱志》等；如以時間先後分劃，則有一朝或一代的傳記，如《漢世要記》、《正始名士傳》等。雖然這些傳記在形式上有所不同，但在性質上卻是相似的，就是單獨的個人，或兩人以上相類的群體，結合而成的傳記。因此，在這種情況下，劉知幾所謂的別傳，似乎無法盡括魏晉雜傳的內容，因為別傳只是特定個人單獨的傳記，這一類的別傳雖然《隋志・雜傳》類所著錄的不多，但卻是那個時代非常流行的歷史寫作形式，至於別傳的定義是：

> 夫別傳者何？蓋別乎正史而名之也，故無論凡泛稱某傳者可歸之，即家傳及名公鉅卿為人所作之傳，皆可云別傳。㉓

雖然「別乎正史而名之」稱為別傳，但這種別傳與劉知幾所謂「聚類區分」的別傳，是有某些程度上的距離的。㉔因為現存魏晉時代的別傳，除《三國志・吳志・陸抗傳》裴注所引的《機雲別傳》，是陸機、陸雲的合傳外，其他都是個人單獨的個別傳記。雖然劉氏所謂的家史，

㉓ 湯球，《晉諸公別傳・序》。

㉔ 〈魏晉別傳的時代性格〉，頁一〇一。

和《隋志》所謂的家傳同樣是為了「才子承家，思顯父母」，不過在形式上仍有某些差別，《世說新語》和《太平御覽》所引的《羅府君（含）別傳》，[25]與《世說新語・言語》注所引顧愷之為他父親所寫的《顧悅之別傳》，[26]以及《三國志・鍾會傳》注引鍾會為其母與生母所作的傳記，[27]這些都可稱之為家傳，不過這些家傳都是以個人為單位的。和《隋志》所著錄的《江氏家傳》、《虞氏家傳》、《何氏家傳》、《裴氏家傳》等，以一個家族人物集合而成的類傳是有區別的，因此這些雖然「別乎正史而名之」的別傳，在形式上又可分為類傳或群傳，以及個傳或別傳兩種。

至於劉知幾所謂「求其怪物，有廣異聞」的雜記，在性質上和郡書、家史、別傳都不同。因為郡書、家史、別傳，不論其為個傳或類傳，都是以人物為主，而且所記載的都是人間現實世界的事與物。但雜記所敘述的範圍，則超越這個界限，涉及鬼神，溝通陰陽，並不限於人間現實世界的事，如果將《隋志・史部・雜傳》類所著錄的傳記，作進一步的分析，一部分僧道的傳記，雖然也是以人物為主的傳記，但記載他們的行事，有時也超越人間現實世界

---

[25]《世說新語》，中卷，〈方正第五〉注引。

[26]《世說新語》，上卷。

[27]《三國志》，卷二十八，〈魏書〉。

的範疇，所以似乎也可以劃入此類。不過，《隋書・經籍志》於經史子集之外，別闢佛道一項。而阮孝緒《七錄》中的第六、第七即為〈佛錄〉、〈道錄〉，魏收所著《魏書》特立〈釋老志〉，都說明佛道是魏晉南北朝歷史發展的重要趨向。因此，這一類的傳記在《新唐書・藝文志》，入〈丙部・子錄〉〈道家（釋家）〉類，所以，劉知幾所謂的雜記又可分為兩類：即釋道與志異兩種。

因此，據《隋書・經籍志》的〈史部・雜傳〉類與劉知幾《史通・雜述》的分類方法，並核以《隋志・史部・雜傳》所著錄傳記的性質，稍予調整，可分劃為一、郡書，二、家史，三、類傳，四、別傳，五、佛道，六、志異。更列舉《隋志》所著錄一二作品，或可窺其一斑：

一、郡書：

《三輔決錄》七卷，漢太僕趙岐撰。[28]

案《後漢書》本傳：「多所述作，著《孟子章句》、《三輔決錄》傳於時。」[29]《三輔

[28]《後漢書》，卷六十四，〈趙岐傳〉。

[29]《隋志》：「《三輔決錄》七卷。趙岐撰，摯虞注。」兩《唐志》作十卷，此書久佚，散見於《太平御覽》、《北堂書鈔》、《世說新語》、《文選注》、《藝文類聚》等書。現據《後漢書》卷六十四，〈趙岐

決錄·自序》：「三輔者，本雍州之地，世世徙公卿吏二千石及高貲，皆以陪諸陵。五方之俗雜會，非一國之風，不但繫於《詩》〈秦〉、〈豳〉也。其為士好高尚義，貴於名行。其俗失則趣埶進權，唯利是視。余以不才，生於西土，耳能聽而聞故老之言，目能視而見衣冠之疇，心能識而觀其賢愚。常以玄冬，夢黃髮之士，姓玄名明，字子真，與余寤言，言必有中，善否之閒，無所依違，命操筆者書之。近從建武以來，曁于斯今，其人既亡，行乃可書，玉石朱紫，由此定矣，故謂之《決錄》矣。」[30]

二、家史：

《裴氏家傳》四卷，裴松之撰。

案《南史·裴松之傳》：「（松之）子駰，南中郎參軍。……駰子昭明。……（昭明）子子野：……，子野少時集注《喪服》、續《裴氏家傳》各二卷。」[31]

《明氏世錄》六卷，梁信武記室明粲撰。[32]

傳〉章懷注；與《太平御覽》卷三九九〈人事部·四〇·應夢〉，所引稍異。

[30] 《隋書》，卷三十三，〈經籍志〉。

[31] 《南史》，卷三十三。

[32] 同[30]。

案《南史・明僧紹傳》：「字休烈，平原鬲人，……其先吳太伯之裔，百里奚子孟明，以名為姓，其後也。祖玩，州中從事。父略，給事中。……僧紹……（齊）永明中……卒。……兄僧胤……（宋）冀州刺史。子慧照，……（齊）巴州刺史。僧胤次弟僧暠……，（宋）青州刺史。僧紹子元琳、仲璋、山賓……。山賓（仕梁為）北兗州刺史。……子震……，餘杭令。山賓弟少遐，……青州刺史。太清之亂奔魏，仕北齊，卒於太子中庶子。子罕，司空記室。明氏南度雖晚，並有名位，自宋至梁為刺史者六人。」㉝

三、類傳：

《聖賢高士傳贊》三卷，嵇康撰，周續之注。㉞

《三國志・王粲傳》注引嵇喜為《康傳》：「……（康）撰錄上古以來聖賢、隱逸、遁心、遺名者，集為傳贊，……凡百一十有九人，蓋求之於宇宙之內，而發之乎千載之外者矣。故世人莫得而名焉。」㉟

又《宋書・隱逸傳》：「周續之，字道祖，……常以嵇康《高士傳》得出處之美，因

㉝《南史》，卷五十。

㉞同㉚。

㉟《三國志》，卷二十一，〈魏志〉。

為之注。」㊱

《正始名士傳》三卷，袁敬仲撰。

案敬仲即宏，《晉書．袁宏傳》：「撰……《竹林名士傳》三卷……。」㊲

又案《世說新語．文學》：「袁彥伯作《名士傳》成，見謝公。公笑曰：我嘗與諸人道江北事，特作狡獪耳！彥伯遂以箸書。」注曰：「宏以夏侯太初、何叔平、王輔嗣為正始名士。阮嗣宗、嵇叔夜、山巨源、向子期、劉伯倫、阮仲容、王濬仲為竹林名士，裴叔則、樂彥輔、王夷甫、庾子嵩、王安期、阮千里、衛叔寶、謝幼輿為中朝名士。」㊳

四、別傳：

《管輅傳》三卷，管辰撰。

案《三國志．方技傳》注引《管輅別傳》：「弟辰嘗欲從輅學卜及仰觀事，輅言：『卿不可教耳。夫卜非至精不能見其數，非至妙不能睹其道，《孝經》、《詩》、《論》，足為

㊱《宋書》，卷九十三。

㊲《晉書》，卷九十二，〈文苑傳〉。

㊳《世說新語》，上卷。

三公，無用知之也。」於是遂止。子弟無能傳其術者。辰敘曰：『夫晉、魏之士，見輅道術神妙，占候無錯，以為有隱書及象甲之數。辰每觀輅書傳，惟有《易林》、《風角》及《鳥鳴》、《仰觀星書》三十餘卷，世所共有。然輅獨在少府官舍，無家人子弟隨之，其亡沒之際，好奇不哀喪者，盜輅書，惟餘《易林》、《風角》及《鳥鳴書》還耳。』」[39]

五、佛道：

《薩婆多部傳》五卷，釋僧祐撰。[40]

案《高僧傳》祐本傳：「釋僧祐，本姓俞氏，其先彭城下邳人，父世居于建業。祐年數歲，入建初寺禮拜。因踴躍樂道，不肯還家。父母……且許入道……。」[41]又僧祐《薩婆多部記目錄序》：「大聖遷輝，歲紀綿邈，法僧不墜，其唯律乎？初集律藏，一軌共學，中代異執，五部各分。既分五部，則隨師傳習。唯薩婆多部，偏行齊土。蓋源起天竺，流代罽賓，前聖後賢，重明疊耀。……皆秉持律儀，闡揚法化。

[39] 《三國志》，卷二十九，〈魏志〉。

[40] 同[30]。

[41] 《高僧傳》，卷十一，《大藏經》，第五十冊，〈史傳部〉。

舊記所載，五十三人。自茲已後，叡哲繼出，並嗣徽於在昔，垂軌於當今。……遺風餘烈，炳然可尋。……遂搜訪古今，撰《薩婆多記》。其先傳同異，則並錄以廣聞後賢，未絕則製傳以補闕，摠其新舊九十餘人，便英聲與至教永被，懋實共日月惟新，此撰述之大旨也。」㊷

《太元真人東鄉司命茅君內傳》，弟子李遵撰。㊸

案《南史．陶弘景傳》：「(弘景）止于句容之句曲山。恆曰：『此山下是第八洞宮，名金壇華陽之天，周回一百五十里。昔漢有咸陽三茅君得道來掌此山，故謂之茅山。』」㊹又《太平御覽．道部三．真人下》引《茅君傳》：「盈字叔申，咸陽人也，父祚，有三子……盈少稟奇操，……入恆山讀《老》、《易》，……在山中六年，精思念道，誠感密應，夢太玄王女……曰：『西城有王君得真道，可為師。』明發，乃尋求。……積十七年，專一不懈……。歸家數十年，以漢元帝時，天官下迎，來渡江東治句曲山，於是天皇大帝，遣授黃金紫玉，策為太元真人，東岳上卿司命神君，……晉興寧三年

㊷《出三藏記集》，卷十二，《大藏經》，第五十五冊，〈目錄部〉。

㊸同㉚。

㊹《南史》，卷七十六，〈隱逸下〉。文中「金壇」另本作「金陵」，參本傳〈校勘記〉。

七月四日夜，初降楊君家，……以後數數來降，弟子迎候仙人李遵撰傳，光顯於世間也。」[45]

六、志異：

《搜神記》二十卷，干寶撰。[46]

案《晉書·干寶傳》：「寶父先有所寵侍婢，母甚妒忌，及父亡，母乃生推婢於墓中。寶兄弟年小，不之審也。後十餘年，母喪，開墓，而婢伏棺如生，載還，經日乃蘇。言其父常取飲食與之，恩情如生。在家中吉凶輒語之，考校悉驗，地中亦不覺為惡。既而嫁之，生子。又寶兄嘗病氣絕，積日不冷，後遂悟，云見天地間鬼神事，如夢覺，不自知死。寶以此遂撰集古今神祇靈異人物變化，名為《搜神記》，凡二十卷。以示劉惔，惔曰：『卿可謂鬼之董狐。』」[47]

從以上所舉《隋志·史部·雜傳》類所著錄的郡書、家史、類傳、別傳、佛道、志異的序言、內容大要及有關資料，或可窺見所謂雜傳的內容與形式，歸納《隋書·經籍志》所著錄的雜

---

[45] 《太平御覽》，卷六六一。

[46] 同[30]。

[47] 《晉書》，卷八十二。

傳，以著作的內容而論，類傳佔最多；若以著作的時代劃分，則以三國兩晉居首；兩晉時代的郡書、家史、類傳，數量也超過其他時代；劉宋幽異的作品比較顯著，而梁代則以類傳比較突出。至於那些不著撰人姓名的作品，則多在兩晉時代寫成。

三

不過，這個統計數目，僅以《隋書·經籍志》所著錄的圖書為標準，但魏晉時代的雜傳作品，著錄於《隋書·經籍志》的只是一小部分而已，尤其是別傳更是微不足道，但都分散在魏晉時代其他的作品，以及唐宋時代的類書中。就《三國志》裴注所引魏晉時代史部作品，《隋志》所著錄的僅有46.7%。㊽《世說新語》劉孝標注所引的魏晉時代的雜傳，共有一百四十三種，其中就有九十一種《隋志》所沒有著錄的。㊾此外，《太平御覽》、《北堂書鈔》、《初學記》、《藝文類聚》、《文選注》、《續漢志注》、《水經注》也引用了許多魏晉時代雜傳作品，清代的許多學者曾作過這一類作品輯佚，以及書目輯補的工作。

不過由於這些書所引用的材料，過於瑣碎、零亂與分散，因此他們所作的努力，仍有闕

㊽ 拙作，〈注與《三國志》裴注〉，《新時代》，八卷十期。

㊾ 《古書目四種》，《沈寄簃先生遺書》。

誤，無法做到盡善盡美，現根據他們的研究成果為基礎，並核校上述諸書所徵引的，共得二百八十六種，超出《隋書・經籍志》所著錄的一倍以上，二者合計共四百九十三種：

分類	郡書	家史	類傳	別傳	佛道	志異	合計
《隋志》	36	28	63	6	38	36	207
輯補	15	39	24	205	3		286
合計	51	67	87	211	41	36	493

如果以這個統計數字，與兩《唐書》〈經籍志〉、〈藝文志〉，以及宋代有關的簿錄的雜傳類作一個比較，將更顯示出《隋志》所錄的魏晉雜傳，所具有的時代特殊性格：

書名	《隋書・經籍志》	《舊唐書・經籍志》	《新唐書・藝文志》	《崇文總目》	《中興書目》	《郡齋讀書志》	《直齋書錄解題》	《文獻通考・經籍考》
著錄雜傳數量	207	194	146	68	313	65	161	264

以上所述資料中，包括補輯的雜傳在內，《隋書・經籍志》所著錄的雜傳，遠超過其他文學著作的數量，雖然《舊唐書・經籍志》將家史併入〈譜牒類〉。而《新唐書・藝文志》則將

釋道部分歸於〈道家錄〉，志異除魏文帝所著《列異》一卷外，餘則入〈丙部・子錄・小說家〉，所以著錄的書目相形減少。不過，兩《唐書》〈經籍〉、〈藝文〉雜傳類，所著錄的多是魏晉時代的作品，《舊唐書・經籍志》分為先賢、耆舊、孝子、忠節、列藩、良史、高逸、雜傳、文士、科錄、仙靈、高僧、鬼神、列女等。其中除科錄一類是隋唐新興的史學著作形式，此外，都是魏晉時代的新興的史學著作形式，以其中先賢耆舊為例，《舊唐書・經籍志》所著錄的耆舊先賢傳計三十九種，全部是魏晉時代的作品，《新唐書・藝文志》〈雜傳〉、〈家史〉類，共有著錄家史二十三種，其中《隋志》所著錄的有十一種，《隋志》雖未著錄而屬於魏晉時代的作品有八種，隋唐時代的作品僅有四種。至於宋以後的目錄，所著錄的魏晉時代的雜傳已十不存一，而且對於史部別立雜傳的觀念也有所改變。將這一類的歷史著作視為史料，《崇文總目・傳記序》說：

> 古者史官其書有法，大事書之策，小事載之簡牘，至於風俗之舊，耆老所傳，遺言逸行，史不及書，則傳記之說，或有取焉。然自六經之文，諸家異學，說或不同。況乎幽人處士，聞見各異，或詳一時之所得，或發史官之所諱，參求考質，可以備多聞焉。㊿

㊿《崇文總目》，卷二。

歐陽修認為這一類「聞見各異，或詳一時之所得，或發史官之所諱」的雜傳作品，是非常可貴的史料，可供修史者「參求考質，可以備多聞」。不過《宋史・藝文志》雖然認為這些雜傳一部分「亦多可稱，采獲削稿，為史所法」，但是卻認為一部分雜傳「根據膚淺，好尚偏駁」，不能作為史料，所以不列雜傳一目。因此《文獻通考》的〈經籍考〉，更將雜史與雜傳合併一類稱為傳記：

> 按：雜史、雜傳，皆野史之流，出於正史之外者。蓋雜史，紀志編年之屬也，所紀者一代或一時之事；雜傳者，列傳之屬也，所紀者一人之事。然固有名為一人之事，而實關係一代一時之事者，又有參錯互見者。前史多以雜史第四，雜傳第八，相去懸隔，難以參照。今以二類相附近，庶便檢討云。[51]

雖然，馬端臨將以記事為主的雜史，與以人物為主的雜傳合併為一，似乎有點不倫不類，但由此也可見，《隋書・經籍志》所立雜傳的範疇，至此已經不存在，而且對於雜傳的概念與《隋

---

[51] 《文獻通考》，卷一九五，〈經籍考〉二十二。

志》也相去甚遠,《舊唐書》雖將家史併入譜牒,但仍保持《隋志・雜傳》的觀念,但已有所改變。降至馬端臨更打破雜傳原有的範疇,與雜史合一稱為〈傳記〉,已與《隋志・雜傳》的概念完全不同了。

因此,從上述材料分析,可以了解不論在著作的數量,或對於雜傳形成的概念方面,都顯示出雜傳是魏晉時代的新興,而且又非常流行的歷史著作形式,但這種新的歷史寫作形式,卻和當時的社會文化思想意識的發展與轉變有密切的關係。

魏晉別傳的時代性格

魏晉別傳，是一種以個人為單位的傳記。這種傳記所表現的意識以及其寫作形式，都和中國正史列傳不同，過去一直沒有受到重視。❶但近數十年來卻引起許多學者的興趣，並且認為這種傳記是中國傳統史學寫作中，和西方人物傳記比較接近的一種。但惜皆未作進一步的討論❷魏晉別傳流行於東漢末年，至東晉末年的兩百年間。這兩百年不僅是中國歷史與文

---

❶ 嚴可均《全上古三代秦漢三國六朝文》，〈全晉文〉，卷一四六，〈左思別傳〉條認為「別傳失實，《晉書》所棄，道聽途說，不足為憑」，所以「《晉書》彙十八家舊書，兼取小說，獨棄別傳不采，斯史識也」。嚴可均輯魏晉文，非常週全，對於別傳，獨取左思一種，以證〈三都賦〉成文時間，其他皆不錄。然吳士鑑的《晉書斠注》，卻引用了眾多別傳，補《晉書》缺佚。湯球有《晉諸公別傳》輯本，內輯包括家傳、家史在內的別傳百餘種。

❷ 對於中國紀傳體的寫作體裁，過去半個世紀西方學者非常感到興趣。一九六二年出版的 *JOAS*, Vol.

化的變動時期，也是中國史學脫離經學而獨立發展的關鍵時期，魏晉別傳在這個時期流行，一定有其所代表的時代意義。

魏晉別傳多成於世家大族出身的文士之手。分析其作者與傳主的關係，多由於血緣或姻

XXI, No. 4 (August, 1962)，有“The Biographic Approach to Chinese History: A Symposium”的專輯。不過，卻祇編中國現代的傳記寫作，至於討論傳統傳記寫作，有David S. Nivison的“Aspects of Traditional Chinese Biography”，雖言中國傳統傳記，然僅限於章實齋一隅，未及全貌，更無論魏晉。D. C. Twitchett有“Chinese Biographic Writing”, in W. G. Beasley and E. G. Pulleyblank eds., *Historians of China and Japan* (Oxford, London, 1955), pp. 95–113及氏另“The Problem of Chinese Biography”, in Arthur F. Wright and D.C.Twitchett合編之*Confucian Personalities* (Stanford, Calif., 1962), pp. 24–42，詳論中國傳統傳記及其問題，認為中國紀傳體是碑銘誄文集後，所作的斷爛朝報式的排列，了無生趣可言。但卻認為魏晉別傳，是中國傳統傳記寫作中，與西方人物傳記較接近的一種。(對於Twitchett有關中國傳紀體的批評：拙作，〈中國歷史人物的塑型〉，曾予討論）。Arthur F. Wright, *Confucian Personalities*一書所作之序言“Values, Roles and Personalities”，以及陳世驤討論朱東潤所作之《張居正大傳》的“An Innovation in Chinese Biography”, *FEQ*, Vol. XIII, No. 1(1953), pp. 49–51，皆論及魏晉別傳。又朱東潤的〈論傳記文學〉（《復旦學報：社會科學版》，一九八〇年第三期）也提到魏晉別傳問題。可惜皆未作進一步討論。

戚關係，互相立傳。這個事實說明在魏晉特殊社會結構之中，對別傳的流行，提供了有利的發展條件。尤其評定世家大族門第高下的九品官人之法，其詳細記載個人與家族情況的品狀，是別傳寫作的重要資料來源。同時九品官人之法中，對人物類比評論的齊名和輩目，對別傳的寫作形式也發生了作用。

另一方面，由於東漢末年儒家思想影響力減弱，促使個人意識的醒覺，經過兩百年的發展，漸漸形成許多非儒家的性格新類型。記載這兩百年士人生活與思想活動的《世說新語》，其上中下三卷所列舉的篇目，卻總結了這些性格新類型的發展。而且《世說新語》所敘述的上下時限，正與魏晉別傳流行的時期相吻合。因此，分析《世說新語》三十六種非儒家性格新類型形成與發展的歷程，也可以對魏晉別傳流行的背景，有某種程度的了解。

綜合以上所述，本篇希望從魏晉思想與社會不同的層面，分析在中國史學脫離經學而獨立的過渡時期，流行的史學寫作形式所具有的特殊時代性格。

一

在記錄魏晉史學著作的《隋書·經籍志》的史部分類中，別傳屬於雜傳的範圍。不過，〈雜傳類〉著錄的史學著作中，屬於別傳的著作雖然不多。但事實上，別傳卻是魏晉時代非常流行的史學寫作形式，而且數量也很豐富。魏晉以後史書及其他的著作的注釋，如《三國志》裴松之注，《世說新語》劉孝標注；和唐宋類書如《太平御覽》、《北堂書鈔》、《初學記》以及《藝文類聚》，都蘊藏豐富的別傳資料。❸據上述六書所引別傳統計的結果是這樣的：

人物時代／書名	戰國	西漢	東漢	三國	西晉	東晉	合計
《三國志》裴注			3	19	11		33
《世說新語》劉注		1	4	7	14	64	90
《太平御覽》		4	15	35	31	22	107
《北堂書鈔》	1		3	3	3	7	17
《藝文類聚》			3	10	5	10	28
《初學記》				2	3	4	9
合計	1	5	28	76	67	107	284

上表綜合共引用二百八十四傳次，以時代區分，戰國時代的人物別傳一種，西漢時代的

❸ 除上引諸書外，劉昭《續漢志注》，李奇《文選注》，酈道元《水經注》，亦引用若干別傳，然數量甚少，且又重出，故未錄入。

五種，東漢時代的二十八種，三國時代七十六種，西晉時代六十七種，東晉時代的人物別傳一百零七種。刪去重出以後，所得的結果是這樣的：❹

時代	戰國	西漢	東漢	三國	西晉	東晉	合計
數量	1	5	12	52	46	95	211

以上統計各書所引用的別傳共二百十一種。這個數目幾乎和《隋書・經籍志・史部・雜傳》所著錄的郡書、家傳、別傳、志異、佛道等著作的總和二百一十七種相等。不過，值得注意的是，上表所列的資料，東晉時代的別傳佔第一位，三國時代次之，西晉時代第三，東漢時代第四，至於西漢及西漢以前時代的別傳就微不足道了。但是卻沒有一部屬於東晉以後南北朝時代的人物別傳。❺而且東漢末年及三國時代的別傳作品，也多出於兩晉人的手筆。

❹ 拙作，〈別傳在魏晉史學中的地位〉附錄〈魏晉別傳輯補〉，《幼獅學誌》十二卷一期。

❺ 《三國志》裴注所引用的材料至西晉為止，《世說新語》劉注所引用的材料至東晉末年。或因著作本身範圍限制，未引用南北朝時代的別傳著作。但這種現象也同樣出現在《太平御覽》中，《太平御覽》所引用的材料的範圍非常廣泛，從上古到隋唐以後，其引用了一〇七種別傳，卻沒有一種是東晉以後的著作。《藝文類聚》、《北堂書鈔》、《初學記》亦復如此。因此，將別傳發展的下限置於東晉，是

從以上所引用的資料分析，可以了解這些人物別傳出現的時代上限和下限，是從東漢末年至東晉末年的兩百年間。別傳在漢魏之際出現，經過魏晉之間的發展，到東晉以後發展至高峰，但是東晉以後就突然消逝，這的確是非常值得探討的問題。尤其值得注意的，從東漢末年至東晉末年的兩百年間，正是史學脫離經學而獨立的重要發展階段，❻別傳的形成與發展也正在這兩百年間，而且著作的數量又特別豐富。所以，別傳可以說是史學脫離經學轉變期間特殊的產物。

《隋書·經籍志》敘述別傳的淵源，可以追溯到周代。周代對於個人的傳記，由地方選擇個人的傳記資料，層層向中央呈報，最後集於內史。國家根據這些資料撰寫成傳記。不過，這些傳記資料由地方向中央呈報之時，已經過層層的選擇與刪削。選擇和刪削的標準，完全根據個人對儒家道德規範實踐的結果，亦即是「敬敏任卹」，「孝悌睦淵，有學者」，以及有「德行學藝者」等。❼這種官式的個人傳記撰寫形式，是以後中國正史列傳的版型。劉知幾對魏晉別傳稱之為別傳或私錄。❽這些別傳或私錄，和根據國家資料寫成的正史列傳是不同的。

可以肯定的。

❻《隋書·經籍志·史部》形成的歷程〉，頁二十九。

❼《隋書》，卷三十三，〈經籍志·史部·雜傳類·小序〉。

因此，魏晉別傳自有由來，上溯其淵源，在西漢時期已經萌芽。《漢書・東方朔傳》有段記載其個人的資料：

> 臣朔少失父母，長養兄嫂。年十三學書，三冬文史足用。十五學擊劍。十六學詩書，誦二十二萬言。十九學孫吳兵法，戰陣之具，鉦鼓之教，亦誦二十二萬言。凡臣朔固已誦四十四萬言。又常服子路之言。臣朔年二十二，長九尺三寸，目若懸珠，齒若編貝，勇若孟賁，捷若慶忌，廉若鮑叔，信若尾生。若此，可以為天子大臣矣。臣朔昧死再拜以聞。

這是一篇非常典型的個人自傳，這種自傳和當時的地方察舉有某種程度的關係。因為被舉者由薦主依照既定的格式，與個人提供的資料寫成舉狀。❾這種個人所提供有關自己才學與形態的記載，很可能就是魏晉別傳重要的來源。❿魏晉以後，這一類個人自傳式的著作非常流

❽《史通》，卷十，〈雜述篇〉。

❾拙作，〈魏晉雜傳與中正品狀的關係〉。《中國學人》一卷二期。

❿《隋書》，卷三十三，〈經籍志・史部・雜傳類〉有《東方朔傳》八卷，兩《唐書》〈經籍志〉、〈藝文

行。如皇甫謐敘述其少年時潛心攻讀史書的《玄晏春秋》，⓫趙至描繪個人形態的自敘。都屬

志〉同。《漢書》卷六十五朔本傳稱「世所傳（朔）他事皆非也」。又朔傳贊云：「後世好事者，因取奇言怪語附著之朔，故詳錄焉」。師古注曰：「謂如《東方朔別傳》，皆非事實也。」又曰：「言此傳所以錄朔之辭語言，為俗人多所妄附於朔耳。欲明傳所不記，皆非事實。」案姚振宗《隋書經籍志考證》「《東方朔別傳》」條：「《史記・滑稽列傳》，附褚少孫所補六事中，有東方朔事與《漢書》本有異同，似即本之別傳，少孫自言，臣為郎時，好讀外家傳語。案外家傳語，則別傳者流。然則此別傳，豈猶是前漢所傳，為褚少孫、劉子政、班孟固所見者歟。」所以，不僅《漢書》所引《東方朔自傳》，即世傳之《東方朔別傳》，可能就是魏晉別傳淵源所自。由此可知別傳源流非如《隋書・經籍志》所稱。同時，可知魏晉別傳的形式，在西漢時代已經萌芽，潛存到東漢末年以後，才逐漸發展形成。

⓫《晉書》，卷五十一，皇甫謐本傳稱其自號玄晏先生，著《玄晏春秋》。《太平御覽》，卷六〇七，引《玄晏春秋》稱：「十七年，予長七尺四寸，未通史書。與從姑子梁柳等，或編荊為楯，執杖為殳，分陳相刺，有若習兵，母數譴予，予出得瓜果，歸以進母，母投諸地曰：《孝經》稱日用三牲之養，猶為不孝。夫孝莫於欣親，今爾年平二十，志不存教，心不入道，曾無惕怵，稍慰我心，修身篤學爾自為之，於我何有？因對予流涕，予心稍感，遂攻史書」。《太平御覽》，卷二十七、四六四，《北堂書鈔》，卷九十七亦引，現有張澍輯本，書名《春秋》，體似編年，可能是中國最早的自訂年譜。

於這類自傳式的著作。⑫

除此之外，東漢末年所流行的畫讚與碑文，也是助成魏晉別傳發展的另一個條件。《續漢書・郡國志》注引應劭《漢官儀》：

> 郡府聽事壁諸尹畫贊，肇自建武，訖于陽嘉，注其清濁進退，所謂不隱過，不虛譽，甚得述事之實。

雖這些像讚的目的，是為了「存乎鑒者」。⑬但所記載的卻「甚得述事之實」。已具有個人傳記的條件。應劭的父親擔任司隸校尉的時候，曾下令諸官府與郡國，各上前人像讚。應劭將這些像讚連綴起來成為狀。⑭魏晉以後，由於個人的畫像盛行，像讚也因而特別發達。顧愷

---

⑫《太平御覽》，卷三六八引《趙至敘》：「至，字景貞，長七尺四寸，潔白，明目，赤唇」及《世說新語》，上卷，〈言語第二〉引嵇紹《趙至敘》「至長七尺三寸，潔白黑髮，赤唇明目，鬢鬚不多，閑詳安諦，體若不勝衣」略同。

⑬曹植《畫贊序》，《全上古三代秦漢三國六朝文》，〈全三國文〉，卷十七。

⑭《後漢書》，卷四十八，〈應劭傳〉。

之所畫的古代聖賢像每幅都有讚。不過，這些古聖賢的畫讚，並沒有完全脫離漢代繪畫中儒家勸戒的目的。但是魏晉時代卻有更多當時人的畫像。這些時人的畫像也都有讚，《隋書・經籍志》的〈雜傳類〉，著錄了許多這一類的像讚著作，已被視為是人物傳記寫作的一種。⓯

碑之有文始於後漢，桓靈以後，刊碑的風氣漸盛，甚至門生故舊為其府主刊碑紀功德。酈道元的《水經注》，引用了這種材料有百種之多。同時將撰寫者的姓名也刊於碑表，許多碑文多出於大家的手筆。《文心雕龍・誄碑篇》謂「孔融所創，有摹伯喈」。孔融，蔡邕都是當時的文章大家，在他們著作中碑銘佔相當份量。因此，東漢末年，碑銘已經成為很流行的著作形式。⓰魏晉時代承繼這個傳統發展。雖然魏晉時代一再下令禁斷私碑，但事實上卻未禁

⓯《隋書》，卷三十三，〈經籍志・史部・雜傳類〉有《會稽先賢像讚》五卷，不著撰人，又有《東陽堂像贊》一卷，晉南平太守留叔先撰，《三國志》，卷五十八，〈陸遜傳〉裴注引《陸氏頌》，隋唐〈志〉不著錄，又同卷注引《陸氏祠堂像贊》，亦不著錄，頌贊可能合為一書。

⓰《後漢書》，卷六十，〈蔡邕傳〉稱其所著詩賦銘誄畫記，凡四百餘篇。又蔡邕《蔡中郎集》有〈司空文烈侯揚公碑〉，〈陳太邱碑〉，〈郭有道碑〉等。《文選》，卷二十八，〈為范始興求太宰碑〉，注引〈陳寔別傳〉：「寡卒，蔡邕為立碑刻銘」。又《後漢書》，卷六十八，〈郭泰傳〉：「(蔡邕)謂盧植曰：『吾為碑多矣，皆有慚德，惟郭有道，無愧色耳。』」又案《後漢書》，卷七十，〈孔融傳〉：

斷。[17]碑文寫作必須「資乎史才，其序則傳」，[18]這種寫作體裁，雖然免不了私美。但不論敘事或取材，都和個人為單位的別傳很接近的。陶淵明所撰寫的〈晉故征西大將軍長史孟府君傳〉，後來直接形成《孟嘉別傳》，也是《晉書·孟嘉傳》主要材料的來源，〈晉平西將軍周處碑〉，即是《周處別傳》的藍本，[19]都是最好證明。

所以，魏晉別傳的淵源，與中國正史列傳不同。因此稱之為「別」，至少代表兩種意義，

「所著詩、頌、碑文、論議、方言、策文、表、檄、教令、書記凡二十五篇」。在《後漢書》許多傳記敘及個人著作時，誄銘碑文是一個不可少的項目，如馮衍「所著誄銘策說五十餘篇」，崔駰「所著詩賦碑銘二十一篇」等等。

[17] 魏晉屢頒碑禁，建安十年，曹操以天下彫敝，禁立碑，晉武帝咸寧四年，詔曰：「碑表私美，長虛偽莫甚於此，一禁斷之」。後宋文帝義熙年間，裴松之上表禁立私碑。但事實上並未禁斷，《晉書》，卷五十六，〈孫綽傳〉「于時文士，綽為其冠。溫、王、郗、庾諸公之薨，必須綽為碑文，然後刊石焉」。《藝文類聚》，卷四十五、四十六、四十七分別引孫綽〈丞相王導碑〉、〈太宰郗鑒碑〉、〈太尉庾亮碑〉、〈司空庾冰碑〉等。趙明誠《金石錄》，所收晉碑，自鄭烈及彭祈以下，就有二十多種。

[18] 《文心雕龍註》，卷三，〈誄碑篇〉。

[19] 《全上古三代秦漢三國六朝文》，〈全晉文〉，卷一四六，〈晉平西將軍周處碑〉，脫落甚多，嚴可均以《晉書》周處本傳補之。

一是「別乎正史而名之」。雖然魏晉的雜史與雜傳的寫作形式，已與正史不同。但別傳更表現了這種傾向。因為別傳不是官修的。⑳所以，沒有正史那麼濃厚的政治色彩；也沒有太多儒家的規範意識，企圖塑造某類典型，留供後人鑒戒的典型。因此，魏晉別傳所表現的社會色彩遠超過政治意義。魏晉別傳可以說是社會性的個人傳記。在隋唐以後，因為官修史學形成，這類個人傳記的材料，由於未經官方肯定，而被視為非正統的史學寫作，遂退隱於個人的文集之中。

別傳所代表的第二個意義，可作「分別」或「區別」解。㉑因此，別傳的「別」，與《隋書·經籍志·集部》〈別集〉的「別」，有程度上的相似：

> 別集之名，蓋漢東京之所創也。自靈均以降，屬文之士眾矣，然其志尚不同，風流殊別。後之君子，欲觀其體勢，而見其心靈，故別聚焉。

⑳ 湯球《晉諸公別傳·序》；又《陶淵明集》，卷五，〈晉故征西大將軍長史孟府君傳〉，注稱「此傳劉孝標注《世說新語》引作《孟嘉別傳》，案魏晉私人傳記成習，名別傳有意指出非官史」，亦作此論。

㉑ Shih-hsiang Chen, "An Innovation in Chinese Biography".

「別集」也就是個人的文集，是東漢以後個人單篇的著作集成，已出現在范蔚宗《後漢書》的列傳之中，魏晉更有個人的文集產生。每一個人的文集，都有其不同的風格。正如《隋書・經籍志》所說「志尚不同，風流殊別」。所以稱之為「別」，以示其與眾不同。同樣地，獨立的個人別傳，稱之為「別」，也有這種意味在內。也就是每一個別傳，都代表了傳主與眾不同的性格。

所以，魏晉別傳表現了兩種不同的意義，一是表現別傳與正史列傳不同；一是表現別傳傳主彼此間的不同。這兩種不同的意義卻說明一個事實，由於魏晉時代個人意識的醒覺，對個人性格的尊重與肯定。否則，就無法產生突出這個時代性格的史學著作形式。另一方面，別傳與別集都在東漢晚期出現。這個時期由於儒家思想的衰退，原來籠罩在儒家經學下的其他學術與思想，紛紛掙脫經學的羈絆而獨立，別集和別傳分別代表了文學與史學，脫離經學而獨立的轉變過程中，所出現的特殊產物。當然，這種史學寫作形式，必須在一定的社會條件與思想環境，才可以產生的。

二

魏晉別傳多不著作者，現存的二百十一種別傳，其作者可考者僅二十七種，二十三人。

在這些作者中，除一二人是三國時代人，其餘的都是兩晉時代人，因此可以為別傳在魏晉時期的發展提供一個旁證。同時分析作者與傳主的關係，對別傳形成的背景可得到進一步的了解。這些作者與傳主的關係是這樣的：

傳主	作者	作者與傳主關係	材料來源	備考
辛憲英	夏侯湛	外孫	《三國志》卷二十五〈辛毗傳〉注	
羊秉	夏侯湛	姻戚	《世說·言語篇》注	《世說·賞譽篇》注引《羊氏譜》
顧悅之	顧愷之	父子	《世說·言語篇》注	《世說·夙惠篇》注引《顧愷之家傳》
曹肇	曹毗	同族	《書鈔》卷一三〇，《御覽》卷六八九	《隋志》有曹毗撰《曹氏家傳》一卷
杜蘭香	曹毗		《御覽》，《類聚》	
顧譚	陸機	姻戚	〈吳志〉卷七〈顧譚傳〉注	

張昌蒲	鍾會	母子	《魏志》卷二十八〈鍾會傳〉注	本傳稱鍾會為其母傳
傅巽	傅玄	同族	《魏志》卷二十一〈傅嘏傳〉注引《傅子》	《隋志・子部・儒家類》有《傅子》十二卷
焦先	傅玄		《魏志》卷二十九〈方技・杜夔傳〉注	
馬鈞	傅玄		《魏志》卷二十八〈方技傳〉注	
嵇康	嵇喜	兄弟	《書鈔》卷六十八	
管輅	管辰	兄弟	《魏志》卷二十八〈方技傳〉注	
管輅	閭纘		《魏志》卷二十八〈方技傳〉注	
任嘏	陳威等	故吏	《魏志・王昶傳》注	
王弼	何劭		《魏志》卷二十一〈王粲傳〉注	又見《晉書》劭本傳

荀粲	何劭		《魏志》卷十〈荀彧傳〉注	又見《晉書》劭本傳
孟嘉	陶潛	外孫	《世說‧文學篇》注	《陶集》有〈晉故征西大將軍長史孟府君碑〉
顏含	李闡弘	姻戚	《御覽》卷二一九，三八九	《建康志》有〈晉右光祿大夫平西侯顏府君碑〉
山濤	袁宏		《世說‧文學篇》注	《三國志》注引作《山濤行狀》
王堪	謝朗		《世說‧賞譽篇》注	
孫登	孫綽		《水經‧洛水注》	綽有《高士傳》，見《水經‧洛水注》
嵇康	孫綽		《文選》卷二十一注	
趙至	嵇紹	世誼	《世說‧文學篇》注	《世說》作《趙至敘》，《御覽》作《趙至別傳》或《自敘》
郭文	葛洪		《晉書》卷九十四〈郭文傳〉	
郭文	庾闡		《晉書》卷九十四〈郭文傳〉	

曹瞞	吳人	《魏志》卷一〈武紀〉注	〈魏志〉作《曹瞞傳》，《御覽》作《曹操別傳》
阮籍	江逌	《晉書》卷八十三本傳	

考證這二十三位作者與傳主的關係，其中屬於直系親屬的兩種，即鍾會為其母張昌蒲傳，顧愷之為其父《顧悅之傳》。㉒屬於旁系親屬的兩種，即嵇喜為其弟《嵇康傳》，管辰為其兄《管輅傳》，㉓屬於同宗的兩種，即傅玄為其同族《傅巽傳》，曹毗為其族祖《曹肇傳》，㉔屬於姻

㉒《三國志》，卷二十八，〈鍾會傳〉裴注：「會為其母傳曰：夫人張氏，字昌蒲」。又《世說新語》，上卷，〈言語第二〉注引顧愷之為其父悅之傳曰：「君以直道陵遲於世，入見王，王髮無二毛，而君已班白……」云云，又《世說》，中卷，〈夙惠第十二〉注顧愷之作《顧氏家傳》載顧敷事。〈顧悅之傳〉可能是《顧氏家傳》中的一篇。

㉓《三國志》，卷二十一，〈魏志・王粲傳〉裴注稱，（嵇）喜為康傳曰：「家世儒學，少有儁才，曠邁不群」，案《晉書》，卷四十九，〈嵇康傳〉：「兄喜，有當世才」。又〈魏志〉，卷二十九，〈方技・管輅傳〉，裴松之案「辰撰輅傳」又稱「辰，是輅之弟」。

㉔案《三國志》，卷九，〈魏志・曹休傳〉：「（子）肇有當世才度」，《晉書》，卷九十二，〈文苑・曹毗傳〉：「高祖休，魏大司馬。父識，右軍將軍」。《世說新語》，上卷，〈文學第四〉注引《中興書》

戚關係的五種，即夏侯湛為其外祖母《辛憲英傳》，表叔祖父《羊秉傳》，陶淵明為其外祖《孟嘉傳》，陸機為姑祖父《顧譚傳》，㉕李闡弘「托姻氏，採集行狀」，而作《顏含別傳》。㉖除

稱毗為「魏大司馬休曾孫」，則肇為毗族祖。《隋書》，卷三十三，〈經籍志．史部．雜傳類〉有《曹氏家傳》一卷，曹毗撰。《太平御覽．職官部》引作《曹氏傳》。《曹肇別傳》或其中之一篇，又《太平御覽》，卷三二二，引《傅巽別傳》案傅巽為傅嘏伯父，見〈魏志〉，卷二十一，〈傅嘏傳〉。又〈魏志〉，卷六，注引《傅子》：「巽子公悌，環偉博達，……後客荊州，以說劉琮之功，賜爵關內侯」云云。案《晉書》，卷四十七，〈傅玄傳〉：「撰論經國九流及三史故事，評斷得失，各為區例，名為《傅子》」。《傅子》，《隋書．經籍志》入〈雜家類〉，一百二十卷，包括範圍很廣，《三國志》裴注所引《傅子》材料很多，多為論斷史事或兼述史事的。前述傅巽在荊州段，即為敘事。或即為《傅巽別傳》。巽，玄同屬北地泥陽傅氏，同為一族，傅玄為其撰傳是可能的。

㉕ 《三國志》，卷二十五，〈辛毗傳〉注引《世語》：「毗女憲英，適太常泰山羊耽，外孫夏侯湛為其傳曰：……」云云。夏侯氏與泰山羊氏累世婚姻。案《晉書》，卷三十四，〈羊祜傳〉云「泰山南城人也。……蔡邕外孫，景獻皇后同產弟。……及長，博學能屬文，身長七尺三寸，美鬚眉，善談論。郡將夏侯威異之，以兄霸之子妻之」。《三國志》，卷九，〈夏侯淵傳〉：「弟威，官至兗州刺史」，裴注引《世語》曰：「威字季權，任俠。貴歷荊、兗州刺史。子駿，并州刺史。次莊，淮南太守。莊子湛，字孝若，才博文章，至南陽相、散騎常侍。莊，晉景陽皇后姊夫。」《晉書》，卷三十一，〈景

此之外，嵇紹是嵇康之子，趙至曾從嵇康遊，而且嵇紹的從兄茂齊，與趙至「同年相親」，故此嵇紹因世誼，而為趙至寫傳。㉗

獻羊皇后傳〉：「景獻羊皇后諱徽瑜，泰山南城人，父衜。」由是知羊耽娶辛憲英，憲英為湛之外祖母。又羊祜娶夏侯霸之女，是夏侯湛之從姑母。湛之母為羊耽之女，耽為羊祜之叔父。羊琇為夏侯湛之舅氏。又《世說新語》，上卷，〈言語第二〉：「羊秉為撫軍參軍，少亡，有令譽。夏侯孝若為之敘，極相讚悼。」秉為繇之子。案《世說新語》，中卷，〈賞譽第八〉注引《羊氏譜》：「繇字堪甫，太山人。……生五子乘、洽、式、亮、悅也。」〈校記〉：「乘」，景宋本作「秉」。《羊氏譜》或即出自夏侯湛之手筆。《憲英傳》即《羊氏譜敘》中之一篇。

又《太平御覽》，卷三八九，引《顧譚傳》，《三國志》，卷七，〈吳志．顧雍附譚傳〉，裴注引作陸機所著《顧譚傳》。譚為雍之孫，邵之子，本傳稱其「少與舅氏陸續齊名」。案《晉書》，卷五十四，〈陸機傳〉：「祖遜，吳丞相。父抗，吳大司馬」。又〈吳志〉，卷十二，〈陸續傳〉：「吳郡吳人也。父康，漢末為廬江太守」。又〈吳志〉，卷十三，〈陸遜傳〉：「少孤，隨從祖廬江太守康在官……遜子抗。」則陸抗為遜之子，陸康乃機之從高祖，康三女嫁於顧邵，則顧譚為陸康之外孫，陸機之表叔祖。《陶淵明集》，卷五，〈晉故征西大將軍長史孟府君傳〉：「君諱嘉，字萬年……娶大司馬長沙桓公陶侃第十女……淵明先親，若之第四女也。」都是因姻戚關係而作傳。

㉖《通志．金石略》建康府有〈平西侯顏含碑〉。《景定建康志》作〈晉右光祿大夫平西侯顏府君碑〉。

至於作者與傳主關係不可考，或無關係的則有闊纘的《管輅別傳》。何劭的《王弼傳》、《荀粲傳》。袁宏的《山濤別傳》。謝朗的《王堪別傳》，孫綽的《孫登傳》、《嵇康傳》，傅玄的《焦先》、《馬鈞別傳》，江逌的《阮籍序贊》，庾闡、葛洪分別寫的《郭文別傳》，以及吳人所著的《曹瞞傳》，在以上作者中，除《曹瞞傳》的作者、姓名不可考，㉘以及《任嘏別傳》的作者無法肯定，㉙其他作者撰寫傳記的原因，仍然有跡可尋的。袁宏曾撰寫過《名士傳》，共分正始，竹林，中朝三個單元，山濤列名於竹林之中，《山濤別傳》或即其中的一篇。㉚《水

㉗ 《文選》，卷四十三，〈趙景真與嵇茂齊書〉，注引《嵇紹集》稱：「趙景真與從兄茂齊書，時人誤謂呂仲悌與先君（康）書，故具列本末。趙至，字景真，代郡人，州辟遼東從事。從兄太子舍人蕃，字茂齊，與至同年相親。至始詣遼東時，作此書與茂齊」。嵇紹為康之子，其所謂「故列本傳」，即《世說新語》，上卷，〈言語第二〉注所引《嵇紹敘》，《太平御覽》，卷三六八，引《趙至自敘》略同，嵇紹所作，或即以此為藍本。

㉘ 《隋書．經籍志》不著錄，《唐書．經籍志》有《曹瞞傳》一卷，吳人作。章宗源《隋書經籍志考證》「傳名曹瞞，又系吳人之作，語皆質直，不為魏諱」。案〈魏志．武紀〉裴注引吳人作《曹瞞傳》，避操諱不呼小字，而稱太祖，似經改動。

㉙ 〈魏志．王昶傳〉裴注引《任嘏別傳》，可能為其故吏陳威、劉固、上官傑所作。

㉚ 《隋書》，卷三十三，〈經籍志．史部．雜傳類〉有《名士傳》三十卷，袁仲則撰。誤將袁宏為衛宏，

經·洛水注》引孫綽《高士傳序》稱：「又在蘇門山，別作登傳」。所以，《嵇康別傳》及《孫登傳》，可能是其《高士傳》中的單元之一。至於謝朗所作的《王堪別傳》，案《世說新語·賞譽篇》稱他「作著作郎，嘗作《王堪傳》」，兩晉時，著作郎不論在任時間久暫，到任之初，都撰寫人物傳記一篇，閻纘本傳稱其「才堪佐著」，曾被舉入著作，但因為他不是甲族而不能用，裴松之也稱他「有良史風。為天下補綴遺脫」，[31]因而作《管輅傳》。至於何劭「陳說近代事，若指諸掌」，而寫《王弼傳》、《荀粲傳》。[32]

由以上分析，可以了解，別傳在魏晉時代，已成為一種非常流行的寫作形式，也是魏晉雜傳寫作的基礎。因為許多其他雜傳著作都是由別傳連綴而成，而且這些別傳的作者多是著

仲則為衛宏之字。《水經·清水注》稱為「袁伯彥《竹林七賢傳》」，《太平御覽》，卷四四七，則稱《七賢序》，《世說·文學篇》稱「袁伯彥作《名士傳》成，見謝公」云云。並謂其作分敘正始、竹林、中朝諸名士，《山濤別傳》或即為其中一篇。

[31] 〈魏志〉，卷二十九，〈方技傳〉裴注。

[32] 《晉書》，卷三十三，〈何曾附何劭傳〉，並謂其撰《荀粲傳》、《王弼傳》。〈魏志〉，卷十，〈荀彧傳〉裴注「何劭作粲別傳」，又卷二十一，《王粲傳》裴注「劭作弼別傳」。又《世說新語·文學篇》注引《王弼別傳》，不著撰人，或即何劭所撰。

名的文筆之士。另一方面可以發現，作者與傳主的關係，多因為血緣或姻戚的關係，而互相立傳。這個事實說明魏晉時代特殊社會結構的門閥制度，對當時的史學所發生的影響，尤其對別傳的產生，更提供了有利的發展條件。

自兩漢帝國崩潰以後，中國陷於分崩離析之中，但另一種新興社會力量的世家大族，不論在政治、社會與文化各方面都扮演積極的角色。其表現在史學方面的，經過東漢末年幾年政治鬥爭後的知識份子，對政治的興趣已漸淡漠；尤其東漢覆亡後，新的權力中心一時無法建立，政治的不穩定，更增添個人與政治的疏離。使得出身世家大族的載筆之士，對王朝的存續，遠不如對自己家族的興廢來得關心。尤其在「士大夫非天子所命的」的社會中，世家大族的地位，不是政治所能改變的。因此，由他們撰寫的這個時代的正史，有許多並非軍國大計的記載，而是大家世族好尚的反映。所以帝紀所述，常涉及帝王與宮廷的隱私。尤其南朝以後，帝王之家非出身軍旅，即起於寒素，更被世家大族卑視，對帝王家族悖德敗俗，有更露骨的描繪。㉝六朝史書多無表志，其原因或即在此。

掌握在世家大族手中的魏晉史學，其政治性的記載，不如社會性的資料來得豐富。雖然，司馬遷的《史記》，已創作了一系列〈游俠〉、〈貨殖〉、〈刺客〉、〈龜策〉、〈日者〉等非政治性

㉝《廿二史箚記》，卷十一，「宋齊多荒主」條。

的列傳，但東漢末年以後，這種表現與政治疏離的社會類型的傳記顯著增加。魚豢《魏略》的〈勇俠〉、〈止足〉、〈純固〉、〈清介〉；王隱《晉書》的〈處士〉、〈才士〉、〈寒雋〉；范曄《後漢書》的〈列女〉、〈獨行〉、〈方技〉、〈隱逸〉、〈文苑〉等。這些社會新類型的傳記，都是世家大族發展的結果，與政治並沒有顯著的關係。㉞同時正史列傳也成為世家大族活動的記錄，往往選擇一個家族人物為主，並配合家族內其他成員的附傳組合而成，已與正史列傳最初以人繫事的目的完全不同。這種情形的發展，後來演變成何法盛的《晉中興書》，出現了許多家族為單位的〈陳郡謝錄〉、〈會稽賀錄〉、〈琅邪王錄〉、〈濟陽江錄〉、〈陳郡袁錄〉、〈太原王錄〉的傳記。最後形成唐代李延壽不以王朝政權為嬗遞為斷限，而以一個家族盛衰為主的《南史》傳記。

所以，魏晉的史學不僅控制在大家世族手中，並且產生了支配性的影響。別傳是魏晉史學演變中的特殊產物，世家大族的發展，更是促使這種史學寫作形式產生的重要因素。關於這個問題，首先從九品官人之法討論。最初，曹氏政權建立九品官人之法的目的，雖然有抑制世家大族的意味，㉟但後來的發展卻轉變為世家大族服務，並且成為維持門第社會的重要

㉞〈魏晉對歷史人物評價標準的轉變〉，頁一三九。

㉟唐長孺，〈九品中正制度試釋〉。

工具。構成九品官人之法的品狀，不僅為魏晉別傳提供了豐富的資料來源，同時九品官人之法中的輩目和齊名，對人物類比評論方法和魏晉別傳的寫作，也發生了作用。

「品狀」是吏部選用官吏時，所根據由中正提供有關被選者個人的資料。這種品狀的資料，詳細記載了個人的才能、父祖的官爵及族望。行狀淵源於兩漢地方察舉制度。[36]兩漢政府用人，審查個人行狀是一個必經的手續。不過，魏晉九品之法形成後，選舉祇重世資，個人的學養與才能還在其次，而且舉主不是地方官吏，而改以大小中正的評狀而定。大小中正的評狀，由被稱為訪問的屬員，提供所搜集有關個人的資料作為依據，予以一個總結性的評論。然後以黃紙寫定，連同有關資料存放吏部，以備政府選舉與用人的參考。這種品狀對個人的資料非常詳細，[37]而且保存得非常完整。是魏晉別傳資料的一個重要來源。

因為兩晉世家子弟起家，多由職閒廩重的祕書郎或著作佐郎始。著作佐郎所掌是有關史料的蒐集工作，只有八個名額，眾多世家子弟等待候補，因此到職少則數十日，多則百日即轉遷。[38]但著作郎不論在職時間久暫，依規定到職後，必須撰寫名臣傳一篇。[39]這種工作對

---

[36] 拙作，〈中正品狀與魏晉雜傳的關係〉。

[37] 《南史》，卷五十九，〈王僧孺傳〉謂晉籍在戶曹前廂，有東西二庫，非常精詳。

[38] 《梁書》，卷三十四，〈張緬附纘傳〉。

博通經史，才堪著作的世家子弟而言，是沒有困難的。但對那些「上車不落則著作，體中如何則中書」的世族子弟，卻非易事。因此，上述中正品狀所提的大批資料，對個人事跡已有詳細的記載，稍加刪削即可成為傳記。所以，吏部儲存的大量中正品狀資料，成為魏晉別傳的重要來源。

另一方面，中正品狀主要的目的是對人物的品評。其對人物的品評，往往以「齊名」和「輩目」的形式表現。「齊名」和「輩目」也就是被品評者於起家前，由中正選擇與被評者同等的人物彼此互相類比，以衡量所予的品是否恰當，然後決定品狀。㊵這種類比的品評形式，往往是一個家族，或門第社會的婚姻集團，兩個或以上郡望相等的家族成員，所作的互相比較評論。㊶這種類比的品評形式，說明門第社會發展至此，其內部由於婚宦的關係，已

㊴《史通》，卷九，〈覈才篇〉。

㊵《晉書》，卷四十五，〈劉毅傳〉：「夫名狀以當才為清，品輩以得實為平」，又《太平御覽》，卷二六五引《傅子》：「魏司空陳群，始立九品之例，評次人才之高下，各為輩目。」

㊶《晉書》，卷四十四，〈鄭默傳〉：「初，〈武〉帝以貴公子當品，鄉里莫敢與為輩，求之州內，于是十二郡中正僉共舉默。……及武帝出祠南郊，詔使默驂乘，因謂默曰：『卿知何以得驂乘乎？昔州里舉卿相輩，常愧有累清談。』」

分劃成若干不同的等級，而形成了一個封閉的社會。所有的輩目或齊名的類比評論，祇限制於這個封閉的社會之內。因此，一個家族的郡望、家學、家風、婚宦都是構成一個家族高下的重要因素。這許多因素同時也反映在魏晉的史學中，形成魏晉雜傳中的家史、家傳、世錄以及代表婚姻關係的中表簿等等。同時，這種類比評論所得的結果，如「某少有美譽，與某齊名」，如「某少慕簡曠，亦有才俊，與某齊名」，「某與某齊名，俱起家為某官」等等，成為別傳寫作的固定的形式。

分析這種類比的評論形式，淵源於東漢士人的齊名類比。因為由於東漢末年士人團結共同對抗閹豎，因而有三君、八俊、八廚等人物類比的品評形式出現。㊷這種人物類比的品評形式，在本質上仍然是以兩漢地方察舉的鄉里評議為基礎，所以在根本上就存在著地域性的差異。因此，一旦原有的對抗關係消逝時，其內部必然發生分化。雖然這種分化的情況包含著學術、社會層次與地域性的差異。但最突出的還是地域性的差異，而且由於東漢帝國崩潰後，形成群雄割據的局面，因而使原有地域性變得格外尖銳化。魏晉士人階層中各言其地風土之美、人物之俊，彼此往復論難皆以此為據。㊸因此，形成魏晉雜傳中以地區為主體的「先

㊷《後漢書》，卷六十七，〈黨錮傳．序〉。

㊸《初學記》，卷八，引盧毓〈冀州論〉，《全後漢文》，卷八十三，輯孔融〈汝潁優劣論〉，《世說新語》，

賢」、「耆舊」等類傳。也是作為這些類傳基礎的別傳，形成另一個重要的原因。

三

關於別傳形成的思想背景，特別選擇描繪魏晉人的才情，突出魏晉人物個性的《世說新語》加以分析。劉義慶的《世說新語》不僅是一部充滿智慧的著作，而劉孝標對其所作的補注，曾引用大量魏晉別傳材料。在一千一百多條《世說新語》及其補注中，前後出現的人物共有六百四十一人。[44]這些人物分別生存在自二世紀晚期的東漢末年，至四世紀末的晉宋之際。這兩百年也正是魏晉別傳形成與發展的時期。因此，分析《世說新語》所表現的意義，對別傳形成的背景也可以得到進一步的了解。

漢晉之際的兩百年，是中國思想轉變的重要發展階段。《世說新語》所表現的，正是這個轉變過程中，舊的社會道德規範鬆懈後，新的價值觀念形成之間，原來約束在儒家道德規範下的個人獲得解放的機會，突破儒家理想人格的框限，形成更多非儒家新性格類型的發展階

上卷，〈言語第二〉，伏滔、習鑿齒論青楚人物，皆是。

[44] 拙作，〈《世說新語》與魏晉史學的關係〉附錄〈《世說新語》所見人物表〉，見《陶希聖先生八秩榮慶論文紀念集》。本文討論的資料與論證，取自該文。

段。《世說新語》所記載的機智的論辯、生活的情調、藝術的情趣、感情的奔放，都說明了這個事實。關於這個問題，分析《世說新語》的目錄可以了解。

現行的《世說新語》目錄，共分上中下三卷共三十六篇。[45]這三十六篇是對不同新個性類型歸納的總結。上中下三篇的排列秩序，代表這些個性類型不同的發展與形成階段，[46]《世說新語》上中下三卷三十六篇排列的秩序計上卷四篇，中卷九篇，下卷二十三篇，每卷篇幅不平均。很明顯地，這種分類排列方法，不是以篇幅多寡為標準的。

首卷四篇是德行、言語、政事、文學，這正是《論語・先進篇》，記載孔子就其弟子因才

[45] 日本前田氏宋紹興八年刊《世說新語》三卷，為今《世說新語》最古的全本，由日本尊經閣景行，分上、中、下三卷，三十六篇，（見楊勇《〈世說新語〉書名卷帙版本考》，《東方文化》，八卷一期）或齊梁間形制即如此。

[46] Richard B. Mather 認為《世說新語》的編目是以類書的形態出現，如一至八卷敘德行，九至十七卷敘文化及知識份子，卷十八敘隱逸，卷十九敘賢媛，卷二十至二十一敘巧藝，卷二十二至三十六敘各種人物之個性。他又認為《世說新語》所描繪的世界過於狹窄，所述人物不出帝王將相、高官、隱士之流而已。其所論斷，與本文不同。說見氏譯 *Shih-shuo Hsin-yu: A New Account of Tales of the World* (*Univ. of Minnesota Press, Minneapolis, 1976*), “Introduction”.

施教，把弟子分成四組的分類方法。㊼這四種類型，也是漢代儒家知識份子所追求的理想目標。後來班固所撰的〈古今人表〉，即以德行為基點分化而成的。《漢書・古今人表》將歷史人物，自聖人、仁人、智人到愚人，分為上上，上中，上下……和下下九等。這種分類方法，是以孔子的「生而知之者，上也；學而知之者，次也；困而學之，又其次也，困而不學，民斯為下矣」的標準，分成「可與為善，不可與惡」的上智，「可與為善，可與為惡」的中人，以及「可與為惡，不可為善」的下愚。這種善惡的標準，完全視實踐儒家道德規範的程度而定。不過，班固《漢書》的〈古今人表〉雖稱為「古今」，但所收錄的都是西漢以前的歷史人物。至於西漢以後的人物，卻連一個也沒有被納入。因此受到後世學者的批評與非議。㊽不過《漢書》立〈古今人表〉，班固很明顯地表示，是為了「顯善昭惡，勸戒後人」。因此他在這個原則下，「篇章標舉，通於上下，略差名號，九品之敘」。㊾「旁貫五經，上下洽通」，正是班固撰《漢書》表志的經典之義所在。㊿他寫〈古今人表〉的目的是為了「通人理」，也

㊼《史記》，卷六十七，〈仲尼弟子列傳〉。

㊽《史通》，卷三，〈表歷篇〉。

㊾《漢書》，卷一〇〇，〈敘傳〉。

㊿《漢書・敘傳》顏師古注。

就是以儒家經典來作貫穿，打破古今時間上下的界限，將古往今來的人物，納入九等框限之中，作一個綜合的評價。然後以這種評價為基礎，作為他撰述《漢書》選擇當代歷史人物作敘事的標準。這是他企圖以儒家的道德標準，塑造出漢代理想人格的主要用意所在。[51]

東漢初期，光武帝重視名節之士，特別對於王莽時代，「裂冠毀冕，相攜持而去」的士人格外重視。雖為激勵名節，實際卻有現實的政治目的在內，企圖將個人的道德人格歸納在儒家的絕對權威之下，與政治凝合為一。但這種將個人的道德與政治凝合為一的情況，到東漢晚期以後，因為「帝德稍衰，邪孽當朝」，以及作為最高政治指導原則的儒家思想，本身開始僵化，漸漸形成個人的道德與政治分離。原來統一在儒家思想下的理想人格，開始作層次的分化。以李固等為代表的「上以殘闇失君道，下以篤固盡臣節。臣節盡而死之」，[52]還堅持儒家道德與政治結合的最後理想；以李膺為代表的「激素行以恥威權，立廉尚以振貴執」，[53]卻表現了個人道德與政治漸漸分離。最後形成「蟬蛻囂埃之中，自致寰區之外」的逸民。[54]逸

[51] 拙作，〈漢晉對歷史人物評價標準的轉變〉。
[52] 《後漢書》，卷六十三，〈李固傳〉。
[53] 《後漢書》，卷六十七，〈黨錮・李膺傳〉。
[54] 《後漢書》，卷八十三，〈逸民傳・序〉。

民的出現，象徵個人與國家政治權力分離。也就是說國家集體的政治權力下降，個人獨立的意識上升。漸漸出現了儒家道德規範以外的人格，這是東漢末年至魏晉之間非常重要的轉變。

不過在東漢國家集體權力下降，個人意識上升，使得士人所追求的理想人格分化之際，士人的社會地位反而提高，因為在外戚與宦官的權力鬥爭中，他們所表現的道德勇氣，受到社會普遍的尊敬。因此在《世說新語》的首篇是〈德行〉，最初所出現的人物是陳蕃、李膺、郭林宗、陳寔等。他們都是當時「言為士則，行為世範」的清流知識份子的表率。[55]他們有非常高的社會聲譽，與社會影響力量。他們的言行模式，往往成為其他知識份子仿效的對象，形成新的性格類型。而且他們對其他知識份子所作的評價，亦可作為新的性格類型的一部分。不過，他們所追求的在形式上，雖然仍是儒家理想的人格，但在內容和實質上已和過去不同。因為他們所表現的行為，已將對國家效力的目標下移，轉變為區域性的服務，以及家族間的孝悌、朋友間的信義，藉此突出個人的特立獨行，以提高個人的社會聲譽，及對社會輿論的影響力。所以《世說新語》選擇這個時期作為起點，開始敘述儒家理想人格的分化與轉變，是非常具有歷史意義的。

在這個轉變時期中，像儒家的理想人格轉變一樣，同時也發生在學術思想方面，儒家思

---

[55]《世說新語》，上卷，〈德行第一〉。

想在兩漢時代，不論在學術、社會、政治、文學、藝術各方面，都居於唯我獨尊的支配地位。尤其在學術方面，除了經學之外，便無其他學術可言。不過，從東漢末年開始，經學本身也開始轉變。因此，《世說新語．文學篇》，選擇馬融與鄭玄師弟關係開始，說明東漢末年師弟關係的轉變。這種轉變對後來鄭玄遍注群經，不別今古、不守家法有一定程度的影響。不別今古、不守家法是東漢經學解釋轉變的重要關鍵。[56]所以〈文學篇〉所敘述的不僅是文學，也說明漢晉開始由經學轉向玄學的學術流變。不過，就通篇而論，雖言文學，事實上卻與〈言語篇〉較為接近，所載的都是當時名士言談、時興的巧言慧語。這種巧言慧語就是魏晉清談的形式，也就是談辯。談辯之風起於東漢末年。或謂談辯之興，與兩漢地方察舉有關。不過，兩漢地方察舉的鄉閭評議，到東漢末年轉變為名士對人物的品評與清議，對談辯之興發生了推波助瀾的作用。不過由談辯之風的興起，而使守家法講章句的經學衰微。因此，〈文學篇〉選敘馬融、鄭玄就是為了敘述這個轉變的開始。至於政事，依儒家的解釋是「政事得其處」。也就是說佈政治事，各得其所施之處。不過，東漢末年的政治，已有法家的傾向。下至三國時代，形成曹魏的名法之治。〈政事篇〉第一條載：

---

[56] 拙作，〈漢晉間經書解釋的轉變〉。

> 陳仲弓為太丘長，時吏有詐稱母病求假。事覺收之，令吏殺焉。主簿請付獄，考眾姦。仲弓曰：「欺君不忠，病母不孝。不忠不孝，其罪莫大。考求眾姦，豈復過此？」

出身潁川的陳氏有法家的傾向，此條所表現的更是法家的精神。說明當時的政事，也在轉變中。

所以，在第一卷裡的四篇，雖然在形式上還保持儒家四科施教的名目，但事實上卻是有新的內容。說明了《世說新語》開始在一個轉變的時代，這種轉變包括了政治、學術及價值觀念各方面。同時由於儒家思想的支配力量減弱，個人意識的上升，使得個人的性格向不同的方向發展，鑄成儒家四種之外的新類型。

中卷的九篇，自方正、雅量、識鑒、賞譽、品藻、規箴、捷悟、夙慧、豪爽等，就是在儒家理想人格作層次分化的轉變期中出現的個性新類型。很明顯地，這些個性的新類型，是東漢末年的人物品評識鑒之風影響下形成的。不過，在中卷裡所出現的人物個性的新類型，是從儒家理想人格類型轉化出來的，因此在某種程度上還是以儒家道德規範為依據。後來經過曹操有計劃的摧殘，以及魏晉之際政治的變動，而使知識份子的理想人格徹底與儒家道德規範分離。使儒家理想人格徹底破產的是曹操。

出身閹豎家族的曹操，雖然最初也必須經過名士許劭的品評，始能擠入清流。但不論他的政治立場或社會成分，都是和當時清流之士對立的。不過，他深深了解這批名士對當時的政治與社會產生的作用與影響；以及他們互相標榜，臧否人物，不僅影響政府用人的權力，同時在社會上造就一批名實不符實的浮華之士。如果曹操想建立強有力的中央集權，或更進一步篡奪劉氏政權，都必須先剷除這些出身於大家世族的名士。因此打擊大族與抑制名士的交遊與清議，便成為曹氏政權祖孫三代一貫執行的政策。建安十年曹操擊破大族集團代表人袁紹之後，立即頒佈一道破除冀州地區的朋黨令。接著建安十五年春、十九年冬、二十二年秋連續頒佈了三道命令，一再強調他唯才是舉的用人政策。徹底否定了兩漢才德並舉的選舉標準；同時也摧毀了兩漢士人在儒家道德規範薰陶下，所鑄造的理想人格。

魏武三令充分表現曹魏政權名法之治的精神。由於政治上實行名法之治，因而「形名之學」也成為當時流行的學問。「形名」之學也可以稱為名家之學，其理論基礎是以「檢形核名」為中心，「崇名核實」為骨幹而形成的。但在事實上，和儒家的「正名」、法家的「核檢名實」是接近的。[57]這種思想的流行是針對東漢名士月旦人物、標榜交遊、選士名不符實而引起的。

由於兩漢地方察舉主要的依據是鄉閭評議，而鄉閭評議的基礎又建立在人物的鑒識和品

---

[57] 湯用彤，〈讀《人物志》〉。

評上。但東漢末年對人物的品評，實際上卻操在一批名士之手，一經他們品題，即身入清流。結果，不僅干涉了政府用人的權力，而且形成朋黨交遊，浮華相尚的風氣。這種現象，已引起當時一批名政論家如崔寔、仲長統、徐幹、王符的痛心疾首，而作了痛切的批評。他們的立論都是以崇名核實為據。針對這個問題，出現了對人物觀察分析的學問，如鍾會的才性異同之論、劉劭的《人物志》，都在這時出現。

尤其是劉劭的人物論，不僅總結了漢末人物品評鑒識的風氣，並對人物的觀察分析，提出了系統的研究。[58]劉劭的《人物志》的序文言及孔子序門人以為四種；論眾才以辨三等，《人物志》敘列人物，首列有中庸至德的聖人，然後是以德為目的兼才；次為偏至之才自名，這就是他所稱的三度，是謂出自孔子的分眾才為三等。除此之外，抗者過之，拘者不逮，是謂出自孔子所說的狂狷。至於一至至違亂德的人，則是被孔子所斥為悾悾無信之人。這種分類方法在形式上，雖然採用儒家的觀點，可是在基本精神上，卻忽略了儒家為善為惡的倫理道德觀念。這種善惡的道德標準，正是班固〈古今人表〉的基礎。分析《人物志》的主旨，

[58] 劉劭是魏晉的名法之臣，不僅編纂《人物志》，並且還為魏晉政權著過考核人物的〈都官考課七十二條〉，其《人物志》也是配合當時的政治情況而編纂的，立論以名實相符為歸的，這也是劉劭《人物志》在《隋書·經籍志》列於〈名家類〉的原因。

可分為八點。一是品人物則由形所顯觀心所蘊；二是分別才性而談其所宜；三是驗之行為以正其名目；四是重人倫尚談論；五是察人物常失于奇優；六是太平必賴聖人；七是創大業則尚英雄；八是美君德主中庸無爲。[59]由此可知，劉劭的《人物志》和曹魏制定的九品官人之法一樣，在形式上雖然表現承繼了儒家的傳統，而且總結了東漢末年人物品評鑒識的風氣，但實質上卻是當時流行的崇名核實的思想基礎，同時更配合了當時政治需要為前提的。劉劭的《人物志》似乎要突破班固《漢書・古今人表》的框限，掌握東漢末年人物評價的潮流，根據當時流行的思想為基礎，並且配合現實政治的實際需要，另外鑄造新的理想人格標準，恰與東漢末年儒家思想衰退，士人追求的儒家理想人格作層次的分化情況匯合。[60]於是形成《世說新語》中卷自方正、雅量、識鑒等九種不同的性格的類型。這個時期正處於新的個性類型形成的過渡時期。《世說新語》中卷所表現的，正是過渡期間轉變的現象。

然後，由於司馬氏家族與曹氏政權鬥爭，以及玄學的發展，使個人的個性和儒家的道德規範完全分離。不過玄學初起之時，並不完全否定儒家思想。但發展至阮籍之際，不僅否定儒家傳統的禮教，而且棄之若敝履。他們所以如此，乃是自高平陵之變後，曹氏政權完全控

---

[59] 同[57]。

[60] 〈魏晉玄學與個人意識醒覺的關係〉，頁一五三。

制在司馬氏家族手中，協助司馬氏篡奪曹氏政權的，和司馬氏家族一樣都是世家大族。他們的結合，象徵著曹氏政權抑制的世家大族，對名法之治的一種反抗，於是他們又極力提倡儒家的禮教。但他們所提倡的禮教，卻只是空洞虛偽的形式，而且那些高門大族及帝王之家敗德傷俗的作為，是和儒家的道德規範完全背道而馳的。

因此，引起一部分士人的蔑視與激烈的反對，阮籍、嵇康就是代表人物。他們不再像初期的玄學家荀粲、王弼，對於儒家思想僅採取懷疑的態度，企圖挽救儒家思想於危機之中。於是，更進一步菲薄堯、舜、周公、孔子，而徹底的破壞禮法，阮籍在他的〈大人先生傳〉裡，激烈地攻擊禮法，認為禮法「誠天下助殘賊，亂危亡之術耳」！[61]這是對當時虛偽的禮教形式所作的公開挑戰。他們追求的生活情趣和人生的理想，是另一種境界，也就是嵇康在他的〈養生論〉中，所說的「越名教而任自然」。所以，嵇康批評儒家對個人個性的約束，他認為六經以抑引為主，人性以從欲為歡，抑引則違其願，從欲則得自然。[62]魏晉玄學發展至此，個人和名教完全對立起來，傳統禮教對個人的約束完全失去作用，這個轉變結合了漢末以來知識份子自我意識醒覺的發展趨勢，使得個人的個性放任發展，最後獲得徹底的解放。

---

[61] 《晉書》，卷四十九，〈阮籍傳〉。

[62] 《文選》，卷五十三，〈嵇叔夜養生論〉。

嵇康與山濤絕交書中，提出的「七不堪」與「二不可」，就是完全突破儒家道德規範，個性極端發揮的具體表現。[63]

由於阮籍、嵇康對現實政治極端失望，進而蔑視統治階級所提倡的虛偽禮法。最後率性而行，形成魏晉時代個人性格多方面的發展。因而形成《世說新語》下卷與儒家理想人格完全不同的新個性類型，所以《世說新語》出現的三十六種新個性類型，是漢晉之際思想與政治轉變交互影響下的產物。《世說新語》所表現的，正是個人脫離儒家理想人格後，非儒家性格新類型形成的發展過程。由於這些新性格類型的出現，對人物的評價也產生了新的標準，並對魏晉別傳選擇人物與材料，提供了新的條件。

63 《文選》，卷四十三，〈嵇叔夜與山巨源絕交書〉。

魏晉對歷史人物評價標準的轉變

班固批評司馬遷的《史記》「論大道則先黃老而後《六經》，序遊俠則退處士而進姦雄，述貨殖則崇勢利而羞賤貧」。❶而范曄又批評班固《漢書》的論贊，「任情無例，不可甲乙辨，後贊於理近無所得」，但對他自己《後漢書》的論贊卻自負「皆有精意深旨」，「筆勢縱放，實天下之奇作」。❷

雖然文人相輕自古已然，不過他們交互的批評，卻說明了每一個時代的史學著作，都有其個別的特色。尤其代表作者個人意見的論贊部分，更表現了作者本身所感染的時代色彩。范曄批評班固對於歷史人物的評論，不能像魏晉以來的史學家，予以一個具體卻又抽象的評價，並且突出這些歷史人物所具有的特殊性格。

---

❶《漢書》，卷六十二，〈司馬遷傳〉。

❷《後漢書》，〈獄中與諸甥姪書〉。

關於這個問題，首先從范曄的《後漢書》來討論。在范曄以前，已有許多記載後漢時代的歷史著作。自東漢明帝時，敕命班固、劉珍等開始搜集光武帝時代的資料，編寫成本紀、表、列傳，以後漸漸增補，到靈帝時完成《東觀漢記》。後來又有三國時代吳國謝承的《後漢書》、晉薛瑩的《後漢記》、司馬彪的《續漢書》、華嶠的《後漢書》、謝沈的《後漢書》、張瑩的《後漢南記》、袁山松的《後漢書》，以及晉張璠、袁宏以編年體裁寫的《後漢紀》。❸這些著作都是范曄撰寫《後漢書》根據的材料。不過，范曄以前的各家《後漢書》，以華嶠的《後漢書》最佳，❹范曄引用也最多，尤其華嶠對於歷史人物的評論部分。❺所以范曄的《後漢

❸《史通》，卷十二，〈古今正史篇〉。文中華嶠《後漢書》作《漢後書》。《隋書》，卷三十三，〈經籍志・史部〉。

❹《史通》，卷四，〈序例篇〉載：「追華嶠《後漢》，多同班氏。如〈劉平〉、〈江革〉等傳，其序先言孝道，次述毛義養親。此則《前漢・王貢傳》體，其篇以四皓為始也。嶠言辭簡質，敘致溫雅，味其宗旨，亦孟堅之亞歟？」。

❺袁宏《後漢紀》，卷十八，「陽嘉元年」條引華嶠曰：「……善言古者必有驗於今，善言天者必有驗於人，而托云天之曆數、陰陽、占候，今所宜急也。占候、術數，能仰瞻俯察，參諸人行，禍福吉凶既應，引之教義，亦有著明。此蓋道術之有益於後世，為後人所尚也。」與范曄《後漢書》，卷三

書》，是把東漢以來關於這個時代的歷史著作，作了最後的總結，代表了魏晉史學家對歷史人物評論與兩漢不同的特色。

雖然范曄承襲了《漢書》以斷代為史的體裁，但在取材、結構與人物評價方面，已經發生了某種程度的轉變。《後漢書》削去《漢書》承繼《史記》遺緒的〈遊俠〉、〈貨殖列傳〉，又新增添〈文苑〉、〈獨行〉、〈方術〉、〈逸民〉、〈列女〉等類傳，這些人物的類傳，就是范曄自鳴得意「皆有精意深旨」的雜傳。這些雜傳出現在《後漢書》之中，並不完全是范曄個人卓越的創見，而是自東漢末年至魏晉時代思潮轉變下凝結的產物。

劉知幾批評《後漢書》立〈文苑傳〉，認為是「遺棄史才，矜衒文彩」，❻但〈文苑傳〉的出現正表現了這個時代的特色。因為東漢末年，儒家思想失去原有的權威，於是，在經學籠罩下的史學、文學與藝術，都逐漸脫離儒家的羈縛而獨立。文學和史學，經過最初的經史

十下，〈郎顗・襄楷傳・論〉相同：「古人有云：善言天者，必有驗於人。而張衡亦云：天文、曆數、陰陽占候，今所宜急也。郎顗、襄楷能仰瞻俯察，參諸人事，禍福吉凶既應，引之教義亦明。此蓋道術所以有補於時，後人所當取鑒者也。」。又，《後漢書》，卷二十八，〈馮衍傳・論〉「……光武雖得之於鮑永，猶失之於馮衍。」章懷注稱「自此已上皆華嶠之詞」。

❻《史通》，卷四，〈序例篇〉。

分離而獨立，然後文史合流，最後文學、史學各別自立門戶。這種轉變自東漢末年開始，經魏晉而形成。因此，東晉以後的范曄遂掌握這個轉變的趨向，樹立了「情志既動，篇辭為貴」的〈文苑傳〉。❼

《後漢書》將蔡琰編入〈列女傳〉，劉知幾認為像這類失節婦人竟也見於史書，使後來「彤管所載，將安準的？」❽這和范曄承繼華嶠的《後漢書》體裁，將后妃列入本紀一樣，表現了魏晉以來女性的社會地位已相對提高，正史的〈列女傳〉就是在這個基礎上出現的。另一方面將蔡琰編入〈列女傳〉，也打破後漢以來在名教統一下，以實踐儒家道德規範為標準的貞婦、孝女的範圍，有了新的轉變。《晉書・列女傳》所記載婦女也參與男子的清談，以及《世說新語》所記載魏晉新女性各方面的表現，都是很好的說明。

記載孝行、忠義、友誼特殊表現的〈獨行傳〉，倒是受了後漢時代標榜名節的潮流影響。至於〈逸民傳〉，卻是對後漢政治腐敗的反映。原始儒家本來對於隱遁就有很高的評價，司馬遷將伯夷、叔齊置於列傳之首，就是肯定隱逸在儒家思想裡的價值，並予以最高的道德評價。

❼《後漢書》，卷八十，〈文苑傳贊〉。

❽《史通》，卷六，〈人物篇〉載：「董祀妻蔡氏，載誕胡子，受辱虜廷，文詞有餘，節概不足，此則言行相乖者也。至蔚宗《後漢》，傳標〈列女〉，徐淑不齒，而蔡琰見書。欲使彤管所載，將安準的？」

因為這些隱逸於巖穴之中的人，他們的去留同時也成為政治得失的批判。所以東漢開始，光武帝就特別重視名節之士。不過他對於那些在王莽時代，「裂冠毀冕，相攜持而去之者」的搜求，❾卻有著激勵名節、實現政治目的的意味。和〈獨行傳〉一樣，祇是將個人的道德、人格歸納在儒家思想絕對權威之下，與政治凝合為一。但這種個人道德人格與政治凝合的情況，到東漢晚期以後，因為「帝德稍衰，邪孽當朝」，❿以及作為最高政治指導原則的儒家思想，本身開始僵化，漸漸形成個人道德與政治的分離，原來統一在儒家思想下的理想人格，也開始作層次的分化。以李固等為代表的「上以殘闇失君道，下以篤固盡臣節。臣節盡而死之，則為殺身以成仁，去之不為求生以害仁」，⓫還堅持儒家道德與政治結合的最後理想。以李膺為代表的「激素行以恥威權，立廉尚以振貴執」卻已表現了個人道德與政治漸漸分離，⓬最後形成「蟬蛻囂埃之中，自致寰區之外」的〈逸民傳〉。⓭因此，〈逸民傳〉的形成象徵著個

❾《後漢書》，卷八十三，〈逸民傳・序〉。

❿同❾。

⓫《後漢書》，卷六十三，〈李固・杜喬傳論〉。

⓬《後漢書》，卷六十七，〈黨錮・李膺傳論〉。

⓭同❾。

人與國家政治權力的分離。國家集體的政治權力下降，個人意識的上升，是東漢末年至魏晉之間意識型態領域裡重要的轉變。⓮

表現漢晉間思想轉變的另一個特色，是〈方術傳〉的確立。雖然劉知幾認為「范曄博採眾書，裁成漢典，觀其所取，頗有奇工。至於〈方術〉篇及諸蠻夷傳，乃錄王喬、左慈、廩君、槃瓠，言唯迂誕，事多詭越。可謂美玉之瑕，白圭之玷」，⓯范曄的《後漢書・方術傳》，的確搜集許多鬼怪的材料。由於這些材料的出現，或者認為與范曄的道教信仰的家世有關。⓰但事實上，不僅范曄的《後漢書》有這一類的記載，在魏晉時代其他的史書也有這類的記載，因此這種在當時被稱為「志異」的著作，是當時一種非常流行的寫作形式。這種超越現實世界的異常現象，不僅被認為是一種真實的存在，而且被肯定為歷史事實的一部分著錄史部。這類在唐宋以後才劃入小說範圍的作品，是由於魏晉玄學發展而促成的。中國的小說最初出於方術與方士。⓱而魏晉玄學思想的本身已有方術的傾向。所謂《莊》、《老》、《易》並稱的

⓮〈魏晉玄學與個人意識醒覺的關係〉，頁一五三。

⓯《史通》，卷八，〈書事篇〉。

⓰陳寅恪，〈天師道與濱海地域之關係〉。

⓱王瑤，〈小說與方術〉。

「三玄」，有宗教神秘和哲理深奧兩種不同的意義，因此魏晉時代名士所談的玄，就有宗教的神秘和哲理不同的區別。⓲這裡所謂的宗教神秘，指中國原始宗教的巫、方術、仙道而言，何晏與王弼所尋求的哲理的深奧，阮籍、嵇康雖然也談「三玄」，但他們對於「三玄」的解釋已有了方士的色彩，並且還有宗教的神秘氣氛。由於阮籍與嵇康在思想與行為雙方面，都受了方士的影響，魏晉「三玄」發展到這裡，名士的玄談與方士的神秘就凝合為一了。同樣，這種方士的思想隨著當時所流行的道教，又與大家世族結合。由於名士方士化的傾向，以及魏晉以來的個人，自儒家道德規範約束下解放，個人意識的自覺隨著玄學的形成而發展，使個人感情與個性，都獲得充分發揮的機會。⓳這個轉變發展到阮籍與嵇康時代，又有了新的趨向，即徹底破壞儒家傳統，尋求個人個性與感情的完全解放。就在這個時候，「三玄」也滲入方士宗教神秘色彩，二者之間產生了相互的影響，志異也隨著進入了史學記載的領域。魏晉史書滲入超越現實世界的異常現象，是由於儒家思想衰退後，對非儒家思想的價值再重新認識與肯定的結果。范曄的《後漢書‧方術傳》，就是以這種轉變為基礎而產生的。

⓲ 范寧，〈論魏晉時代知識分子的思想分化及其社會根源〉，《歷史研究》，一九五五年四期；又，〈論魏晉志怪小說的傳播和知識分子思想分化的關係〉，《北大人文科學》，一九五七年二期。

⓳ 同⓮。

相反的，《漢書》對歷史人物的評價，卻完全依據儒家的思想，當然因為班固生長在儒家思想定於一尊的時代，而且又出於經學世家，除此之外，他別無選擇。所以由儒家道德規範演化而來的《漢書．古今人表》，成為他評價歷史人物的準則。《漢書．古今人表》將歷史人物，自聖人、仁人、智人到愚人，分為上上、上中、上下以至下下九等。這種分類方法，是以「生而知之者，上也；學而知之者，次也；困而學之，又其次也；困而不學，民斯為下矣」的標準，[20]分成「可與為善，不可與為惡」的上智，「可與為善，可與為惡」的中人，以及「可與為惡，不可與為善」的下愚。[21]所謂善惡的標準完全視對儒家道德規範實踐的程度而定。不過班固的《漢書．古今人表》雖稱之為「古今」，但所錄的卻都是西漢以前的人物，西漢以後的人物一個也沒有被「博采」，[22]雖然後來的學者認為這是一篇沒有完成的著作，但在被稱為開中國斷代史先河的《漢書》裡，竟有一篇祇錄漢以前歷史人物，而對漢代的歷史人物一個不取，的確是耐人尋味的事。不過，《漢書》立〈古今人表〉的目的，是為了「顯善昭惡，勸戒後人」，[23]因此「篇章博舉，通于上下，略差名號，九品之敘」。[24]「通于上下」正是《漢

---

[20] 《漢書》，卷二十，〈古今人表．序〉。

[21] 同[20]。

[22] 同[20]。

書》的意旨所在之處：

> 以述《漢書》，起元高祖，終于孝平王莽之誅，十有二世，二百三十年，綜其行事，旁貫《五經》，上下洽通，為春秋考紀、表、志、傳，凡百篇。㉕

顏師古認為班固「所撰諸表序及志，經典之義在於是也」，㉖的確，《漢書》的〈古今人表〉與志書都超越了《漢書》斷代為史的範圍的。班固的《漢書・敘傳》又說他寫〈古今人表〉是為了「通于上下」，也就是以儒家經典貫穿，打破古今時間上下的界限，將古往今來的人物納入九等的框限之內，作一個綜合的評論。然後又以這種評論的基礎，作為《漢書》選擇當代歷史人物的標準。不過將不同的性格與類型的人物限於九等之內，既沒有彈性又不客觀，同時完全以儒家思想為本位的歷史人物評論，當然無法適應東漢末年至魏晉儒家思想自第一

㉓ 同⑳。

㉔ 《漢書》，卷一〇〇，〈敘傳〉。

㉕ 同㉔。

㉖ 同㉔。

線退卻的變動時代，這是范曄批評班固「任情無例，不可作甲乙辨」的原因。

事實上，從東漢開始，歷史人物傳記的類型，已有擴大的現象。魏郎中魚豢的《魏略》，是記載東漢末年歷史比較詳盡的一部書。㉗雖然這部書早已佚失，但從各家轉引的殘篇裏，可以發現《魏略》有〈儒宗〉、〈純固〉、〈清介〉、〈勇俠〉、〈苛吏〉、〈游說〉、〈佞倖〉、〈知足〉等類傳。㉘另外，東晉王隱所撰的《晉書》，又有〈處士〉、〈寒雋〉、〈鬼神〉等傳，㉙這些不同的類傳出現，象徵魏晉的史學家，已經漸漸突破《漢書．古今人表》，祇以儒家道德標準評

㉗《隋書》，卷三十三，〈經籍志．史部．雜史〉有「《典略》八十九卷。魏郎中魚豢撰」，而無《魏略》。《隋書》，卷三十三，〈經籍志．史部．雜史〉。《舊唐書．經籍志．正史》類有「《魏略》三十八卷」，〈雜史〉類有「《典略》五十卷」，都是魚豢所撰。裴松之注《三國志》引用魚豢《魏略》最多。

㉘以上各種類傳，除《梁書》，卷五十二，〈止足傳．序〉提到「魚豢《魏略．知足傳》」外，其他都見於《三國志》裴松之引注。

㉙〈鬼神傳〉見《史通》，卷八，〈書事篇〉：「而王隱、何法盛之徒所撰晉史，乃專訪州閭細事，委巷瑣言，聚而編之，目為鬼神傳錄，其事非要，其言不經。」〈處士〉、〈寒雋〉傳見《史通》，卷四，〈稱謂篇〉：「若王《晉》之〈十士〉、〈寒雋〉，沈《宋》之〈二凶〉、〈索虜〉」。「通釋」謂「(十士寒雋) 文與〈二凶〉、〈索虜〉對擧，亦列傳中之篇名也。王隱《晉書》已亡，無可考證。」

論歷史人物的界限，更自由地從多方面評論歷史人物。這是自東漢末年至魏晉以來，個人突破儒家道德規範的約束，使個人個性可以向多方面發展，另外建立新人生價值標準的結果。

儒家思想在兩漢時代，不論在學術、社會、文學、藝術各方面，都居於唯我獨尊的支配地位，但發展到東漢晚期已漸漸衰頹，在形式和內容方面都開始凝結。六經刊石，經文從此固定，馬融、鄭玄注經雖博採古今，但經學的宗派也因此形成。㉚一種行之已久的文化意識，經過數百年的發展以後，不僅定型而且成為傳統的權威，人們對它祇有接受或不接受的選擇，很難再作些微的調整或轉變。㉛於是這種已經定型的文化，由定型而失去彈性，因失去彈性而僵化，最後終因不能適應新的變動環境而解體。舊的權威既已失去原有的作用，新的秩序又無法短時建立，自然就陷於分崩離析之中。於是在傳統約束下的個人，就開始對過去的偶像發生懷疑，經過自我的反省以後，而發現自我的存在，最後個人終於從傳統的約束中解放出來，這是漢晉間思想轉變過程中所出現的特殊景象。㉜在這個轉變過程中，為了尋求能適應這個混亂時期的精神指導原則，於是老莊之學便應運而生。老莊之學的清談也流行在當時

㉚ 同⑭。

㉛ 沈剛伯師，〈論文化蛻變兼述我國歷史上的第一次文化大革新〉。

㉜ 同⑭。

的世族社會，因而促使當時的倫理生活，突破漢代禮教形式的約束，而產生個人意識的醒覺。因轉變而產生新的人生價值觀，也為這個時代的史學家提供了對歷史人物新的評論標準。

雖然魏晉思想的轉變，提供了這個時代歷史人物評論新的價值觀念，但對於人物評論的形式卻是承繼東漢演變而來的，由於魏晉以兩漢鄉黨輿論為基礎，確立了選用官吏的九品制度，促使這個時代人物評論風氣的盛行，記錄魏晉時代社會逸聞軼事的《世說新語》，就是這個時代人物評論的結晶。一千一百多條的《世說新語》，其中約三分之一是對於人物直接的品題，其他的三分之二則是對人物間接評論，尤其是在〈品藻〉和〈賞譽〉篇記載了許多對人物的評論。[33]

《世說新語》代表了魏晉時代清談家所作的人物評論，已與兩漢儒家道德規範下所作的善惡是非之品評無關，它完全依被品評人物的個性所表現的特質，而予以簡潔與抽象的品評。不僅對個性，甚而外形的神采風度，也予以不同的象徵式的品評，特別重視個人所具有的秀朗俊逸的神采風韻，這種神采風韻是個人發於內而形於外的表現，與儒家的道德規範完全無關的。這是魏晉時代儒家嚴格的禮教主義失墜，自然主義的老莊之學抬頭，所形成對個人自我發展的重視，因而形成與兩漢不同的人生態度。對人物評論的內容和形式也發生了顯著的

---

[33] 《世說新語》與魏晉史學〉，頁一七三。

差異。[34]於是出現了儒家道德規範外個性的新類型，《世說新語》的三十六種個性的分類，就是對個性新類型的綜合歸納。[35]並且提供對歷史人物評價的新標準。

[34] 同[33]。

[35] 同[33]。

魏晉玄學與個人意識醒覺的關係

儒家思想在兩漢時代，不論在學術、社會、政治、文學、藝術各方面，都居於唯我獨尊的支配地位。但發展到東漢晚期已漸漸衰頹，在形式和內容方面都開始凝結。六經刊石，經文由此固定。馬融、鄭玄注經雖博採古今，但宗派式經傳學說，卻因此形成。一種行之已久的文化或意識，經過數百年的發展以後，不僅定型而成為傳統的權威，人們對它祇有接受與不接受的選擇，很難再作些微的調整或轉變。於是這種經典定型的變化，由於定型而失去彈性，因失去彈性而僵化，最後終於因不能適應新的環境而解體。然而舊的權威已失去原有的作用，新的秩序卻又無法短時建立，自然就陷於分崩離析的狀態中。於是過去在傳統約束下的個人，開始對過去的偶像發生懷疑，經過自我反省以後，而發現自我的存在，最後個人終於從傳統的束縛中解放出來，這是漢晉間思想轉變的過程中，所出現的特殊景象。

一

漢代是儒家思想統一的時代，儒家的禮教思想不僅實現在政治方面，同時也是社會秩序的原則，知識份子不僅接受儒家教育，而且身體力行實踐儒家的道德原則。然而後漢閹豎亂政，內亂外患交織，導致統一的漢帝國崩潰，作為漢代精神基礎的儒家思想也因此失去屏障。儒家思想經長期凝結固定而失去其原有的彈性，無法適應漢末魏晉變動的社會。所以，就不得不自儒家之外，尋求能適應這混亂時期的精神指導原則，於是老莊之學便應運而生。老莊之學的清談也流行於當時的士族社會，同時促使當時社會的倫理生活，突破漢代禮教形式的約束，產生個人意識的自覺。因為在這個變動期，老莊之學較儒家思想更具有彈性，因此一躍而成為這個時代新的精神指導原則。老莊思想出現於周末戰國之際，兩漢之間其中一部分滲入方術。魏晉時代由於老莊思想的勃興，於是老莊之書也代替了儒家經典，作為知識份子教養的基礎。但是，由於儒家思想根基深厚，在社會中仍然具有潛力，儒家思想並不因老莊思想的勃興而被棄置。儒家的經典仍然被尊重，儒家的道德仍然是士族的生活規範，作為世家大族在這個時代發展的重要支柱。所以，雖然魏晉時代兩漢獨尊的儒家思想自第一線後撤，促使老莊思想的抬頭。但是老莊、儒家思想仍然並存於魏晉社會之中，尤其是在成為這個時代重要的社會結構環節的世家大族中，構成魏晉社會道德規範的雙層性。在社會上一般知識份子崇《老》《莊》尚清談，瀟洒風流追求個人個性的解放，另一方面在家族中卻遵守儒家的道德規範，這是魏晉時代的禮學，尤其喪禮研究特別發達的原因。當時陳壽、阮簡、阮咸等，都因居喪非禮而遭受清議，❶就是很好的例子。也是魏晉時代史部雜傳中，孝子傳特別盛行的原因。

另一方面，社會上進行著另一種人物的品評，這種人物的品評和道德規範無關，完全注重個性的特色。記載魏晉社會遺聞逸事的《世說新語》，尤其〈品藻篇〉，❷其中就有很多當時士大夫對於人物的評論。不過魏晉時代清談家所作的人物評論，與儒家道德規範下所作善惡是非的品評無關，完全依被品評人物的個性所表現的特質，而予以簡潔與抽象象徵式的品評。不僅個性，甚而外形的神采風度，也予以不同抽象性的品評，《世說新語．容止篇》就輯錄了許多。❸魏晉時代對於人物所具有的秀朗俊逸的神采風韻是非常重視的。個人的神采風

❶ 陳壽事見《晉書》，卷八十二，〈陳壽傳〉。阮簡、阮咸事見《竹林七賢論》。《世說新語》，下卷，〈任誕第二十三〉注引。

❷ 《世說新語》，中卷，〈品藻第九〉。

❸ 《世說新語》，下卷，〈容止第十四〉。

韻與儒家道德規範無關，這種神采風韻是個人發於內而形於外的表現，這是魏晉時代儒家嚴格的禮教主義失墜，自然主義的老莊之學抬頭，所形成的對於個人個性自由發展的重視，因而形成與兩漢絕對不同的人生態度。所以對於人物評價的內容和形成也發生了顯著的差異，也就是說魏晉個人意識的醒覺，是隨著這個時代玄學的發展而形成。但是魏晉的玄學是由於儒家思想本身的失去彈性，當時一批年輕的知識份子，對於儒家思想的沒落感到極端失望，因而想從儒家以外的思想，尋求挽救儒家思想。魏晉個人意識的醒覺與個性的解放也是這樣的，由於對傳統權威發生懷疑所激起的自我反省，而發現自我的存在。這是魏晉時個人自我意識醒覺的出發點。這個出發點卻建立在這個時代思想轉變的基礎上。

關於這個問題，可以從象徵魏晉時代思想轉變的玄學發展方面分析。世稱魏晉的玄學起於王弼、何晏，發端於荀粲。《三國志·荀彧傳》裴注引何劭著《荀粲傳》稱：

> 粲諸兄並以儒術論議，而粲獨好言道，常以為子貢稱夫子之言性與天道，不可得聞，然則六籍雖存，固聖人之糠秕。粲兄俁難曰：「《易》亦云聖人立象以盡意，〈繫辭〉焉以盡言，則微言胡為不可得而聞見哉？」粲答曰：「蓋理之微者，非物象之所舉也。今稱立象以盡意，此非通于意外者也，〈繫辭〉焉以盡言，此非言乎繫表者也；斯則象

外之意，繫表之言，固蘊而不出矣。」❹

這是荀粲對於東漢已僵化的儒家思想，所作的觀察與批評，雖然他承認《易經》是聖人「理之微者」。但卻認為聖人所作解《易》的〈繫辭〉，受了人為的形象與言語的雙重障礙，使後世學者無法了解《易》的真義所在。尤其東漢以來言《易》必舉象數，也就是荀粲所批評的「今稱立象以盡意」，使原來已具有言語與形象阻隔的《易》，更固定而形式化。他的批評是欲擺脫這種傳統思想，越過兩漢經過粉飾過的儒家經典，探索原始儒家的本來面目。他所提出的問題就是後來玄學發展重要基礎的「言意之辨」。

荀粲是荀彧之子，潁川荀氏是累世傳經的儒學世家。這個問題經由出身儒學世家的荀粲提出來，的確是值得深思的。潁川荀氏自荀淑以後，累世傳經。但荀淑本人，《後漢書》本傳稱他「少有高行，博學而不好章句，多為俗儒所非」。❺當世名賢李固、李膺卻以「師宗之」。❻所謂「博學而不好章句」，正是東漢經學轉變的關鍵所在。而李固、李膺對他的尊敬，說明了

❹《三國志》，卷十，〈魏志〉。

❺《後漢書》，卷六十二，〈荀淑傳〉。

❻同❺。

荀淑在清流之中地位的崇高。這兩點結合起來，正是東漢士人標準的典型。荀淑就是荀粲的曾祖，荀淑的第五子荀爽就是荀粲的族從祖。荀爽和荀淑一樣，也是一個博學，而且不專一經的通儒。荀爽又曾作《易傳》，潁川荀氏之《易》出費氏。不過荀爽和王弼所注的《易》，都是「舉其正宗，略其象數」的。因為除棄象數的《易》，是東漢思想過渡到魏晉重要的關鍵。所以荀氏和王弼所得的都是「新學」。後來荀悅又傳其家學而作《漢紀》與《申鑒》。雖然《中鑒》之作，有現實的政治目的和意義。但荀爽「可為鑒戒者」的《漢語》對其是有影響的。❼因為荀悅的《申鑒》和他的《漢紀》，❽都是以儒家的基礎而撰寫的。因此勸戒和規範的意識非常濃厚，荀悅的《漢紀》與《申鑒》雖然是當時的時代之作，也可以說是潁川的累世經學的荀氏，在這個動亂的時代所發生的實際作用。荀悅因「謀無所用」而著《申鑒》。❾也正說明荀悅也是希望將儒家的理想，表現在實際的政治實踐之中。但另一方面荀悅的族弟荀彧卻為了實踐儒家的思想而自殺。荀彧就是荀粲的父親。但荀粲批評他父親不如其從兄荀攸，《三國志》裴注引何劭《荀粲傳》：

❼ 同❺。

❽ 《四庫全書總目提要》，卷四十七，「《漢紀》」條。

❾ 《後漢書》，卷六十二，〈荀淑傳〉。

> 又論父彧不如從兄攸。彧立德高整，軌儀以訓物，而攸不治外形，慎密自居而已。粲以此言善攸，諸兄怒而不能迴也。❿

荀彧在《後漢書》與《三國志》都有傳，但彼此為荀彧立傳所採取的立場不同。《三國志》將〈荀彧傳〉列於卷十，⓫置於諸曹、夏侯傳之後，諸曹、夏侯傳也就是曹魏的宗室傳，〈荀彧傳〉次於其後，也就是說荀彧是助曹氏霸業進而得天下的功臣之首。《後漢書》則認為荀彧之死乃是為漢盡節，⓬應為漢臣。這兩種不同的立場，表現在對荀彧之死的處理上。荀彧最初的確希望利用曹操的力量，以「匡振漢朝」，⓭恢復自董卓之亂所破壞的國家與社會秩序。《後漢書．儒林傳》所謂「假仁以效己，憑義以濟功」，⓮正是東漢以來的清流之士，所共同的理

---

❿《三國志》，卷十，〈荀彧傳〉。

⓫同❿。

⓬《後漢書》，卷七十。

⓭《後漢書》，卷七十，〈荀彧傳〉。

⓮《後漢書》，卷七十九，〈儒林傳〉。

想與抱負。最初，荀彧將曹操視為完成這種理想的對象。因此盡力與其合作，但等到曹操「霸業既隆，翦漢跡著」，他的理想完全幻滅，最後祇有以一死相殉。當然就其死的本身而言是一個悲劇，但荀彧曾遵循儒家的道德規範並努力實踐以期規復儒家的政治理想，因此他的死不僅是個人的悲劇，而且也是東漢儒家思想式微後，儒家的政治理想與現實政治衝突下所產生的悲劇。至於荀粲說其「父不如從兄」的荀攸，是荀曇之子，荀曇是荀淑兄子，在輩份上是荀彧的侄子，但年紀卻比荀彧大些。由荀彧舉薦，共同協助曹操，但所表現的卻是另一種方式，案〈攸本傳〉說：

> 攸深密有智防，自從太祖征伐，常謀謨帷幄，時人及子弟莫知其所言。太祖每稱曰：「公達外愚內智，外怯內勇，外弱內彊，不伐善，無施勞，智可及，愚不可及，雖顏子、甯武不能過也。」⓯

又案裴注引《魏書》稱：

⓯《三國志》，卷十，〈魏志・荀攸傳〉。

攸姑子辛韜曾問攸說太祖取冀州時事。攸曰：「佐治為袁譚乞降，王師自往平之，吾何知焉？」自是韜及內外莫敢復問軍國事也。[16]

因此傅玄對荀彧與荀攸作了一個相較的批評，〈攸傳〉注引《傅子》：「或問近世大賢君子，答曰：荀令君之仁，荀軍師之智，斯可謂近世大賢君子矣。」[17]傅玄以智評荀攸，所謂智也就是攸本傳所說的「深密有智防，自從太祖征伐，常謀謨帷幄，時人及子弟莫知其所言」。案《三國志・袁渙傳》裴注引袁宏《漢紀》云：

> 初，天下將亂，渙慨然歎曰：「漢室陵遲，亂無日矣。苟天下擾攘，逃將安之？若天未喪道，民以義存，唯彊而有禮，可以庇身乎！」（裴）徽曰：「古人有言，『知機其神乎』！見機而作，君子所以元吉也。天理盛衰，漢其亡矣！夫有大功必有大事，此又君子之所深識，退藏於密者也。且兵革既興，外患必眾，徽將遠跡山海，以求免身。」及亂作，各行其志。[18]

[16] 同[15]。

[17] 同[15]。

袁渙的「唯彊而有禮，可以庇身」，與裴徽的「退藏於密……以求免身」是兩種不同的典型。這是東漢末年及三國時代儒家思想衰退，天下動亂所形成的兩種不同的典型，前者表現在政治方面對禮教的維護，以期藉此恢復儒家道德規範所凝成的社會秩序，可稱之為積極的儒家。後者則是所謂「邦有道不廢，邦無道則免於刑」，退節自守，以保身全家，此可稱之消極的儒家。所以荀粲批評他父親荀或「軌儀以訓物」，以及稱其從兄荀攸「慎密自居」，正代表這兩種不同的典型。這兩種不同的典型同時出現在他們宗族之中。荀或所表現的「軌儀以訓物」，即將儒家道德，所構成的規範及行為模式，作為一種可追求的目標與實踐的準則。荀或曾以此為目標而努力追求與實踐，但最後卻徹底失敗了。至於荀攸的「慎密自居」，和「軌儀以訓物」是相對的。那就是不必遵循已固定的道德規範，或拘泥一定的思想形式，反身自求，以全其道。荀攸雖然沒有退節自守，但卻堅持「慎密自居」的原則，而得以壽終。這兩種不同的類型，同時出現在荀氏家族之中，因此形成荀粲心理上極大的矛盾和衝突，使荀粲對於當時形式主義的儒家思想，以及他父親所表現的「軌儀以訓物」的儒家道德，同樣表示懷疑。這是荀或批評儒家思想，所謂「六籍雖存，固聖人之糠秕」，以及批評他父親荀或不如荀攸的

---

⑱《三國志》，卷十一，〈魏志·袁渙傳〉。

原因。這是對於儒家思想極端失望之後所表現的一種心理狀態，因而對於現實的一切都加以否定，於是反身自求，促使他對個人自我意識的體認。因此，荀粲不僅在思想上，即使在行為上也表現出個人主義的傾向。他是性情中人，但這種性情也是反傳統的，不是累世經學潁川荀氏家族中，儒家道德規範所能薰陶出來的。《荀粲別傳》稱粲的個性「簡貴，不能與常人交接，所交皆一時俊傑」。[19]所謂「一時俊傑」，是指傅嘏、夏侯玄、裴徽而言。這些人都是魏晉玄學的啟蒙人物。

二

如果說王弼是魏晉玄學的奠基者，那麼，荀粲就是魏晉玄學的先導者。一般認為魏晉正宗的玄學始於正始年間，而由環繞在曹爽四週的一群名士發動，他們包括何晏、鄧颺、李勝、夏侯玄等。但這群名士中，夏侯玄又是他們的核心。不過魏晉玄學理論系統的建立卻是王弼，但王弼卻也像荀粲一樣，同樣的表現了對於個人意識的尋求。《三國志》裴注何劭《王弼別傳》，載弼難何晏〈聖人無喜怒哀樂論〉稱：

[19] 《三國志》，卷十，〈荀彧傳〉裴注引何劭《荀粲傳》。

> 聖人茂於人者神明也，同於人者五情也，神明茂故能體沖和以通無，五情同故不能無哀樂以應物，然則聖人之情，應物而無累於物者也。今以其無累，便謂不復應身，失之多矣。[20]

王弼認為聖人超人的特性是神明，與一般人相同的則是也有五情。由於聖人神明，所以能「體沖和以通無」，但卻和一般人一樣具有五情。因此，由於外在對象的感應，必產生人間的喜怒哀樂。但神明與五情並不是相對立的，因為神明是屬於理性的，是由於外在感應，所促起的內在自發的思惟能力與判斷。五情則是由於外界存在的對象，所激發的感受，是屬於感情的。這是王弼對於聖人的神明及一般人五情的感受所作的分析。由神明自發的思惟能力，透過外界事物的存在，所激起五情的發生。也必須透過自身內在的反省過程，最後將神明與五情合一，才能體沖和通於無，達於道。這個發展的過程中，透過的自身內在的反應，就是促使個人對其所具有的自我意識的體認，也是形成個人自我意識醒覺的因素。

所以王弼所主張的五情感應，與荀粲批評六經而對自我的肯定是完全相應的。荀粲出身於潁川經學世家，死時廿九歲，在太和初年提出這種論調時，不過二十歲左右。王弼的名教

---

⑳《三國志》，卷二十八，〈鍾會傳〉裴注。

自然論調，出自荊州學派，但事實上自有其家學，傳自王粲。弼卒於正始年間，才廿四歲，後於荀粲二十年。至於荀粲的同道傅嘏、裴徽，在太和初都是二十多歲的人；而何晏、鄧颺一群的領袖夏侯玄，在太和初不滿二十歲。這批在當時年輕的一代，雖然曾接受儒家的教育，但彼此對於兩漢形成的傳統權威，目前卻已僵化的儒家思想已感到厭倦，另外想尋找新的解決途徑。

荀粲和王弼所提出對於個人意識的喚起，完全是東漢以來，現實政治與儒家的道德規範分離，不足以應當時突變的社會。他們對於被趨於固定並流於形式的儒家思想，是否還能發生原有的功效表示懷疑。因此，他們企圖超越經過粉飾的儒家經典範疇，尋溯原始儒家本來的面目；並且希望從儒家以外其他各家思想中，尋找如何挽救儒家墮落的危機。於是先秦諸子學說，又被提出來作為鑽研的對象，不過，卻是從儒家思想本身入手的。雖然《荀粲別傳》稱他「好言道」，《世說新語．言語篇》又說他「尚玄遠」，但卻不能肯定他是道家，更不能說他利用道家的思想與儒家抗衡，祇能說他有消極儒家的傾向。因為消極儒家的思想本身，本來就有幾分與道家相似之處，這是儒家思想藉道家思想為橋樑過渡到魏晉玄學的原因。所以，不僅荀粲不反對真正的儒家思想，就是為玄學思想奠基的王弼，他也不反對儒家思想。由於荀粲與王弼，對於西漢的儒家思想懷疑，促使個人內心的自我意識的醒覺，使得在儒家傳統下的個人獲得解放。所以，隨著魏晉玄學的發展，個人自我意識的醒覺，使得個人的個性獲得獨立發展的機會。尤其玄學思想將「無」視為一個普遍存在的最高原則。《晉書・王戎傳》稱：

> 魏正始中，何晏、王弼等祖述《老》《莊》，立論以為：天地萬物皆以無為本。無也者，開物成務，無往不存者也。陰陽恃以化生，萬身恃以成形，賢者恃以成德，不肖恃以免身。㉑

所謂「天地萬物皆以無為本」，也就是說無是萬物的本源，是一個最高的原則。在這個最高的原則下，萬物卻都是平等存在的，並且各自表現其獨有的個性而發展。所以何晏的《道論》認為：

> 有之為有，恃無以生，事而為事，由無以成。夫道之無語，名之而無名，視之而無形，聽之而無聲，則道之全焉。故能昭音響而出氣物，包形神而彰光影。玄以之黑，素以

㉑《晉書》，卷四十三，〈王戎附王衍傳〉。

之白，矩以之方，規以之員……。㉒

由此可以了解在無的大原則下，形成各種不同的事物與形態，各種不同事物與形態卻各自表現其所具有的個性。所以，玄學的成立雖然促使個人意識的醒覺，但卻並不否定儒家的思想。

三

但發展到阮籍、嵇康卻不僅否定傳統的禮教，而且棄之若敝屣，當然有其現實的原因。自高平陵之變後，曹爽及其支黨都被夷三族，過去環繞在曹爽四週的名士也都遭受株連。於是曹魏的政權就轉移到司馬氏家族手中。而司馬氏的政權卻建立在世家大族的基礎上，協助司馬氏篡奪政權的，如瑯琊王祥、滎陽鄭沖、太原王渾、王沉，以及和司馬氏有姻戚關係的泰山羊祜、河內山濤、京兆杜預，他們和司馬氏家族一樣，都是所謂「本諸生家，傳禮來久」的儒學世家。他們的結合象徵著被曹氏抑制的世家大族，對於名法之治的一種反抗，於是他們又極力提倡儒家的禮教。但此時所提出的儒家道德規範的禮教，不僅沒有內容，只是空洞虛偽的形式；而且那些高門大族的敗德傷俗的作為，和儒家的道德標準完全是背道而馳。因

㉒《世說新語》，上卷，〈文學第四〉注引《列子・天瑞篇》張湛注引。

此引起一部分士人的蔑視與激烈的反對，阮籍、嵇康就是代表性的人物。他們不像初期的玄學家，對於儒家思想僅採取懷疑的態度，企圖挽救儒家思想的危機，於是他們更進一步非薄堯舜、周公、孔子，而徹底的破壞禮法。阮籍在他的〈大人先生傳〉裡，就激烈地提出：

汝君子之禮法，誠天下殘賊，亂危死亡之術耳！㉓

這就是對當時虛偽的禮教形式的一種公開挑戰。他們所追求的生活情趣和人生的理想是另一種境界，也就是嵇康在他的《養生論》中，所說明的「越名教而任自然」，將王弼所倡的名教自然的調和對立起來。於是傳統的禮教對個人的約束完全失去作用，使得個人的個性放任發展。個人的感情也獲得一次徹底奔放的機會。在嵇康〈與山巨源絕交書〉裡將個人的個性表現得非常盡緻：

吾不如嗣宗之賢，而有慢馳之闕；又不識人情，闇於機宜；無萬石之慎，而有好盡之累。久與事接，疵釁日興，雖欲無患，其可得乎？又人倫有禮，朝廷有法，自惟至熟，

㉓ 《全上古三代秦漢三國六朝文》，〈全三國文〉，卷四十六，〈大人先生傳〉。

有必不堪者七，甚不可者二：臥喜晚起，而當關呼之不置，一不堪也。抱琴行吟，弋釣草野，而吏卒守之，不得妄動，二不堪也。危坐一時，痺不得搖，性復多蝨，把搔無已，而當裹以章服，揖拜上官，三不堪也。素不便書，又不喜作書，而人間多事，堆案盈机，不相酬答，則犯教傷義，欲自勉強，則不能久，四不堪也。不喜弔喪，而人道以此為重，己為未見恕者所怨，至欲見中傷者，雖瞿然自責，然性不可化，欲降心順俗，則詭故不情，亦終不能獲無咎無譽，如此五不堪也。不喜俗人，而當與之共事，或賓客盈坐，鳴聲聒耳，囂塵臭處，千變百伎，在人目前，六不堪也。心不耐煩，而官事鞅掌，機務纏其心，世故繁其慮，七不堪也。又每非湯武而薄周孔，在人間不止此事，會顯世教所不容，此甚不可一也。剛腸疾惡，輕肆直言，遇事便發，此甚不可二也。㉔

上述嵇康的「七不堪」及「二不可」，充分表現出他對當時所流行的儒家虛偽繁復的禮教的卑視。因此在他的〈難自然好學論〉中充分表現儒家思想對於個性的約束：

㉔《文選》，卷四十三，〈與山巨源絕交書〉。

> 大道陵遲，乃始作文墨以傳其意，區別群物，使有類族；造立仁義，以嬰其心，制其名分，以檢其外；勸學講文，以神其教……。六經以抑引為主，人性以從容為歡。抑引則違其願，從欲則得自然。然則自然之得，不由抑引之六經；全性之本，不須犯情之禮律；故仁義務于理偽，非養真之要素。㉕

由此與上引「七不堪」與「二不可」相應，就可以了解嵇康的本意所在了。嵇康所追求的是率真自然的人格。不過這種率真自然的人格極端的發展以後，變成任誕狂放。《世說新語》與《晉書》〈嵇康〉、〈阮籍傳〉裡，記載了不少這類的軼事。在魏晉士人中，他們無論是狂放、傲嘯、醉酒，抑或是行藥，都是對於「禮繁文勝」的儒家倫理秩序的反動。揚棄那些繁瑣、古板、矯揉造作的禮俗，而自由自在的在尋求他們心靈上的樂趣。於是率性而行，回歸到自然，使得在傳統壓抑下個人的個性和感情，同時獲得解放。阮籍、嵇康對於以後的士人發生了顯著的影響。《世說新語・德行篇》注引王隱《晉書》稱：

> 魏末阮籍嗜酒荒放，露頭散髮，裸袒箕踞。其後貴游弟子阮瞻、王澄、謝鯤、胡毋輔

㉕《全上古三代秦漢三國六朝文》，〈全三國文〉，卷五十。

之之徒，皆祖述於籍，謂得大道之本。㉖

據《晉書》所載的山簡、張翰、畢卓、庾敳、光逸、阮孚等，也都是這一流。這是干寶《晉紀・總論》所謂的「魏氏虛無放誕之論，盈於朝野」的原因。葛洪《抱朴子・外篇》對於當時的情形曾作了一個描繪：

> 世故繼有，禮教漸穨，敬讓莫崇，傲慢成俗，儔類飲會，或蹲或踞，暑夏之月，露首袒體。盛務唯在摴蒱彈棊，所論極於聲色之閒，舉足不離綺襦紈袴之側，游步不去勢利酒客之門。……輕薄之人，跡厠高深，交成財贍，名位粗會，便背禮叛教，託云率任，才不逸倫，強為放達，以傲兀無檢者為大度，以惜護節操者為澀少。於是臘鼓垂無賴之子，白醉耳熱之後，結黨合群，遊不擇類，奇士碩儒，或隔籬而不接；妄行所在，雖遠而必至。攜手連袂，以遨以集，入他堂室，觀人婦女，指玷修短，評論美醜。不解此等何為者哉？或有不通主人，便共突前，嚴飾未辦，不復窺聽，犯門折關，踰垝穿隙，有似抄劫之至也。其或妄媵藏避不及，至搜索隱僻，就而引曳，亦怪事也。

㉖《世說新語》，上卷，〈德行第一〉。

……漢之末世，則異於茲，蓬髮亂鬢，橫挾不帶，或褻衣以接人，或裸袒而箕踞，朋友之集，類味之遊，莫切切進德，誾誾修業，攻過弼違，講道精義。其相見也，不復敘離闊，問安否。賓則入門而呼奴，主則望客而喚狗。其或不爾，不成親至，而棄之不與為黨。及好會，則狐蹲牛飲，爭食競割，掣、撥、淼、摺，無復廉恥。以同此者為泰，以不爾者為劣。終日無及義之言，徹夜無箴規之益。誣引老、莊，貴於率任，大行不顧細禮，至人不拘檢括，嘯傲縱逸，謂之體道。[27]

這是葛洪對於當時知識階層，「背教叛禮」所作的無情批判。但相反地，卻顯示出魏晉以來，士人率性放遠已達到最大的極限。當然這必須將儒家的道德規範完全擯棄後，才能出現。所以阮籍、嵇康雖然因對現實政治極端失望，而對統治階層所倡導的禮法亦加蔑視，不顧禮法的約束率性而行。最後卻形成魏晉時代，個人個性向多方面的發展及感情的解放。所以，魏晉思想的轉變，促使個人意識的自覺，進一步的發展，使個人的個性與感情雙方面都獲得解放，形成許多儒家道德規範以外的個性新類型，為魏晉別傳的發展，拓展了新的空間。

[27] 《抱朴子・外篇》，卷二十五，〈疾謬篇〉。

《世說新語》與魏晉史學

魏晉是一個個人意識醒覺的時代，分析《世說新語》所記載人物就可以肯定。《世說新語》是一部突出魏晉人物個性，描繪魏晉人物才情，充滿智慧的著作。《世說新語》所敘述人物的時間上限和下限，從二世紀晚期的東漢末年開始，到四世紀末的晉宋之際為止。

這兩百年間正處於中國歷史上最大的變動時期，由於其他民族不斷滲入，漢民族結束了長城之內的單獨活動；由於儒家思想本身衰退，原來統一在經學下的其他學術，都紛紛脫穎而出獨立成部，史學也是其中之一。因此，這兩百年也是中國史學轉變的重要階段。而且以個人為單位的別傳，就在這個時期發生形成，並發展至高峰。分析《世說新語》所表現的意義，是舊的社會道德規範鬆懈後，新的價值觀念形成過程中，原來約束在儒家道德規範下的個人獲得解放的機會，經過自我反省後，個人的意識逐漸醒覺，突破儒家理想人格的框限，形成更多非儒家新性格類型的階段。因此，分析《世說新語》的人物個性，也可以對這個時代形成與發展的別傳，有進一步的了解。

一

《隋書・經籍志》將一部分超越現實世界的志異作品，著錄於〈史部・雜傳類〉。但卻將記載人物為主的《世說新語》，列入〈子部〉的〈小說類〉。不過，以「敘事為宗」的〈子部〉作品，可補〈史部〉的闕軼，自來被認為是「史之雜者」，也可以說是史部著作的一支。❶而且劉義慶編撰的《世說新語》，所敘述的是自東漢末年至東晉間，士大夫社會生活的逸聞軼事。這些逸聞軼事的本身，就具有史料價值。後來唐代修《晉書》，便利用了其中若干材料。同時，劉孝標仿裴松之注《三國志》的形式，注釋《世說新語》，❷曾引用大批魏晉時代的著作，不僅首尾俱在，且多是《隋書・經籍志》所沒有著錄的，更有珍貴的史料價值。

劉孝標注《世說新語》，曾引用經史子集四部著作四百十四種，❸其中以史部著作二百八十四種為最多。而在史部著作中有雜傳一百四十三種，佔史部著作半數以上。而雜史之中卻

❶《史通》，卷十，〈雜述篇〉。
❷〈裴松之與《三國志注》〉，頁三二九。
❸《《世說新語》引書目》，《沈寄簃先生遺書》。

有別傳八十九種，又都是《隋書・經籍志》所沒有著錄的。其中有《趙吳郡行狀》、《殷羨言行》，《陸邁碑》及《張蒼梧碑》雖不稱別傳，但實質上也可視為別傳。除此之外，並引用其他的雜傳，如郡書、家傳、類傳、志異作品五十四種。在這五十四種雜傳中，除極少數的志異作品如《神仙傳》、干寶《搜神記》、荀氏《鬼靈志》、孔氏《志怪》、劉敬叔的《異苑》，以及劉義慶的《幽明錄》等六種外，不論其為家傳、郡書、類傳，仍然是以人物為主。

劉義慶編撰的一千一百多條《世說新語》，及劉孝標的補注中，前後所出現的人物共有六百四十一人。其中東漢三十六人、三國七十三人、西晉一百七十八人、東晉三百一十人。此外還有三十六人的時代不可考，八人屬於其他時代。如以這六百四十一人，分別以《後漢書》、《三國志》、《晉書》、《宋書》核對，則他們的事蹟分別見於正史的，共計《後漢書》二十六人，《三國志》七十六人，《晉書》的西晉部分九十七人，東晉一百八十六人，屬於晉宋之際的人物見《宋書》的有七人。其中名見於正史的，共有四百人，佔全部人數百分之六十二點四。

《世說新語》記載的人物以兩晉為多，東晉又佔總人數的一半，不過其見於正史的百分比，反不如後漢與三國時代高，這是由於兩晉人物所出現的，較三國時代為多。同時陳壽與裴松之的《三國志注》，以及范曄的《後漢書》，都完成在《世說新語》以前，其中徵引許多

《世說新語》所採用的材料。所以編輯魏晉人物軼聞逸事的《世說新語》，不單純是文學作品。而且劉孝標的注釋更引用了大批當時的史料，因此其所具的史料價值是可以肯定的。同時，《世說新語》所記載的人物，分別在不同的正史中出現，不論怎樣他們都該屬於歷史人物，他們個人的生活情趣與情感的發抒，也該屬於歷史的一部分，由此也可以說明《世說新語》和這個時代的歷史關係。

《世說新語》所敘述的人物時代，由二世紀晚期的東漢末年開始，到四世紀末的晉宋之際為止。而代表魏晉史學特色的個人別傳，產生與發展時代的上限和下限，正和《世說新語》所記載的人物時代相吻合。❹《世說新語》注共引用八十九種個人的別傳，計西漢一種，東漢四種，三國四種，西晉十三種，東晉六十四種。不過，在《世說新語》出現的六百四十一個人物中，其中有些個人的別傳，劉注雖未引，卻見於他書。分別合計《三國志》裴注、《世說新語》注、《太平御覽》、《北堂書鈔》、《初學記》、《藝文類聚》等，共引用魏晉個人的別傳二百十一種。其中屬於《世說新語》出現的人物個人別傳，共有一百三十九種之多。在上述六百四十一人中，有四百人見於正史，其他不見於正史的，則可於劉注所引的家史、郡書或譜系，以及其他有關的歷史著作中附見。但個人別傳所敘述的人物，則都見於正史。因此，

❹ 拙作，〈別傳在魏晉史學中的地位〉。

《世說新語》敘述的時代，不僅與別傳所產生的時代相吻合；而且《世說新語》記載的人物和他們的事蹟，正表現了個人脫離儒家道德規範後，個性獨立發展的過程。而別傳正是魏晉時代個人意識醒覺下的產物。透過對《世說新語》的分析，不僅可以對別傳的形成與發展，得到進一步的認識和了解，同時也可以尋出魏晉史學轉變的跡象。❺

二

《世說新語》敘述的人物所經歷的時代，自東漢末至東晉末兩百年間，正處於中國歷史最大的轉變時期，也是中國歷史的動亂時期。由於政權迅速地嬗變，邊疆民族相繼的滲入，結束了漢民族在黃河流域單獨活動的局面，使得這個地區原有的社會與經濟秩序徹底瓦解，人民在動亂中流徙與死亡，形成中國歷史上空前未有的景象。因此，人生的理想與價值觀念和兩漢有顯著不同的差異，因而使思想和學術也發生轉變。本文所討論的中國史學的轉變，也在這個時期之中。《世說新語》敘述的六百四十一個人物，就分佈在這個時代之中，共同連綴成這一段轉變與動亂的歷史。所以，《世說新語》所表現的，是舊的社會道德規範鬆懈後，新的價值觀念建立的一段歷史。這種新的價值觀念，由於原來作為社會道德規範最高指導原

❺ 陳寅恪，〈陶淵明之思想與清談之關係〉。

則的儒家思想，無法適應這個動亂的時代，失去權威的地位。在舊的價值觀念逐漸崩潰，新的價值觀念樹立之間，原來約束在儒家道德規範下的個人個性，獲得一個解放的機會。使得個性向不同的方向發展，形成較兩漢更多的新個性的類型。《世說新語》記載的機智的論辯、生活的情調、宗教的情操、藝術的情趣、感情的奔放，都說明了這個事實。關於這個問題，首先從《世說新語》的目錄分析。

現行的《世說新語》目錄，共分上中下三卷共三十六篇。❻這三十六篇是對不同新個性類型歸納的總結。上中下三篇的排列秩序，代表這些個性類型不同的發展與形成階段。《世說新語》上中下三卷三十六篇排列的秩序是這樣的：

上卷：一、德行，二、言語，三、政事，四、文學。

中卷：五、方正，六、雅量，七、識鑒，八、賞譽，九、品藻，十、規箴，十一、捷悟，十二、夙惠，十三、豪爽。

下卷：十四、容止，十五、自新，十六、企羨，十七、傷逝，十八、棲逸，十九、賢媛，

❻ 日本前田氏宋紹興八年刊《世說新語》三卷，為今《世說新語》最古全本，由日本尊經閣景行，民元傳入國內，分上、中、下三卷，三十六篇。或齊梁間形制如此。見楊勇〈《世說新語》書名卷帙版本考〉，《東方文化》八卷一期。

二十、術解，二十一、巧藝，二十二、寵禮，二十三、任誕，二十四、簡傲。二十五、排調，二十六、輕詆，二十七、假譎，二十八、黜免，二十九、儉嗇，三十、汰侈，三十一、忿狷，三十二、讒險，三十三、尤悔，三十四、紕漏，三十五、惑溺，三十六、仇隙。

計上卷四篇，中卷九篇，下卷二十三篇，每卷篇幅不平均。很明顯地，這種分類排列方法，不是以篇幅多寡為標準的。

首卷四篇是德行、言語、政事、文學等篇。這種分類方法正是孔子對他的弟子，因才施教的方法。《論語．先進篇》記載孔子將他的弟子分成四類，德行有顏淵、閔子騫、冉伯牛、仲弓。言語有宰吾、子貢。政事有冉有、季路。文學有子夏、子游。❼孔子所處的時代，是由封建制度維繫社會秩序的。這種分類的方法，使得原來在這種傳統下約束的個人脫穎而出，形成中國歷史上出現最早的個人自覺。對後來中國思想史上的黃金時代，發生了啟導作用。生於儒家思想定於一尊的時代，而且又出身於經學世家的班固，他所撰的《漢書．古今人表》，即是由儒家道德規範為基幹，凝結而成的。《漢書．古今人表》將歷史人物，自聖人、仁人、智人到愚人，分為上上，上中，上下以至下下九等。這種分類方法，是以「生而知之者，上

---

❼《史記》，卷六十七，〈仲尼弟子列傳〉。

也；學而知之者，次也；困而學之，又其次也；困而不學，民斯為下矣」的標準，分成「可與為善，不可與惡」的上智，「可與為善，可與為惡」的中人，以及「可與為惡，不可為善」的下愚。這種善惡的標準，完全視儒家對道德規範的程度而定。不過，班固《漢書》的〈古今人表〉雖稱為之古今，但所錄的都是西漢以前的歷史人物。至於西漢以後的人物卻連一個也沒有被納入。因此受到後世學者的批評與非議。❽不過《漢書》立〈古今人表〉，班固很明顯地表示，是為了「顯善昭惡，勸戒後人」。因此他在這個原則下，「篇章博舉，通於上下，略差名號，九品之敘」。❾「旁貫五經，上下洽通」，正是班固撰《漢書》表志的經典之義所在。❿他寫〈古今人表〉的目的是為了「通人理」。也就是以儒家經典貫穿，打破古今時間上下的界限，將古往今來的人物，納入九等框限之中，作一個綜合的評價。然後以這種評價為基礎，作為他撰述《漢書》，選擇當代歷史人物的標準。⓫這也就是他企圖以儒家的道德標準，塑造出漢代理想人格的主要用意所在。

❽《史通》，卷三，〈表歷篇〉。

❾《漢書》，卷一〇〇，〈敘傳下〉。

❿《漢書．敘傳》，顏師古注。

⓫〈魏晉對歷史人物評價標準的轉變〉，頁一三九。

事實上，這種以儒家道德規範為基礎的理想人格，已融於兩漢地方察舉制度之中。地方選舉的四種舉士的標準：一曰德行高尚，志節清白；二曰學通行修，經中博士；三曰明習法令，足以決疑；四曰剛毅多略，遭事不惑。這可以說是受了孔門弟子四種分類的影響而形成的。而且漢代的地方察舉，主要的依據是「鄉閭評議」。「鄉閭評議」的基準，以被選者實踐儒家道德規範的程度而定。因此，以儒家道德規範塑成的理想人格，成為兩漢士人所追求的目標。

東漢初期，尤特重視名節。光武帝重視名節之士，特別對於在王莽時代，「裂冠毀冕，相攜持而去」的士人格外重視。雖為激勵名節，實際卻有現實的政治目的在內：企圖將個人的道德、人格歸納在儒家的絕對權威之下，與政治凝合為一。但這種將個人的道德與政治凝合為一的情況，到東漢晚期以後，因為「帝國稍衰，邪孽當朝」，以及作為最高政治指導原則的儒家思想，本身開始僵化，漸漸形成個人的道德與政治分離。原來統一在儒家思想下的理想人格，開始作層次的分化。以李固等為代表的「上以殘闇失君道，下以篤固盡臣節，臣節盡而死之」，還堅持儒家道德與政治結合的最後理想；以李膺為代表的「激素行以恥威權，立廉尚以振貴勢」，都表現了個人道德與政治漸漸分離。最後形成「蟬蛻囂塵之中，自致寰區之外」的逸民。逸民的出現，象徵個人與國家政治權力分離。也就是說國家集體的政治權力下降，

個人獨立的意識上升。漸漸出現了儒家道德規範以外的人格，這是東漢末年至魏晉之間非常重要的轉變。⓬

國家集體權力下降，個人意識上升，表現最突出的，當然是將個人自我逐於國家權力之外的隱逸之士。儒家對於隱逸之士予以非常高的道德評價，因為隱逸和儒家最高的道德理想「退」、「讓」相合。既不能「兼善天下」，便「獨善其身」，這也是司馬遷將伯夷置於《史記》列傳之首的原因。不過，東漢晚期的隱逸，范蔚宗認為是「性分所至」。他分析當時隱逸的動機說：「或隱居以求其志，或回避以全其道，或靜己以鎮其躁，或去危以圖其安，或垢俗以動其概，或疵物以激其清。然觀其甘心畎畝之中，憔悴江海之上，豈必親魚鳥樂林草哉，亦云性分所至而已。」⓭「隱居以求其志」，「回避以全其道」與儒家的「退」、「讓」道德標準吻合。至於「靜己以鎮其躁」，「去危以圖其安」，則是「性分所至」了。「性分所至」是個人行動的表現，有道家的思想成分，和現實的政治無關。這一種隱逸的思想，是東漢末年至魏晉之間，知識份子心中隱藏的強烈企望。即使這種企望由於個人無法完全擺脫現實政治的牽連，仍然出現在他們的文學作品之中，從魏晉之際的遊仙詩，到陶淵明的〈桃花源記〉，都突

⓬ 同⓫。

⓭ 《後漢書》，卷八十三，〈逸民傳・序〉。

出了這種思想成分，⓮退隱的思想是東漢知識份子儒家理想人格分化的最後一個層次。

不過在東漢國家集體權力下降，個人意識上升，使得士人所追求的理想人格分化之際，士人的社會地位反而提高，因為在外戚與宦官的權力鬥爭中，他們所表現的道德勇氣，受到社會普遍的尊敬。因此在《世說新語》的首篇是德行，最初所出現的人物是陳蕃、李膺、郭林宗、陳寔等。他們都是當時「言是士則，行為士節」的清流知識份子的表率。他們有非常高的社會聲譽，與社會影響力量。他們的言行模式，往往成為其他知識份子仿效的對象，形成新的性格類型。而且對其他知識份子所作的評價，亦可作為新的性格類型的一部。不過，他們所追求的，在形式上仍是儒家理想的人格，但在內容和實質上已和過去不同。因為他們所表現的行為，已將對國家效忠的目標下移，轉變為區域性的服務，以及家族間的孝悌，朋友間的信義，藉此突出個人的特立獨行，以提高個人的社會聲譽，及對社會輿論的影響力。所以《世說新語》選擇這個時期作為起點，開始敘述儒家的理想人格的分化與轉變，是非常具有歷史意義的。

在這個轉變時期中，像儒家的理想人格轉變一樣，同時也發生在學術思想方面。儒家思想在兩漢時代，不論在學術、社會、政治、文學、藝術各方面，都居唯我獨尊的支配地位。

⓮ 拙作，《何處是桃源》。

尤其在學術方面，除了經學之外，便無其他學術可言。不過，經學發展至東漢晚期已漸漸衰頹，六經刊石，經文從此固定，鄭玄、馬融注經，雖博採古今，但經學的宗派也因此形成。所以，兩漢的經學發展到這時，不論在形式和內容方面都開始凝結。⓯因此到東漢末年，儒家經學壟斷的學術思想，也發生層次不同的轉變，原來籠罩在儒家經學下的其他學術，包括了文學、藝術和史學，都有擺脫經學而獨立的傾向。《後漢書．文苑傳》的出現，劉知幾雖然譏為「遺棄史才，矜衛文彩」，但范蔚宗立〈文苑傳〉，因為「情志既動，篇辭為貴。抽心呈貌，非彫非蔚。殊狀共體，同聲異氣」；⓰特別強調文學的著作，由於不同的作者表現不同的風格。因此《後漢書》對個人的著作的記載，往往說某人著賦、頌、箴、誄、論或雜文若干篇。不僅以作品的性質分類，而且以單篇計算，和《史記》、《漢書》敘述傳主的作品方式不同，表現了不同的個性產生不同風格的作品。從東漢末年散篇計算個人的作品，到兩晉個人的別集出現，象徵著文學脫離經學而獨立的過程，同時也是新的個人性格類型發展與形成的階段。

文學脫離經學獨立發展，從東漢末年開始，因此《世說新語．文學篇》選擇馬融與鄭玄

⓯ 拙作，〈漢晉間對經書解釋的轉變〉。

⓰ 《後漢書》，卷八十，〈文苑傳下〉。

的師弟關係開始，說明東漢末年師弟關係的轉變。這種轉變對後來鄭玄遍注群經，不別今古，不守家法有一定程度的影響。不別今古，不守家法，是東漢經學解釋轉變的重要關鍵。⓱所以〈文學篇〉所敘述的不僅是文學，也說明漢晉間由經學而玄學的學術流變。不過，就通篇而言，雖言文學，事實上卻與〈言語篇〉較為接近，所載的都是當時名士言談，時興的巧言慧語。這種巧言慧語就是魏晉清談的形式，也就是談辯。談辯之風起於東漢末年。或謂談辯之興，與兩漢地方察舉有關。⓲不過，兩漢地方察舉的鄉閭評議，到東漢末年轉變為名士對人物的品評與清議，對談辯之興發生了推波助瀾的作用。⓳不過由談辯之風的興起，而使守家法講章句的經學衰微。⓴因此，〈文學篇〉選敘馬融、鄭玄就是為了敘述這個轉變的開始，是非常具有歷史意義的。

至於政事，依儒家的解釋是「政事得其處」。也就是佈政治事，各得其所施之處。不過，東漢末年的政治，已有法家的傾向。下至三國時代，形成曹魏的名法之治。〈政事篇〉第一條

⓱ 同⓯。

⓲ 湯用彤，〈讀《人物志》〉。

⓳ 陳寅恪，〈消遙遊向郭義與支遁義探源〉。

⓴ 牟潤孫師，〈論魏晉以來之崇尚談辯及其影響〉。

載：

陳仲弓為太丘長，時吏有詐稱母病求假。事覺收之，令吏殺焉。主簿請付獄，考眾姦。仲弓曰：「欺君不忠，病母不孝。不忠不孝，其罪莫大。考求眾姦，豈復過此？」

出身潁川的陳氏有法家的傾向，此條所表現的更是法家的精神。說明當時的政事，也在轉變中。

所以，在第一卷裡的四篇，雖然在形式上，還保持儒家四科施教的名目，但事實上卻是有新的內容。說明了《世說新語》開始在一個轉變的時代。這種轉變包括了政治、學術及價值觀念各方面。同時由於儒家思想的支配力量減弱，個人意識的上升，使得個人的性格向不同的方向發展，鑄成儒家四科之外的新類型。

三

中卷的九篇，自方正、雅量、識鑒、賞譽、品藻、規箴、捷悟、夙慧、豪爽等，就是在儒家理想人格作層次分化的轉變期中，所出現的個性新類型。很明顯地，這些個性的新類型，是在東漢末年的人物品評識鑒之風的影響下形成的。不過，在中卷裡所出現的人物個性的新類型，是從儒家理想人格類型轉化出來的，因此在某種程度上還是以儒家道德規範為依據。後來經過曹操有計劃的摧殘，以及魏晉之際政治的變動，而使知識份子的理想人格，徹底與儒家道德規範分離，另外形成《世說新語》下卷更多的新個性類型。

使儒家理想人格徹底破產的是曹操，出身閹豎家族的曹操，雖然最初也必須經過名士許劭的品評，始能擠入清流。但不論他的政治立場或社會成分，都是和當時清流之士對立的。不過，他深深了解這批名士對當時的政治與社會所發生的作用與影響；以及他們互相標榜，臧否人物，不僅影響政府用人的權力，同時在社會上造就一批名實不符的浮華之士。如果曹操想建立強有力的中央集權，或更進一步篡奪劉氏政權，都必須先剷除這些出身於大家世族的名士。因此打擊大族與抑制名士的交遊和清議，便成為曹氏政權祖孫三代一貫執行的政策。建安十年曹操擊破大族集團代表人袁紹之後，立即頒佈一道破除冀州地區的朋黨令。接著建安十五年春、十九年冬、二十二年秋連續頒佈了三道命令。一再強調他唯才是舉的用人政策。並且聲明「有行之士未必能進取；進取之士未必能有行」，因此即使有「負污辱之名，見笑之行，或不仁不孝而有治國用兵之術者」，[21]亦在被舉之列。徹底否定了兩漢才德並舉的選舉標

[21] 《三國志》，卷一，〈魏志・武帝紀〉。

準。同時也摧毀了兩漢士人在儒家道德規範薰陶下，所鑄造的理想人格。因此，魏武三令並不是亂世求才的權宜之計，而是曹操透過用人制度，打擊大族與名士的政策。這個政策的宣佈正在儒家思想衰退，個人意識上升之際，不僅加速儒家理想人格的分化，同時更引起當時政治道德與學術思想巨大的變動。㉒

雖然魏武三令根本否定了儒家的舊傳統，但在當時的現實社會裡，儒家所提倡的倫理秩序，仍然具有重大的影響和安定作用。因此，曹氏政權對於這個現實問題，不得不作某種程度的妥協與讓步，於是設立了九品官人之法。九品官人之法在形式上，是利用班固〈古今人表〉九等分類的方法，及兩漢鄉閭評議的精神而形成的制度，似乎是承繼了兩漢選舉的舊傳統。但在現實的意義方面，正如劉毅上疏言九品之弊，指出置九品中正的目的，是為了「取州里清議，咸所歸服，將以鎮異同，一言議。」㉓也就是說將原來東漢末年掌握在名士手中對人物的品評，轉過來變成官家的品第，政府統一了分散在地方的清議，更有效的控制了名士的輿論。㉔因此這個制度最初設立之時，表面上承繼了舊的傳統，卻破壞了原有的精神，

㉒ 陳寅恪，〈書《世說新語・文學類》鍾會撰《四本論》「始畢」條後〉。

㉓ 《晉書》，卷四十五，〈劉毅傳〉。

㉔ 唐長孺，〈九品中正制度試釋〉。

而且和曹氏政權打擊大族抑制名士，徹底摧殘儒家的理想人格是完全一致的。

魏武三令充份表現曹魏政權名法之治的精神。由於政治上實行名法之治，因而「形名之學」也成為當時流行的學問。「形名」之學也可以稱為名家之學。其理論基礎是以「檢形核名」為中心，「崇名核實」為骨幹而形成的。但事實上，和儒家的「正名」、法家的「核檢名實」是接近的。這種思想的流行，是以當時政治需要為前提，以選人得才為目的。認為君主有兩種重要的任務，第一是設官分職能恰如其份，也就是名符其實；第二是人君應有知人之明而「量才授官」。㉕這都是針對東漢末年名士月旦人物，標榜交遊，選士名不符實而引起的。

如前所述，兩漢地方察舉主要的依據是鄉閭評議，而鄉閭評議的基礎又建立在人物的鑒識和品評上。但事實上東漢末年對人物的品評，實際上卻操在一批名士之手，一經他們品題，即身入清流。結果不僅干涉了政府用人的權力，而且形成朋黨交游，浮華相尚的風氣，也就是後來葛洪所批評的「漢末之世，靈獻之際，品藻乖濫，英逸窮滯，饗餮得志，名不準實，賈不本物，以通者為賢，塞者為愚。」㉖這種現象，已引起當時一批名政論家如崔寔、仲長統、徐幹、王符的痛心疾首，而作了痛切的批評。他們的立論都在崇名核實的名實之辯，針

㉕《隋書・經籍志・史部》形成的歷程〉，頁二十九。

㉖《抱朴子・外篇》，卷二十五，〈疾謬篇〉。

對著這個問題，因而出現了對人物觀察分析的學問，如鍾會的才性異同之論，劉劭的《人物志》，都在這時出現。尤其是劉劭的《人物志》，不僅總結了漢末人物品評鑒識的風氣。對人物的觀察分析提出了系統的研究。而且劉劭是曹魏的名法之臣，不僅編纂人物性格分類的《人物志》，而且還為曹魏政權著過考核人物的「都官考課七十二條」之法，並奉詔著《律略論》。因此，《人物志》是為了配合當時的政治情況而編纂的，其理論基礎以名實為歸的。這也是劉劭《人物志》在《隋書·經籍志》列於〈名家類〉的原因。

劉劭的《人物志》在序文言及孔子序門人以為四種，論眾才以辨三等。《人物志》敘列人物，首列有中庸至德的聖人，然後是以德為目的兼才，次為偏至之才自名，這就是他所謂的三度，謂出自孔子的分眾才為三等。除此之外，抗者過之，拘者不逮，謂出自孔子所說的狂狷。至於一至至違的亂德之人，則是被孔子斥為悾悾無信之人。這種分類方法在形式上，雖然採用儒家的觀點，可是在基本精神上，卻忽略了儒家為善為惡的倫理道德觀念。這種善惡的道德標準，正是班固〈古今人表〉的基礎。分析人物志的主旨，可分為八點。一是品人物則由形所顯觀心所蘊，二是分別才性而談其所宜，三是驗之行為以正其名目，四是重人倫尚談論，五是察人物常失于奇優，六是太平必賴聖人，七是創大業則尚英雄，八是美君德主中庸無為。[27]由此可知，劉劭的《人物志》和曹魏制定的九品官人之法一樣。在形式上雖然表現承繼了儒家的傳統，而且總結了東漢末年人物品評鑒識的風氣，但實質上卻是當時流行的崇名核實的思想基礎。同時更配合了當時政治需要為前提的。

劉劭的《人物志》似乎要突破班固《漢書・古今人表》的框限，掌握東漢末年人物評價的潮流，根據當時流行的思想為基礎，並且配合現實政治的實際需要，另外鑄造新的理想人格標準，恰與東漢末年儒家思想本身衰退，士人所追求的儒家理想人格作層次的分化情況匯合。於是形成《世說新語》中卷自方正、雅量、識鑒等九種不同的性格的類型。這個時期正處於新的個性類型形成的過渡時期。《世說新語》中卷所表現的，正是這個過渡期間轉變的現象。然後，由於司馬氏家族與曹氏政權的政治鬥爭，玄學的興起，使個人的個性完全和儒家道德規範分離，形成個人個性完全解放。因而出現《世說新語》下卷，與儒家道德規範完全不同的個性新類型。㉘所以《世說新語》所出現的三十六種個性類型，是漢晉之際政治、思

㉗ 湯用彤，〈讀《人物志》〉。

㉘ 拙作，〈魏晉玄學與個人意識醒覺的關係〉、〈世說新語所表現的個人意識的醒覺〉對這個問題有進一步的分析。又，Richard B. Mather認為《世說新語》的編目是以類書的形態出現，如卷一至八敘德行，卷九至十七敘文化及知識份子，卷十八敘隱逸，卷十九敘賢媛，卷二十至二十一敘巧藝，卷二十二至二十六敘各種人物之個性。他又認為《世說新語》所描繪的世界太過狹窄，其所述人物無非帝王、

想轉變期間交互影響下的產物，《世說新語》所表現的，正是個人脫離儒家理想人格後，形成與儒家道德規範不同新類型的發展史。由於新個性類型的出現，對人物的評價也產生了新的價值觀念，形成魏晉人物傳記選擇材料新的標準，並為魏晉人物傳記提供了新的歷史條件、新的評價標準。

將相、高官、隱士之流而已。以上說法，與本文立論不同。姑附於此，供讀者參考。說見氏譯，*Shih-shuo Hsin-yu: A New Account of Tales of the World* (Univ. of Minnesota Press, Minneapolis, 1976).

《世說新語》對個人形態的描敘

《世說新語》特別留意對個人對形體與神態的描敘，尤其〈容止篇〉對魏晉時期人物容貌與形態的描繪，更是栩栩如生，躍於紙上。

一

《世說・容止篇》描繪曹操的容貌與神態說：

> 魏武將見匈奴使，自以形陋，不足雄遠國，使崔季珪代，帝自捉刀立牀頭。既畢，令間諜問曰：魏王何如？匈奴使答曰：魏王雅望非常，然牀頭捉刀人，此乃英雄也。魏武聞之，追殺此使。

此條下注引《魏氏春秋》稱：「武王姿貌短小，而神明英發。」又注引《魏志》云：「（崔琰）聲姿高暢，眉目疏朗，鬚長四尺，甚有威重」作一個類比，更突出曹操被許劭品評為「亂世奸雄」的神態。

《晉書》卷五十五〈夏侯湛傳〉稱湛「美容觀，與潘岳友善，每行止同輿接茵，京都謂之連璧。」潘岳當世美男子，案〈潘岳別傳〉云：「岳姿容甚美，風儀閒暢。」《世說・容止篇》云：

潘岳妙有姿容，好神情。少時，挾彈出洛陽道，婦人遇者，莫不連手共縈之。

相反地，《晉書・文苑傳》稱左思「貌寢，口訥」，且「不持容儀。」《世說・容止篇》亦謂左思「絕醜」：

左太沖絕醜，亦復效岳遊遨，於是群嫗齊共亂唾之。

這兩則故事是否屬實，倒沒有關係。但由此可以了解，魏晉時期非常注意個人的容貌。《世說・

容止篇》對於個人的容貌與形態多有記載：

何平叔美姿儀，面至白；魏明帝疑傅粉。正夏月，與熱湯餅。既噉，大汗出，以朱衣自拭，色轉皎然。

王夷甫容貌整麗，妙於談玄，恆捉白玉柄麈尾，與手都無分別。

裴令公有儁容儀，脫冠冕，麤服，亂頭皆好。時人以為玉人。見者曰：見裴叔則如玉山上行，光映照人。

驃騎王武子，是衛玠之舅，儁爽有風姿，見玠輒嘆曰：珠玉在側，覺我形穢。

王右軍見杜弘治，嘆曰：面如凝脂，眼如點漆，此神仙中人。

裴令公有儁容姿，一旦有疾至困，惠帝使王夷甫往看，裴方向壁臥，聞王使至，強回視之。王出，語人曰：雙眸閃閃，若巖下電……。

不僅容貌，肌膚，眼神都有所描繪，甚至對形體其他各部分也有敘述，且作抽象的比譬。《世說．容止篇》云：

張光：身長七尺，明眉目，美音聲。
陸機：其聲如鐘。
魏舒：身長八尺二寸，姿望秀偉。
嵇康：身長七尺八寸，美詞氣，有風儀，而土木形骸……
劉伶：身長六尺，容貌甚陋。
王戎：神彩秀徹，視日不眩，裴楷見而目之曰：「戎眼爛爛，如巖下電。」

以上各條亦見《晉書》各本傳。❶也說明魏晉時期的傳記，對於個人的身長、腰圍、眉目、髮鬚等特徵都加以敘述。又《世說・言語篇》注引嵇紹〈趙至敘〉云至「長七尺三寸，潔白黑髮，赤唇明目，鬚不多。」對趙至整體形態皆有所描敘。又《世說・品藻篇》注引蔣濟《萬機論》云：

許子將褒貶不平，以拔樊子昭而抑許文休。劉曄難曰：子昭拔自賈監，年至七十，退能守靜，進不苟競。濟答曰：子昭自幼至長，容貌完潔。然觀其插齒牙，樹頰頦，吐

---

❶《晉書》張光、陸機、魏舒、劉伶、王戎各傳，所載略同。

脣吻，自非文休之敵。

由此可知當時對人物的品評，不僅限於德與能，而且連容貌也一併包括在內。又《世說．言語篇》：

顧悅與簡文同年，而髮蚤白。簡文曰：卿何以先白？對曰：蒲柳之姿，望秋而落；松柏之質，經凌霜彌茂。

又《世說．排調篇》：

祖廣行恆縮頭。詣桓南郡，始下車，桓曰：天甚晴朗，祖參軍如從屋漏中來。

樊子昭的「插齒牙，樹頰頦」、顧悅的「而髮蚤白」、祖廣的「縮頭」，都表現出他們個體特殊的徵象，這種特殊的徵象，顯示出彼此間的差異，《世說．品藻篇》云：

> 桓玄問劉太常曰：我何如謝太傅？劉答曰：公高，太傅深。又曰：何如賢舅子敬？答曰：樝、梨、橘、柚，各有其美。

「公高，太傅深」已很明顯表現出二者的差異。至於「樝、梨、橘、柚，各有其美」，也就是說這些水果各有其味，不僅形態不同而且味道也不一樣。因此，魏晉期間不僅注意人的容貌的差別，也就是人貌不同各如其心，而且更進一步注意形貌不同所表現出的神態差異。這種神態的不同，具體表現在當時人物的肖像繪畫中。雖然顧愷之、陸探微當時所繪畫的人物肖像圖，今日已不得一見，但從《世說新語》所記載的一些軼事，這些肖像人物所具有的特殊神態，仍呼之欲出。

魏晉與兩漢人物圖畫最顯著的差異，就是兩漢時代將人物肖像圖畫，視為政教的補助，即重視對於儒家道德實踐所發生的作用。魏晉時代的人物圖畫，卻擺脫了這種約束，由政治的實用轉變為對人物所具特殊神態的重視。顧愷之就認為「畫人最難」。「畫人最難」是因為各人具有不同的神態。因此顧愷之在他的《魏晉勝流畫讚》中說：

> 寫自頸而上寧遲而不雋，不使遠而有失。其於諸像，則各象異跡。皆令新跡彌舊本，

若長短、剛軟、深淺、廣狹，與點睛之節，上下、大小、醲薄，有一毫之失，則神氣與之俱變矣。❷

所以顧愷之的人物肖像，在「各象異跡」的前提下，透過「長短、剛軟、深淺、廣狹」，以「點睛」、「醲薄」等過程，最後表現出各人所具有的不同的「神態」。《世說・巧藝篇》：

顧長康畫裴叔則，頰上益三毛。人問其故，顧曰：裴楷儁朗有識具，正此是其識具。看畫者尋之，定覺益三毛如有神明，殊勝未安時。

〈巧藝篇〉又云：

顧長康畫謝幼輿在巖石裏。人問其所以？顧曰：謝云一丘一壑，自謂過之。此子宜置丘壑中。

❷《津逮祕書》轉引自陳傳席《六朝畫論研究》。

顧愷之益裴叔則頰上三毛，置謝幼輿於巖石間，特別強調各人所具不同的神態，這種不同的神態由「點睛」一筆寫出。又《世說・巧藝篇》云：

顧長康畫人，或數年不點目精，人問其故？顧曰：四體妍蚩，本無關於妙處；傳神寫照，正在阿堵中。

又同篇云：

顧長康道畫：手揮五絃易，目送歸鴻難。

「手揮五絃易，目送歸鴻難」是嵇康的〈贈秀才入軍詩〉，案《晉書・顧愷之傳》稱愷之「每重嵇康四言詩，因為之圖，恆云：手揮五絃易，目送歸鴻難。」又《世說・巧藝篇》：

顧長康好寫起人形，欲圖殷荊州，殷曰：我形惡，卿不煩耳。顧曰：明府正為眼爾。但明點童子，飛白拂其上，便如輕雲之蔽日。

案《晉書・殷仲堪傳》：「父病積年，仲堪衣不解帶，躬學醫術，究其精妙，執藥揮淚，遂眇一目。」這都說明透過眼睛所表現出來的個人的神儀。《孟子・離婁篇》云：「存乎人者，莫良於眸子。眸子不能掩其惡。胸中正，則眸子瞭焉；胸中不正，則眸子眊焉。」❸眼睛的目光，可以表現胸中正或不正，目光或眼神在繪畫的肖像中，最能突顯個人的性格。顧愷之評衛協〈北風詩圖〉稱：「神儀在心，而手稱其目者。」《歷代名畫記》衛協條下，引孫暢《述畫記》謂衛協〈七佛圖〉，「人物不敢點睛。」葛洪《抱朴子》稱「衛協、張墨於今有畫聖之名。」顧愷之即師承衛協。衛協是魏晉繪畫脫離兩漢儒家道德規範約束，邁向藝術獨立領域的關鍵人物。兩晉文人除顧愷之外，荀勖、王廙、戴逵、謝雅都深受其影響。衛協的〈醉客圖〉說「〈醉客〉作人形，骨成，而制衣服慢之，亦以助醉耳。」❹所以，衛協的〈醉客圖〉所表現的神韻，已突破兩漢畫工的匠器，展現了藝術家獨特的風格，特別重視所繪人物個性的表現，這正是藝術脫離經學道德規範絆羈而獨立的過程。

---

❸《孟子》，卷七。

❹同❷。

二

《世說・巧藝篇》注稱「(顧)愷之畫古聖賢，皆為之贊也。」畫之有贊魏晉時期特盛。《歷代畫記》引曹植〈畫贊序〉云：

> 觀畫者，見三皇五帝，莫不仰戴；見三季暴主，莫不悲惋；見篡臣賊嗣，莫不切齒；見高節妙士，莫不忘食；見忠節死難，莫不抗首；見淫夫妒婦，莫不側目；見令妃順后，莫不嘉貴，是知存乎鑒戒者，圖畫也。❺

曹植認為畫贊應「存乎鑒戒」，仍保留漢代儒家思想的繪畫功能。不過，卻說明魏晉時期畫贊種類繁多，甚至包括儒家道德規範外的「淫夫妒婦」。魏晉時期畫贊盛行，《藝文類聚》有夏侯湛的〈古聖畫贊〉、傅元〈漢高祖畫贊〉，《全晉文》亦收錄摯虞〈古聖帝像畫贊〉。《晉書・陶侃傳》云：

❺ 《歷代名畫記》，卷五，陳傳席《六朝畫家史料》。

（薨）時年七十六，……謚曰桓，祠以太牢。侃遺令葬國南二十里，故吏刊石立碑畫像於武昌西。

此處碑像並舉，可知陶侃像是應有贊的。又《晉書》卷五十四〈陸雲傳〉：

出補浚儀令。……去官。百姓追思之，圖畫形像，配食縣社。

《三國志・吳志・陸遜傳》，裴注引《陸氏世頌》，隋唐〈志〉不著錄，《頌》稱：

遜祖紆，字叔盤，敏淑有思學，守城車校尉。父駿，字季才，淳懿信厚，為邦族所懷，官至九江都尉。

又同卷注引《陸氏祠堂像贊》，隋唐〈志〉也不著錄，與前引《陸氏世頌》可能同是一書，屬於家傳一類的作品。《金樓子》卷四〈立言篇九上〉引傅咸的《畫贊》：「敬圖，先君先妣之容像，畫之丹青。」傅咸另有《卞和像賦》。由此可知畫像的贊不僅限於古人，作為勸戒用的，對於同時代人的畫像也有贊，《隋書・經籍志・史部・雜傳類》著錄有《會稽先賢像贊》五卷，不著撰人；又有《東陽堂像贊》一卷，晉南平太守留叔先撰，留氏事蹟未可考。案《續漢書・郡國志》引應劭《漢官儀》：

郡府聽事壁諸尹畫贊，肇自建武，訖于陽嘉，注其清濁進退，所謂不隱過，不虛譽，甚得述事之實。後人是瞻，足以勸懼，雖《春秋》采毫毛之善，罰纖釐之惡，不避王公，無以過此，尤著明也。

《後漢書・應劭傳》云：「父奉為司隸時，並諸官府郡國，各上前人像贊。劭乃連綴其名，錄為狀紀。」這些像贊「甚得述事之實。」已經具備傳記的條件，所以傅咸將其錄為狀紀。《隋書・經籍志・史部・雜傳類》除著錄上述像贊外，並有〈蜀文翁學堂題記〉二卷、嵇康〈高士傳〉、孫綽〈至人高士傳〉二卷，這些傳記可能是由畫贊轉變而來。畫圖或肖像將人物形象化，畫贊則將這些形象以具體文字敘述。這些以文字記錄的畫贊，又是魏晉別傳或地域性耆舊傳的資料重要來源之一。

由於魏晉個人肖像的發達，對於個人姿容的描繪，特別注意個人所具有的特殊神態，表現當時人們對個人個性非常重視。《世說新語》敘述的各種不同的人物都具其自身所特有的個性，《世說・豪爽篇》：

> 王大將軍年少時，舊有田舍名，語音亦楚。武帝喚時賢共言伎藝之事，人人皆多有所知，唯王都無所關，意色殊惡，自言知打鼓吹。帝即令取鼓與之，於坐振袖而起，揚槌奮擊，音節諧捷，神氣豪上，傍若無人。舉坐嘆其雄爽。

王敦是清談家王衍之弟，王導從兄。上述正表現其素樸磊落的軍人本色。《世說新語》對於當時婦女的個性亦加以描敘，《世說・賢媛篇》：

> 王公淵娶諸葛誕女。入室，言語始交，王謂婦曰：新婦神色卑下，殊不似公休！婦曰：大丈夫不能仿佛彥雲，而令婦人比蹤英傑！

又〈任誕篇〉云：

裴成公婦，王戎女。王戎晨往裴許，不通徑前。裴從牀南下，女從北上，相對作賓主，了無異色。

又〈惑溺篇〉云：

王安豐婦，常卿安豐，安豐曰：婦人卿壻，於禮為不敬，後勿復爾。婦曰：親卿愛卿，是以卿卿；我不卿卿，誰當卿卿？遂恆聽之。

又〈假譎篇〉云：

溫公喪婦，從姑劉氏，家值亂離，唯有一女，甚有姿慧，姑以屬公覓婚。公密有自婚意，答云：佳婚難得，但如嶠比云何？姑云：喪破之餘，乞得粗相存活，便足慰吾餘年，何敢希汝比？卻數日，公報姑云：已得婚處，門地粗可，壻身不減嶠。因下玉鏡臺一枚。姑大喜。既婚，交禮，女以手披紗扇，大笑曰：我固疑是老奴，果如所卜！玉鏡臺，是公為劉越石長史，北征劉聰所得。

又〈惑溺篇〉云：

賈公閭後妻郭氏酷妒，有男兒名黎民，生載周，充自外還，乳母抱兒在中庭，兒見充喜踴，充就乳母手中嗚之。郭遙望見，謂充愛乳母，即殺之。兒悲思啼泣，不飲他乳，遂死。郭後終無子。

從以上所引的幾段材料來看，《世說新語》記載的女性的個性，和正史〈列女傳〉「貞女亮明白之節」的性格完全不同。說明魏晉時代精神脫離漢代儒家傳統後，不僅個人的個性獲得一個發展的機會，婦女也不例外。婦女的地位漸漸提高，她們的性格也日益明朗化，敢愛敢恨，同時也顯露出她們蘊藏的才情。《世說·賢媛篇》注引〈婦人集〉，《隋志·總集類》有〈婦人集〉二十卷；又《隋志·史部·雜傳類》有〈妒記〉二卷，《世說·賢媛篇》、〈輕詆篇〉注也分別引過〈妒記〉。另外，《隋志·雜傳類》還有〈美婦人傳〉六卷，這些作品就是在這種情況下產生的。

一個個性極端發展的時代，往往出現對舊傳統的叛棄。由於統一的漢帝國崩潰後，作為社會主要支柱的儒家道德規範，失去原有的權威地位，激發了魏晉時期個人意識的醒覺，尤其永嘉風暴後，邊疆民族越過長城，在黃河流域建立了或久或暫的統一政權，在意識形態領域，因佛教思想的傳播，所造成的激盪，結束了漢民族在長城之內單獨活動的時期。形成中國歷史發展的南北對峙，因三國時期分立而出現的地域觀念，遂漸形成的對立意識格外顯著。透過這種對立意識對個人所具有的特質加以堅持，也是企使魏晉時期個性發展的原因之一。除去佛教思想對當時思想界發生的影響不論，單由那些因佛教流傳入中原的西域人士，他們形態與語言都不同於中國。語言不同的差異，同樣為中土士人對自身所具的特性，提供一個反省的機會。《世說・言語篇》云「高座道人不作漢語，或問此意，簡文曰：以簡應對之煩。」注引〈高座別傳〉云：

> 和尚胡名尸黎密，西域人。傳云國王子，以國讓弟，遂為沙門。永嘉中，始到此土，止於大市中。和尚天姿高朗，風韻遒邁。丞相王公一見奇之，以為吾之徒也。周僕射領選，撫其背而嘆曰：若選得此賢，令人無恨。俄而周侯遇害，和尚對其靈坐，作胡咒數千言，音聲高暢，既而揮涕收淚，其哀樂廢興皆此類。性高簡，不學晉語。諸公與之言，皆因傳譯。然神領意得，頓在言前。

在日常生活與非我族類的異國人接觸，就發現彼此存在的差異。

三

永嘉風暴形成中國歷史以來最大的流徙，中原士大夫大批自黃河流域南渡江左，在大動亂中又面臨一個新的環境，舉目有山河之異，同樣也激發起強烈的自我意識。《世說．言語篇》云：

> 衛洗馬初欲渡江，形神慘悴，語左右云：見此芒芒，不覺百端交集。苟未免有情，亦復誰能遣此！

又云：

> 過江諸人，每至暇日，輒相要出新亭，藉卉飲宴。周侯中坐而歎曰：風景不殊，舉目有山河之異！皆相視流淚。唯王丞相愀然變色曰：當共戮力王室，克復神州，何至作

楚囚相對泣邪？

自東漢末年至晉室南渡，是《世說新語》記載的上限與下限。這正是一個離亂的時代，而且自東漢覆亡之後，一直沒有出現一個強有力的統治權力，不論民族、宗教、思想以及社會生活都處於分崩離析與極端不安之中，個人面臨這樣巨大的危機，而且又缺少群體向心力，於是個人的個性就從集體中突現出來。在個人與集體的離析之間，外來的佛教思想有了發酵的機會。佛教思想在魏晉的影響是多方面的，尤其是佛教的「論」，對魏晉學術思想發生顯著的作用。❻嵇康有〈養生論〉、阮籍有〈達莊論〉、孫綽有〈道賢論〉之作，《世說．文學篇》中也有論理、理義、思理、析理等的記載：

> 許掾詢年少時，人以比王苟子，許大不平。……便往西寺與王論理，共決優劣。苦相折挫，王遂大屈。許復執王理，王執許理，更相覆疏，王復屈。

互相交換不同的論點，往復論難，至理窮乃屈。《世說．文學篇》：

---

❻ 拙作，〈漢晉間經書解釋的轉變〉。

> 孫安國往殷中軍許共論，往反精苦，客主無間。左右進食，冷而復煥者數四。彼我奮擲，麈尾悉脫落，滿餐飯中，賓主遂至暮忘食。殷乃語孫曰：卿莫作強口馬，我當穿卿鼻。孫曰：卿不見決鼻牛，人當穿卿頰。

此條下注引《續晉陽秋》稱：「孫盛善理義。時中軍將軍殷浩擅名一時，能與劇談相抗者，唯盛而已。」這種往復論難，至理窮乃屈的形式，就像佛家的禪問答，這是佛教思想對魏晉清談所產生的推波助瀾作用。清談的基礎是建立在老莊的思想之上，至於禪問答對於清談的影響，則表現在清談的形式。這是魏晉時代的老莊與先秦時代不同的特色。清談的論理與所有其他論難一樣，因為不同立場對立的論難，在激烈的論辯過程中，個人的立場必須絕對明確，因而促使對自身知識不斷的反省，由反省喚起個人內心的自覺，漸漸形成自我意識的個性發展。

當然，作為魏晉思想主流的老莊思想，對這個時代自我意識自覺的形成發生主導作用，至於因個性極端的發揮，而形成的感情解放，即表現在《世說新語》的記載裡，關於豐富感情的發揮隨處可見。《世說・德行篇》云：

王戎、和嶠同時遭大喪，俱以孝稱。王雞骨支牀，和哭泣備禮。武帝謂劉仲雄曰：卿數省王、和不？聞和哀苦過禮，使人憂之！仲雄曰：和嶠雖備禮，神氣不損；王戎雖不備禮，而哀毀骨立。臣以和嶠生孝，王戎死孝。陛下不應憂嶠，而應憂戎。

又〈言語篇〉云：

桓公北征經金城，見前為琅邪時種柳，皆已十圍，慨然曰：木猶如此，人何以堪？攀枝執條，泫然流淚。

又〈言語篇〉云：

謝太傅語王右軍曰：中年傷於哀樂，與親友別，輒作數日惡。王曰：年在桑榆，自然至此，正賴絲竹陶寫。恒恐兒輩覺，損欣樂之趣。

又〈傷逝篇〉云：

> 王戎喪兒萬子，山簡往省之，王悲不自勝。簡曰：孩抱中物，何至於此？王曰：聖人忘情，最下不及情；情之所鍾，正在我輩。簡服其言，更為之慟。

感情是個人性格的表現，以上所記的包括了家國之情、親子之情，以及哀樂過中年的傷感。不過個性極端發展後，同樣會趨於簡傲狂放。《世說．簡傲篇》云：

> 鍾士季精有才理，先不識嵇康。鍾要于時賢儁之士，俱往尋康。康方大樹下鍛，向子期為佐鼓排，康揚槌不輟，傍若無人，移時不發一言，鍾起去，康曰：何所聞而來？何所見而去？鍾曰：聞所聞而來，見所見而去。

又〈簡傲篇〉云：

> 王平子出為荊州，王太尉及時賢送者傾路。時庭中有大樹，上有鵲巢。平子脫衣巾，

徑上樹取鵲子。涼衣拘閡樹枝，便復脫去。得鵲子還，下弄，神色自若，傍若無人。

又〈任誕篇〉云：

劉伶常縱酒放達，或脫衣裸形在屋中，人見譏之。伶曰：我以天地為棟宇，屋室為幝衣，諸君何為入我幝中？

又〈任誕篇〉云：

阮仲容、步兵居道南，諸阮居道北。北阮皆富，南阮貧。七月七日，北阮盛曬衣，皆紗羅錦綺。仲容以竿挂大布犢鼻幝於中庭。人或怪之，答曰：未能免俗，聊復爾耳。

又〈任誕篇〉云：

張季鷹縱任不拘，時人號為江東步兵。或謂之曰：卿乃可縱適一時，獨不為身後名邪？

> 答曰：使我有身後名，不如即時一桮酒。

魏晉時代感情的奔放和灑脫的個性，是老莊思想影響所形成的，這種個人個性的發揮，更顯示出這個時代所特有的時代精神。由於個性不同方向的發展，以致不同個性之間相互的差異有了比較。在當時的人物，二人或三人並舉互較優劣，是常見的事。《世說．品藻篇》所見的，就有謝鯤與庾亮，周伯仁與郗鑒，王羲之與支道林，孫盛與許詢，王洽與王坦之，殷仲堪與韓康伯等相比。《世說．企羨篇》云：

> 郗嘉賓得人以己比符堅，大喜。

又〈品藻篇〉云：

> 明帝問周伯仁：卿自謂何如郗鑒？周曰：鑒方臣，如有功夫。復問郗。郗曰：周顗比臣，有國士門風。

又同篇云：

明帝問謝鯤：君自謂何如庾亮？答曰：端委廟堂，使百僚準則，臣不如亮。一丘一壑，自謂過之。

不同的性格互相比較以後，不僅優劣互見，而且不同的差別也格外明顯。又在同一個家族之中往往父子、兄弟、姑嫂互相比較，《世說・言語篇》云：

鍾毓、鍾會少有令譽。年十三，魏文帝聞之，語其父鍾繇曰：可令二子來？於是敕見。毓面有汗，帝曰：卿面何以汗？毓對曰：戰戰惶惶，汗出如漿。復問會：卿何以不汗？對曰：戰戰慄慄，汗不敢出。

又同篇云：

鍾毓兄弟小時，值父晝寢，因共偷服藥酒。其父時覺，且託寐以觀之。毓拜而後飲，

> 會飲而不拜……會曰：偷酒本非禮，所以不拜。

又〈賢媛篇〉云：

> 王汝南少無婚，自求郝普女；司空以其癡，會無婚處，任其意，便許之。既婚，果有令姿淑德；生東海，遂為王氏母儀。或問汝南何以知之？曰：嘗見井上取水，舉動容止不失常，未嘗忤觀，以此知之。

又同篇云：

> 王司徒婦，鍾氏女，太傅曾孫，亦有俊才女德。鍾、郝為娣姒，雅相親重。鍾不以貴陵郝，郝亦不以賤下鍾。東海家內，則郝夫人之法。京陵家內，範鍾夫人之禮。

關於人物的比論，《論語．公冶長篇》云：「子謂子貢曰：女與回也孰愈？對曰：賜也何敢望回，回也聞一知十；賜也聞一以知二。子曰：弗如也，吾與女弗如也。」不過，魏晉時代的人物類比，與孔子時代不同，魏晉的類比有其自具的時代思想與社會背景。班固《漢書・古今人表》將人物類比後分為九等，東漢末年選舉制度破壞後，為了適應新的社會環境，對於人物的評價也不得不作適當的調整。傅嘏的《才性論》、劉劭的《人物志》，就是在這種情況下產生的。九品官人之法至兩晉以後，僅重視門第社會的背景，於是人物的比論漸漸脫離政治的實用性，《世說・品藻篇》出現的風流飄逸的個性，就是由此而生的：

正始中，人士比論，以五荀方五陳：荀淑方陳寔，荀靖方陳諶，荀爽方陳紀，荀彧方陳群，荀顗方陳泰。又以八裴方八王：裴徽方王祥，裴楷方王夷甫，裴康方王綏，裴綽方王澄，裴瓚方王敦，裴遐方王導，裴頠方王戎，裴邈方王玄。

陳、荀二氏同是潁川兩大家族，因此相提並論；至於裴、王兩族，也是當時社會上的高門大族，而且兩個家族間有婚姻關係存在，由此可知當時人物比論，必須門第相當，也就是說家族對於人物類比，產生直接的影響。不過，以世族為中心的魏晉社會，在世族社會的內部仍分劃成若干的層次，這個層次是以門第高下為基礎的。因此形成當時社會中個性的雙重發展：一是當時整個社會與思想影響下的個性解放，另一方面是以門閥社會內部層次為準的類比。

這種類比也就是個性類型的歸納，因此形成《世說新語》對於魏晉時代個人自儒家傳統解放後，所形成的個性新類型，這些個性新類型是魏晉思想與社會交互影響下的產物。❼個人的形體與個性往往突現出來。人各有別，一如當時流行的別傳，所表現的性格各自不同。❽

❼《世說新語》與魏晉史學〉，頁一七三。

❽〈魏晉別傳的時代性格〉，頁一〇一。

志異小說與魏晉史學

《隋書・經籍志・史部・雜傳類》，著錄了許多魏晉時代的志異著作。這種上不同於秦漢，下不同於隋唐的寫作形式，不僅在魏晉時代非常流行，而且當時更被認為是史學著作的一部分。不過，自《新唐書・藝文志》將這類著作，歸納在〈子部・小說家〉之中，此後一直將這類著作單純地視為文學作品，❶而忽略了其原來和史學的親密關係。

一

這些專門記載鬼神怪物的志異著作，劉知幾的《史通》稱之為雜記。並且認為這些揚雄所不觀，宣尼所不語的怪力亂神，都是些鑿空怪說，基本上是不足被採信的。不過魏晉的史學家卻「摭彼虛詞，成茲實錄」，❷不僅將這些怪異之事視為真實的存在，並且劃入史學寫作

❶ 劉葉秋，《魏晉南北朝小說》；王瑤，〈小說與方術〉。

的領域。由於裴松之的《三國志注》，先後引用了干寶的《搜神記》、葛洪的《神仙傳》、《列異》與《陸氏異林》等魏晉志異著作，因而被譏為「嗜奇愛博，頗傷蕪雜」，❸認為這些「不經之談，不應入史」。❹

事實上，不僅裴松之注《三國志》，引用了魏晉的志異著作，這些不經之談卻經常被記載在魏晉史書之中，如《三國志》卷十三〈華歆傳〉，裴注引《列異》敘述華歆少年時夜行遇鬼事。同時也見於孫盛的《晉陽秋》，不過主角不是華歆，而變了魏舒；干寶的《搜神記》也記錄了這段故事。范蔚宗《後漢書‧獨行‧范式傳》就直接採用《搜神記》范巨卿與張伯元相交的故事，甚至連文字也很少改動。後來唐代據眾家《晉書》編撰而成的《晉書》，仍然保存了許多鬼怪之事。如《晉書‧孝友傳》記載顏含之兄顏畿死後復活的事，同時也見於《晉書‧五行志》。這段故事顯然也是由《搜神記》轉變而來的。所以，志異入史，在魏晉時代是非常普遍的。

胡應麟將傳統的中國小說分為六類，其首為「怪力亂神，流俗所喜道」的志怪。❺也就

❷《史通》，卷十，〈雜述篇〉。

❸《四庫全書總目提要》，卷四十五，「《三國志》」條。

❹《三國志集解‧序》。

是指魏晉的志異而言。《四庫總目提要》根據魏晉小說的發展與流變，將中國古代小說分為三派：一是敘述雜事的《西京雜記》、《世說新語》；二是記錄見聞的《山海經》、《搜神記》；三是綴輯瑣言的《博物志》、《述異志》。❻《四庫總目提要》所列舉的這三派小說，在著錄魏晉著作的《隋書・經籍志》中，除《世說新語》著錄於〈子部・儒家類〉，其他的則分別列於〈史部〉的〈舊事〉、〈地理〉與〈雜傳〉類之中，而且志異著作就是構成〈雜傳類〉一個非常重要的環節。

劉義慶的《世說新語》，記載的是魏晉時代人物的逸聞軼事，和另一部著錄在《隋書・經籍志・小說家類》的殷芸所編撰《小說》一樣，都是以敘述人物為主的。後世將這類小說稱之為清言或志人小說。志人與志異是相對的，《隋書・經籍志》卻將敘述人物為主的志人著作，納入〈子部・儒家〉或〈小說家類〉之中，反而將敘述超越現實世界的志異小說，列入〈史部〉，的確是一個值得探索的問題。

《隋書・經籍志》的〈史部〉，是以阮孝緒《七錄》的〈紀傳錄〉為藍圖編輯而成的。原來在《七錄・紀傳錄》中，不僅著錄了大批魏晉時代的志異著作，並且單獨成為一類，稱之

---

❺《少室山房筆叢》，卷二十九，「九流緒論」條。

❻《四庫全書總目提要》，卷十四，〈子部・小說家・序〉。

為〈鬼神部〉。《隋書・經籍志》的〈史部・雜傳類〉，即合併了《七錄・紀傳錄》的〈鬼神〉與〈雜傳〉兩部而成，因而著錄了大批自魏晉以來的志異著作。關於魏晉的志異著作，《隋書・經籍志・史部・雜傳類》所作的解釋是這樣的：

> 魏文帝又作《列異》，以序鬼物奇怪之事，……雜以虛誕怪妄之說。推其本源，蓋亦史官之末事也。

《隋書・經籍志》將魏文帝曹丕的《列異》，列為志異著作之首，並稱《列異》三卷，魏文帝撰。不過，這三卷《列異》是否確為曹丕所撰，還是個問題。因為《唐書・經籍志・史部・雜傳類》，也著錄了三卷《列異》，作者不是曹丕而是張華。《新唐書・藝文志》將《列異》由〈史部・雜傳類〉，移於〈子部・儒家・小說家類〉，作者、卷帙與《舊唐書・經籍志》同。

最早引用《列異》的是裴松之的《三國志注》。《三國志》裴注曾先後兩引《列異》；一是上述華歆少年遇鬼事，一是蔣濟亡兒託夢事。案裴松之注《三國志》的體例，首次引用某書時，必先敘該書作者之名。但其最初於〈華歆傳〉引《列異》，僅稱「《列異》曰」，不言作者之名。[7]而且〈蔣濟傳〉引《列異》，稱蔣濟為領軍。蔣濟在齊王時為領軍，時間已在曹丕之後。另外《太平御覽》曾兩引《列異》，事情發生一在甘露時，一在景初年間，都是曹丕以後的事。因此，《列異》可能是在魏文帝曹丕時代編纂的，但卻不是親撰。案《隋書・經籍志・子部・雜家類》有《皇覽》一百二十卷，繆襲等撰。《皇覽》是由魏文帝曹丕下令編輯的，從元康元年開始，由當時許多著名的學者參與工作，經過數年而完成，藏於秘府。編輯完成後的《皇覽》有四十餘部，每部又分類為數十篇，共八百多萬字，是中國第一部類書。❽《皇覽》在兩晉時已單獨成篇，荀勖據鄭默《中經》而編的《新簿》，就著錄了《皇覽簿》。《皇覽簿》就是《皇覽》的目錄。既然目錄可以單行，《皇覽》其他各篇也可能單獨成篇，《列異》或即其中一篇。兩晉書鈔風氣盛行，而《列異》又經張華鈔錄輯補，是非常可能的。❾

張華本人就是魏晉時代著名的志異作者，《晉書》本傳稱他學業優博，詳覽圖緯方技之書，因而博聞多識，對四海之內的奇聞異事博物洽聞，瞭若指掌，世無餘比。他的博物洽聞是由於畢生搜羅圖籍而來。《晉書》本傳又稱他「身死之日，家無餘財，惟有文史溢于机篋。嘗徙居，載書三十乘」。甚至當時秘書監華嶠撰定官書，都必須參考張華的圖籍資料。因此，曹丕

---

❼ 〈裴松之與《三國志注》〉，頁三二九。

❽ 〈《隋書・經籍志・史部》形成的歷程〉，頁二十九。

❾ 魯迅《中國小說史略》認為《列異》是晉以後人之偽造書，附會張華所作。

時代編輯的《列異》，後來由張華輯補，也是非常可能的。而且張華本人也編著過一部著名的志異著作，那就是他的《博物志》。

《隋書》載張華的《博物志》十卷，入〈經籍志．子部．雜家類〉；除此之外，還有《張公雜記》一卷，張華所撰的《雜記》十卷。張華的《博物志》原來卷帙浩繁，後經刪芟後才成為十卷。王嘉的《拾遺記》是最早記載張華《博物志》編撰過程的：

張華生挺聰慧，好觀奇異圖緯之說，捃拾天下遺逸，自書契之始，考驗神怪及世間閭里所說，撰《博物志》四百卷，奏武帝。帝曰：「卿才綜萬代，博識無倫，遠冠羲皇，近次夫子，然記事採言，多所浮妄，宜更刪剪。昔仲尼刪詩書，不及鬼神之事，不言怪力亂神，今見卿志，驚所未聞，異所未見，將恐惑亂於後生，繁蕪於耳目也。更可芟截浮疑，分為十卷。」⑩

王嘉是後秦時代著名的方士，《晉書．藝術傳》稱他「著《拾遺錄》十卷，其記事多詭怪」。《隋書．經籍志．史部．雜史類》有《拾遺錄》二卷，秦姚萇方士王子年撰。劉知幾認為王

⑩ 《拾遺記》，卷九。

嘉的《拾遺記》「全構虛辭，用經倡俗」。⓫王嘉《拾遺記》所記載的，都是些自伏羲以來的異事，以及前世奇詭之說。這些資料很可能是取自張華刪《博物志》剩下的棄餘。《隋書・經籍志》所著錄的《張公雜記》等，或者也就是這些資料。所以，王嘉《拾遺記》雖多詭怪之事，但所舉張華《博物志》的最初內容，以及刪芟經過，大致還是可以相信的。

張華的《博物志》，自兩《唐志》以後即入小說類，將其視為志異小說的代表作品。宋陳振孫《直齋書錄解題》稱：「《博物志》十卷，晉司空張華茂先撰，多奇聞異事。」雖然現在所流傳的張華《博物志》十卷，一般認為原書早已散佚，乃由好事者掇取諸書所引《博物志》，或雜採其他小說而補足的。⓬不過，從劉昭所注的司馬彪《續漢志》，分別於〈五行志〉、〈律曆志〉、〈服輿志〉，前後共引用《博物志》材料有四十八條之多，可知《博物志》是魏晉時重要的志異著作。

張華的《博物志》是西晉時代重要的志異著作，東晉時又有葛洪的《神仙傳》。《隋書・經籍志》有葛洪的《神仙傳》十卷，入〈史部・雜傳類〉。葛洪的《神仙傳》不僅是魏晉時代

⓫ 同❷。

⓬ 《四庫全書總目提要》，卷一四〇，「《博物志》」條；余嘉錫，《四庫提要辯證》，卷十八；《博物志・校證後記》。

重要志異著作，而葛洪個人的經歷更充滿志異色彩。《晉書》本傳稱他：

> 好神仙導養之法。從祖玄，吳時學道得仙，號曰葛仙公，以其鍊丹秘書授弟子鄭隱。洪就隱學，悉得其法焉。

葛仙翁曾從左慈受《九丹金液經》。左慈是漢末著名的方士，避難江東，葛玄學其術，而善於變化，居於山中，能乘虎使鬼，經常餌朮，後來尸解而去。鄭隱又從葛玄學道。⓭鄭隱字思遠，葛洪《抱朴子・大丹問答》，自稱是「晉道士鄭思遠入室弟子」。《抱朴子・內篇》卷四〈金丹篇〉說：

> 余師鄭君者，則余從祖仙公之弟子也，……余親事之，灑掃積久，乃於馬跡山中立壇盟受之，并諸口訣訣之不書者。……江東先無此書，書出於左元放，元放以授余從祖，從祖以授鄭君，鄭君以授余，故他道士了無知者也。

⓭《太平御覽》，卷六六二，引《三洞珠囊》；又卷六六四，引《神仙傳》。

葛洪不僅承繼了東漢末年方士鍊丹的正統，後來又師事鮑靚：

> 師事南海太守上黨鮑玄。玄亦內學，逆占將來，見洪深重之，以女妻洪。洪傳玄業，兼綜練醫術……。[14]

鮑靚字太玄，入《晉書‧藝術傳》。傳稱靚「學兼內外，明天文河洛書」，曾從仙人陰君授道訣。陰君即陰長生。葛洪《神仙傳》稱陰長生是後漢陰皇后的屬籍，曾隨馬明生十年，學度世之術，並授以《太清神丹經》。陰長生曾著書九篇，自稱：「上古仙者多矣，但自漢以來四十五人，連余為六矣。三十尸解，餘並白日仙去。」[15]陰長生傳授鮑靚尸解之法。鮑靚博究仙道，為南海太守時，白晝治理民政，夜來羅浮山，而且是騰空往還的，後來尸解而去。[16]

鮑靚不僅是葛洪的岳父，並傳授葛洪神仙之術。後來葛洪年老想鍊丹以祈遐壽，聞聽交趾出丹，而求為句容令，並子侄俱行。在山中積年，除了鍊丹，而又著述不綴。葛洪死時八

[14] 《晉書》，卷七十二，〈葛洪傳〉。
[15] 《太平御覽》，卷六六三，引《道學傳》；又卷六六二，引葛洪《神仙傳》。
[16] 《太平御覽》，卷四十一，引《羅浮山記》。

十一歲，「視其貌如平生，體亦軟弱，舉尸入棺，輕如空衣，時咸以尸解得仙」。⓱葛洪一生求道鍊丹的經歷，就可以構成魏晉志異小說典型的範例。葛洪著有《抱朴子》內外篇，孫星衍序《抱朴子》稱其內篇所言皆「神僊、藥方、鬼怪變化、養生延年、禳邪去禍之事」。《晉書》葛洪本傳載其自序稱：「世儒徒知服膺周孔，莫信神仙之書，不但大而笑之，又將謗毀真正。故予所著子言黃白之事，名曰內篇……。自號《抱朴子》。」《抱朴子・內篇》，《隋書・經籍志》入〈道家類〉。葛洪所撰的《神仙傳》，即《抱朴子》內篇的續篇。因為葛洪完成《抱朴子》內篇後，其弟子滕升問神仙有無，因而另撰《神仙傳》。《四庫總目提要・道家類》著錄此書，並引葛洪自序稱：「秦大夫阮蒼所記，凡數百人，劉向所撰又七十一人，今復抄古之神仙者見於仙經，服食方，百家之書，先師所說，耆儒所論者，以為十卷。」現行的《神仙傳》十卷，錄神仙八十四人，是由《太平廣記》與其他書所引抄綴而成。⓲各書所引葛洪《神仙傳》，以裴松之《三國志注》為最早，分別見於〈蜀志・先主傳〉、〈吳志・士燮傳〉，而於〈吳志・吳範〉、〈劉惇〉、〈趙達傳〉，裴注分別引葛洪《抱朴子》與《神仙傳》。但裴松之說：「葛洪所記，近為惑眾，其書頗行於世」。⓳由此可知葛洪的《神仙傳》，是東晉時期

⓱《太平御覽》，卷四十一，引何法盛《晉中興書》。

⓲《四庫全書總目提要》，卷十八。

非常流行的志異著作。

二

魏晉志異著作流傳至今較完整的一部，則是干寶的《搜神記》。干寶與葛洪同時，《晉書》本傳稱干寶「性好陰陽術數，留思京房、夏侯勝等傳」。至於干寶撰寫《搜神記》的動機，也是非常離奇的。《晉書・干寶傳》稱：

> 寶父先有所寵侍婢，母甚妒忌，及父亡，母乃生推婢于墓中。寶兄弟年小，不之審也。後十餘年，母喪，開墓，而婢伏棺如生，載還，經日乃蘇。言其父常取飲食與之，恩情如生。在家中吉凶輒語之，考校悉驗，地中亦不覺為惡。既而嫁之，生子。又寶兄嘗病氣絕，積日不冷，後遂悟，云見天地間鬼神事，如夢覺，不自知死。

因此，干寶「遂撰集古今神祇靈異人物變化，名為《搜神記》」。這是干寶撰集《搜神記》的原因。干寶父親的寵婢復活故事，同時也見於《搜神後記》。《隋書・經籍志・史部・雜傳類》

⑲《三國志》，卷六十二。

又有陶潛所撰《搜神後記》十卷。雖然陶淵明有讀《山海經》的詩，但《搜神後記》十卷，當然不可能是出自他的手筆，《四庫總目提要》就認為是偽記。不過《搜神後記》卻是唐以前的作品，很可能是繼干寶《搜神記》而作，二者在文字與內容上，仍然有某些錯綜的關係。⑳所以，《搜神後記》所載干寶父親寵婢復活的故事，不可能完全抄自《晉書》，因為這是當時非常流行的傳說。《世說新語・排調篇》引《孔氏志怪》，也錄了這段故事，與《搜神後記》完全相同。《孔氏志怪》四卷，著錄於《隋書・經籍志・史部・雜傳類》，無作者名；《舊唐書・經籍志》同；《新唐書・藝文志》置於〈小說家〉中；《世說新語・方正》、〈巧藝〉、〈排調〉、〈自新〉各篇分則引注；《藝文類聚》、《初學記》、《太平御覽》也引《孔氏志怪》。或云志怪是孔慎所著，但孔慎不知是何許人。不過，《孔氏志怪》卻也是當時非常流行的志異作品。

至於干寶之兄干慶復活的傳說，也非常離奇。《搜神記》卷一〈吳猛〉條下：

> 吳猛，濮陽人。仕吳，為西安令，因家分甯。性至孝。遇至人丁義，授以神方；又得祕法神符，道術大行。……西安令（于）〔干〕慶死，已三日，猛曰：「數未盡，當訴之於天。」遂臥屍旁，數日，與令俱起。

---

⑳ 《晉書》，卷八十二，〈干寶傳〉。

這段記載是否出自干寶自己的手筆，還是一個問題。吳猛見《晉書・藝術傳》，所載與《搜神記》略同，但卻未言及干慶復活的事。《太平御覽》卷六六六引《太平經》，敘干慶為令，好畋獵，吳猛屢諫不聽，也沒有敘及干慶復活事。《御覽》卷八八七引《豫章記》則謂：

> 吳猛，豫章建寧人，干慶為豫章建寧令，死三日，猛曰：「明府算曆未應盡，似是誤耳。」乃沐浴衣裳，復死慶側，經一宿，相與俱生。慶云，見猛天曹中，論斥之。

由此可知干慶死而復活的故事，在當時也是非常流行的。這個傳說和上述另一個復活的故事，現在看來都是不可思議的。但干寶卻由於這兩個離奇的經歷所感，而「撰集古今怪異非常之事，會聚散逸，使同一貫」，撰成《搜神記》。其目的為了「發明神道不誣」。書成之後，劉惔見了稱讚他：「卿可謂鬼之董狐。」

干寶的《搜神記》，《晉書》干寶本傳稱為三十卷，《隋志》、《唐志》同，皆作三十卷。《新唐志》入〈小說類〉。《崇文總目》作二十八卷，未著干寶所作。《中興書目》祇稱《搜神總記》十卷，《遂初堂書目》則作《搜神摭記》。晁氏《郡齋讀書記》，及陳振孫《直齋書錄解題》都沒有著錄。由是知干寶的《搜神記》，到南宋以後已經軼散，現在流傳的干寶《搜神記》二十卷，是明代胡元瑞從《法苑珠林》，以及他書輯軼而成。因此，《四庫總目提要》評以「綴合殘文，傅以他說」。現行的《搜神記》已不是干寶的原著。不過，現行的《搜神記》雖然由後出之書綴合而成，但經過考證十之八九，都是出自干寶的手筆。㉑祇是一種古書流傳的時間已久，幾經散聚，有後人增添的部份，也是非常可能的。

不論如何，干寶的《搜神記》是流傳至今的魏晉志異著作中，內容最豐富，也是較完整的一種。而且以現行《搜神記》所載的怪異非常之事，與現存的魏晉史書相互核校，可以發現《搜神記》的材料，許多也被當時其他史書採用，其中包括范曄的《後漢書》四十一次，司馬彪的《續漢志》二十五次，王隱的《晉書》十四次，藏榮緒《晉書》六次，唐修《晉書》九十一次，干寶《晉紀》三次。袁宏《後漢紀》、謝承《後漢書》、袁山松《後漢書》、何法盛《晉中興書》、孫盛《晉陽秋》、習鑿齒《漢晉春秋》、樂資《春秋後傳》等各引用一次。他如裴松之的《三國志注》引用十四次，沈約的《宋書》也引用了八十二次。當然從上述統計資料，並無法表現魏晉史學著作，所引用《搜神記》資料的全貌。這是由於魏晉的史學著作，大部分在隋唐以後軼散，剩下的片簡殘卷，被其他書籍轉相引用，幾經傳抄已非本來面目。

㉑ 同⑱。

不過，從以上所舉各種史書所引用《搜神記》的材料，也可以了解魏晉史書引用鬼怪非常之事，是相當普遍的。這也說明魏晉史學家對於這些怪異的現象，不僅認為是一個真實的存在，而且是值得確信的。所以，王隱的《晉書》，何法盛的《晉中興書》，不僅在〈瑞異記〉、〈懸象記〉以及〈方技傳〉中，保存了大批志異材料，並且甚至將這些怪異材料納歸成篇，單獨寫成《鬼神傳》或《鬼神錄》。㉒

《列異》、張華的《博物志》、葛洪的《神仙傳》、干寶的《搜神記》都是魏晉時代著名的志異著作。不僅他們的著作裡記載了許多怪異之事，他們個人的生活與經歷，也充滿了志異的色彩。更重要的，他們同時又是「才堪國史」，擔任過著作郎或大著作，參與撰修國史的工作。干寶就是以才器召為著作郎的。《晉書・干寶傳》稱：

> 中興草創，未置史官，中書監王導上疏曰：「……陛下聖明，當中興之盛，宜建立國史，撰集帝紀，上敷祖宗之烈，下紀佐命之勳，務以實錄，為後代之準，厭率土之望，悅人神之心，……宜備史官，敕佐著作郎干寶等漸就撰集。」元帝納焉。寶於是始領國史。……著《晉紀》，自宣帝迄于愍帝五十三年，凡二十卷，奏之。其書簡略，直而

㉒《史通》，卷八，〈書事篇〉。

能婉，咸稱良史。

干寶的《晉紀》，後世評價很高。何法盛認為「評論切中」；[23]劉勰則稱「干寶述紀，以審正得序」。[24]劉知幾的《史通》對魏晉的史學著作批評非常苛刻，卻獨青睞干寶的《晉紀》。干寶的《晉紀》入《隋書·經籍志·史部·編年類》，是仿效《左傳》的形式撰寫成的。劉知幾認為干寶的《晉紀》，在這一方面的表現是「立言之高標，著作之良模」。在干寶的二十三卷《晉紀》中，其中一卷是干寶的史議。史議是干寶對當時史學所作的評論，以及他撰述《晉紀》的體例。其書事的五個準則：體國經野之言則書之，用兵征伐之權則書之，忠臣烈士孝子貞婦之節則書之，文誥專對之辭則書之，才力技藝殊異則書之。[25]更得到劉知幾的讚賞：「令升先覺，遠述丘明，重立凡例，勒成《晉紀》，鄧孫以下，遂躡其蹤，史例中興，於是為盛。」[26]劉知幾的評價，象徵著自荀悅《漢紀》復興了編年史以來，干寶的《晉紀》是發揚

[23]《文選》，卷四十九，干寶《晉紀·總論》，注引何法盛《晉中興書》。
[24]《文心雕龍》，卷四，〈史傳篇〉。
[25]《史通》，卷八，〈書事篇〉。
[26]《史通》，卷八，〈序例篇〉。

《春秋》意識的另一個里程碑。雖然干寶的《晉紀》已經散軼，但現在保存在《文選》裡的《晉紀・總論》，可以充份地證明。

最初奉詔撰寫國史的不止干寶一人，其中可能還有干寶的摯友郭璞在內。案《晉書・王隱傳》：「太興初，典章稍備，乃召隱及郭璞俱為著作郎」。郭璞與干寶友善，《晉書》郭璞本傳稱璞：「然性輕易，不修威儀，嗜酒好色，時或過度，著作郎干寶常誡之曰：此非適性之道也。」郭璞雖然沒有像干寶或王隱身為著作郎，而留下一部完整的晉代史學著作，但他卻注了《山海經》。《山海經》雖言地理山川，但多參以神怪之言，該是中國最古的志異小說。郭璞不僅為之作注，並且為之作圖讚。其《山海經・敘》稱：

> 世之覽《山海經》者，皆以其閎誕迂誇，多奇怪俶儻之言，莫不疑焉。嘗試論之曰，莊生有云：「人之所知，莫若其所不知。」吾於《山海經》見之矣。……今略舉可以明之者：陽火出於冰水，陰鼠生於炎山，而俗之論者，莫之或怪；及談《山海經》所載，而咸怪之；是不怪所可怪而怪所不可怪也。不怪所可怪，則幾於無怪矣；怪所不可怪，則未始有可怪也。[27]

---

[27] 〈注《山海經》敘〉，《山海經》。

郭璞為了見怪不怪而注《山海經》，這是由於郭璞個人的怪異的行徑。郭璞是東晉時期最具有方士神祕色彩的知識份子，《晉書》本傳稱他：

> 好古文奇字，妙於陰陽算曆。有郭公者，客居河東，精於卜筮，璞從之受業。公以青囊中書九卷與之，由是遂洞五行、天文、卜筮之術，攘災轉禍，通致無方，雖京房、管輅不能過也。

這是郭璞習卜筮之術的經過。他的卜筮之術當時第一，本傳又稱他能「鑒天文地理，龜書龍圖，爻象讖緯，安墓卜宅」，更「善測人鬼之情狀」。干寶的《搜神記》就記載了郭璞怪異之事三條，《世說新語．術解篇》也錄了郭璞異行三條，《晉書．郭璞傳》就是以這些材料構成。郭璞不僅卜筮著名，而且甚有文彩，「詞賦為中興之冠」。因寫〈江賦〉與〈南郊賦〉，得到元帝的嘉賞，因而任他為著作郎，參與撰修國史的工作。他上疏說：「臣以人乏，忝荷史任，敢忘直筆，唯義是規。」㉘他雖然生活放任，但對撰史的態度卻是非常嚴肅認真的。

㉘《晉書》，卷七十二，〈郭璞傳〉。

郭璞在《晉書》與葛洪同傳。葛洪與干寶也是「深相親友」的。而且干寶認為葛洪「才堪國史」，而薦舉他為大著作，主持撰修國史的工作，葛洪固辭未受，由此可知葛洪也是一個史學修養有素的學者。《隋書・經籍志》有葛洪《漢書鈔》三十卷，《新唐書・藝文志》又著錄葛洪《史記鈔》十四卷、《後漢書鈔》三十卷。《抱朴子》葛洪自序說：「又鈔正經七史、百家之言、兵事、方技、短雜奇要三百一十卷。」其中就包括了上述的《史記鈔》《漢書鈔》。葛洪《史記鈔》《漢書鈔》，開後來史鈔的先河。他又曾將班固的《漢書》，與他家所藏的劉歆未成的《漢書》稿相對，發現班固《漢書》多取自劉歆的舊稿，其未取者集而成冊，就是現行的《西京雜記》。至於張華也曾領著作主持修史的工作。《晉書》本傳稱：「郡守鮮于嗣薦華為太常博士，盧欽言之於文帝，轉河南尹丞，未拜，除佐著作郎。」即使到後來職掌機要，仍然很重視修史的工作。陳壽的《三國志》完成後，當時的人都稱讚陳壽善於敘事，有良史之才，尤其「張華深善之，謂壽曰：當以《晉書》相付耳。」㉙

張華、葛洪、干寶以及郭璞，都是當時卓越的史學家，曾擔任著作郎或大著作，領導或直接參與修史的工作，並且寫出成功的史學著作。同時他們又是魏晉時代著名的志異作者，不僅他們的著作充滿了怪異現象，而且他們本身的經歷更是非常離奇，其中許多已載入了志

㉙《晉書》，卷八十二，〈陳壽傳〉。

異之中。史學寫作與志異著作是兩件完全不同的事；史學著作所記載的，是現實世界中曾經發生過的事實，這些事實可以經過考證，證明其是一個真實的存在。但志異著作卻不同，志異著作所描繪的，是超越現實世界的怪異現象。這些怪異現象是無法透過考證，而肯定其存在的，和史學主要的任務客觀地追求事實真象，是無法相提並論的。但魏晉的史學工作者卻將二者集於一身，不僅肯定這些超越現實世界的怪異現象，是一個真實的存在，並且更進一步將這些怪異現象納入歷史寫作的領域。這不僅突出了魏晉史學特殊的時代性格，更是值得進一步探索的問題。

三

這些志異著作到唐代以後，由〈史部・雜傳類〉移於〈子部・小說類〉，不過〈子部〉也是中國史學發展過程中一個重要的支流。分析中國小說最初的起源，和中國上古史學更有密切的關係。魏晉的志異著作，即是承繼中國古代與漢代小說傳統演變而來。因此，對於這個問題的探索，也可為志異小說與魏晉史學的關係，提供一個歷史的回顧。

在現存的目錄中，最早將小說歸於子部的，是《漢書・藝文志》。《漢書・藝文志・諸子略》十家之中，有〈小說家〉一目。著錄了自上古至西漢小說十五家，一千三百十八篇。若以時代區分，自伊尹至黃帝九家，屬於先秦以前的作品；自封禪方說以下六種，則是漢代、尤其是漢武帝時代的作品。這種排列的形式，正象徵古代中國小說兩個不同的發展階段。

關於古代中國小說的起源與性質，班固《漢書・藝文志》所作的解釋是這樣的：

> 小說家者流，蓋出於稗官。街談巷語，道聽塗說者之所造也。孔子曰：「雖小道，必有可觀者焉，致遠恐泥，是以君子弗為也。」然亦弗滅也。閭里小知者之所及，亦使綴而不忘。如或一言可采，此亦芻蕘狂夫之議也。

班固的《漢書・藝文志》，據劉歆《七略》為藍本編撰而成。劉向歆父子兩世校讎祕閣圖籍，對中國上古學術源流與演變，梳理得非常清晰，他們對中國小說的起源與性質所作的解釋，是可以肯定的。不過，解釋〈諸子略〉各家的起源，都說某家出於其官，其官職都見於記載，唯有小說家所出的稗官，不見他書。自來各家注釋《漢書》，對「稗官」一辭就有不同的解釋。余嘉錫根據顏師古對稗官即小官的解釋，作了進一步的推論，認為小說家所出的稗官，即指天子之士而言。天子之士所負的職責，就是「采傳言於市，問謗譽於路」，與《漢書・藝文志》「街談巷語，道聽塗說者之所造也」的說法是相合的。[30]這不僅是具有啟發性的推論，也是對「稗官」所作比較接近性的解釋。

中國古代統治者是非常重視民意的。每年三月，遣派行人採詩，八月，遣派遒人採訪童謠、歌戲。從這些詩、童謠、歌戲中，歸納人民意見的反應，作為施政的參考。[31]稗官可能與行人、遒人的任務相似，所不同的是行人和遒人所採的是言，而稗官所訪的是事。稗官從街談巷語之中，採訪有關的資料，作為國家史事記錄的參考。其性質也許和魏晉時代大小中正下的屬官「訪問」相似，訪問的職責是採訪大小中正所負責地區的人物資料，作成紀錄，以備大小中正品評人物的參考。[32]後來這些資料，成為魏晉別傳重要的資料來源之一。[33]訪問和稗官的官職都很低。不過，稗官搜集資料的範圍比訪問廣泛，除了人之外，還包括了事。不過，稗官雖然官卑職小，卻是一個京官，經常往來地方與中央之間，一方面監督地方搜集有關的材料，一方面直接採訪民間的街談巷語。稗官將這些資料呈報於「掌四方之志」的外史，最後匯集於太史，這就是司馬遷所謂的「天下遺文古事靡不畢集太史公」。[34]這些遺文古

---

[30] 余嘉錫，〈小說家出於稗官說〉。

[31] 《隋書》，卷三十四，〈經籍志・子部・小說家・序〉。

[32] 拙作，〈魏晉雜傳與中正品狀的關係〉。

[33] 〈魏晉別傳的時代性格〉，頁一〇一。

事中，可能就有小說家所出的稗官採訪的「街談巷語」在內。

這些《漢書・藝文志》認為「君子弗為」的「街談巷語」，也就是劉知幾所說的「雖取悅於小人，終見嗤於君子」的材料，這些「街談巷語」完全是屬於小人的。但此「小人」，與孔子在《論語》以道德價值判斷，所謂的「君子」與「小人」不同，所代表的是古代貴族與平民兩個不同的社會階層。所以，小說來自社會基層，民間閭里流行的傳說，是中國古代小說的原始根源。小說來自民間，有深厚的社會基礎，其中蘊藏著豐富的歷史資料。《漢書・藝文志》將小說與儒道陰陽，並列為諸子十家，但班固卻認為「諸子十家，其可觀者九家而已」，這就是「九流十家」，小說被列為不可觀者流。班固雖然不重視小說，但卻不否認小說也有其「一言可采」的價值。因為這種來自民間的社會史料，正可以補正史之闕。桓譚《新論》認為小說，「合叢殘小語，近取譬論」，㉟作為短書。「叢殘小語」又作「叢殘小論」：「通材著書以數百，唯太史公為廣大，餘皆叢殘小論。」這些被稱為短書的叢殘小論，與《太史公書》相對而稱。不過，這些叢殘小論之中，也有些治身理事的可觀之辭，可以被提煉成歷史材料的。

㉞《史記》，〈太史公自序〉。

㉟《文選》，卷三十一，〈江文通擬李都尉詩〉注引《新論》。

另一方面小說又是正史之餘，也就是修史剩餘的材料。事實上，葛洪的《西京雜記》與魏晉以後殷芸所編撰的《小說》，都具有這種性格。《隋書・經籍志・史部・舊事類》有《西京雜記》二卷，不著撰人。唐宋以後書目，都說這部書是葛洪著的。現存的《西京雜記》有葛洪的序言。序言說原來劉歆有準備撰《漢書》的計劃，但沒有完成，而留下了一百多卷所搜集的材料，這些材料都是「書無所宗，雜記而已」。後來班固曾利用這批材料，刪為《漢書》。葛洪用其家所存的這批資料，與班固的《漢書》相對，發現班固所不取的，不過二萬餘字。葛洪就鈔出班固所未取的部分，分為二卷，「名為《西京雜記》，以裨《漢書》之闕」。至於殷芸的《小說》，《隋書・經籍志・子部・小說家類》有梁殷芸所撰《小說》十卷。殷芸的《小說》，記載的是秦漢至東晉江左的人物，取自劉義慶的《世說新語》及《語林》、《志怪》等書，所敘的都是瑣細小事，與諸史所載有異同。這些材料都是「史官所宜略」，而「目為小說，則宜爾也」。[36]殷芸的《小說》是奉梁武帝之命而編輯的。這可能是梁武帝作《通史》時，凡是不經之言，而《通史》所不取的，令殷芸另外集為《小說》。所以，殷芸的《小說》「因《通史》而作，亦《通史》之外剩。」[37]

[36] 余嘉錫，〈殷芸《小說》輯證〉，引晁氏《續談助・跋》。

[37] 《隋書經籍志考證》，「殷芸《小說》」條。

葛洪所輯錄的《西京雜記》，殷芸所編纂的《小說》，分別是班固撰《漢書》，梁武帝修《通史》所剩餘的材料。雖是史之外剩，但卻可以補史之闕。同樣地，《漢書・藝文志》著錄的先秦小說九種，現在除了類書裡殘存一二條外，其他已不復見。所幸《漢書・藝文志》所著錄書下，有班固的自注，可約窺其性質。其中《青史子》、《周考》、《天乙》等三種，班固自注或稱其「古史官記事也」，其性質近乎史。至於《伊尹說》、《鬻子》、《務成子》、《詩曠》，及《黃帝說》，其性質則近乎子。不過，《漢書・藝文志》所著錄的小說，不論其性質近似史或近似子，每條下班固都以「淺薄依託」，或「迂誕依託」評之。這也說明了中國古代小說的性質。中國古代小說既出於稗官所搜集的街談巷語，這些流傳在民間的材料，在稗官採錄之前，肯定是沒有文字記載的。這些材料經過十口相傳之後，已增添了許多依託迂誕的傳聞，甚至神話怪說，內容是相當雜亂的。所以胡應麟就說：「《漢書・藝文志》所謂小說，雖為街談巷說，實與後世《博物志》、《志怪》等書迥異，蓋雜家者流，稍錯以事耳。」㊳

所謂「雜家者流」，《隋書・經籍志》解釋：「兼儒墨，合名法。」包括的範圍非常廣泛。《漢書・藝文志・小說家》條下，有《百家》百三十九卷。關於百家，劉向《說苑・敘錄》稱：「除去與《新序》重復者，其餘者淺薄不中理，則別集為《百家》。」㊴這部《百家》是

㊳《少室山房筆叢》，卷二十九，「九流緒論」條。

劉向校書時所輯。與他所輯的《新序》、《說苑》性質相近，雜取先秦與漢初諸子編輯而成，其內容可能更駁雜，語言更依託迂誕，無法歸類，集之而成《百家》，置於〈小說家〉之中。所以，《漢書・藝文志》所著錄的先秦小說，與後世一般所謂的小說性質不同，其性質近于子史。而子部的著作，原來就是中國史學發展的一個旁枝，尤其雜家，其淵源出於「史官之職」，和史學更有密切的關係。

由雜家推衍出來的，在《隋書・經籍志・史部》有〈雜史〉、〈雜傳〉二目。雜史是指「其屬辭比事，皆不與《春秋》、《史記》、《漢書》相似，蓋率爾而作，非史策之正也。……而體制不經。又有委巷之說，迂怪妄誕，真虛莫測。」[40]至於雜傳，也是「率爾而作，不在正史」，而且也「雜以虛誕妄怪之說。推其本源，亦史官之末事」。[41]《隋書・經籍志》對雜史與雜傳所作的解釋，其性質是相近的，不同的是體例，雜史近似編年，雜傳則似紀傳。這兩種魏晉時代新興的史學寫作形式，其中部分皆有委巷之說，又兼虛誕怪妄之談，與《漢書・藝文志》對小說家所作的解釋，「街談巷語」、「迂誕依託」是非常相近的。這些來自民間的小說，雖然

---

[39] 《群書拾補》，引《說苑・敘錄》。

[40] 《隋書》，卷三十三，〈經籍志・史部・雜史類・小序〉。

[41] 同[40]。

依託迂誕，不值一觀，但班固卻無法否定其「一言可采」的史料價值。同樣地，魏晉時代的雜史與雜傳，也具有這樣的史料價值。那就是雜史與雜傳也可以供「通人君子，必博采廣覽，以酌其要」，或「載筆之士，刪採其要」。[42] 從這個推論，可以說明先秦的小說與史學的關係，尤其與魏晉的雜史、雜傳更有親密的關係。

除了上述的小說，《漢書・藝文志》又著錄了待詔臣饒《心術》、《封禪說》、虞初《周說》、待詔臣安成《未央術》等。由於這些小說摻雜了封禪、養生、醫巫、慶祝、房中之術，與先秦的小說的性質已不相同。《四庫總目提要・小說條》引張衡《西京賦》稱：「小說九百，本自虞初。」虞初《周說》九百四十三篇，班固注虞初，武帝時方士，而認為「小說興於武帝時矣」。[43] 所以，漢代的小說興於漢武帝之時，和當時流行的方士之術，有密切的關係。

《後漢書・方術傳》稱：「漢自武帝頗好方術，天下懷協道藝之士，莫不負策抵掌，順風而屆矣。」漢武帝好方術，從封禪開始。《史記・封禪書》記載，漢武帝得寶鼎以後，就和公卿儒生討論封禪的事，但封禪的儀禮失傳已久，而儒生又拘泥於詩書中的古文古禮，討論了幾年也沒有結果。就在這個時候，公孫卿和方士上言：「黃帝以上封禪，皆致怪物與神通」。[44]

---

[42] 同[40]。

[43] 《四庫全書總目提要》，卷一四〇，〈小說家〉條。

於是，漢武帝罷諸儒不用，而採用了方士之言。《漢書・藝文志》有《封禪方說》十八篇，班固注稱：「武帝時。」這十八篇《封禪方說》，可能就是這幾年間，儒生與方士為封禪往復辯難的紀錄，及方士言封禪的方法。對於這次的論辯，《史記・封禪書》也有隱略的記載：「上念諸儒及方士言封禪人人殊，不經，難施行。」不過在這論辯中，漢武帝是傾向方士的，因為方士所上的封禪方，可致長生不死。自此之後，方士之術在宮廷裡盛行起來。

《漢書・藝文志》所著錄的九百四十三篇虞初《周說》。虞初，班固注稱：「河南人，武帝時以方士侍郎號黃車使者」。虞初的名字也見於《史記・封禪書》，是當時很有名的方士。至於「黃車使者」，案〈封禪書〉稱：「與方士傳車及閒使僊人以千數。」僊人就是神仙。漢武帝為了求神仙，曾派出數千方士到各地採訪。張衡〈西都賦〉說：「千乘雷動，萬騎龍趨。屬車之簉，載獫猲獢。」張衡的〈西都賦〉追敘武帝時，西京的盛事，以上所述，可能是數千方士傳車，出發到各地尋仙的情景，當然是西都盛事中的盛事。這些乘車去尋仙的方士，即上述的黃車使者，虞初或即其中之一。所以，張衡接著又說：「匪唯翫好，乃有祕書。小說九百，本自虞初。」㊺

㊹ 《史記》，卷二十八，〈封禪書〉。又拙作，〈武帝封禪與《史記・封禪書》〉

㊺ 《文選》，卷二。

小說也就是秘書。薛綜注秘書，即「醫巫厭祝之術」。接著又解釋：「持此秘術，儲以自隨，待上所求問，皆常具也。」㊻這些秘書就是方士之書，秘術就是方術。由於這些方士隨侍漢武帝四週，隨時以秘書自隨，以備詢問。所以在《漢書・藝文志》所著錄的漢代小說中，還有待詔臣饒《心術》，班固注稱：「武帝時。」顏師古引劉向《別錄》進一步解釋：「饒，齊人也，武帝時待詔，作書名《心術》。」此外還有臣壽《周紀》、待詔臣安成《未央術》。應劭注安成《未央術》：「道家也，好養生事，為未央之術。」這些小說的作者皆稱之為「臣」或「待詔臣」。這些人可能都是各懷秘書秘術，隨侍在漢武帝左右的方士。其中被張衡視為漢代小說之始的虞初《周說》，是各家小說中篇幅最多的一部，可能是虞初匯集各方士的秘書，編輯而成的方術大全，以備諸方士參考的。張衡說「小說九百，本自虞初」，不是沒有根據的。所以，漢代小說出於方士之手，小說的內容多是方士之術，大致是可以相信的。

這些小說的內容多是些醫巫祝卜的方術。中國的方術本源於古代的巫，而巫和中國古代史官的原始職掌，有密切的關係。雖然自清代以來，各家對史的原始意義，有不同的解釋。但對史的原始職掌和巫有密切關係這個論點，彼此的意見是共同一致的。中國古代沒有所謂的知識份子，凡具有特殊知識與技能的統稱之為巫。《周禮》將卜、祝、史、巫並稱，《國語》

㊻同㊺，薛綜注。

則將祝、宗、史統稱之為巫。前者是對這些特殊技能的分工，後者是對具有這種專業技者的統稱。而史是會執筆寫字的人，既識字又會寫字，因此具有知山川之號、上下之神、昭穆之世、氏族之出等的專門知識，是中國古代少有的知識份子。在《周禮》中，史列於春官，春官所掌管的是國家的宗教事務。至於史的職掌，《國語》韋昭注稱：「史次位序。」也就是史的專職是在喪祭典禮中，負責安排鬼神的位序，並且在典禮之中，唱名喚鬼神順序入座，以享祭祀。既能知鬼神，並能通天之際，具有這種特殊技能的，當然是巫了。後來，由於業務的關係，史漸漸兼理了祝、卜的專業，所以在中國古代，史和巫原來就有非常親密的關係。[47]

這種巫史的關係，至少至漢代還保持著這種傳統。漢武帝時，司馬遷為太史公，自敘其境遇說：「僕之先人非有剖符丹書之功，文史星曆近乎卜祝之間，固主上所戲弄，倡優蓄之」。[48]雖是積鬱之詞，卻也說明自上古以來，史官所掌管業務的真實情況。這種情況到後漢時代仍然繼續著。《續漢書・百官志》敘述太史令所掌管的業務是這樣的：一、掌天時星曆，二、國家祭祀喪娶之事，三、掌奏良日及時節禁忌，四、記錄國家祥瑞災異之事。[49]應劭《漢官儀》

[47] 沈剛伯師，〈說史〉。

[48] 《漢書》，卷六十一，〈司馬遷傳〉。

[49] 《續漢志》，卷二十五，〈百官志〉。

載：太史待詔三十七人，其中六人治曆，二人龜卜，三人廬宅，四人日時，三人易筮，二人典禳等等。❺⓪從太史的職掌，與其下屬的分工，更顯示出史和巫的關係的親密。所以王符說：「巫史祝祈者，蓋所以交鬼神而救細微爾，至於大命，末如之何。」❺①就表現了當時一般知識份子對於巫史的看法。司馬遷的《史記》，對上古以來的學術流變，作了一次總結，對正史的流變，方術與術數之所出，作了系統的敘述。在《史記》中以〈封禪書〉為綱領，分析了當時流行神僊與方技之由來，環繞著〈封禪書〉有敘兵學家的律書，敘術數家理論和現象的曆書，然後在列傳中有方技家的扁鵲、倉公，術數家的日者、龜策，兵學家的孫、吳、司馬穰苴等列傳，更進一步敘述這些學術流派的演變與發展，後來對《漢書・藝文志・方技略》學術分類的形成，發生了啟導作用。追溯這些學術流派的淵源，都出於巫。如果說漢代的小說出於方術，在當時衹有方術最能表現巫的原始性格。由此更可以說明漢代小說與史學的關係。

《漢書・藝文志》所列舉的中國古代小說十五家，同時也說明了中國古代小說發展的兩個不同的階段。但不論其為第一階段的近似子史的先秦小說，或第二階段興於漢武帝，出於

---

❺⓪ 同❹⑨，注引《漢官儀》。

❺① 《潛夫論》，卷六，〈巫列篇〉。

方士之手的漢代小說，和史學都有密切的關係。但儒家思想定於一尊的漢代，不僅史學附著經學的桎枝之上，無獨立的地位可言，小說更被摒棄於儒家思想之外。漢魏之際儒家思想衰退，史學與文學漸漸掙脫原有的桎梏，向獨立的領域過渡，這時也是繼承漢代小說傳統的魏晉志異形成的時期，由於中國古代小說原來與史學的親密關係，於是便將這類新興的寫作形式，納入了史學的領域。至於魏晉的知識份子肯定這些怪力亂神的真實存在，是對儒家價值外非儒家的新價值觀念的肯定。關於這個問題，涉及了魏晉時代思想與社會的轉變，又是另一個值得探索的問題。

經史分途與史學評論的萌芽

和中國文學評論相較，中國史學評論的發展途徑，是非常迂迴與緩慢的。雖然，漢代是一個經學獨霸的時代，一切的學術籠罩在經學之下。但文學和經學的關係，卻不如史學來的親密。這種親疏的關係，已明顯地表現在《漢書・藝文志》之中。在《漢書・藝文志》中，有關史學的著作附驥在〈六藝略・春秋類〉之後，另一部分則寄錄在〈諸子略・儒家類〉之中。但文學卻不在六藝之內，另闢〈詩賦略〉加以收容。

一

雖然，兩漢時期文學著作的形式和數量，還都非常有限。並且認為詩賦出於孔子詩教，被視為宣揚人倫政教的工具，❶但卻不為一般正統經學家重視。所以，揚雄就認為詩賦是壯

❶《漢書》，卷三十，〈藝文志・詩賦略・序〉。

夫不為的雕蟲小技。桓範更批評詩賦作者，「小辯被道，狂簡之徒，斐然成章，皆聖人所疾」。❷正因如此，提供文學較經學更大的活動空間。所以，當東漢儒家思想失去其權威地位以後，文學會脫穎而出，迅速向獨立的途徑邁進。《後漢書・蔡邕傳》記載其著作，除詩賦外，還有碑、誄、銘、讚、連珠、箴、弔、議論、祝文、表章、書記等不同的著作形式。這許多不同的文學著作形式，正是《後漢書・文苑傳》形成的原因。〈文苑傳〉的出現象徵著文學已具有獨立條件。這種發展的趨勢，更經過非儒家的曹氏父子的推波，在建安時代已欣欣向榮，另成町畦，中國文學批評就在這時出現。後來劉勰《文心雕龍》對曹丕、曹植、應璩有「魏典密而不周，陳書辯而無當，應論華而疏略」的批評，也許這是中國文學批評草創期的現象。後來更經過陸機、摯虞、鍾嶸的努力。最後由劉勰的《文心雕龍》，對文學作出系統的評論。所以，文學評論隨著文學獨立而形成，發展的線索清晰可見。

史學評論則不然。由於史學在兩漢時期，完全附翼在經學之下，不是一個獨立的科目。班固的《漢書・藝文志》，以劉歆的《七略》為藍圖，根本沒有史學這個門類。後世討論這個問題時，一般都認為《漢書・藝文志》不立史部，由於當時史學著作過少。❸不過，《漢書・

❷《全上古三代秦漢三國六朝文》，〈全三國文〉，卷三十七，桓範，《世要論・序作篇》。

❸《文獻通考》，卷一九一，〈經籍考〉十八。

藝文志》不立史部，事實上與史學著作多寡無關。《漢書．藝文志》將史部書籍附於〈春秋類〉之後，由於當時史的獨立概念還沒有形成。至少在東漢中期以前，史的意義還保持其原始功能，也就是手執書寫工具會寫字的人。❹史家的應用偏重在文書工作方面，並不具有後世歷史概念和意識。另一方面漢代認為《春秋》本身就是史，不僅是中國史學的根源，而且在義例和比例方面，都是中國史學的最高原則。❺雖然，司馬遷創造了中國史學寫作的新形式，但其所表現的精神卻是上繼《春秋》的；這也是《漢書．藝文志》將《太史公》附於〈春秋類〉的原因。至於《漢書》，班固已在其〈敘傳〉中明白表示，即「旁貫五經，上下洽通」，這是班固撰寫《漢書》的經典意義所在。❻這種濃厚的儒家經典意識，表現在《漢書》的表志之中。所以，在東漢中期以前沒有單純的史學可言，這是中國史學附庸於經學的發展階段。

雖然，很難劃出史學脫離經學的始點，但最早不會超過東漢晚期。就在這個時候，司馬遷的《太史公書》被稱為《史記》。《史記》原來是對太史記錄的普遍稱呼，現在轉變為對司

❹ 沈剛伯師，〈說史〉。

❺ 《文史通義》，卷五，〈答客問上〉認為「史之大源，本乎《春秋》。」又其《校讎通義》，卷一，〈宗劉篇〉又說：「二十三史，皆《春秋》家學也。」

❻ 《漢書》，卷一〇〇下，〈自敘下〉：「旁貫五經，上下洽通」條顏師古注。

馬遷個人著作的尊稱。❼這種轉變可能象徵史學終於脫離經學的羈絆，向獨立的歷程跨出了第一步。這種轉變或許可以說明一個事實，那就是史的概念已超越了以往文字記載的範疇，具有後世歷史意識與觀念了。❽

因此，曹魏時期又有「三史」的名稱出現。魏晉之際的三史，並不單純指《史記》、《漢書》、《東觀漢記》三部史書而言。和隋唐以後所謂的「三史」或「四史」的概念並不相同。當時的「三史」是與「五經」或「六經」相對的並稱。若省約言之，就變成了「經史」。❾魏晉以後，「經史」並稱的現象已經很普遍。這種現象說明史學不僅不再是經學的附庸，而且已升格到和經學同等的地位，並且成為專家之學，與經學一樣成為教授與學習的對象。《隋書·經籍志·史部·正史類》，著錄了大批魏晉以後關於《史記》、《漢書》的注釋。這些注釋以音義訓詁為基礎，是為了教學實際的需要而出現的。這類形式的史書注釋，被劉知幾稱為「儒宗訓解」的一類，❿是繼承經學注釋傳統而形成的。所以，自東漢末年至魏晉以後，大量史

❼ 陳直，〈太史公書名考〉，《文史哲》一九五六年六月。

❽ 《隋書·經籍志·史部》形成的歷程〉，頁二十九。

❾ 同❽。

❿ 《史通》，卷五，〈補注篇〉。

書注解的出現，是為了適應史學脫離經學轉變的實際需要，也可以說是史學邁向獨立過程中，另一個重要的發展階段。

在這個轉變過程中，不僅形成了魏晉時代的經史對稱，同時正步上獨立里程的史學，又與當時意識形態領域裡，另一個發展的新情勢結合，而形成「文史」並稱。「文史」合稱在兩晉時期已經非常普遍，但和兩漢文史顯然不同，兩漢的文史比較偏重實用。魏晉時期的文史，不僅包括了文學和史學，而已成為一般學術的代名詞。亦即「二漢求士，率先經術，近代取人，多由文史。」⓫不僅說明兩漢與兩晉在政治上選士的標準不同，同時也反映了這兩個時代的學術內容，已有顯著的差異。劉知幾批評魏晉史學過份注重詞藻的華麗，這正是魏晉時期史學脫離經學轉變過程中，文學與史學結合過渡期間的特殊現象。這種特殊現象明顯地表現在劉勰《文心雕龍》中。《文心雕龍．史傳篇》對漢晉史學作了系統的敘述與評論，並且對後來劉知幾的《史通》也發生了影響。但《文心雕龍》對史學的論述，祇將史傳視為文學寫作體裁的一種，並不是一個獨立的部分。

從東漢末年，史的概念由單純的記錄之史，轉變為有歷史意識之史開始，然後史學漸漸由經學的羽翼之下浮現。其間經過魏晉的經史對稱，兩晉的文史合流，至宋文帝元嘉十五年，

⓫《南史》，卷五十九，〈王僧孺傳〉。

設立玄、儒、文、史四館，分別集徒教授。玄、儒、文、史四館的設立，肯定了四種學術並存的價值。就在這個時間前的不久，裴松之的《三國志注》完成。裴松之的《三國志注》突破了經注訓解的形式，由義理的解釋，轉向歷史事實的探索。⑫《三國志注》不僅補陳壽之闕，而裴松之並對所選用的材料與魏晉史學著作，加以考辨與評析，這是中國史學脫離經學發展過程中，重要的轉變關鍵。⑬

不過，史學與文史的關係，遲至梁代才劃清界限。蕭統編輯《文選》認為記事之文，繫年之書是褒貶是非，記別其同的，應該和文學著作加以區別。⑭因此，將歷史著作摒棄於《文選》之外。但卻收輯部分史學著作的序論與贊述。因為這些表現作者主觀意見的序論贊述，在某種程度，和發抒個人感情的文學著作是相似的。

就在《昭明文選》將史學排出的同時，而有阮孝緒的《七錄》出現。《七錄》第二是〈紀傳錄〉。〈紀傳錄〉共分十二部，收錄了史學著作一千二十種，一萬四千八百八十卷。⑮《七

⑫ 拙作，〈《三國志》裴注的材料與魏晉經注的關係〉。

⑬ 同⑫。

⑭ 《文選・序》。

⑮ 《七錄・序》。

錄‧紀傳錄》不僅說明了在史學脫離經學轉變過程中，史學著作數量增多，並且總結了自荀勖《新簿》以來目錄學的發展。因為荀勖的《新簿》雖然繼承鄭默《中經》的餘緒，但為了適應當時史學脫離經學轉變的新情勢，首先將史部從〈春秋類〉析出。其丙部有史記、舊事、皇覽簿、雜事等，是史部最初的雛形。後來《隋書‧經籍志‧史部》的分類，以阮孝緒的〈紀傳錄〉為藍圖編輯而成的。《隋書‧經籍志‧史部》的出現，不僅鑄成了以後目錄學乙部的版型，並且象徵著史學已脫離經學，成為一個獨立的部門。由於史學與經學有千縷萬緒的牽連，所以史學脫離經學的過程，是非常緩慢而迂迴的。在史學脫離經學轉變的過程中，史學評論也隨著這個轉變逐漸萌芽與形成。魏晉是中國史學脫離經學轉變的關鍵時期，中國的史學評論也在這個時期萌芽與發展，後來劉知幾的《史通》也是在這個基礎上形成的。

二

如果司馬遷的《太史公書》或「記」，被尊稱為《史記》，象徵著中國史學脫離經學的絆繫，邁向獨立的開始。那麼，中國史學評論也隨著對《史記》的評析逐漸萌芽。關於對《史記》的討論與批評，在漢魏之際與魏晉之間，多環繞著兩個主題進行：一是司馬遷因遭李陵之禍，內心蘊積的鬱結，反映在他的著作裡，對現實政治有所「微文刺譏」，因而被視為「謗書」。二是雖然司馬遷遵循漢武帝罷黜百家，獨尊儒術的政治政策，突出了孔子與六藝的卓越地位。但其父司馬談《論六家要旨》，過份讚譽道家的功能與作用。而他在《史記》所作的某些論斷，往往以儒家思想消極一面的隱讓，與道家之言相結合，因而被後來某些經學家認為「是非頗謬於聖人」。

關於前者，《三國志》卷六〈魏書・董卓傳〉，注引謝承《後漢書》記載，董卓被誅的時候，蔡邕適在王允坐，聞之而有嘆惜之音。因而受到王允的責斥，並交付廷尉。蔡邕謝罪，懇求王允，願黥首為刑，以繼漢史。公卿憐惜蔡邕的文才，共向王允勸諫。王允卻說：

> 昔武帝不殺司馬遷，使作謗書，流於後世。方今國祚中衰，戎馬在郊，不可令佞臣執筆在幼主左右，後令吾徒並受謗議。

於是殺邕。對於這段記載，裴松之認為謝承「妄記」。他以為「史遷紀傳，博有奇功于世，而云王允謂孝武應早殺遷，此非識者之言。但遷為不隱孝武之失，直書其事耳，何謗之有乎？」⑯雖然裴松之認為司馬遷，「直書其事耳，何謗之有」。但司馬遷的《史記》，被視為謗書，

⑯ 以上俱見：《三國志》，卷六，〈魏書・董卓傳〉注引謝承《後漢書》條及裴松之自注。

卻非自王允始。班固〈典引序〉，記載他于永平十七年，與賈逵、傅毅、杜矩、郗萌等，受詔雲龍門，小黃門趙宣持〈秦始皇本紀〉，詢問他們：「太史遷下贊語中，寧有非耶？」⑰班固答對此贊出於賈誼〈過秦論〉。他記載說：

> 「賈誼〈過秦論〉云，向使子嬰有庸主之才，僅得中佐，秦之社稷未宜絕也。此言非是。」即召臣入，問：「本聞此論非耶？將見問意開寤耶？」臣具對素聞知狀。詔因曰：「司馬遷著書成一家之言，揚名後世，至以身陷刑之故，反微文刺譏，貶損當世，非誼士也。」⑱

詔書謂司馬遷「以身陷刑之故，反微文刺譏，貶損當世」，似據班固對狀形成的。但班固卻沒有說明他是如何作對的。不過，案《漢書》卷六十二〈司馬遷傳・贊〉，班固對司馬遷總結的評論是這樣的：「以遷之博物洽聞，而不能以知自全，既陷極刑，幽而發憤，書亦信矣。迹其所以自傷悼，小雅・巷伯之倫。」司馬遷「既陷極刑，幽而發憤」著《史記》，也許是班固

---

⑰《文選》，卷二十八，班固〈典引序〉。

⑱同⑰。

寫〈司馬遷傳〉意旨所在。《漢書・敘傳》就這樣說：「烏呼史遷，薰胥以刑！幽而發憤，迺思迺精，錯綜群言，古今是經……。」

班固對司馬遷的評價，基本上是根據班彪的〈敘略〉。但〈敘略〉並未論及此事。不過，司馬遷遭李陵之禍的鬱結，反映在他著作之中，兩漢以來一直流傳著，劉歆、班氏父子撰《漢書》棄餘的材料，後來由葛洪彙集成《西京雜記》，就說：司馬遷「後坐舉李陵，陵降匈奴，下遷蠶室，有怨言。」⓳這些怨言反映在〈伯夷傳〉的「為善而無報」，〈項羽本紀〉的「踞高位者非關有德」，以及〈屈原賈誼列傳〉的「辭旨抑揚，悲而不傷」等等。⓴王充的《論衡》是漢代討論《史記》較多的著作，對這個問題有較深一層的討論。那是他在《論衡・禍虛篇》中，不同意司馬遷對蒙恬不死諫而受極刑的評價，因而提出《史記・伯夷傳》的盜跖、〈仲尼弟子傳〉的顏回加以討論：最後他說：「太史公為非恬之為名將，不能以彊諫，故致此禍。夫當諫不諫，故致受死亡之戮。身任李陵，坐下蠶室，如太史公之言，所任非其人，故殘身之戮，天命而至也。非蒙恬以不彊諫，故致此禍，則己下蠶室，有非者矣。」㉑

⓳《西京雜記》，卷五。

⓴同⓳。

㉑《論衡》，卷六，〈禍虛篇〉。

王充雖然沒有直接指出司馬遷微文刺譏，但卻說出司馬遷因下蠶室，對《史記》所發生的影響。這種傳說一直流行著，荀悅的《漢紀》就繼承了班固「幽而發憤」的說法：「司馬子長既遭李陵之禍，喟然而嘆，幽而發憤，遂著《史記》。」㉒所以到曹魏時這種說法似已被肯定。《三國志》卷十三〈魏書・王肅傳〉：

帝又問：「司馬遷以受刑之故，內懷隱切，著《史記》非貶孝武，令人切齒。」

雖然王肅為司馬遷辯白，認為「隱切在孝武，而不在於史遷」。但魏明帝對司馬遷的批評，似代表當時一般人的看法。所以，魏晉以後，《史記》、《漢書》與其他經書一樣，同樣被列為傳授的對象，但《隋書・經籍志》所著錄的史漢注釋，《漢書》的注釋遠超過《史記》，《隋書・經籍志》的解釋是「《史記》傳者甚微」。或可能受了《史記》是「謗書」的影響。

至於「是非頗謬於聖人」，揚雄認為司馬遷所撰的《史記》，雖然敘述六國經楚漢迄於麟止，記載得非常詳盡。但其中某些論點「不與聖人同，是非頗謬於經。」㉓也就是由於司馬

㉒《漢紀》，卷十四，〈孝武皇帝〉。

㉓《漢書》，卷八十七，〈揚雄傳〉。

遷好「薄仁義，非禮學」的老聃虛無之言：

> 昔老聃著虛無之言兩篇，薄仁義，非禮學，然後世好之者尚以為過於五經，自漢文景之君及司馬遷皆有是言。[24]

揚雄說司馬遷撰《史記》「多愛，愛奇」。[25]也就是司馬遷好非儒家正經的黃老之言。所以，揚雄批評司馬遷說：

> 或問司馬子長有言，曰五經不如老子約之也，當年不能極其變，終身不能究其業。曰：「若是，則周公惑，孔子賊。」[26]

揚雄對司馬遷的批評，就凝成班氏父子論司馬遷的「是非頗謬於聖人」：

---

[24] 同[23]。

[25] 《法言》，〈君子篇〉。

[26] 《法言》，〈寡見篇〉。

> 論大道則先黃老而後六經，序游俠則退處士而進姦雄，述貨殖則崇勢利而羞賤貧……。㉗

這是班氏父子對司馬遷總結的批評。包括對司馬遷的思想，及〈游俠〉、〈貨殖〉兩篇列傳〈序〉所作的批評。當然，在揚雄與班氏父子這些正統的經學家看來，司馬遷在《史記》中所作的某些論斷，的確是不合正經的。尤其東漢今古文之爭起，在彼此往後論難之中，常常會涉及司馬遷《史記》違戾五經的問題。建元四年一次爭論是否設立費氏《易》、《左氏春秋》博士的廷議中，博士范升因攻擊《左氏春秋》，批評司馬遷的《史記》多引《春秋》，違戾五經的問題，他不僅奏《左氏》之十四事，同時又上「太史公違戾五經，謬孔子言，及《左氏春秋》不可錄三十一事。」㉘范升所上的諸事不傳。不過范升的批評引起陳元的辯難，並詣闕上疏。認為范升所言：

㉗《漢書》，卷六十二，〈司馬遷傳·贊〉。

㉘《後漢書》，卷三十六，〈范升傳〉。

前後相違，皆斷截小文，媟黷微辭，以年數小差，為掇巨謬，遺脫纖微，指為大尤……。㉙

從陳元的奏疏可以了解，范升對司馬遷違戾五經，謬于孔子言的批評，是從司馬遷摘取經傳的材料入手的。大部分對司馬遷「是非頗謬於聖人」的批評，多採用這種方法。後來魏晉之際，譙周「思欲擯抑馬記，師放孔經」的《古史考》，也同樣採用這種方法批評司馬遷。

三

《隋書·經籍志·史部·正史類》有《古史考》二十五卷。晉義陽侯譙周撰。譙周，《三國志》卷四十二〈蜀書〉本傳稱他「耽古篤學，……研精六經，尤善書札，頗曉天文，而不以留意；諸子文章非心所存，不悉遍視也。」又說他「性推誠不飾，無造次辯論之才，然潛識內敏。」是一位非常典型的經學家。在他的著作之中有《法訓》、《五經論》、《古史考》等。其中《古史考》就是總結東漢以來，對司馬遷「是非頗謬於聖人」，一部系統性批評的著作。劉知幾《史通·古今正史篇》稱：

㉙《後漢書》，卷三十六，〈陳元傳〉。

晉散騎常侍巴西譙周，以遷書周秦已上，或采家人諸子，不專據正經，於是作《古史考》二十五篇，皆憑舊典，以糾其繆。今則與《史記》並行於代焉。

由以上可知，譙周的《古史考》是由「皆憑舊典」，對司馬遷「不專據正經」提出批評的。《古史考》在魏晉時期頗受重視。《隋書・經籍志》將其著錄於《史記》眾家注釋之後，劉知幾說直到唐代，《古史考》都是與《史記》並行。所以，《古史考》不僅是一部重要的考史之作，也可以說是中國第一部系統的史學評論著作。㉚譙周不僅是一位經學家。他是陳壽的老師，

㉚ 譙周《古史考》在宋代似已不行。高似孫《史略》，卷一，「史記考」條下稱：史考，古書有《周考》七十六篇，顏師古曰考周事也，譙周之書蓋取此。《史略》並錄《古史考》兩條，考呂不韋為秦子楚行千金於華陽夫人事。一考〈仲尼弟子傳〉。則所考不專於周秦以上。章宗源《古史考輯本・序》曰：「《史通》外篇稱《古史考》並行於代，觀知幾所言，與《史記》並論，證以史考之名，檢其佚篇。體例實異正史，《唐志》列於雜史者是也。《文選》王長元詩注引公孫述竊位，蜀人任永記目盲一事。蔚宗書亦載之。是又兼及後漢事，不獨糾遷書。」案《晉書・司馬彪傳》稱周曾節錄後漢事，為彪《續漢書》所本，則其所錄後漢兩條，為其所節刪後漢事，非《古史考》中語。又姚振宗《隋書經籍志考證》曰：「隋唐人以此為考史之書，故附《史記》以行；《隋志》亦從而錄於眾家注義之後。

也是位出色的史學家。他曾刪節後漢的材料。後來司馬彪認為有關後漢的材料雖多，但卻非常煩雜，因此想另撰《後漢書》。他的《續漢書》就是討論眾家，而以譙周刪節的材料為基礎寫成的。祇是譙周對史學的熱心，不如他對經學那麼虔誠。但他的《古史考》卻是史學脫離經學邁向獨立歷程中，所出現的一本系統的史學評論著作。雖然無法洗盡經學鉛華，但卻超越了過去解經不可論經的範疇，利用經學作為材料，對中國第一部史學著作，進行系統的批判。譙周所堅持的是經學的立場，但所進行的卻是史學評論工作。這正是經史分途之際，史學評論萌芽期間的特殊現象。

由於對司馬遷《史記》「微文刺譏」其「是非頗謬於經」的討論。因而涉及對《史記》的材料，以及篇章結構等問題的評析。於是，對《史記》的討論從單純對司馬遷的心態與意識方面，進入史學評論的領域。《漢書》卷八十八〈儒林傳〉稱司馬遷曾從孔安國問故，所以對《尚書》材料的選擇，如〈堯典〉、〈禹貢〉、〈洪範〉、〈金縢〉諸篇，「多取古文說」。當然，司馬遷對材料的選擇，不僅限於古文，而是今古並蓄的，所以《史記》保存了豐富的上古材

《史通》所言，即指此。猶《漢書》之後，繫以劉寶《漢書駁議》姚察《漢書定疑》，《三國志》之後，繫以《何常傳》之論，徐爰之評。」是則譙周《古史考》為史學評論之作。姚氏並謂是書專為考《史記》之作，每篇皆有所考。

料。王充非常稱讚司馬遷保存材料之功，《論衡・書解篇》就說：「詩家魯申公，書家千乘歐陽，不遭太史公，世人不聞。」不僅上古的材料，關於近代與當代的材料也以《史記》的記載為準。《漢書》卷五十九〈張湯傳〉稱：「馮商稱張湯之先，與留侯同祖，而司馬遷不書，故闕焉。」所以，揚雄雖然不滿司馬遷的議論，「是非頗謬於經」，但卻不能不佩服司馬遷對材料蒐集之功，而稱《史記》為「實錄」。㉛班固引申「實錄」之義，說：

> 司馬遷據《左氏》、《國語》，采《世本》、《戰國策》，述《楚漢春秋》，接其後事，……至於采經摭傳，分散數家之事，甚多疏略，或有抵梧。亦其涉獵者廣博，貫穿經傳，馳騁古今，上下數千載閒，斯以勤矣。……劉向、揚雄博極群書，皆稱遷有良史之材，服其善序事理，辨而不華，質而不俚，其文直，其事核，不虛美，不隱惡，故謂之實錄。㉜

雖然，班固對司馬遷有「采經摭傳，分散數家之事，甚多疏略，或有抵梧」的批評。但

㉛《法言》，〈重黎篇〉。

㉜《漢書》，卷六十二，〈司馬遷傳・贊〉。

歸納揚雄、劉向對《史記》的評論，卻對司馬遷蒐集材料，以及對材料的處理與敘述，有非常高的評價。班固對司馬遷的評論，基本上是根據班彪的〈敘略〉而來。班彪的〈敘略〉，不僅對中國上古的史學，作了精妥的敘述。而對司馬遷《史記》的討論，可以說是中國史學評論最初的雛形：

> 夫百家之書，猶可法也。若《左氏》、《國語》、《世本》、《戰國策》、《楚漢春秋》、《太史公書》，今之所以知古，後之所由觀前，聖人之耳目也。司馬遷序帝王則曰本紀，公侯傳國則曰世家，卿士特起則曰列傳。又進項羽、陳涉而黜淮南、衡山，細意委曲，條例不經。若遷之著作，採獲古今，貫穿經傳，至廣博也。一人之精，文重思煩，故其書刊落不盡，尚有盈辭，多不齊一。若序司馬相如，舉郡縣，著其字，至蕭、曹、陳平之屬，及董仲舒並時之人，不記其字，或縣而不郡者，蓋不暇也。㉝

班彪「專心史籍之間」，為《太史公後傳》數十篇。他的〈敘略〉不僅論及「今之所以知古，後之所由觀今」的歷史功能。並且對《史記》的本紀、世家、列傳的性質作了解釋，同

㉝《後漢書》，卷四十，〈班彪傳〉。

時對項羽入本紀，陳涉入世家，淮南、衡山貶入列傳也都討論，另一方面對司馬遷材料的應用，更提出了「刊落不盡，尚有盈辭，多不齊一」的批評，這是當時對司馬遷的《史記》，最客觀與細密的評論。班彪對《史記》的觀點，可能影響到他的學生王充。王充《論衡》評論《史記．三代世表》記載「五帝三王」都是黃帝的子孫，而〈殷周本紀〉卻說其先出自玄鳥卵或大人跡，「二者不可兩傳，而太史公兼紀不別。」[34]王充同時人論蘇秦之死，認為「張儀與蘇秦同時，蘇秦之死，儀固知之。儀知各審，宜從儀言，以定其實，而說不明，兩傳其文。」[35]這是王充批評司馬遷選擇材料往往「兩紀」，致使「世人疑惑，不知所從」。此外王充還分析《史記．佞倖傳》所以作：「邪人反道而受恩寵。」太史公為之作傳、名之曰佞倖等等。[36]班彪與王充討論司馬遷對材料的處理，以及紀傳寫作等問題，事實上已超越「微文刺譏」與「是非頗謬於聖人」的範疇，進入了史學評論的領域。

除班彪、王充之外，還有類似的評論，如認為《史記》「三代系表旁行邪上，其仿周譜。」張衡卻非常欣賞《史記》的〈功臣侯王表〉，認為「一介之策，各有攸建，子長諜之，爛然有

---

34 《論衡》，卷二十九，〈案書篇〉。

35 同34。

36 同34。

第。」不過，張衡卻認為《史記》除了立〈五帝本紀〉外，還應增〈三皇本紀〉。張衡在評論司馬遷《史記》的同時，並兼論班固的《漢書》。《後漢書．張衡傳》注引衡集，說張衡曾「條上司馬遷、班固所敘與典籍不合者十餘事」。案《後漢書》卷五十九張衡本傳稱：

> （衡）上疏請得專事東觀，收檢遺文，畢力補綴。又條上司馬遷、班固所敘與典籍不合者十餘事。又以為〈王莽本傳〉但應載篡事而已，至於編年月，紀災祥，宜為〈元后本紀〉。[37]

張衡不僅討論《史記》、《漢書》「與典籍不合者」，但卻又批評班固不應以立紀的方式寫〈王莽傳〉。但《史》《漢》並論，卻不自張衡始，首見王充《論衡》。《論衡．超奇篇》稱：「班叔皮續《太史公書》百篇以上，記事詳悉，義淺理備，觀讀之者以為甲，而太史公乙。」王充作論非常主觀，以他和班彪的關係，評論《史》《漢》甲乙，當然不能成為定論，但卻是最早將《史記》《漢書》相提並論的。此後漸有並論《史》《漢》的，除張衡外，仲長統就並稱司馬遷、班固為「述作之士」。魏晉以後不僅《史》《漢》並論，並評析《史》《漢》優劣，張

---

37 《後漢書》，卷五十九，〈張衡傳〉。

輔就有「班馬優劣論」：

又論班固、司馬遷云：「遷之著述，辭約而事舉，敘三千年事唯五十萬言；班固敘二百年事乃八十萬言，煩省不同，不如遷一也。良史述事，善足以獎勸……，而班皆書之，不如二也。毀貶鼂錯，傷忠臣之道，不如三也。遷既造創，固又因循。難易益不同矣。又遷為蘇秦、張儀、范雎、蔡澤作傳，逞辭流離，亦足以明其大才。故述辯士則辭藻華靡，敘實錄則隱核名檢，此所以遷稱良史也。」㊳

張輔論《史》《漢》優劣，很明顯有揚司馬抑班氏的傾向。但這似乎是魏晉時期一般的看法。袁宏就認為「班固源流周贍，近乎通人之作，然因籍史遷，無所甄明。」㊴與張輔所論「遷既造創，固又因循」是相同的。張輔評論《史》《漢》優劣，分別從材料的選擇，敘事的煩約，以及對歷史人物評價各方面加以討論。這是自班彪〈敘略〉以來，最具體的史學評論。而且超越了譙周《古史考》依經論史的範疇，單純從史學的觀點討論史學。所以，張輔的《史》

㊳《晉書》，卷六十，〈張輔傳〉。

㊴《後漢紀．序》。

《漢》優劣論，和荀勖的《新簿》突破了劉歆《七略》與《漢書・藝文志》的規限，將《史記》從〈春秋類〉中摘出，置於丙部之中，形成目錄學史部最初的雛形，同樣是史學脫離經學過程中，一個重要的轉變關鍵。㊵唯有史學脫離經學的絆繫獨立發展，史學評論才有一個正常的發展機會。

在荀勖《新簿》之中著錄了一批材料，是太康二年，汲郡人不準盜魏襄王墓，偶然發現的；這批新材料共有十餘車竹簡，經過整理後，除七篇不載題名，共有十六種，七十五篇。特別是其中《紀年》所記載的，與經書大異，對當時學術界發生很大的影響。尤其當時正處於儒家思想衰退之際，這批新材料的出現，更增添了學者對儒家經典的懷疑。後來劉知幾就認為倘若這批材料不發現，「學者為古所惑，則代成聾瞽，無由覺悟也。」㊶的確，這批新材料的發現，不僅對當時學術界產生非常大的震撼，同時也促使學者反省與覺悟。衛恆因對這批古文字的考校，寫成了《四體書勢》。杜預對自己的《左傳集解》也重新考慮，因而又寫了〈集解後序〉。在史學評論方面，司馬彪根據這批新材料，對譙周的《古史考》加以批駁，案《晉書・司馬彪傳》稱：

㊵ 同❽。

㊶ 《史通》，卷十六，〈雜說上〉，「汲冢紀年」條。

復以周為未盡善也，條《古史考》中凡百二十二事為不當，多據《汲冢紀年》之義，亦行於世。

不僅司馬彪對譙周的《古史考》提出批評，郭璞更對司馬遷所言「至《禹本紀》、《山海經》所有怪物，余不敢言也。」也有所論難。郭璞《山海經．序》就說：

司馬遷敘〈大宛傳〉亦云：「自張騫使大夏之後，窮河源，惡覩所謂崑崙者乎？至《禹本紀》、《山海經》所有怪物，余不敢言也。」不亦悲乎！若《竹書》不潛出於千載，以作徵於今日者，則《山海》之言，其幾乎廢矣。

所以，這批新材料的出現，更加速史學脫離經學的步伐，使史學從經學的桎梏中解放出來，不再執著於儒家經典意義的注釋，轉向歷史真實意義的探索，史學評論也隨著這個轉變的趨勢逐漸形成。葛洪對《漢書》「先黃老而後六經」的批評，便是一個很好的說明：

> 班固以史遷先黃老而後六經，謂遷為謬。夫遷之洽聞，旁綜幽隱，沙汰事物之臧否，覈實古人之邪正。其評論也，實原本於自然，其褒貶也，皆準的乎至理。不虛美，不隱惡，不雷同以偶俗。劉向命世通人，謂為實錄；而班固之所論，未可據也。固誠純儒，不究道意，翫其所習，難以折中。[42]

至於司馬遷所作的論斷，是否原本道意，那是另一個問題。不過，葛洪對班固的批評，已完全躍出儒家經典的框限，從另一個角度考察《史記》。並且提出班固僅從儒家的經典出發，對司馬遷所作的批評，是無法了解司馬遷《史記》的全貌的。葛洪雖好神仙家言，但並不排斥儒家，他的《抱朴子》分內外兩個部分，就是儒道並存的。而且葛洪曾任大著作，郭璞也曾參與撰《晉史》的工作。可以說他們也是史學家，對《史記》和《漢書》所作的批評，並非空泛之論，是有事實作為依據的；同時透過他們的評論，可以了解史學評論的評論範圍，已隨著史學脫離經學而逐漸擴大，不僅局限於儒家經典一隅了。所以，中國史學評論隨著經史分途逐漸萌芽，其發展的線索是清晰可尋的。

---

42 《抱朴子・內篇》，卷十，〈明本篇〉。

劉知幾《史通》與魏晉史學

一

劉知幾《史通》對中國史學所作的評論，雖然傷于苛刻，但後世卻認為極其精核，可謂史家的申韓。❶《四庫全書總目》卷八十八就說劉知幾的批評「縷析條分，如別黑白，一經抉摘，雖馬遷、班固幾無詞以自解免，亦可云載筆之法家，著書之監史矣。」但《焦氏筆乘》對他在〈疑古〉、〈惑經〉等篇，討論儒家經典的議論，卻引起後世強烈的反應。認為劉知幾「勇于信冢中之斷簡，輕于悖顯行之六經，幾蓋小人之無忌者哉！」❷責斥劉知幾這種悖謬的行為，犯了叛經侮聖的大罪。❸

---

❶《焦氏筆乘》，「《史通》」條。

❷同❶。

所以，當尹享山讀了黃叔琳的〈史通訓故補書後〉，就寫信給他說：

> 讀〈外篇〉至〈疑古〉十條，不禁髮指，廢書而嘆，殊不解其是何肺腸，敢于非聖無法至於此極，邪說淫辭，當在息放之列。先生既斥其悖謬矣，胡為不磨其玷也。迂見應取昌黎欲削荀、揚不合聖籍之志，刪去此篇，毋貽來學之惑……。❹

黃叔琳接書後，「适适然以警，內訟于心，不啻芒刺在背」，於是削去〈疑古〉一卷，〈惑經〉後虛美五則。這樣可使同好者「不致瞀亂不測，驚駭多疑，以自外於名教。」❺後來紀昀的《史通削繁》，也依此例，不著痕跡地削去〈惑經〉篇中的五虛美，「是非謬于聖人」的大段文字。

不過，錢大昕對於這個問題卻有不同的看法。他認為劉知幾在武后、中宗之世，曾一再擔任修史的工作：

---

❸ 于慎行，《史通舉正論》，《史通箋注》附錄三。

❹ 黃叔琳，〈史通訓故補書後〉，《史通箋注》附錄三。

❺ 同❹。

> 思舉其知，既沮抑于監修，又見嫉同列，議論鑿枘，不克施行，感憤作《史通・外篇》。當時史局所遵者，不過貞觀所修晉、梁、陳、齊、周、隋六史之例，故其書指斥尤多。但以祖宗敕撰之本，輒加彈射，又恐讒謗取禍。遂於遷、固以降，肆意觝排，無所顧忌。甚至疑古惑經，誹議上聖。陽為狂易侮聖之詞，以掩抵毀先朝之跡。恥巽辭以諛今，假大言以蔑古。置諸外篇，竊莊生盜跖之義。後人大聲疾呼，目為名教罪人，自是百世公論。要之蚍蜉撼樹，言匪由衷，柳翳隱形，志在避禍。千載之下，必有心知其意而莫逆者。❻

錢大昕認為劉知幾長期參與撰修史書的工作，深深了解史局存在的許多問題，以及監修人眾而意見不一，直接影響或干涉史書的撰修，令他十分憤慨。但如果直接批評這種先朝敕撰的制度，又恐受誹謗招禍。於是藉論聖非經，大言蔑古的依托，然後對當時的官修史學，作嚴厲而系統的批判。所以，劉知幾對儒家經典的評論，完全是言不由衷的，其目的不過是「柳翳隱形、志在避禍」。

❻《十駕齋養新錄》，「《史通》」條。

錢大昕的這種推論，不僅十分有趣，也是非常可能的。因為劉知幾正處在一個由宮闈鬥爭，擴大影響及整個歷史的時代。這個時代正如他自己所說「韋、武弄權，母媼預政。」❼當時的情況是「時吏橫酷，淫及善人，公卿被誅死者踵相及。」❽稍有不慎，就自取其禍。所以，對於周身之道是不能不留意的。劉知幾的《史通》就是在當時複雜的情況下出現的，其所包涵的意義不僅局限於論聖非經一隅。

二

對於避禍的周身之道，劉知幾是非常注意的。所以，他說「知進退存亡者，其唯聖人乎！」❾如果能把握進退之際、存亡之間的問題，是避禍周身之道最好方法。這種思想更具體地表現在武后證聖元年，他寫的一篇〈思慎賦〉中。《新唐書》劉知幾本傳說他「悼士無良而甘於禍，作〈思慎賦〉以刺時。」劉知幾在他的〈思慎賦・序〉裏說：「余早遊墳素，晚仕流俗，觀古今之人物極矣，見吉凶之成敗眾矣。」❿他所得到的體驗是這樣的：

---

❼《史通》，卷二十，〈忤時篇〉。

❽《新唐書》，卷一三二，〈劉知幾傳〉。

❾《史通》，卷七，〈曲筆篇〉。

生樂死哀，進榮退辱，此人倫之大分也。然歷觀自古以迄于今，其有才位見稱，功名取貴，非命者眾，克全者寡。大則覆宗絕祀，堙沒無遺，小則繫獄下室，僅而獲免。速者敗不旋踵，寬者憂在子孫。至若保令名以沒齒，傳貽厥於後胤，求之歷代，得十一於千百。⑪

因此，他說：

> 竊以仁為百行之首，大聖其猶病諸，然必以中才之人，企勉而行，猶或可及，況其慎者。蓋不過慎言語、節飲食、知止足、避嫌疑，若斯而已矣。非有朝聞夕死，去食存信之難也。違之則為凶人，蹈之則成吉士，其為弘益多矣。⑫

---

⑩《文苑英華》，卷九十二。

⑪同⑩。

⑫同⑩。

他甚至將〈思慎賦〉所敘述的經驗與教訓，「列銘几杖，取配韋絃，刻心骨而不忘，傳諷誦而無斁。」因為「往古可以知今，是用尋往哲之事，驗古人之得失」。⑬因此，「寄彼形言，存諸炯誡，列之座右。」當時的鳳閣侍郎蘇味道、李嶠讀了〈思慎賦〉，並感嘆劉知幾所敘，「周身之道盡矣」。可與陸機的〈豪士賦〉相比美。⑭

陸機〈豪士賦〉所謂「身危由於勢過，而不知去勢以求安；禍積起於寵盛，而不知辭寵以招福。」⑮與劉知幾〈思慎賦〉所言「觀止足于居常，絕覬覦于不次。」的確有相近之處。其目的都是為周身避禍。劉知幾這種思想，不僅存在他的〈思慎賦〉裡，同時也反映在其他的文學作品中。倫敦大英博物館所藏的《珠英學士集》敦煌殘卷，載劉知幾詩作三首。其一〈讀《漢書》作〉：「漢王有天下，欻起布衣中；奮飛出草澤，嘯咤馭群雄。淮陰既附鳳，黥彭亦攀龍；一朝逢運會，南面皆王公。魚得自忘筌，鳥盡必藏弓，咄嗟罹鼎俎，赤族無遺蹤。智哉張子房，處世獨為工；功成薄受賞，高舉追赤松，知止信無辱，安身道亦隆；悠悠千載後，畫栝仰遺風。」⑯另一首〈詠史〉：「汎汎水中萍，離離岸傍草；逐浪高復下，從

⑬ 同⑩。

⑭ 《舊唐書》，卷一〇二，〈劉知幾傳〉。

⑮ 《文選》，卷四十六。

風起還倒。人生不若茲，處世安可保；遽瑗仕衛國，屈伸隨世道。方朔隱漢朝，易農以為寶；飲啄得其性，從容成壽考。」⑰

劉知幾在詩中悲韓信、彭越、黥布等攀龍附鳳，風雲際會南面封王，最終卻罹鳥盡弓藏，兔死狗烹之禍。祇有張良功成不居，能知止無辱，可以安身全道追赤松遊，是千載後的劉知幾所欽慕的。他同時也羨慕東方朔滑稽隱於朝的「飲啄得其性，從容得壽考。」張良、東方朔都是劉知幾詩中所謂的水中萍，岸傍草，隨著風浪的高下而起伏。也祇有這樣才能處世保身。這種屈伸隨世道的精神表現，和他〈思慎賦〉所論的周身避禍之道是一致的。

在劉知幾詩作中，還有一首〈寒夜旅泊〉：「朝謁馮夷祠，夕投孟津渚，風長川淼漫，河闊舟容與。迴首望歸途，連山曖相拒。落帆遵迥岸，輟榜依孤嶼。復值驚波息，戒徒候前侶。川路雖未遙，心期頓為阻。沉沉落日暮，切切涼飈舉。白露濕寒葭，蒼煙晦平楚。啼猿響岩谷，唳鶴聞河溆。此時懷故人，依然愴行旅。何當欣既覯，鬱陶共君敘。」⑱這首詩原題〈次河神廟，虞參軍船先發，余阻風不進，寒夜旅泊〉，可能寫在聖歷二年，劉知幾由獲嘉

⑯ 王重民，〈補全唐詩校訂〉。

⑰ 同⑯。

⑱ 同⑯。原題：〈次河神廟虞參軍船先發余阻風不進寒夜旅泊〉。

主簿出仕京都，途經華陰馮夷祠，船泊孟津渡待發，遇風所阻，寫下的一首旅中感懷。

劉知幾自永隆元年舉進士，授獲嘉縣主簿，時年二十歲。一直擔任這個職務，近二十年而不調。這次轉任京師，論理說心中應有歡愉的。但在他詩中竟然沒有入京的喜悅，反而充滿蕭瑟愴然之情。這首詩讀起來，給人一種世事前程兩茫然的感覺。當然，旅途風阻，寒夜孤舟，是會引人有這種感懷的。但劉知幾感到仕途艱險，此去吉凶難卜，而便躑躅前路，可能也是一個原因。

劉知幾初抵京師任中書省右補闕。案《新唐書・百官志》，右補闕的官階是從七品上。後來他轉任定王府倉曹，王府倉曹雖然是正七品上，但所負責的業務卻是祿廩、廚膳、出納、市易、畋漁等等。由是可知劉知幾入京最初的仕途並不理想。雖然，洛京是他少年舊遊之地，也就是他《史通・自敘篇》所說「旅游京洛，頗積歲年。」⑲但經過這些年的政治變動，現在對他來說，完全是一個陌生的環境了。生活在這樣一個陌生的環境中，屈伸隨世的周身之道，當然是非常重要的。因此，在這段時間裡，他又相繼寫成君子佩之用規性情的〈韋弦賦〉。〈韋弦賦〉說：「躁用乖於正性，故安卑以從時。靜既恭於五德，故不暴以為師。命韋帶之閒緩，體君子之舒遲。」⑳及「君子嚴其墻仞，戒以心胸。知耽味之易入，俾回邪而不容」

---

⑲《史通》，卷十，〈自敘篇〉。

的〈京兆試慎所好賦〉。[21]並將其「銘座而弗忘，書紳而不捨。」

劉知幾「安卑以從時」的〈韋弦賦〉，與「君子嚴其牆仞」的〈慎所好賦〉，和他先前寫的〈思慎賦〉的旨趣是一脈相承的。所不同的，〈思慎賦〉是由於他對當時政治環境的警惕，〈韋弦賦〉與〈慎所好賦〉，則是他初抵京師實際體驗後，提醒自己戒急躁與慎其所好。在這種情形下，他再重讀《漢書》，對張良的知止無辱，東方朔的屈伸隨世，就不由心嚮往之了。

劉知幾在他詩賦裡所表現的「守愚養拙，怯進勇退」的思想，與他在《史通》裡疑墳典，譏湯文，誹周孔，「人倫臧否，在我筆端，直道而行，夫何所讓」[22]的態度。前後相較，簡直無法相信是出自同一人的手筆。這的確是一個非常有趣，並且值得探索的問題。對於這個問題的探索，或許有助於對《史通》及其批經侮聖的議論進一步的了解。

劉知幾由「守愚養拙，怯進勇退」，到「人倫臧否，在我筆端」，的確是一個很大的轉變。關於他思想前後轉變的問題，或可先從他開始撰寫《史通》來討論。

《新唐書》劉知幾本傳說他「修《武后實錄》，有所改正，而武三思等不聽。自以為見用

---

⑳《文苑英華》，卷九十二。

㉑同⑳。

㉒《史通》，卷十四，〈惑經篇〉。

於時而志不遂，乃著《史通》內外四十九篇。」文中提到「用於時而志不遂」，劉知幾在他《史通‧自敘篇》有進一步的解釋：

> 又敕撰《則天大聖皇后實錄》。凡所著述，嘗欲行其舊議。而當時同作諸士及監修貴臣，每與其鑿枘相違，齟齬難入。故其所載削，皆與俗浮沉。雖自謂依違苟從，然猶大為史官所嫉。嗟呼！雖任當其職，而吾道不行；見用於時，而美志不遂。鬱怏孤憤，無以寄懷。必寢而不言，嘿而無述，又恐沒世之後，誰知予者。故退而私撰《史通》，以見其志。

劉知幾說他奉敕撰《則天實錄》，其所載削，皆與俗浮沉，而美志不遂，因而私撰《史通》。是說他因撰寫《則天實錄》的鬱怏孤憤，才開始寫《史通》的。案《新唐書‧藝文志》著錄《則天實錄》二十卷，魏元忠、徐堅撰，劉知幾、吳兢刪正。《則天實錄》前後經過幾次修訂，劉知幾都參與其事。最後由劉知幾、吳兢刪正定稿的《則天實錄》，則是在開元四年完成，當時的宰相姚崇奏請說：「子元等始末修撰，誠亦勤勞，……請各賜物五百段。」㉓這樣劉知

㉓《唐會要》，卷六十三。

幾就不能說他「美志不遂」了。劉知幾在〈自敘篇〉所說的，是指神龍元年至二年五月間，由武三思、魏元忠主持監修，然後再由他和徐堅、吳兢等重加整理的那次。《史通・古今正史篇》「《唐史》」條下：

> 神龍元年，又與堅、兢等重修《則天實錄》，編為三十卷。夫舊史之壞，其亂如繩，錯綜艱難，期月方畢。雖言無可擇，事多遺恨。庶將來削稿，猶有憑焉。

從「言無可擇，事多遺恨」，可以了解這次整理《則天實錄》的經過，是非常不愉快的。因而使他有了在「載削餘暇，商榷史篇」的念頭。㉔準備以討論古今史學的形式，對當時他參與的「其亂如繩」的修史工作，作一個系統而嚴厲的批判。這是劉知幾入京後的六年，也是他進入史館工作後的三年。短短的三數年間，劉知幾竟從一個屈伸隨世的小吏，一變而成為鎗鎗佼佼的史學批判者，的確是很大的轉變。

這種轉變可能是劉知幾在這幾年中，結識了幾位「言議見許，道術相知，所有榷揚，得盡懷抱」的朋友影響造成的。《史通・自敘篇》說：

㉔《史通・序》。

及年以過立，言悟日多。常恨時無同好，可與言者。維東海徐堅，晚與之遇，相得甚歡，雖古者伯牙之識鍾期，管仲之知鮑叔，不是過也。復有永城朱敬則、沛國劉允濟、義興薛謙光、河南元行沖、陳留吳兢、壽春裴懷古，亦以言議見許，道術相知。所有榷揚，得盡懷抱。每云：德不孤，必有鄰。四海之內，知我者不過數子而已矣。

在劉知幾所謂「知我者不過數子」之中，被他引為莫逆的就是徐堅了。劉知幾與徐堅可能是同修《三教珠英》時結識的。案《舊唐書・徐堅傳》說堅「又與給事中徐彥伯、定王府倉曹劉知幾、右補闕張說同修《三教珠英》。」《三教珠英》的編修，由張昌宗、李嶠總領其事。在編纂過程中，「廣引文詞之士，日夕談論，賦詩聚會，歷年未能下筆。」後來徐堅「獨與說構意撰錄，以《文思博要》為本，更加〈姓氏〉、〈親族〉兩部，漸有條流。諸人依堅等規制，俄而書成……。」㉕《三教珠英》一千三百卷，始修於歷聖，成於大足元年。

雖然劉知幾說：「幼喜詩賦，而壯都不為，恥以文士得名，期以述者自命。」㉖但這次

㉕《舊唐書》，卷一〇二，〈徐堅傳〉。

㉖同⑲。

能參與《三教珠英》的編輯工作，卻不是由於他的史筆，而是因為他的文采。在編輯《三教珠英》的過程中，劉知幾與徐堅不僅成為至交，他的史才和史識也獲得徐堅的賞識。後來劉知幾能進入史館工作，可能也是徐堅推薦的。《史通・古今正史篇》《唐書》條下，劉知幾自敘其參與修史工作，說：

> 長安中，余與正諫大夫朱敬則、司封郎中徐堅、左拾遺吳兢奉詔更撰《唐書》，勒成八十卷。

這次修史從長安三年開始。案《唐會要》卷六十三〈史館上・修國史〉條下：

> 長安三年正月一日敕：宜令特進梁王（武）三思，與納言李嶠、正諫大夫朱敬則、司農少卿徐彥伯、鳳閣舍人魏知古、崔融、司封郎中徐堅、左史劉知幾、直史館吳兢等修《唐史》。採四方之志，成一家之言，長懸楷則，以貽勸誡。

在這一年以前，劉知幾已進入史館工作。他在《史通・序》中說：「長安二年，余以著作佐郎兼修國史，尋遷左史，於門下撰起居注。」進入史館工作，是劉知幾一生事業重要的轉機。然後開始了他「三為史臣，再入東觀」的載筆生涯。㉗他自述於「則天朝為著作佐郎，轉左史。今上（中宗）初即位，又除著作。長安中，以本官兼修國史。會遷中書舍人，暫罷其任。神龍元年，又以本官兼修國史，……今之史館，即古之東觀也。」㉘這是他非常引以為榮的事。所以，他說：「昔馬融三入東觀，漢代稱榮；張華再典史官，晉朝稱美。嗟予小子，兼而有之。」㉙更重要的卻是他進入史館後，相繼結識了一批「言議見許，道術相知」的朋友。

《舊唐書》卷一〇二劉知幾與徐堅、元行沖、吳兢同傳。同傳的還有時間稍後於劉知幾，在書府四十年，居史職二十年，將自令狐德棻至吳兢，相繼修撰未竟的《國史》，勒成一百一十三卷的韋述。對於他們，劉昫在傳末所作的評價是這樣的：

> 劉、徐等五公，學際天人，才兼文史，俾西垣、東觀，一代粲然，蓋諸公之用心也。

㉗ 同⑦。

㉘ 同⑲。

㉙ 同㉔。

> 然而子玄鬱結於當年，行沖彷徨於極筆，官不過俗吏，寵不逮常才，非過使然，蓋此道非趨時之具也，其窮也宜哉！

這篇傳記的論贊，除了肯定他們在史學方面的成就，卻惋惜他們「官不過俗吏，寵不逮常才」。析其原因，由於他們所從事的工作，非趨時之具。但他們官位不顯，可能並不是他們所從事的工作，而是由於他們都不是出身世家宦族。據他們各本傳：

> 徐堅：西臺舍人齊聃子也。少好學，偏覽經史，……進士舉，累授太子文學。
>
> 吳兢：勵志勤學，博通經史。宋州人魏元忠、亳州人朱敬則深器重之，及居相輔，薦兢有史才，堪居近侍，因令直史館，修國史。
>
> 元行沖：少孤，為外祖司農卿韋機所養。博學多通，尤善音律及詁訓之書。舉進士，累轉通事舍人……。

至於官至輔相的朱敬則，也不是出身官宦世族，《舊唐書·朱敬則傳》稱他：

代以孝義稱，自周至唐，三代旌表，門標六闕，州黨美之。敬則……早以辭學知名。……咸亨中，高宗聞而召見，……將加擢用，為中書舍人李敬玄所毀，乃授洹水尉。

劉允濟見《舊唐書．文苑傳（中）》：

少孤，事母甚謹。博學善屬文，與絳州王勃早齊名，特相友善。弱冠本州舉進士，累除著作佐郎。

裴懷古見《舊唐書．良吏傳（下）》：

儀鳳中，詣闕上書，授下邽主簿。

其中祇有薛謙光，其父士通，累功封臨汾侯，貞觀初，歷泉州刺史。案《舊唐書．薛登傳》稱登本名謙光：

> 博涉文史，每與人談論前代故事，必廣引證驗，有如目擊。少與徐堅、劉子玄齊名友善。文明中，解褐閬中主簿。

劉知幾的家世也不顯，《舊唐書・劉子玄傳》說：他是「楚州刺史胤之族孫也。少與兄知柔俱以詞學知名，弱冠舉進士，授獲嘉主簿。」案《舊唐書・文苑（上）・劉胤之、劉藏器傳》：「祖瑋之，後魏臨淮鎮將。胤之少有學業，與隋信都丞孫萬壽、宗正卿李百藥為忘年之友。武德中，御史大夫杜淹表薦之，再遷信都令，甚存惠政。永徽初，累轉著作郎、弘文館學士，與國子祭酒令狐德棻、著作郎楊仁卿等，撰成國史及實錄……。」「胤之從父兄子藏器，亦有詞學，官至宋州司馬。」藏器是劉知幾的父親。

從以上材料可以了解，劉知幾和他的幾位知己，都不是出身門閥世家，也不是貴胄子弟。劉知幾、元行沖、徐堅、劉允濟都是以進士入仕途。萌芽於南朝後期的科舉制度，其目的是為了打破自魏晉以來，世家子弟在政治上的壟斷。使寒門子弟也有同樣出仕的機會。這種制度在隋唐形成以後，的確促進了社會的流動性。不過，最初通過考試進入政治的，仍以世家子弟為多。這種情形在武周以後，有了新的發展與轉變。劉知幾和他的朋友們，這批在唐帝國建立後，培養的新一代的知識份子，雖然沒有顯赫的身世，同樣也通過考試進入仕途。但他們官不過俗吏，而且又面對著嚴酷的政治環境。《舊唐書・酷吏傳（上）・序》說：

> 武后因之坐移唐鼎，天網一舉，而卒籠八荒，酷之為用，斯害也已。遂使酷吏之黨，橫噬於朝，制公卿之死命，擅王者之威力。貴從其欲，毒侈其心，天誅發於脣吻，國柄秉於掌握。

但他們卻不阿附權威以避禍，苟從以屈己，對當時的政治提出批判與改革的建議，表現了新一代知識份子的道德勇氣。

其中朱敬則，《舊唐書》卷九十本傳稱他「高潔守正」，在武則天臨朝之初，他就上疏請「改法制，立章程，下恬愉之辭，流曠蕩之澤，去萋菲之牙角，頓姦險之鋒芒，窒羅織之源，掃朋黨之跡……。」長安三年，朱敬則任同鳳閣鸞臺平章事。當時魏元忠、張說被張易之兄弟誣構，將陷重辟，諸宰相無敢言者，朱敬則獨抗疏申理：「元忠、張說素稱忠正，而所坐無名。若令得罪，豈不失天下之望也？」張說、魏元忠得以免死。後來張易之嘗命畫工寫武三思、及李嶠、蘇味道等十八人形像，號為〈高士圖〉；請朱敬則參與其事，他固辭不就。本傳又稱「敬則知政事時，每以用人為先。桂州蠻叛，薦裴懷古……。」案《舊唐書》卷一八五〈良吏傳（下）〉，稱裴懷古「長壽中，累轉監察御史……。時恒州鹿泉寺僧淨滿為弟子所謀，密畫女人居高樓，仍作淨滿引弓而射之，藏於經笥。已而詣闕上言僧咒詛，大逆不道。則天命懷古按問誅之。懷古究其辭狀，釋淨滿以聞，則天大怒，懷古奏曰：陛下法無親疏，當與天下畫一。豈使臣誅無辜之人，以希聖旨。向使淨滿有不臣之狀，臣復何顏能寬之乎？臣今慎守平典，雖死無恨也。」

又《舊唐書．元行沖傳》稱其「性不阿順」。深為狄仁傑所重，多所規誡。開元初，「復入為右散騎常侍、東都副留守。時嗣彭王志暕庶兄志謙被人誣告謀反，考訊自誣，繫獄待報，連坐十數人，行沖察其冤濫，並奏原之。四遷大理卿。時揚州長史李傑為侍御史王旭所陷，詔下大理結罪，行沖以傑歷政清貞，不宜枉為讒邪所構，又奏請從輕條出之。當時雖不見從，深為時論所美。」

《舊唐書．薛登傳》，稱登本名謙光。薛謙光於「天授中，為左補闕，時選舉頗濫，謙光上疏曰：……士不可不察，而官不可妄授也。何者？比來舉薦，多不以才，假譽馳聲，互相推獎，希潤身之小計，忘臣子之大猷，非所以報國求賢，副陛下翹翹之望者也。」並請「稱職者受薦賢之賞，濫舉者抵欺罔之罪。」又薛謙光於「景雲中，擢拜御史大夫。時僧惠範恃太平公主權勢，逼奪百姓店肆，州縣不能理。謙光將加彈奏，或請寢之，謙光曰：憲臺理冤滯，何所迴避，朝彈暮黜，亦可矣。遂與殿中慕容珣奏彈之，反為太平公主所構……。」

與劉知幾最為莫逆的徐堅，雖然常謂人說：「非敢求高，蓋避難也。」但遇事時仍挺身而出。《舊唐書》卷一〇二本傳稱：「神龍初，再遷給事中。時雍州人韋月將上書告武三思不臣之跡，反為三思所陷，中宗即令殺之。時方盛夏，堅上表曰：月將誣構良善，故違制命，準其情狀，誠合嚴誅。但今朱夏在辰，天道生長，即從明戮，有乖時令。……伏願詳依國典，許至秋分……。中宗納堅所奏，遂令決杖，配流嶺表。」

朱敬則、裴懷古、薛謙光、元行沖，甚至徐堅，都可謂守正不阿順的官吏，在當時的現實環境下，堅持自己的原則，敢與權勢抗衡，是不可多得的。他們的立身處世原則，和劉知幾詩賦裡所表現的屈伸隨世的態度，是完全不同的。不過，這種屈伸隨世的人生態度，不僅是劉知幾，也是當時所流行的思想。所以，上述李嶠、蘇味道讀了劉知幾的〈思慎賦〉，稱贊他所寫的「周身之道至矣」。「周身之道」正是當時官場所流行的處世態度。《舊唐書・蕭至忠傳》稱：

> 時宗楚客、紀處訥潛懷姦計，自樹朋黨，韋巨源、楊再思、李嶠皆唯諾自全，無所匡正。

宗楚客是武則天從父姐之子，紀處訥娶武三思妻之姊，由此貴倖。韋巨源、楊再思、李嶠等，竟依附唯諾自全。《舊唐書・楊再思傳》稱：

> 再思自歷事三主，知政十餘年，未嘗有所薦達。為人巧佞邪媚，能得人主微旨，主意所不欲，必因而毀之，主意所欲，必因而譽之。然恭慎畏忌，未嘗忤物。或謂再思曰：「公名高位重，何為屈折如此？」再思曰：「世路艱難，直者受禍，苟不如此，何以全其身哉！」

而蘇味道另有全身之道，《舊唐書・蘇味道傳》稱：

> 味道善敷奏，多識臺閣故事，然而前後居相位數載，竟不能有所發明，但脂韋其間，苟度取容而已。嘗謂人曰：「處事不欲決斷明白，若有錯誤，必貽咎譴，但摸稜以持兩端可矣。」時人由是號為「蘇摸稜」。

楊再思的「恭慎畏忌」，與蘇味道的「摸稜兩可」，都是劉知幾〈思慎賦〉裡「愛髮膚而不傷，保家室以不恥」的表現。至少劉知幾在入京前後的一段時間，也有這種思想傾向。等他進入史館，相繼結識了徐堅、朱敬則等，在他們的激勵下，促使劉知幾有了前後不同的轉變，是非常可能的。事實上，劉知幾對當時的弊政也是不滿的。證聖元年武則天令內外文武九品以上，各上封事，極言正諫。時劉知幾在獲嘉縣主簿任上，分別於天授元年，證聖元年上表陳四事：一、節赦，二、賜勛以德舉才，三、沙汰邪濫官，四、刺史非三歲不遷。[30]針對當時的政治問題，提出了他個人的主張。可能在他入京前後，對當時環境認識不清，有所抑制，而出現了他詩賦中的消極思想。但經過轉變之後，他又重新激昂起來。自此之後，他「守茲介直，不附奸臣」，雖然「官若土牛，棄同芻狗」也不悔。這種激昂的情緒，最後透過他對古代，尤其對當代史學的批判，充份地發揮出來。

三

在劉知幾相知的幾位朋友中，和他同時參與撰修國史的有朱敬則、徐堅、吳兢、劉允濟。他們在撰修國史的過程中，有一個共同的傾向，那就是對史學尊嚴的維護，及對歷史事實探

[30] 劉知幾所上表，分別見《唐會要》卷四十、六十七、六十八、九十。

索的執著。

與劉知幾同時進史館的劉允濟，所表現的態度就是這樣的。《舊唐書．文苑（中）．劉允濟傳》稱他嘗採摭魯哀公後十二代至于戰國遺事，撰《魯後春秋》二十卷。長安二年，以鳳閣舍人修國史，他就認為作為一個史官撰修國史，應該：

> 善惡必書，言成軌範，使驕主賊臣，有所知懼，此亦權重，理合貧而樂道也。昔班生受金，陳壽求米，僕視之如浮雲耳。[31]

劉知幾也是長安二年入史館，由是結識。當時劉知幾所持的態度也是這樣的。劉知幾認為撰修國史，必須嚴正，所以他說「無污青史為子孫累」。長安三年七月，在他答禮部尚書鄭惟忠論史才書中，就說：

> 史才須有三長，謂才也、學也、識也。夫有學而無才，猶有良田百頃，黃金滿籯，而使愚者營生，終不能致貨殖矣。如有才而無學，猶思兼匠石，巧若公輸，而家無楩柟

[31] 《唐會要》，卷六十三，〈史館上．修史官〉條。

斧斤，終不能成其宮室矣，猶須好是正直，善惡必書，使驕主賊臣，所以知懼，此則為虎傅翼，善無可加，所向無敵矣。㉜

「善惡必書，使驕主賊臣所以知懼」是一個史官應備的條件，和劉允濟的意見是相同的。長安三年，朱敬則累遷正諫議大夫，尋同鳳閣鸞臺平章事，並負責監修國史。朱敬則也是深通史學的，他曾採魏晉以來君臣成敗之事，著《十代興亡論》。因此，他認為修國史必須善擇良史之才。長安三年七月，朱敬則上表請擇史官說：

國之要者，在乎記事之官，……倘不遇良史之才，則大典無由而就也。且董狐南史，豈止生于往代，而獨無於此時，在乎求與不求、好與不好耳。㉝

因此，朱敬則推薦吳兢進入史館，參加修撰《國史》的工作，劉知幾與他同時參與修《則天實錄》，後來又同撰《國史》，成為最親近的工作伙伴。《舊唐書．吳兢傳》稱他：

㉜　《舊唐書》本傳，又《唐會要》，卷六十三，〈史館上．修史官〉條。

㉝　同㉛。

> 神龍中，遷右補闕，與韋承慶、崔融、劉子玄撰《則天實錄》成，轉起居郎。……丁憂還鄉里。開元三年服闋，抗疏言曰：「臣修史已成數十卷，自停職還家，匪忘紙扎，乞終餘功。」乃拜諫議大夫，依前修史。㉞

開元十七年，吳兢出為荊州司馬，「制許以史稿自隨」，最後撰成《國史》六十五卷。吳兢對於撰修《國史》如此堅持與執著是有原因的，《唐會要》卷六十三〈史館上·在外修史〉條說：

> （開元）十四年，……吳兢上奏曰：「臣往者長安景龍之歲，以左拾遺、起居郎兼修國史，時有武三思、張易之、張昌宗、紀處訥、宗楚客、韋溫等，相次監領其職。三思等立性邪佞，不循憲章，苟飾虛詞，殊非直筆。」

吳兢至老堅持撰修《國史》，可能就是為刪輯武三思等監修時所遺留的虛辭曲筆。吳兢一生精力盡耗於此。《舊唐書》本傳稱他「雖衰耗，猶希史職，而行步傴僂，李林甫以其年老不用。」

㉞《舊唐書》，卷一〇二，〈吳兢傳〉。

吳兢對歷史事實真相的追求，是非常固執與堅持的。《新唐書・吳兢傳》稱他：

> 初與劉子玄撰定《武后實錄》，敘張昌宗誘張說誣證魏元忠事，頗言「說已然可，賴宋璟等邀勵苦切，故轉禍為忠，不然，皇嗣且殆」。後說為相，讀之，心不善，知兢所為，即從容謬謂曰：「劉生書魏齊公事，不少假借，奈何？」兢曰：「子玄已亡，不可受誣地下。兢實書之，其草故在。」

吳兢雖然為亡友劉知幾洗刷，同時也表現了他撰寫當代史直筆不阿的精神。吳兢除了致力撰修《國史》外，同時他認為史館過去撰修的梁、齊、陳、周、隋等五代史繁雜，另撰《梁史》、《齊史》、《周史》各十卷，《陳史》五卷，《隋史》二十卷。《新唐志》著錄的《貞觀政要》十卷，就是吳兢所撰。吳兢和劉知幾都是當時同等重要的史學家。

雖然，他們在撰修《國史》過程中，堅持維護史學尊嚴的原則，發揮善惡必書的史學功用，但卻受到非常大的阻撓和挫折。這些阻撓和挫折，顯明地反映在劉知幾的《史通》裡。《舊唐書》劉知幾本傳說他「鬱結於當年」，所指的就是這個問題。後來這些鬱結的鬱怏孤憤，發散而成為他的《史通》諸篇。

他們的理想所以不能實現，如劉知幾所說完全由於「當時同作諸士及監修貴臣，每與其鑿枘相違，齟齬難入。」「監修貴臣」也就是《舊唐書》劉知幾本傳所說：「時侍中韋巨源、紀處訥，中書令楊再思、兵部尚書宗楚客、中書侍郎蕭至忠並監修國史。」更重要的還有吳兢所說的武三思、張易之、張昌宗也參與監修。武三思是武則天之姪，宗楚客、紀處訥皆以裙帶恩倖，張氏兄弟則是武則天寵愛的面首，他們都是當時的貴戚。他們既無學養，又猜嫉正士，武三思嘗對人言，「不知何等名作好人，唯有向我好者，是好人耳。」宗楚客嫉劉知幾正直，曾謂諸史官曰：「是子作書，欲置吾何地！」㉟由這些人擔任監修，正如劉知幾所說：「辟陽長信指撝馬鄭之前，周勃張飛彈壓桐雷之右。」㊱簡直是不可思議的事。

至於韋巨源、蕭至忠，史稱他們「行非純一，識昧存亡，徇利貪榮，有始無卒。」㊲楊再思的評價更低：「佞而取貴，苟以全身，掩不善而自欺，謂無十目十手也。」㊳他們祇依附權貴，苟存其間，當然談不上撰史的是非曲直了。雖然朱敬則也參與其間，但獨力難撐，

㉟ 同❽。

㊱ 《史通》，卷十，〈辨職篇〉。

㊲ 《舊唐書》，卷九十二，〈韋巨源傳·史官曰〉。

㊳ 《舊唐書》，卷九十，〈楊再思傳·史官曰〉。

發生不了什麼作用。所以劉知幾對於這種「近古每有撰述，必以大臣居首」的監修制度，是深痛惡絕的。他說：

> 凡居斯職者，必恩幸貴臣，凡庸賤品，飽食安步，坐嘯畫諾，若斯而已矣。夫人既不知善之為善，則亦不知惡之為惡。㊴

既然監修貴臣不辨善惡，就無法有一定客觀的是非標準。於是會有「楊令公則云必須直詞，宗尚書則云宜多隱惡」相左的意見發生。使撰修史官在一國三公，十羊九牧的情形下，就不知何所適從了。劉知幾說唐代撰史置監修，雖然無古式可尋，但就官名的字面解釋，監修，應該是總領的意思，其所負的責任是：

> 如創紀編年，則年有斷限，草傳敘事，則事有豐約。或可略而不略，或應書而不書，此刊削之務也。屬詞比事，勞逸宜均，揮鉛奮墨，勤惰須等。某表某篇，付之此職；某傳某志，歸之彼官。此銓配之理也。斯並宜明立科條，審定區域。㊵

㊴ 同㊱。

劉知幾認為監修的任務是訂定體例，分配撰寫的工作，監督工作的勤惰，及立定的標準審稿。但事實上，「今監之者既不指授，修之者又無遵奉，用使爭學苟且，務相推避，坐變炎涼，徒延歲月。」而使國史汗青無日。這完全是由於監修制度不健全形成的。在這種不健全的制度下，使史館成為「素食之窟宅、尸祿之淵藪」，出現了許多問題：

> 今者史司取士，有倍東京。人自以為荀、袁，家自稱為政、駿。每欲記一事，載一言，皆閣筆相視，含毫不斷。故頭白可期，而汗青無日。……史官編錄，唯自詢採。而左、右二史，闕注起居，衣冠百家，罕通行狀。求風俗於州郡，視聽不該；討沿革於臺閣，簿籍難見。雖使尼父再出，猶且成於管窺……近代史局，皆通籍禁門，深居九重，欲人不見。尋其義者，蓋由杜彼顏面，防諸請謁故也。然今館中作者，多士如林，皆願長喙，無聞齰舌，儻有五始初成，一字加貶，言未絕口，而朝野具知，筆未棲毫，而縉紳咸誦。[41]

[40] 同[7]。

[41] 同[7]。案：《舊唐書．劉子玄傳》亦錄之，並謂此篇是劉知幾答復當時中書侍郎蕭至忠責怪劉氏「著

這是《史通·忤時篇》所提出關於當時史館所存在的一些實際問題。這些問題的出現，是由那些與劉知幾共同工作的苟進之士製造的。這些苟進之士，都是不辨善惡的監修貴臣引進的。所以，劉知幾說他們「凡所引進，皆非其才，或以勢見升，或以干祈致擢。」他們不僅干擾了撰史工作的進行，並且製造了許多無謂的糾紛。

這種無謂的糾紛，是劉知幾時常遇到的。他在《史通·邑里篇》注文中就說：

> 時修國史，予被配纂〈李義琰傳〉。琰家於魏州昌樂，已經三代，因云：「義琰，魏州昌樂人也。」監修者大笑，以為深乖史體，遂依李氏舊望，改為隴西成紀人。

在當時寫王氏傳，都說「瑯琊臨沂人」。為李氏立傳，則說：「隴西成紀人」。劉知幾認為這是不合實際的，因為「非惟王、李二族，久離本居，亦自當時無此郡縣，皆是晉、魏已前舊名號。」❹❷劉知幾依實際情況有所更改，卻被監修指為有乖史體。所以，劉知幾參加修

述無課」的「奏記」。

❹❷《史通》，卷五，〈邑里篇〉注。

史的經驗是非常不愉快的。他在《史通・古今正史篇》「《唐書》」條下說在長安中，與朱敬則、徐堅、吳兢奉詔更撰《唐書》，神龍元年又與吳兢、徐堅重修《則天實錄》，《史通・古今正史篇》「《唐書》」條下：

> 夫舊史之壞，其亂如繩，錯綜艱難，朞月方畢。雖言無可擇，事多遺恨，庶將來削稿，猶有憑焉。

所謂「事多遺恨」，也就是後來吳兢所說「三思等立性邪佞，不循憲章，苟飾虛辭，殊非直筆。」和他們最初撰修國史，所持的「善惡必書，言成軌範」的理想，相距甚遠。這種「事多遺恨」的經驗，不僅是劉知幾個人，也是與他同時參與撰修《國史》的朱敬則、徐堅、吳兢、劉允濟所共有的，最後透過劉知幾的《史通》表露出來。因此，劉知幾的《史通》不僅是他個人的孤憤，也是他們共同的語言，共同痛苦經驗的結晶。所以，劉知幾的《史通》寫成後，「撫卷漣洏，淚盡而繼之以血也。」㊸徐堅深重其書，曾說：「居史職者，宜置此書於座右。」㊹其原因在此。

㊸ 同⑲。

既然是他們共同痛苦經驗與共同的語言，由劉知幾說出來。但要用什麼形式表現，這是劉知幾頗費思量的。如果直接批評，就等於對現實政治挑戰，其後果他是知道的。關於這個問題，他在《史通·直書篇》曾分析過：

> 夫人稟五常，士兼百行，邪正有別，曲直不同。若邪曲者，人之所賤，而小人之道也；正直者，人之所貴，而君子之德也。然世多趨邪而棄正，不踐君子之跡，而行由小人者，何哉？語曰：「直如弦，死道邊；曲如鉤，反封侯。」故寧順從以保吉，不違忤以受害也。……夫世事如此，而責史臣不能申其強項之風，勵其匪躬之節，蓋亦難矣。是以張儼發憤，私存《嘿記》之文；孫盛不平，竊撰遼東之本。以茲避禍，幸獲兩全。足以驗世途之多隘，知實錄之難遇耳。

這裡說明在現實的環境下，史官順從以保吉，不違忤以受害，因而不能申其強項之風，直筆而書，也可以為他們修撰《則天實錄》的「事多遺恨」，作一個注腳。「寧順從以保吉」和劉知幾在詩賦裡的屈伸隨世的周身思想，是不謀而合的。因此，他想到張儼寫《嘿記》，孫盛撰

㊹ 同⑭。

《晉陽秋》的事，既能周身避禍，又可將事實真相留傳下來，的確是一個兩全其美的方法。於是劉知幾選擇了「辨其指歸，殫其體統」，作為他撰寫《史通》的準則。《史通・自敘篇》說：

> 若《史通》之為書也，蓋傷當時載筆之士，其義不純。思欲辨其指歸，殫其體統。夫其書雖以史為主，而餘波所及，上窮王道，下掞人倫，總括萬殊，包吞千有。

「辨其指歸」也就是「辨其流」。至於「殫其體統」，則是通其義。《史通・探賾篇》說：

> 古之述者，豈徒然哉！或以取舍難明，或以是非相亂。由是《書》編典誥，宣父辨其流；《詩》列風雅，卜商通其義。夫前哲所作，後來是觀，苟失其指歸，則難以傳授。而或有妄生穿鑿，輕究本源，是乖作者之深旨，誤生人之後學，其為謬也，不亦甚乎！

劉知幾說孔子序書傳百篇，是為了明辨古學的源流。子夏授詩河西定風雅頌，是釋通詩之義。但劉知幾當時的同修國史者，由於不解史學源流，而失其指歸。因此，他認為有辨其流，通其義的必要，這就是他寫《史通》「辨其指歸，殫其體統」的意旨所在。《史通．序》釋其書名稱：「昔漢世諸儒，集論經傳，定之於白虎閣，因名曰《白虎通》。予既在史館而成此書，故便以《史通》為目。」案《後漢書．章帝紀》稱，建安四年，詔在白虎觀，講議五經異同。後來由班固將諸儒辯論經傳異同的資料，撰集成《白虎通義》論辯經傳異同，這是《白虎通》成書的由來。劉知幾稱其書為《史通》，也有剖析史學源流，論辯史體異同的意味在內。

四

關於劉知幾《史通》「辨其指歸，殫其體統」的問題，或許還可以從魏晉史學脫離經學而獨立的轉變，進行討論。漢代自武帝以後，儒家的思想不僅是國家政治的最高指導原則，而代表儒家思想的經典著作，更超越其他各家思想，成為學術最高標準。所有的學術都在經學籠罩之下，尤其史學和儒家思想有親密的關係，完全依附在經學的羽翼之下，根本沒有獨立可言。這種情形表現在目錄學之中。《漢書．藝文志》將史學著作，附驥在〈六藝略．春秋類〉之後，一部分則寄存於〈諸子略．儒家類〉之中，正反映了這種趨向。

自東漢末年，儒家思想無法適應當時變動的環境，代表儒家思想的經學，也有庸俗化的傾向，因而失去其原有的權威地位。於是史學像其他的學術如文學、藝術一樣，開始掙脫儒家經學的羈絆而逐漸獨立。不過，由於史學自來和經學有非常親密的關係，因此其獨立的過程是緩慢而迂迴的。由東漢末年，司馬遷的太史公書轉稱為《史記》開始，可說是史學邁向獨立的第一步。至魏晉之際，史學不僅擺脫了經學的附庸，並且上升至經學同等地位，與經學並稱為經史。史學和經學一樣，也被視為一種教學的對象。為了實際教學的需要，出現了許多《史》《漢》的注釋。雖然這些注釋仍然繼承經注訓解的形式，但卻突破了注經不可論經的傳統，對所注釋或講授的史書，提出了討論與批評。後來裴松之注《三國志》，應用了大量的魏晉史，補陳壽《三國志》的闕軼，更擺脫經注的訓解與對義理的探索，轉向歷史事實的追求，不僅分割了經注與史注的界限，更是史學脫離經學轉向獨立的重要關鍵。㊺

另一方面，在史學脫離經學獨立轉變過程中，又和當時脫離經學並已蓬勃發展的文學結合，形成文史的合流。所以，劉勰認為史學也是文學寫作形式的一種，因而於《文心雕龍》立〈史傳篇〉。文史合流至蕭統編《文選》，才作了新的劃分。《文選．序》說明選擇文學作品的條件，將記事之書的史學著作摒於《文選》之外，卻選擇了表現作者個人意識，與文學作品性質相近的史書論贊，劃清了文學與史學的界限。就在《文選》將史學作品摒於文學之外

㊺《隋書．經籍志．史部》形成的歷程〉，頁二十九。

的同時，阮孝緒的《七錄》，收容了魏晉以來的史學著作，成立了〈紀傳錄〉。阮孝緒《七錄》中的〈紀傳錄〉，不僅總結了自《漢書・藝文志》之後，鄭默、荀勖、王儉等人發皇一時的簿錄之學，並且更適應了當時學術發展的新情勢。《七錄・紀傳錄》的出現，不僅說明魏晉史學脫離經學以後，史學著作內容豐富遠超過經學，並且出現了許多新的寫作形式，歸納起來竟有十三種之多，已具有獨立發展的條件。後來唐修《隋書・經籍志》，其史部即以《七錄・紀傳錄》為藍圖形成的。《隋書・經籍志・史部》的出現，象徵著史學脫離《漢書・藝文志・六藝略》的桎梏，經過長期的轉變與發展，到這時已有了自我獨立活動的範圍，成了一個獨立的學科。劉知幾的《史通》就是對這個轉變與發展所作的總結。[46]

雖然，《隋書・經籍志・史部》，為史學樹立了獨立發展與活動的範圍，但對史學的概念與史學的功用，卻沒有作清晰的闡釋。劉知幾《史通》的「辨其指歸」與「殫其體統」，透過史學源流的剖析，及史體的論辯，將史學的概念建立起來。首先他將經學和史學作了一個分割，《史通・補注篇》說：

> 至若鄭玄、王肅，述《五經》而各異，何休、馬融，論《三傳》而競爽。欲加商榷，

---

46 〈裴松之與魏晉史學評論〉，頁四三九。

> 其流實繁，斯則義涉儒家，言非史氏……。

劉知幾認為雖然鄭玄、王肅的經說各異其趣，何休的《春秋公羊解詁》與馬融的《春秋三傳異同說》不同。但對經籍的解說，都是「義涉儒家，言非史氏」的。「義涉儒家」也就是透過訓解章句，發明經義，和史學是不同的。至於史學，他在《史通・敘事篇》說，「史之稱美者，以敘事為先。」敘事最低的標準，也得「識事詳審，措辭精密」，「告諸往而知諸來，斯庶幾無大過矣。」至於敘事的目的是為了「記功司過，彰善癉免，得失一朝，榮辱千載。」[47]所以史學的功用是非常博大的。他在《史通・史官建置篇》說：

> 若乃《春秋》成而逆子懼，南史至而賊臣書，其記事載言也則如彼，其勸善懲惡也又如此。由斯而言，則史之為用，其利甚博。

因此，劉知幾將「疏通知遠」的《尚書》，「屬辭比事」的《春秋》也納入史學的範圍。所以他說「文籍肇創，史有《尚書》，柔遠疏通，網羅歷代。」而「夫子修《春秋》，記二百年行

---

[47]《史通》，卷六，〈敘事篇〉。

事。三傳並作，史道勃興。」他認為《尚書》和《春秋》是史學敘事的典範，因此在《史通‧敘事篇》進一步分析：

昔聖人之述作也，上自〈堯典〉，下終獲麟，是為屬辭比事之言，疏通知遠之旨。子夏曰：「《書》之論事也，昭昭然若日月之代明。」揚雄有云：「說事者莫辯乎《書》，說理者莫辯乎《春秋》。」然則意指深奧，詁訓成義，微顯闡幽，婉而成章，雖殊途異轍，亦各有差焉。諒以師範億載，規模萬古，為述者之冠冕，實後來之龜鏡。既而馬遷《史記》，班固《漢書》。繼聖而作，抑其次也。故世之學者，皆先曰《五經》，次云《三史》，故經史之目，於此分焉。

劉知幾認為由於《尚書》、《春秋》涵意深奧，而儒者詁訓成義，婉而成章，和史學的敘事不同。但《尚書》、《春秋》仍然是敘事的冠冕與龜鏡，司馬遷的《史記》，班固的《漢書》就是繼承這個敘事的傳統。因此，他在敘述史學源流時，〈六家篇〉首列《尚書》、《春秋》二家。並據左史記言，右史記事，認為「古之史氏區分為二焉：一曰記言，一曰記事。」《尚書》是載言之書，《春秋》是記事之史，至於《左傳》併兼言事，劉知幾認為是敘事的最高標準。《史通・六家篇》「左傳家」條下：

> 觀《左傳》之釋經也，言見經文而事詳傳內，或傳無而經有，或經闕而傳存。其言簡而要，其事詳而博，信聖人之羽翮，而述者之冠冕也。

劉知幾所以偏好《左傳》，不僅因為《左氏春秋》是他家的家學，十二歲就由他父親講授《左傳》，當時雖未能深解，卻可略舉其義，後來更博觀義疏，他自己說「精此一經」。㊽因而在《史通》中有〈申左〉一篇，暢論左氏三長，其中三長之一，就是丘明既躬身為太史，除讀魯國文集外，並「博總群書，至如檮杌、紀年之流，《鄭書》、《晉志》之類，凡此諸籍，莫不畢睹。其《傳》廣包它國，每事皆詳。」因此他譽《左傳》敘事「世稱實錄」。丘明為《春秋》作傳，特詳當代行事，《史通・申左篇》說：

> 蓋是周禮之故事，魯國之遺文，夫子因而修之，……至於實錄，付之丘明，用使善惡畢彰，真偽盡露。向使孔《經》獨用，《左傳》不作，則當代行事，安得而詳者哉？

㊽ 同⑲。

《左傳》詳實記載當代行事，也許是劉知幾偏愛《左傳》的另一個原因。案《舊唐書·儒學傳》稱唐太宗「以儒學多門，章句繁雜，詔國子監祭酒孔穎達及諸儒撰定五經義疏，凡一百七十卷，名曰《五經正義》，令天下傳習。」「五經」是指《易》、《詩》、《書》、《禮》及《春秋左傳》，《春秋左傳正義》六十卷，用杜預注。

《春秋左氏傳》是古文家言。自來是經今古文爭議最激烈的一部書。爭議的焦點由於對經書中心人物孔子，彼此持不同的看法。今文學家認為孔子是素王，六經大部分是孔子所作，是孔子託古改制的手段。六經文字是糟粕，其中的微言大義，才是精旨所在。古文學家認為孔子是「述而不作，信而好古」的聖人，刪詩書、訂禮樂、著春秋的目的，是為了將這份文化遺產傳授人。所以，孔子是古代文化的保存者，也是史學家。[49]因此，就古文學家而言，認為經書多屬歷史或典章制度的記載。《周禮》和《春秋左傳》，一是制度，一是歷史。杜預的《左傳集解》，就突出了這種歷史意味的傾向。

杜預的《左傳·序》，認為《春秋》是魯史的舊名。記事者「以事繫日，以日繫月，以月繫時，以時繫年」的方法，以紀遠近、別異同。《春秋》所據的材料是周史官所記的舊典禮經。

---

49 周予同，《經今古文學》。

至於所以著《春秋》，杜預〈序〉說：

> 周德既衰，官失其守，上之人不能使春秋昭明。赴告策書，諸所記注，多違舊章。仲尼因魯史策書成文，考其真偽，而志其典禮，上以遵周公之遺制，下以明將來之法。其教所存，文之所害，則刊而正之，以示勸戒。其餘則皆即用舊史，史有文質，辭有詳略，不必改也。

杜預認為孔子著《春秋》，所據的是周公之垂法與史書之舊文。這些典制與史書，都是史官的記錄。由史官的紀錄形成的魯春秋，其中包括周的禮經。孔子刪削魯春秋而成《春秋》。左丘明以先經始事，後傳終義的形式傳《春秋》，由於它本是國史，所以必廣記以備言，窮其終始，以發明夫子之意。案《史通・申左篇》注引杜預《釋例》稱：「凡諸侯無加民之惡，而稱人以貶，皆時之赴告，欲重其罪，以加民為辭。國史承□以書於策，而簡牘之記具存。夫子因示虛實，故《左傳》隨實而著本狀，以明其得失也。」對於夫子「因示虛實，故《左傳》隨實而著本狀，以明其得失也。」劉知幾認為「杜氏此釋實得《經》《傳》之情者也。」杜預以史貫穿經傳，並以此作為他解釋春秋經傳的依據。

雖然，將經書視為歷史或典制的記錄，是古文學家的基本精神。但杜預以史為基點對春秋經傳所作的解釋，或受當時史學脫離經學轉變的感染，以及太康三年汲郡資料的影響。由於這批新資料所載大異經傳，引起當時學術界很大的震撼。因而修正了當時對經書的許多看法，並引發出不少新觀點。[50] 劉知幾就曾以《紀年》、《瑣語》所載《春秋》時事與《左傳》相校，發現「多與左氏同」。所以他說「向若二書不出，學者為古所惑，則代成聾瞽，無由覺悟也。」[51] 所以，汲郡資料的出現不僅影響了杜預對春秋經傳的解釋，同時由於杜預將史的意識注入經傳的解釋，成為經史互通的橋樑，加速了史學脫離經學的進程，裴松之注《三國志》，由明理的經注形式，轉變為達事的史注，就是受了杜預的影響。[52] 劉知幾將《尚書》、《春秋》納入史學的領域，並以疑古、惑經的形式進行批判。可能也是受杜預解經，及魏晉史學脫離經學轉變的影響。

由於《史通》的〈疑古〉與〈惑經〉，劉知幾背負了非經侮聖的千古罪名。既然，劉知幾已將《尚書》與《春秋》納入史學的範疇。那麼其記載的材料真偽與闕軼，是可以進行討論

[50] 〈經史分途與史學評論的萌芽〉，頁二五三。

[51] 《史通》，卷十六，〈雜說篇〉。

[52] 〈《三國志注》與漢晉間經注的轉變〉，頁四一三。

的。而且他討論《尚書》、《春秋》，完全以這種態度進行。他在〈惑經篇〉說：「孔氏之立言行事，刪《詩》贊《易》，其義既廣，難以具論。今惟摭其史文，評之於後。」劉知幾避經義而不論，擇其有關文史者而評之，完全以史學的態度評論《春秋》，〈惑經篇〉說：

> 蓋君子以博聞多識為工，良史以實錄直書為貴。而《春秋》記它國之事，必憑來者之辭；而來者所言，多非其實。……遂使真偽莫分，是非相亂。

他認為《春秋》所「未諭」的問題，完全是由於某些材料「多非其實」引起的。關於材料真偽的問題，同樣也見於《尚書》。他在〈疑古篇〉說《尚書》：

> 上起唐堯，下終秦穆，其《書》所錄，唯有百篇。而《書》之所載，以言為主。至於廢興行事，萬不記一。語其缺略，可勝道哉！故令後人有言，唐、虞以下帝王之事，未易明也。……加以古文載事，其詞簡約，推者難詳，缺漏無補。遂令後來學者，莫究其源，蒙然靡察，有如聾瞽。

因此，劉知幾「取其正經雅言，理有難曉，諸子異說，義或可憑，參而會之，以相研覈。」他以義或可憑的諸子異說材料考證《尚書》可疑之處，也完全以史學的方法處理的。

至於他在〈惑經篇〉討論的「五虛美」，被認為是侮辱了孔子。事實上劉知幾對孔子是非常崇敬的，〈惑經篇〉開始就說「孔宣父以大聖之德，應運而生，生人已來，未之有也。」這種崇敬的言語散見於其他各篇，而且史學的發凡起例，敘事曲直，都是以孔子的《春秋》為準的。他對《春秋》、《尚書》的批評，集中在材料的應用方面。而對「五虛美」的形成，則歸咎於「庸儒末學，文過節非」，徵其本源完全是「儒教傳授，既欲神其事，故談過其實」形成的。這是對於「庸儒」的批評，似乎和孔子沒有什麼關聯。至於所謂的「庸儒」，則涉及劉知幾時代學術轉變的問題。案《舊唐書．儒學(下)．王元感傳》：

> 長安三年，表上其所撰《尚書糾謬》十卷、《春秋振滯》二十卷、《禮記繩愆》三十卷，并所注《孝經》、《史記》稿草，請官給紙筆，寫上秘書閣。詔令弘文、崇賢兩館學士及成均博士詳其可否。學士祝欽明、郭山惲、李憲等皆專守先儒章句，深譏元感掎摭舊義。元感隨方應答，竟不之屈。鳳閣舍人魏知古、司封郎中徐堅、左史劉知幾、右史張思敬，雅好異聞，每為元感申理其義，連表薦之。尋下詔曰：「王元感質性溫敏，

博聞強記，手不釋卷，老而彌篤。掎前達之失，究先聖之旨，是謂儒宗，不可多得。……」魏知古嘗稱其所撰書曰：「信可謂《五經》之指南也。」

這是貞觀頒行《五經正義》後，發生最大規模的一次經學論辯。經學的發展，西漢以後有今古之爭，魏晉以來又有南北之分。經學南北的不同，《隋書·儒林傳》說：

南北所治，章句好尚，互有不同。江左《周易》則王輔嗣，《尚書》則孔安國，《左傳》則杜元凱。河、洛《左傳》則服子慎，《尚書》、《周易》則鄭康成。《詩》則并主於毛公，《禮》則同遵於鄭氏。大抵南人約簡，得其英華，北學深蕪，窮其枝葉。

「南人約簡，得其英華」指以玄學治經而言。而「北學深蕪，窮其枝葉」則指漢儒繁瑣考證而言。[53]貞觀初命孔穎達與顏師古、司馬才章、王恭、王琰等撰《五經義訓》，定名《五經正義》。《五經正義》包括《周易正義》十卷，用王弼、韓康伯注，《尚書正義》十卷，用孔安國

---

[53] 楊向奎，〈唐宋時代的經學思想——《經典釋文》、《五經正義》等書所表現的思想體系〉，《文史哲》一九五八年第五期。

傳，《毛詩正義》七十卷，用毛傳鄭箋，《禮記正義》六十三卷，用鄭玄注，《春秋左傳正義》六十卷，用杜預注。這是兼采南北的一種折衷方案。

但如《隋書・儒學傳》所說南北說經好尚不同，如南北學同說五行，南學不引讖緯，北學不論玄學。《五經正義》既學兼南北，但由於疏不破注，所以以南治南，以北治北。同是一人的疏義，可以在《詩》、《禮》的正義中，發揮讖緯的學說，在《易》、《書》的正義中卻排斥讖緯。❺❹從這一方面而論，《五經正義》雖然繼承了南北學術思想的傳統，泯滅了南北的學術界限，象徵了南北學術的統一，但事實上卻是南北並存，涇渭分明。這正是經學經過長期南北分立後，開始統一時期的過渡現象。所以，唐初學術雖然在表面上通過《五經正義》而統一南北，但事實上卻無統一的精神可言。

這種情形發展到武韋之際，需要一次調整和轉變。王元感「掎前達之失，究先聖之旨」的《尚書糾謬》、《春秋振滯》、《禮記繩愆》可能就是對《五經正義》的討論與批評。但他的討論與批評卻引起「專守先儒章句」的祝欽明、郭山惲的爭議，深譏王元感「掎摭舊義」。但這次論辯過程中，劉知幾、徐堅、魏知古等卻為王元感申理其義，支持他的論點。魏知古並且稱贊王元感的著作：「信可謂五經之指南也。」因此，劉知幾等不僅是唐代新的知識份子，

❺❹ 同❺❸。

同時也是在當時學術轉變過程中，新學術思想醞釀的核心人物。案《新唐書·劉知幾傳》：

開元初，……嘗議《孝經》鄭氏學非康成注，舉十二條左證其謬，當以古文為正。《易》無子夏傳，《老子》書無河上公注，請存王弼學。宰相宋璟等不然其論，奏與諸儒質辯。博士司馬貞等阿意，共黜其言，請二家兼行，惟子夏《易傳》請罷。詔可。

這是長安三年王元感論辯後，又一次學術的爭議，《唐會要》卷七十七〈論經義〉條亦載此事。稱劉知幾於開元七年，四月，上議鄭氏《孝經》，河上公《老子》，二書訛舛，不足流行。子夏《易傳》，乃後人假憑先哲。請行《孝經》孔安國傳、《老子》王弼注。國子祭酒司馬貞與之爭議。後來詔河、鄭二家，依舊行用，王、孔所注，宜加奬飾。

《文苑英華》卷七六六，《全唐文》卷二七四，分別載劉知幾〈孝經老子注易傳議〉，及〈重論孝經老子注議〉。劉知幾在〈孝經老子注易傳議〉中說《孝經》「孔、鄭二家，雲泥致隔，今綸旨發問，校其短長，愚謂行孔廢鄭，於義為允。」至於河上公所注《老子》，劉知幾說：

按《漢書・藝文志》，注《老子》者，有三家，河上所釋無聞焉。豈非注者欲神其事，故假造其說也。其言鄙陋，其理乖訛。雖欲纔別朱紫，粗分菽麥，亦皆嗤其過謬，而況有識者乎?豈如王弼英才雋識，探賾索隱，考其所注，義者為優，必黜河上公，昇王輔嗣，在於學者，實得其宜。

劉知幾黜河上公、升王弼，是南學的傳統。陸德明《經典釋文》所傳的是南學。其中除《周易》、《古文尚書》、《毛詩》、三禮、《春秋》、《孝經》、《論語》、《爾雅》外，尚有《老子》和《莊子》。所謂經典當指儒家經典而言。儒家經典在魏晉以前，唐宋以後，絕對容納不下老莊之言的，這是南學的風尚，王弼一派的流裔。南學談玄，經學與老莊合流。何晏注《論語》，王弼注《易》與老莊。《易》與老莊當時並稱三玄。《新唐書・劉知幾傳》說他「尚持論，辯據明銳」，他在〈自敘篇〉也說「自小觀書，喜談名理」，這是魏晉的遺風。他在〈暗惑篇〉駁難史書敘事，所採用的正是魏晉談玄論難的形式。不過，這次學術的論辯並沒有採納他的意見。所以，他在〈重論孝經老子注議〉中說：

今庸儒淺識，聞見不周。可與共成，難與慮始。蓋孔父有言曰：行夏之時，乘殷之輅，

> 服周之冕。此則今古循環，愚智往復，豈前者必是，而後者獨非乎？

他不僅責斥與他論辯的是「庸儒淺識，聞見不周」，並且認為「不可使隨流腐儒，參論其議」。他所謂的「庸儒」或「腐儒」，也就是〈惑經篇〉所指的「庸儒末學」，因此，他以批判史學的形式論經，來證明「豈前者必是，而後者獨非乎？」也許就是劉知幾寫〈惑經篇〉「五虛美」的動機。他說《史通》「雖以史為主，而餘波所及，上窮王道，下掞人倫，總括萬殊，包吞千有。」[55]其原因在此。

王元感以《尚書糾謬》、《春秋振滯》、《禮記繩愆》等書，批判了唐初的學術發展。劉知幾則藉以史論經的形式，討論了有關經學問題。並以論經為基礎，對唐初的官修史學，以及他參予撰修《國史》所遭遇的許多問題，進行「辨其指歸，殫其體統」的批判。這種形式的批判，正是錢大昕所說的「陽為狂易侮聖之詞，以掩抵毀先朝之跡」。巧妙地避開了可能遭遇到的政治株連，這正是劉知幾屈伸隨世、周身避禍的表現。所以，劉知幾的《史通》撰寫的歷程，前後經歷了〈思慎賦〉時期的踟躕，相知諸友互相的激勵，撰修《國史》時的怏鬱，以及當代學術思想轉變的感染，的確是一段非常艱辛又曲折的歷程。這也是劉知幾寫成《史

---

[55] 同[19]。

通》後，「撫卷漣洏，淚盡而繼之以血」的原因。

另一方面，《隋書・經籍志》總結了魏晉史學脫離經學而獨立的發展。在經部之外另立史部。於是史學有了自己單獨活動的範圍。劉知幾更在這個基礎上，進一步「辨其指歸，殫其體統」，不僅劃清了經與史的界限，同時對史學的源流與發展，以及史學的功能與體用，史學著作的結構與形式，都作了系統的析論。最重要的，他認為治經與治史的方法不同。他在《史通・暗惑篇》說：「精《五經》者，討群儒之別義；練《三史》者，徵諸子之異聞。加以探賾索隱，然後辨其紕謬。」也就是治經者僅限於對群儒注疏的討論，而不論經書本身的是非。治史則不同，除了對歷史事實的探索外，並進一步對史書記載的紕謬提出批評。《史通》的〈疑古〉與〈惑經〉兩篇，就是在這個前提下形成的，似乎和非經侮聖沒有實際的關聯。劉知幾不過藉此作為對當時《國史》的撰修，嚴厲批判與譴責的標準。但在批判的過程中，劉知幾的《史通》，不僅總結了自上古以來的中國史學發展，並賦予中國史學一個鮮明獨特的性格。史學自東漢末年脫離經學而獨立發展，到這時才形成一個完全獨立的學科。史學評論也因為劉知幾的《史通》的出現，在《隋書・經籍志・史部》十三類之外，又成立了〈史評〉一類，劉知幾也成為史評類的拓創者。

不過，如果不是魏晉史學脫離經學獨立發展，形成了多元化寫作形式與豐富的內容，劉知幾的《史通》是無法出現的。因為任何的學術評論，必須在這門學科具有獨立的條件以後，才能提出評論，史學當然不能例外。中國史學評論，就是在史學獨立發展與轉變過程中，逐漸萌芽與形成的。從《史記》的討論開始，其間經歷了譙周《古史考》對《太史公書》的批評，張輔的論史漢異同，傅玄論斷三史得失，孫盛雜語中的異同考評，干寶《晉紀》議史的討論史體，最後，裴松之的《三國志注》，總結了魏晉史學，並有所論辯。劉知幾的《史通》，就是在這個基礎上形成的，其發展的軌跡雖然蜿蜒曲折，但其線索卻清晰可見。

裴松之與《三國志注》

唐代以前，《史記》、《漢書》、《東觀漢記》並稱三史。❶後來《東觀漢記》軼失，於是就稱《史記》、《漢書》、《後漢書》為三史。❷後人因推重陳壽的史材與文筆，在三史之中又加上《三國志》，稱為四史。《三國志》承續《史記》、《漢書》而作，成書在范曄《後漢書》之前。司馬遷的《史記》是通史體、班固的《漢書》是斷代史體，陳壽卻把《三國志》分成三書，計〈魏書〉三十卷、〈蜀書〉十五卷、〈吳書〉二十卷，在斷代史中又另創一格。❸

---

❶ 李宗侗師，《史學概要》。

❷ 同❶。

❸ 兩《唐志》著錄〈魏志〉三十卷、〈蜀志〉十五卷、〈吳志〉二十一卷，分別計數。〈魏志〉入〈正史類〉，〈蜀志〉、〈吳志〉入〈偽史類〉，共六十六卷，較《隋書・經籍志》六十五卷多一卷。又據沈家本《沈寄簃先生遺書》中《《世說新語》注引書目》稱多出一卷是陳壽的序錄，唐以後軼散，故宋代

《三國志》雖將三書並列，但材料卻各有來源，〈魏書〉是根據王沈的《魏書》、魚豢的《魏略》節刪而成；〈蜀書〉因當時蜀國無國史，由陳壽自己採集；〈吳書〉則據韋昭的《吳書》修正而成。不過《三國志》唯一的缺陷，就是陳壽當時所見的材料有限，內容不夠充實，這個缺陷直到陳壽死後一百三十多年，裴松之為《三國志》作注，才加以彌補。❹

一

裴松之，字世期，河東聞喜（今山西曲沃縣）人，生於晉簡文帝咸安二年（三七二），卒於宋文帝元嘉二十八年（四五一），享年八十。《宋書・裴松之傳》說：

> 裴松之字世期，河東聞喜人也。祖昧，光祿大夫。父珪，正員外郎。松之年八歲，學通《論語》、《毛詩》。博覽墳籍，立身簡素。年二十，拜殿中將軍。此官直衛左右，晉孝武帝太元中革選名家以參顧問，始用琅邪王茂之、會稽謝輶，皆南北之望。舅庾楷在江陵，欲得松之西上，除新野太守，以事難不行。拜員外散騎侍郎。義熙初，為吳

---

❹ 繆鉞，〈陳壽與《三國志》〉，見氏著《讀史存稿》。書目不載。

興故鄣令，在縣有績。入為尚書祠部郎。……高祖北伐，領司州刺史，以松之為州主簿，轉治中從事史。既克洛陽，……高祖敕之曰：「裴松之廊廟之才，不宜久尸邊務，今召為世子洗馬，與殷景仁同，可令知之。」……除零陵內史，徵為國子博士。太祖元嘉三年，誅司徒徐羨之等，分遣大使，巡行天下。……，松之使湘州，……松之反使……轉中書侍郎、司冀二州大中正。上使注陳壽《三國志》，松之鳩集傳記，增廣異聞，既成奏上。上善之，曰：「此為不朽矣。」出為永嘉太守……入補通直為常侍，復領二州大中正。尋出為南琅邪太守。十四年，致仕，拜中散大夫，尋領國子博士，進太中大夫，博士如故。續何承天國史，未及撰述，二十八年，卒，時年八十。❺

以上是裴松之的傳記，《南史》所載略同。但所記過於簡略，因此對上述材料有進一步分析的必要。傳稱松之屬河東聞喜裴氏，父祖名都不顯，上代世系又不可考。案江南僑居的裴氏，可分為兩支，一支是魏襄州刺史裴綽之後，於裴壽孫時寓居壽陽，又稱為壽陽裴氏；另一支是晉太子左衛裴康的子孫，南渡後子孫不顯，居地不詳，裴松之一支或其支系。《晉書》卷五十九〈東海孝獻王越傳〉：

❺《宋書》，卷六十四，〈裴松之傳〉。

何倫、李惲聞越之死，秘不發喪，奉妃裴氏及毗出自京邑，從者傾城，所經暴掠。至洧倉，又為勒所敗，毗及宗室三十六王俱沒于賊。……裴妃為人所略，賣於吳氏，太興中，得渡江，欲招魂葬越。……詔不許。裴妃不奉詔，遂葬越於廣陵。太興末，墓毀，改葬丹徒。初，元帝鎮建鄴，裴妃之意也，帝深德之，數幸其第……。❻

裴妃是河東裴氏，倉促渡江，裴松之上一代或與裴妃同族，也在這時渡江來奔裴妃。傳稱裴松之「年二十，拜殿中將軍。此官直衛左右，晉孝武帝太元中革選名家以參顧問，始用琅邪王茂之、會稽謝輶，皆南北之望。」案《宋書》卷四十〈百官志下〉「殿中將軍」條：「晉孝武太元中，改選，以門閥居之。」❼又傳稱：「既克洛陽，……高祖敕之曰：裴松之廊廟之才，不宜久尸邊務，今召為世子洗馬……。」「洗馬」之職是清官中的清官，甲族才能任此職。從裴松之起家為殿中將軍，又任世子洗馬，可知裴松之是當時第一流的世族。傳又稱：「舅庾楷在江陵，欲得松之西上。」可知松之妻為庾氏，是庾楷之女。庾楷是庾亮之孫，自東晉

❻《晉書》，卷五十九，〈東海孝獻王越傳〉。

❼《宋書》，卷四十，〈百官志下〉。

以來，庾氏一直是一流大族，裴松之既能與庾氏聯姻，門第亦應匹配。所以僅就婚宦而論，裴松之都該是當時一流世家大族。

裴松之在政治上並沒有建樹，他的成就卻表現在學術方面，傳稱：「年八歲，學通《論語》、《毛詩》。」又稱：「所著文論及《晉紀》，……並行於世。」由此可知裴松之除注《三國志》外，並且還撰過《晉紀》。但事實上裴松之的著作不僅於此，現存裴松之可考的著作，大概是這樣的：

1.《集注喪服經傳》一卷：《隋志·經部》著錄、釋文紀錄稱：「宋太中大夫裴松之撰。」❽馬氏《玉函山房輯本·序》稱：「此書《唐志》不著錄，一為答宋江氏問，一為答何承天書，皆言喪服。」

2.《北征記》：卷亡，《隋志》、《唐志》不著錄。《後漢書·獻帝紀》注引裴松之《北征記》稱：「中牟臺下臨汴水，是官渡，袁紹、曹操壘尚存焉。」❾案：《史記·高帝紀》索隱應劭注文，也引用上條《北征記》記事，但未注明作者姓氏，不過卻可由徵引內容看出。此外，還有一些書名相同的他家著述，如：《後漢書·郡國志

❽《隋書》，卷三十二，〈經籍志〉。

❾《後漢書》，卷九，〈獻帝紀〉。

（一）・司隸・河南〉條注引徐齊民《北征記》，同書〈郡國志（二）・豫州・陳國〉條注引伏滔《北征記》等。《隋書・經籍志・史部・地理類》又有戴氏撰《宋武北征記》一卷。以上所列，表明了使用《北征記》或如下文所說的《西征記》、《述征記》一類的名稱，作為地理書名者，為數不少，但因其作者不同，僅由書名判斷，容易混淆。

3.《西征記》：卷亡，隋唐〈志〉不著錄。〈魏志〉卷四〈三少帝紀〉注引裴松之文稱：「臣松之昔從征西至洛陽，歷觀舊物，見《典論》石在太學者尚存，而廟門外無之。」❿裴氏從征西至洛陽，或即為其《西征記》之所本。案：《隋書》卷三十三〈經籍志・史部・地理類〉作戴延之撰《西征記》二卷，但同卷又有戴祚撰《西征記》一卷。據此，《隋志》似乎視兩者為不同之書。《舊唐書》卷四十六〈經籍志〉僅錄戴祚《西征記》一卷（《新唐書・藝文志》同，但作二卷），無戴延之著述。酈道元《水經注》引用極多，但多作「戴延之曰」或逕引《西征記》書名。《水經注》卷四「河水篇」楊守敬疏則據封演及章宗源等人的說法，指出「祚乃延之名，而以字行也。」這個論斷似為陳寅恪〈桃花源記旁證〉所據，陳氏考證〈桃花源記〉中紀實部分，戴延

❿《三國志》，卷四，〈魏志・三少帝紀〉。

之《西征記》中的材料，就是陳氏主要的論據之一。撇開戴延之撰《西征記》二卷、戴祚撰《西征記》一卷兩者是否為一書不論，古地理書中以方位記從征之作者甚夥，裴松之亦曾從征至洛陽，一如戴延之隨劉裕次洛陽，則裴氏有《西征記》，並非不可能。

4. 《述征記》：卷亡，隋唐〈志〉不著錄。《太平寰宇記・河南道》引裴松之《述征記》稱：「老子宮前有雙松柏，左階之柏久枯。」⓫案：《宋書・裴松之傳》稱：「高祖北伐，領司州刺史，以松之為州主簿，轉治中從事史。既克洛陽，……高祖敕之曰……。」以上三書或著於此時。又案：《隋書》卷三十三〈經籍志・史部・地理類〉作郭緣生撰《述征記》二卷，兩《唐志》同。張守節《史記正義》、《後漢書》李賢注及酈道元《水經注》，往往引之。前述陳寅恪〈桃花源記旁證〉亦多據之考證。但郭氏《述征記》與裴氏《述征記》，顯非一書，應予辨明。

5. 《裴氏家傳》（四卷）：《世說新語・文學篇》注稱：「榮期少有風姿才氣，……撰《語林》數卷，號曰《裴子》。」⓬又〈任誕篇〉稱：「裴成公婦，王戎女。」注並

⓫〔宋〕樂史，《太平寰宇記》（臺北：文海，民五十二），「河南道」條。

⓬《世說新語》，上卷，〈文學第四〉。

引《裴氏家傳》。⓭《梁書・裴子野傳》稱子野續《裴氏家傳》二卷。⓮兩《唐志》有裴松之著《裴氏家記》三卷。

6. 《晉紀》：《宋書》本傳稱：「所著文論及《晉紀》，……並行於世。」⓯隋唐〈志〉不著錄。清湯球所輯諸家《晉紀》，輯有裴氏《晉紀》永和元年及隆安元年兩卷。⓰

7. 《史目》：卷亡，隋唐〈志〉不著錄。《史記・五帝本紀》《正義》引稱裴松之《史目》。⓱

8. 《宋元嘉起居注》（五十卷）：《舊唐志》作六十卷，⓲《新唐志》作七十一卷⓳。《文苑英華》載裴子野〈宋略・總論〉稱：曾祖宋中大夫西鄉侯，以文帝之十二年，

⓭《世說新語》，下卷，〈任誕第二十三〉。

⓮《梁書》，卷三十，〈裴子野傳〉。

⓯同❺。

⓰《晉紀輯本》。

⓱《史記》，卷一，〈五帝本紀〉張守節《正義》。

⓲《舊唐書》，卷四十六，〈經籍志〉。

⓳《新唐書》，卷五十八，〈藝文志〉。

受詔撰《元嘉起居注》。⑳案《初學記》、《藝文類聚》、《北堂書鈔》、《太平御覽》，並引《元嘉起居注》，或稱《文帝元嘉起居注》，或題為《元嘉十年起居注》、《二十九年起居注》。又案：宋文帝於少帝景平二年八月丁酉即位，改景平二年為元嘉元年。三十年二月甲子為元凶劭所弒。而松之卒於元嘉二十八年，所以《元嘉起居注》非盡是松之所撰，或元嘉十二年前之記注為其所撰。

9.《三國志注》：本傳稱松之元嘉三年奉使湘州還，「轉中書侍郎、司冀二州大中正。上使注陳壽《三國志》，松之鳩集傳記，增廣異聞，既成奏上。上善之，曰：『此為不朽矣。』」㉑案：松之〈上《三國志注》表〉，題稱：「元嘉六年七月二十四日，中書侍郎西鄉侯裴松之上。」

10.《宋太中大夫裴松之集》（十三卷）：《梁書》作二十卷，㉒兩《唐志》作三十卷。嚴可均所編之《全宋文》稱裴松之有集二十一卷；並輯有松之表奏議答、及〈郭沖難諸葛亮五事〉，凡七篇。㉓

---

⑳《文苑英華》，卷七五四，裴子野〈宋略．總論〉。

㉑同❺。

㉒同⓮。

綜合以上可考的十種裴松之著作，可以了解他的著作是以經、史為主的，它們表現魏晉時代學術轉變時期的傳統是經史並修的。關於裴松之的學術淵源無法考證，《宋書》本傳僅說：「年八歲，學通《論語》、《毛詩》。」但自裴松之以後，裴氏家族是世傳經、史之業的。裴松之之子裴駰集注司馬遷《史記》。裴駰之子昭明，《南齊書》卷五十三本傳稱其「傳儒史之業」；㉔所謂「儒史之業」就是經、史之業。裴昭明又常謂：「人生何事須聚蓄，一身之外，亦復何須？子孫若不才，我聚彼散；若能自立，則不如一經。」昭明子子野，案《梁書》子野本傳稱：

> 字幾原……兄黎，弟楷、綽，並有盛名，所謂「四裴」也。……（子野）少好學，……少時，集注喪服、續《裴氏家傳》各二卷，鈔合後漢事四十餘卷，又敕撰……《附益謚法》一卷，《方國使圖》一卷……。㉕

㉓《全上古三代秦漢三國六朝文》，《全宋文》，卷十七。

㉔《南齊書》，卷五十三，〈裴昭明傳〉。

㉕同⑭。

又撰《宋略》二十卷，《梁書》本傳稱：

> 初，子野曾祖松之，宋元嘉中受詔續修何承天《宋史》，未及成而卒，子野常欲繼承先業。及齊永明末，沈約所撰《宋書》既行，子野更刪撰為《宋略》二十卷，其敘事評論多善，約見而嘆曰：「吾弗逮也。」蘭陵蕭琛、北地傅昭、汝南周捨咸重之。

又稱：

> 中書范縝上表讓之曰：「伏見前冠軍府錄事參軍河東裴子野……家傳素業，世習儒史，苑囿經籍，游息文藝，著《宋略》二十卷，彌綸首尾，勒成一代，屬辭比事，有足觀者……。」㉖

這裡說裴子野「家傳素業，世習儒史」，從他注作喪服、續《裴氏家傳》、合鈔後漢事及欲繼承先業完成裴松之未完成的《宋史》，因而撰成《宋略》等事看來，都是傳其家學。不過，裴

㉖同⑭。

松之和裴子野的著作雖然都表現魏晉經史兼修的學術傳統，但卻有偏重史學的傾向。裴氏自裴松之以後，世代傳史，形成魏晉南北朝最著名的史學世家。也可以為魏晉史學脫離經學而獨立，作一旁證。

二

現在一般所謂的「注」，是指附於書或論文章節之後的注而言，這種注屬於作者的自注。㉗其目的在於對本文所提出的問題，作更深一層的探討與解釋；並輔助讀者對這個問題的了解與認識。它的功用可歸納為下列幾點：一、說明文中所引的論證與文獻的來源；二、對於阻礙本文進展的支節，及使讀者困惑，並減低他們閱讀興趣的技術性討論、煩瑣的考證、餖飣的解說，都置於注中；三、對本文引用前人或同時代學者對同一問題所作的討論或結論，予以明確的提示；四、對於有關的參考資料，作一個綜合的分析。㉘

㉗ 此處所指的自注，與章實齋所稱的自注不同。章氏《文史通義》，卷三，〈史注篇〉稱：「太史〈自敘〉之作，其自注之權輿乎？明述作之本旨，見去取之從來，已似恐後人不知其所云，而特筆以標之。所謂不離古文，乃考信六藝云云者，皆百三十篇之宗旨，或殿卷末，或冠篇端，未嘗不反復自明也。」

不過，上述的注與中國傳統「注」的本意不盡相同。中國傳統的「注」，據許慎的《說文》表示：「注，灌也，從水主聲。」㉙《經籍纂詁》「注」字條下引《一切經音義》卷一，又可作「瀉」解。㉚其引申義又可作「傳注」的「注」解。「傳注」也就是六書之一的轉注，㉛段玉裁解釋「轉注」說：「引之有適也，故釋言、釋訓，皆轉注也。」㉜古人解釋經典著作稱之為注，即本於此。所以賈逵說：「注者，注義於經下，若水之注物。」㉝孔安國與賈逵的說法相似，他說：「注者，解書之名，不敢傳述，直注己意而已，皆灌注之意。」㉞鄭玄則把「注」解為「著」，他說：「言為解說，使其意義著明也。」㉟對於注的源流與演變，劉知

㉘ 現代注的作用，主要是受到西方近代學院派論文的影響而出現的。

㉙ 《說文解字注》，卷一一二。

㉚ 《經籍纂詁》，卷七。

㉛ 同㉙。

㉜ 同㉙。

㉝ 《儀禮》，卷一，鄭註賈逵疏。

㉞ 《禮記》，卷一，〈曲禮目〉孔疏。

㉟ 《說文解字詁林》，卷十一（上），注引「《通訓定聲》」條。

幾曾作過比較具體的歸納，他說：

> 昔《詩》、《書》既成，而毛、孔立傳，傳之時義，以訓詁為主，亦猶《春秋》之傳，配經而行也。降及中古，始名傳曰注。蓋傳者，轉也，轉授於無窮。注者，流也，流通而靡絕。進此二名，其歸一揆。㊱

因此，傳、注同為「傳之時義，配經而行」的著作，關於這個問題，顧炎武作了更進一步的解釋，他說：

> 其先儒釋經之書，或曰傳、或曰箋、或曰解、或曰學，今通謂之註。《書》則孔安國傳，《詩》則毛萇傳、鄭玄箋，《周禮》、《儀禮》、《禮記》則鄭玄注，《公羊》則何休學，《孟子》則趙岐註，皆漢人。《易》則王弼註，魏人。《繫辭》韓康伯註，晉人。《論語》則何晏集解，魏人。《左氏》則杜預註，《爾雅》則郭璞註，《穀梁》則范寧集解，皆晉人。《孝經》則唐明皇御註。其後儒辨釋之書，名曰正義，今通謂之疏。㊲

㊱《史通》，卷五，〈補注篇〉。

這些解釋經典的著作，除了顧氏指出的傳、箋、解、學之外，尚有故、微、通等不同的名稱。㊳名稱雖異，但其申明經義的目的則一。因此經典的注疏，就是對於經典的章句與字義加以注解，至於注解的形式，最初以訓詁為主，然後則析其微旨，闡其大義。因此訓詁是注解經典的基本工作，正如錢大昕所說：

> 有文字而後有訓詁，有訓詁而後有義理。訓詁者，義理之所由，非別有義理出於訓詁之外也。㊴

「訓詁者，義理之所由」這兩句話正說明訓詁與義理的關係，同時也闡明經注的基本精神。由訓詁而義理，是經注的程序和形式，所以訓詁和義理就是經注的雙軌。

不過，史注與經注稍有不同，關於史注與經注的差異，錢大昭曾作了一個初步的區分，

㊲《日知錄》，卷二十，「十三經註疏」條。
㊳《容齋隨筆》，卷六，「經解之名」條。
㊴《經籍纂詁・序》。

他說：

> 注史與注經不同，注經以明理為宗。理寓于訓詁，訓詁明而理自見。注史以達事為主，事不明，訓詁雖精無益也。[40]

因此，明理與達事是經注與史注的基本區分。「達事」是更進一步敘述歷史的真象。劉知幾將史注的形式，分為四類，他說：

> 裴、李、應、晉，訓解三史，開導後學，發明先義，古今傳授，是曰儒宗。既而史傳小書，人物雜記，若摯虞之《三輔決錄》，陳壽之《季漢輔臣》，周處之《陽羨風土》，常璩之《華陽士女》，文言美辭，列於章句，委曲敘事，存於細書，此之注釋，異夫儒士者矣。次有好事之子，思廣異聞，而才短力微，不能自達，庶憑驥尾，千里絕群，遂乃掇眾史之異辭，補前書之所闕，若裴松之《三國志》，陸澄、劉昭兩《漢書》，劉彤《晉紀》，劉孝標《世說》之類是也。亦有躬為史臣，手自刊補，雖志存該博，而才

[40] 《三國志辨疑・自序》。

闕倫敘，除煩則意有所吝，畢載則言有所妨，遂乃定彼榛楛，列為子注，若蕭大圜《淮海亂離志》，陽衒之《洛陽伽藍記》，宋孝王《關東風俗傳》，王劭《齊志》之類是也。㊶

劉知幾將裴駰的《史記集解》，應劭的《漢書集解音義》，晉灼的《漢書集注》，章懷太子李賢的《後漢書注》，列為「儒宗訓解」的一類。將摯虞的《三輔決錄注》等，歸列為章句「委曲敘事」的一類。將裴松之的《三國志注》、劉孝標的《世說新語注》，列為「掇眾史之異辭，補前書之所闕」的一類。而將陽衒之的《洛陽伽藍記》，列為「手自刊補，定彼榛楛，列為子注」的一類。但事實上，第一類是承繼經注的形式而來；至於後三類，不論「委曲敘事」、或「掇眾史之異辭」，及「手自刊補」的注，其最終目的，都是為了「達事」，這是史注的基本形式。尤其後面兩項，是魏晉以來所盛行的史注的「合本子注」之法。㊷

關於承繼經注發展而形成的史注，以音義、訓詁為基礎釋明章句、字義、制度、地理等，裴駰曾說明其內容說：

㊶ 同㊱。

㊷ 陳寅恪，〈支愍度學說考〉、〈讀《洛陽伽藍記》書後〉。

> 考較此書《史記》，文句不同，有多有少，莫辯其實，而世之惑者，定彼從此，是非相貿，真偽舛雜。故中散大夫東莞徐廣研核眾本，為作音義，具列異同，兼述訓解，粗有所發明，而殊恨省略。聊以愚管，增演徐氏。采經傳百家并先儒之說，豫是有益，悉皆抄內。刪其游辭，取其要實，或義在可疑，則數家兼列。[43]

「研眾本為音義，具列異同，兼述訓解」和「采經傳百家之言，並先儒之說」的史注，正是經注的形式。所以這種史注的形式和經注是一致的，顏師古的《漢書集解》就是很典型的例子，他注《漢書》的形式如：

一、「祖述堯舜，憲章文武，宗師仲尼，以重其言。」

師古曰：「祖，師也。述，修也。憲，法也。章，明也。宗，尊也。言以堯舜為本始而尊修之。」

二、「《易》曰：古者弦木為弧，剡木為矢。」

師古曰：「下《繫》之辭也，弧，木弓也。剡謂銳而利之也。音戈冉反。」[44]

---

43 《史記集解・序》。

44 《漢書》，卷三十，〈藝文志〉。

從上述兩例，可以了解這種音義訓解的史注，一方面是繼承經注的傳統，一方面也有它自己形成的背景，由於史學脫離經學而獨立後，史學也成為一種專家之學。這種專家之學，也就是章實齋所說的：

> ……至於史事，則古人以業世其家，學者就其家以傳業……馬、班之書，今人見之悉矣，而當日傳之必以其人，受讀必有所自者。古人專門之學，必有法外傳心，筆削之功所不及，則口授其徒，而相與傳習其業，以垂永久也。遷書自裴駰為注，固書自應劭作解，其後為之注者，猶若千家，則皆闡其家學者也。㊺

闡其家學，嚴守家法，是經注者所必須嚴格遵守的準則。由於當時史學既已成為獨立的一科，也被視為專家之學，設帳授徒、口傳其業，必然會發生讀音與釋義的困難，因而產生了訓詁音義的教學方式。這種教學方式，和經學「法外傳心」的教學方式是一脈相承的。不過，中國自古經史不分，史學是附著於經學的一支。所以這種被劉知幾稱為「儒宗訓解」的史注形式，採用了經注的傳統，當然不是偶然的。

㊺〔清〕章學誠，《文史通義》，卷三，〈史注篇〉。

三

裴松之奉詔為《三國志》所作的注，完成於宋元嘉六年。東晉以後，史料出現漸多，所以裴松之才能「鳩集傳記，廣增異聞」，㊻利用許多不同來源的材料，點滴匯集，完成他那「續事以眾色成文，蜜蠭以兼采為味」的工作。㊼注成之後，奏上，被譽為不朽之作。㊽但後來劉知幾與陳振孫對於他這種工作，都批評過於「煩蕪」，㊾葉適也認為「注之所載，皆〔陳〕壽之棄餘」。㊿不過事實上，裴松之的注多於陳壽原書，且所引的材料也多首尾俱全。這些材料在隋唐以後，大部分散軼，所以單就保存這個時代的材料而言，已有不可磨滅的功績。對後世史家而言，不僅不會感到裴注「煩蕪」，更會認為裴注是研究這個時代的寶藏。正如錢大昭所說：

㊻〈上《三國志注》表〉。

㊼同㊻。

㊽同❺。

㊾《史通》，卷五，〈補注篇〉；《直齋書錄解題》也稱裴注「煩蕪」。

㊿《文獻通考》，卷一九一，引葉適語。

夫世期引據博洽，其才實能會通諸書，則成畦町，若依後世《新唐書》、《五代史》之例，可自作一史，與承祚方軌並駕。乃不自為而為之注者，謙也。竊嘗論之，注史與注經不同，經以明理為宗，理寓于訓詁，訓詁明而理自見；注史以達事為主，事不明，訓詁雖精無益也。嘗怪服虔、應劭之于《漢書》，裴駰、徐廣之于《史記》，其時去古未遠，稗官記載碑刻尚多，不能會而通之，考異質疑，而徒戔戔於訓詁，豈若世期（松之）博引載籍，廣增異聞，是是非非，使天下後世讀者，昭然共見乎？[51]

基於上述緣故，對於裴松之注《三國志》，究竟引用了多少種魏晉時代的史料，成為後世學者探索的對象。清代學者錢大昕的《廿二史考異》、錢大昭的《三國志辨疑》、趙翼的《廿二史箚記》、趙紹祖的《讀書偶記》、沈家本的《古書目四種》之一的〈三國志裴注所引書目〉，與近人王念祖的《三國志裴注引書目》，以及王鍾翰發表於《中國文化研究彙刊》第五卷的《三國志裴注考證》等，都曾做過輯《三國志》裴注引書目的工作，但卻都互有乖誤和遺漏。以上七種輯錄裴注所引書目的著作中，王鍾翰與沈家本兩家，是把經、子與集部的目錄併收的。

---

51 同40。

不過王氏所輯錯誤、遺漏很多，所以到目前為止，只有沈家本《古書目四種》中的〈三國志裴注所引書目〉比較完整。沈氏的裴氏引書，以及他另外的《世說新語注引書目》、《後漢志引書目》，同時編於《沈寄簃先生遺書》中卷。這份書目依照《隋書・經籍志》分類方法，分為經、史、子、集四部，每部中又另有細目，計經部二十四家、史部一百四十二家、子部二十三家、集部二十三家，共二百一十家。[52]

不過上引書目，並不完備，而且有或多或少的錯誤。[53]因此，更據《隋書・經籍志・史部》分類法，將霸史以上的正史、古史劃入已完成的史書部分，霸史以下劃入史料部分。起居注、職官、儀注、地理、雜傳、譜系等等，都是還沒有經過史家刪削，仍然保持原有面貌的歷史資料。如果首先把史料和史書作一個區分後，便可以對裴松之所引用的材料，得到一個較清晰的瞭解。雖然裴松之所引用的材料，並不限於這個範圍，他除了引用魏晉以來的史料外，還引用了魏晉時代其他的著作，和一部分魏晉以前的經傳和史書。不過，他所引用魏晉以前的著作，都是作為音義注釋的，因此可以劃於史料的範圍以外。至於他引用魏晉時代

---

[52] 《〈三國志注〉所引書目》。

[53] 清人沈家本、錢大昕、趙翼、趙紹祖，與近人王念祖、王鍾翰皆著有裴注引書目，互有缺錯。有關裴注的引書目錄，拙作，《〈三國志注〉引用的魏晉材料》曾予討論。

其他的著作，是為了補陳壽之闕的，所以也劃入史料的部分。根據這個標準初步統計，得史書三十九種、史料一百零一種，其他魏晉時代的著作四十七種，共一百八十七種。[54]較錢氏所錄多出二十四種，比趙氏多出三十六種。但如果將錢、趙雜錄魏晉以前的著作，而裴松之引來作為訓解的刪略，當然還不止此數，同時也比沈家本的裴注引書目多出八種。

以上述一百八十七種裴松之所引用的材料，與《隋書・經籍志》、兩《唐書》〈經籍〉〈藝文志〉並相核對，所得的結果是這樣的：裴氏所引的書著錄在《隋書・經籍志》的僅46.2%，雖然在李唐統一中國以後，所軼失的書籍重現的較多，但著錄在兩《唐志》的百分比，也不過祇有54.7%而已。[55]而宋代以後，著錄在《崇文總目》、《郡齋讀書志》、《直齋書錄解題》的，已十不存一了。這些材料在裴注中都完整地保存著，沒有經過史家的刪節，保持原來面目。這些材料的時間上限與下限的範圍，正如裴松之自己所說：「事關漢、晉。首尾所涉，出入百載。」[56]因此，如果要研究魏晉時期的歷史，則裴注的史料價值，當凌駕陳壽的《三國志》、范蔚宗的《後漢書》之上，至於《晉書》的西晉初年部分，則更瞠乎其後了。

---

[54] 同[53]。

[55] 同[53]。

[56] 同[46]。

不過，保存史料的功績，祇是《三國志》裴注的意外收穫，裴松之注真正價值不僅於此。除了對史料的彙集外，裴松之對於材料的處理、考訂、批評，都有獨到之處。尤其他對那個時代的史學，所表示的卓越批評，更是《三國志》裴注精意之所在。

統計《三國志》全書二千三百八十九條裴注，其中〈魏書〉一千四百七十七條，〈蜀書〉三百五十八條，〈吳書〉五百五十四條，[57]其中除了少數音義訓釋，或引他書兼評史事，以及二百五十九條裴松之的自注外，其他大部分的裴注，都是裴松之所謂「壽所不載，事宜存錄者，則罔不畢取，以補其闕」的原則下，[58]分別用四種不同的途徑蒐集材料，進行他的補闕工作。這四種不同的途徑，就是《四庫全書總目提要》所說的：

> 傳所有之事，以詳委曲；傳所無之事，補其闕佚；傳所有之人，詳其生平；傳所無之人，附以同類。[59]

---

57 同52。

58 同46。

59 《四庫全書總目提要》，卷四十五，〈正史類〉。

不過，這祇是裴松之處理材料的最初階段，在他將所搜集材料經過歸納和分類以後，分別注入《三國志》中，以彌補陳壽的「失在于略」和「時有所脫漏」的缺陷。[60]然而，這祇是裴氏作注過程中的「補闕」與「備異」而已，並不是裴注最終的目的。裴松之自稱他作注的目的是：

繢事以眾色成文，蜜蠭以兼采為味，故能使絢素有章，甘踰本質。[61]

繢事聚色、蜜蠭兼採，是他搜集材料的方法與態度；而「使絢素有章，甘踰本質」，是他作注的最終目的與理想。因為他心中理想的注，是必須有所「發明」的，[62]也就是彙集許多來源不同的材料，經過醞釀而成；因此我們不能視裴注僅祇補陳壽之闕而已。在他的自注之中，

---

60 同46。

61 同46。

62 《三國志》，卷二十一，〈魏志・傅臻傳〉，注引《舊事》，稱臻孫傅權作左思〈吳都賦敘〉及注，裴松之批評：「敘粗有文辭，至於為註，了無發明，直為塵穢紙墨不合傳寫也。」由此可知裴氏認為注必須要有創見發明的。

也顯著地表示出他個人對歷史的看法。

裴松之的自注，也就是在《三國志注》中的「臣松之案」與「臣松之以為」，以及那些沒有列舉書名的注。[63]不過，「臣松之案」與「臣松之以為」之間有一定程度的區別，前者是裴氏引用其他材料所作的考證或解釋，後者則為裴氏對史事的議論，以及對歷史人物所作的品評。因此，這些自注都是裴松之彙集材料，經過考證與分析以後，提出的見解。歸納裴松之的自注，可分為：史料的考證、史學著作的批評、史事與歷史人物的臧否，以及對陳壽著作中所引用當時有關的論議、表奏的音義訓解。[64]

關於裴松之對於材料的處理方法和態度，他自己曾具體的說過：

> 臣前被詔，使采三國異同以注陳壽《國志》。壽書銓敘可觀，事多審正。誠遊覽之苑囿，近世之嘉史。然失在于略，時有所脫漏。臣奉旨尋詳，務在周悉。上搜舊聞，傍摭遺

---

[63] 《三國志》，卷一，〈魏志・武帝紀〉，盧弼認為未引書名者，亦為裴氏的自注。

[64] 《四庫全書總目提要》說裴松之「初意似亦欲如應劭之注《漢書》，考究訓詁，……蓋欲為之而未竟，又惜所已成，不欲刪棄。故或詳或略，或有或無，亦頗為例不純。」這種批評欠妥，因為裴注音義，也有定例，皆注於陳書直引他人作品與奏議，三國以前史事，和少數的地名之下，很少有例外的。

> 逸。按三國雖歷年不遠，而事關漢、晉。首尾所涉，出入百載。注記紛錯，每多舛互。其壽所不載，事宜存錄者，則罔不畢取以補其闕，或同說一事而辭有乖離，或出事本異，疑不能判，並皆抄內以備異聞。若乃紕繆顯然，言不附理，則隨違矯正以懲其妄。其時事當否及壽之小失，頗以愚意有所論辯。[65]

以上所引裴松之自敘其注《三國志》的體例，共分為「補闕」、「備異」、「懲妄」及「論辯」四類。「補闕」與「備異」屬於材料的補述，已見前論。至於「懲妄」與「論辯」，則是對於材料的考證和批評。不論是對史事的補述或考證，其目的都在說明事實的真象，這正是史注所具有的特質。

總之，裴松之的《三國志注》，並不像劉知幾批評那樣「才智力微，不能自達」，僅僅搜集排比史料而已。[66]補闕、備異祇是裴注的一端，並非裴松之的本意所在。裴松之的本意是在追求歷史的真象。關於這一點他所表現的是相當固執的。《宋書・裴松之傳》所載他的〈上禁斷私碑表〉就說：

---

65 同46。

66 同36。

顯彰茂實，使百世之下，知其不虛，則義信於仰止，道孚於來葉。67

「顯彰茂實」就是實事求是精神的表現，這正是《三國志》裴注的意旨所在。所以，裴松之對於那些記載不實的著作，雖然在「備異」的原則下加以引用，但經過考證發現錯誤後，便予以非常嚴厲的批評。因此「假偽之辭」、「記述乖誤」、「記述不實」、「記述之謬」等等字眼，常常躍現於裴注的字裡行間。

在追求歷史真實的原則下，不僅歷史的記載應該求真，即使歷史的語言也必須合乎所記載的時代。所以裴松之對於孫盛仿《左傳》而寫《魏氏春秋》，就認為不當：

答諸將曰：「劉備人傑也，將生憂寡人。」

臣松之以為史之記言，既多潤色，故前載所述有非實者矣，後之作者又生意改之，于失實也，亦不彌遠乎！凡孫盛製書，多用《左氏》以易舊文，如此者非一。嗟乎，後之學者將何取信哉？68

---

67 同5。

又，〈魏書〉卷二十二〈陳泰傳〉注引《魏氏春秋》：「帝之崩也，……尚書右僕射陳泰枕帝尸於股，號哭盡哀。……大將軍亦對之泣，謂曰：『玄伯，其如我何？』泰曰：『獨有斬賈充，少可以謝天下耳……。』」裴注引干寶《晉紀》：

> 高貴鄉公之殺，司馬文王會朝臣謀其故，太常陳泰不至，使其舅荀顗召之，顗至，告以可否。泰曰：「世之論者，以泰方於舅，今舅不如泰也。」子弟內外咸共逼之，垂涕而入。王待之曲室，謂曰「玄伯，卿何以處我？」對曰：「誅賈充以謝天下。」
>
> 臣松之案本傳，泰不為太常，未詳干寶所由知之。孫盛改易泰言，雖為小勝。然檢盛言諸所改易，皆非別有異聞，率更自以意制，……記言之體，當使若出其口。辭勝而違實，固君子所不取，況復不勝而徒長虛妄哉？[69]

所謂「記言之體，當使若出其口。辭勝而違實，固君子所不取」，也就是說記載歷史語言，必

---

[68] 《三國志》，卷一，〈魏志・武帝紀〉，注引《魏氏春秋》。

[69] 《三國志》，卷二十二，〈魏志・陳泰傳〉，注引《魏氏春秋》、干寶《晉紀》。

須與其所記載的時代相吻合，不能辭勝質而任意更改。又，〈魏書〉卷二十一〈王粲附嵇康傳〉引《魏氏春秋》、《晉陽秋》及裴松之考證說：

《魏氏春秋》初，康採藥於汲郡共北山中，見隱者孫登。康欲與之言，登默然不對。踰時將去，康曰：先生竟無言乎？登乃曰：子才多識寡，難乎免於今之世。

《晉陽秋》康見孫登，登對之長嘯，踰時不言。康辭還，曰：先生竟無言乎？登曰：惜哉！

（裴注）云：此二書皆孫盛所述，而自為殊異如此。

臣松之案：本傳云康以景元中坐事誅，而干寶、孫盛、習鑿齒諸書，皆云正元二年，司馬文王反自樂嘉，殺嵇康、呂安。蓋緣《世語》云康欲舉兵應毋丘儉，故謂破儉便應殺康也。其實不然。山濤為選官，欲舉康自代，康書告絕，事之明審者也。案濤行狀，濤始以景元二年除吏部郎耳。景元與正元相較七、八年，以濤行狀檢之，如本傳為審。又〈鍾會傳〉亦云會作司隸校尉時誅康；會作司隸，景元中也。干寶云呂安兄巽善於鍾會，巽為相國掾，俱有寵於司馬文王，故遂抵安罪。尋文王以景元四年鍾、鄧平蜀後，始授相國位；若巽為相國掾時陷安，焉得以破毋丘儉年殺嵇、呂？此又干寶之疏謬，自相違伐也。[70]

以上是裴松之對於材料的考證，由材料的考證而批評孫盛、習鑿齒記載的不實。從裴松之的「案」，也可以了解他對於材料的考證方法。至於裴松之對於魏晉史書的批評，也有很多例子，今舉其一，以概其餘。

《魏書·高貴鄉公傳》甲辰，安風津都尉斬（毋丘）儉，傳首京都。

（注引《世語》）大將軍奉天子征儉，至項；儉既破，天子先還。

臣松之檢諸書都無此事，至諸葛誕反，司馬文王始挾太后及帝與俱行耳，故發詔引漢二祖及明帝親征以為前此，知明帝已後始有此行也。案張璠、虞溥、郭頒皆晉之令史，璠、頒出為官長，溥，鄱陽內史。璠撰《後漢紀》，雖似未成，辭藻可觀，溥著《江表傳》，亦粗有條貫。惟頒撰《魏晉世語》，蹇乏全無宮商，最為鄙劣，以時有異事，故頗行於世。干寶、孫盛多采其言以為《晉書》，其中虛錯如此者，往往而有之。[71]

---

[70] 《三國志》，卷二十一，〈魏志·王粲傳〉，注引《魏氏春秋》、《晉陽秋》。

[71] 《三國志》，卷四，〈魏志·高貴鄉公傳〉，注引《世語》。

由以上所引，可知裴松之不僅是補陳壽之闕軼而已，他對於魏晉史書也作了一個具體的批評。這些批評除了材料本身外，更涉及到方法和體裁方面，即使對陳壽的《三國志》體例也有所批評，例如：

> 臣松之以為列傳之體，以事類相從，張子房青雲之士，誠非陳平之倫。然漢之謀臣，良、平而已。若不共列，則餘無所附，故前史合之，蓋其宜也。魏氏如（賈）詡之儔，其比幸多，詡不編程、郭之篇，而與二荀並列，失其類矣。且攸、詡之為人，其猶夜光之與蒸燭乎！其照雖均，質則異焉。今荀、賈之評，共同一稱，尤失區別之宜也。[72]

由此可知，《三國志》裴注開創了中國史學批評的先河，雖然在裴松之以前班彪等人也有史學批評，但卻不具體。何況裴注所引的材料「事關漢、晉。首尾所涉，出入百載。」[73] 不但包括了魏晉時代絕大部分的史書，更對魏晉時代的史學提出總結性的評論。因此，裴注不僅開

---

[72] 《三國志》，卷十，〈魏志．荀彧傳〉。

[73] 同[46]。

創中國史注的新體例，同時也成為中國史學批評的創始者。對以後的劉勰《文心雕龍・史傳篇》的史評，及唐代劉知幾的《史通》，都發生先導性的作用。所以，《三國志》裴注是魏晉史學脫離經學轉變的關鍵，這也正是《三國志》裴注的真正價值所在。

裴松之《三國志注》的自注

《四庫全書總目》批評裴松之注《三國志》，認為他「往往嗜奇愛博，頗傷蕪雜」，前後凡引鑿空語怪十餘處，「悉與本事無關，而深於史法有礙」。❶並且還說裴松之「初意似亦欲如應劭之注《漢書》，考究訓詁，引證故實」，但卻沒有完成。而「又惜所已成，不欲刪棄，故或詳或略，或有或無，亦頗為例不純」。❷這裡同時涉及另一個問題：那就是《三國志注》到底是裴松之獨力之作，還是在他領導之下合眾人之力完成的。如果這個問題獲得解決，那麼，《四庫全書總目》所提的兩個問題就不存在了。

---

❶《四庫全書總目提要》（臺北：商務，民七十二），卷四十五，「《三國志》」條。

❷同❶。

一

《宋書》卷六十四〈裴松之傳〉稱：「上使注陳壽《三國志》，松之鳩集傳記，增廣異聞，既成，奏上。上善之，曰：『此為不朽矣。』」據裴松之奏〈上《三國志注》表〉的時間，是元嘉六年七月二十四日，❸也就是說這是《三國志注》完成的日期，但卻沒有說明始注的日期。不過他在〈上《三國志注》表〉中說：「自就撰集，已垂期月，寫校始訖，謹封上呈。」「期月」據《論語・子路篇》「苟有用我者，期月而已可也。」疏稱：「期月，周月，周一年十二月也。」又《尚書・堯典》：「期，三百有六旬有六日。」期月也就是一年的時間。所以，裴松之的《三國志注》，是在一年或將近一年的時間完成。

裴松之進奏〈上《三國志注》表〉時，所擔任的官職是黃門侍郎。裴松之擔任黃門侍郎，是元嘉三年奉詔以本官國子博士兼散騎常侍，出巡湘州歸來以後的事。《宋書・裴松之傳》稱：「太祖元嘉三年，誅司徒徐羨之等，分遣大使巡行天下。」裴松之與通直散騎常侍袁渝等十六人，奉派出巡州郡。徐羨之伏誅於元嘉三年正月丙寅，遣派大使出巡的時間是這年的夏五月。《宋書》，卷五，〈文帝紀〉：

❸ 裴松之，〈上《三國志注》表〉。

（夏五月乙巳）詔曰：「……今氛祲袪蕩，宇內寧晏，旌賢弘化，於是乎始。可遣大使巡行四方。其宰守稱職之良，閨蓽一介之善，詳悉列奏，勿或有遺。若刑獄不卹，政治乖謬，傷民害教者，具以事聞。其高年、鰥寡、幼孤、六疾不能自存者，可與郡縣優量賑給，博采輿誦，廣納嘉謀，務盡銜命之旨，俾若朕親覽焉。」

這是徐羨之被誅後一次非常廣泛又深入的郡縣考察工作。大使出行，更頒詔書，具體告示出巡任務：「申令四方，周行郡邑，親見刺史二千石官長，申述至誠，廣詢治要，觀察吏政，訪求民隱，旌舉操行，存問所疾，禮俗得失，一依周典……。」❹

每一個奉派出使的使節，歸來後都有一份詳盡的報告。《宋書．裴松之傳》稱其使返，奏曰：

臣謬蒙銓任，忝廁顯列，猥以短乏，思純八表，無以宣暢聖旨，肅明風化，黜陟無序，搜揚寡聞，慚懼屏營，不知所措。奉二十四條，謹隨事為牒。伏見癸卯詔書，禮俗得

❹《宋書》，卷六十四，〈裴松之傳〉。

失，一依周典，每各為書還具條奏。僅依事為書以繫之後。

傳稱「松之甚得奉使之義，論者美之。」因而轉中書侍郎、司冀二州大中正。但裴松之隨事為牒的二十四條未見收載。《宋書》卷九十二〈良吏傳〉稱：

元嘉初，太祖遣大使巡行四方，兼散騎常侍孔默之、王歆之等上言：「宣威將軍、陳南頓二郡太守李元德，清勤均平，姦盜止息。彭城內史魏恭子，廉恪修慎，在公忘私，安約守儉，久而彌固。前宋縣令成浦，治政寬濟，遺詠在民。前鮦陽令李熙國，在事有方，民思其政。山桑令何道，自少清廉，白首彌厲。應加褒賚，以勸于後。」

當時孔默之出使南北豫州，王歆之出使徐州。這是他們出使歸來有關吏治報告的一部分。從上述材料可知，這次巡行州郡的大使，不僅「親見二千石官長」而已，甚至還包括前任的令守，巡訪的層面非常廣泛。而且這不是一次例行或宣慰式的出巡，很多的地方吏治問題都據使節返使後的報告，加以處理。如根據上述孔默之、王歆之的出使報告，「乃進元德號寧朔將軍，恭子賜絹五十匹，穀五百斛，浦、熙國、道各賜絹三十匹，穀二百斛。」[5]裴松之的出使報告可能更詳盡。

裴松之出使的湘州，較王歆之出使的徐州，孔默之出使的南北豫州，去建康的距離遠得多。湘州，案《晉書》卷十五〈地理志下〉稱，穆帝時，「以廣州之臨賀、始興、始安，江州之桂陽、益州之巴東，合五郡來屬，以長沙、衡陽、湘東、零陵、邵陵、營陽屬湘州。」宋時湘州領郡十，統縣六十二，戶四萬五千八十九，口三十五萬七千五百七十二，治臨湘，去京師水程三千三百里。湘州去京師路程遙遠，❻裴松之巡視湘州，遍歷郡縣，深入觀察刑政，探訪民隱，驛車往返，不是短時間可以覆命的，回到京師可能是元嘉四年春夏以後的事了。歸來之後，整理巡訪資料，條陳表奏。然後，轉任中書常侍，奉詔注陳壽的《三國志》，就時間而論，如其〈上《三國志注》表〉所說，僅在一年之內完成所交付的任務。

當然，一年時間也可以完成一部歷史著作，沈約的《宋書》就是以一年的時間完成的。《宋書》卷一〇〇，沈約〈自序〉稱：「永明二年，又忝兼著作郎，撰次起居注。自茲王役，無暇搜撰。五年春，又被敕撰《宋書》，六年二月畢功……。」沈約在上引〈自序〉中敘述《宋書》撰寫的過程說：

---

❺《宋書》，卷九十二，〈良吏・王歆之傳〉。

❻《宋書》，卷三十七，〈州郡志・湘州〉。

> 宋故著作郎何承天始撰《宋書》，草立紀傳，止於武帝功臣。……自此外，悉委奉朝請山謙之。謙之，孝建初，又被詔撰述，尋值病亡，仍使南臺侍御使蘇寶生續造諸傳，元嘉名臣，皆其所撰。寶生被誅，大明中，又命著作郎徐爰踵成前作。爰因何、蘇所述，勒為一史，起自義熙之初，訖于大明之末。至於臧質、魯爽、王僧達諸傳，又皆孝武所造。自永光以來，至於禪讓，十餘年內，闕而不續，一代典文，始末未舉。且事屬當時，多非實錄，又立傳之方，取捨乖衷，進由時旨，退傍世情，垂之方來，難以取信。臣今謹更創立，製成新史，始自義熙肇號，終於昇明三年。❼

這是沈約〈上《宋書》表〉，所敘《宋書》編纂的過程。在永光之前，根據何承天、山謙之、蘇寶生、徐爰等人已相繼編纂的《宋書》為藍本。自永光至昇明三年的十四年間，則依當時已輯成的資料；或已撰成的稿本，考辨其材料真偽，另製新文。所以，沈約可以在一年之內，完成了七十卷的《宋書》紀傳。至於三十卷的志書，他說「所撰諸志，須成續上」，並沒有與紀傳同時完成。

❼《宋書》，卷一〇〇，〈自序〉。

至於裴松之注陳壽的《三國志》，則有所不同。因為既不能像沈約有現成的藍本可據，裴松之注《三國志》的形式又屬新闢，並無軌跡可循。❽而且自兩晉以後，許多當時的材料和新的歷史著作紛紛出現。裴松之注《三國志》，前後所引用的材料，計經書二十二種，子書二十三種。❾除《史記》、《漢書》、應劭《漢書音義》外，魏晉史學著作四十種，魏晉史料一百零七種，魏晉其他著作四十九種，合計二百四十三種。❿這許多材料多是陳壽《三國志》所沒有引用過的。如《魏書・文帝紀》注引《獻帝春秋》，「敘禪代眾事」條下，即近萬字，幾與〈文帝紀〉相等。這些引用的材料多首尾俱全，保持了材料的原有面目。但如裴松之所說這個時期的材料雖多，卻「注記紛錯，每多舛互」。因此，對材料的搜集與選用，仍然需要經過一個考辨的階段。這種工作就不是裴松之單獨一個人，在一年之內可以完成的了。所以，《三國志注》可能是由裴松之主持，在一批助手協助下進行的。

荀悅在兩年之內，刪《漢書》為《漢紀》，就是由一批助手協助下完成的。《後漢書・荀悅傳》稱：「帝好典籍，常以班固《漢書》文繁難省，乃令悅依《左氏傳》體以為《漢紀》

❽〈裴松之與《三國志注》〉，頁三二九。

❾〈《三國志注》引用的魏晉材料〉，頁三九一。

❿同❽。

三十篇，詔尚書給筆札。」不僅由尚書給筆札，並且提供書吏協助。荀悅《漢紀・序》稱：

> （建安）三年，詔給事中祕書監荀悅，抄撰《漢書》。略舉其要，假以不直。尚書給筆紙、虎賁給書吏。悅於是約集舊書，撮序表志，總為帝紀。

這些書吏所負責的工作不僅限於抄寫，可能包括「約集」與「撮序」在內。而荀悅所負責的工作，則是發凡起例，最後總其成。也就是說由他訂出體例，再分別由助手集纂。所謂「體例」，即荀悅《漢紀・序》所稱的「法式」：

> 凡《漢紀》有法式焉，有監戒焉，有廢亂焉，有持平焉，有兵略焉，有政化焉，有休祥焉，有災異焉，有華夏之事焉，有四夷之事焉，有常道焉，有權變焉，有謀策焉，有詭說焉，有術藝焉，有文章焉。斯皆明主賢臣命世立業，群后之盛勳，髦俊之遺事。是故質之事實而不誣，通之萬方而不泥。可以興、可以治、可以動、可以靜、可以言、可以行。懲惡而勸善，獎成而懼敗，茲亦有國之常訓，典籍之淵林，雖云撰之者陋淺，本末存焉爾。

荀悅的助手根據這種「法式」，先將《漢書》的材料加以分類，然後再依荀悅「立典有五志」的標準：一曰達道義，二曰章法式，三曰通古今，四曰著功勳，五曰表賢能。將歸納分類的材料，加以刪略，最後按年月貫穿起來，「於是天人之際，事物之宜，粲然顯著，罔不備矣。」⓫也許這就是荀悅編撰《漢紀》的歷程，由荀悅主持總其成，在助手的協助下完成的。《漢紀》的論贊是這部書的意旨所在，則由荀悅親自撰寫，當然還包括對全書最終的考訂。

這正像《資治通鑑》的「臣光曰」與《考異》，由司馬光親自撰寫一樣。因為司馬光的《資治通鑑》，也是在助手協助下完成的。司馬光〈進書（《資治通鑑》）表〉說：

> 臣常不自揆，欲刪削冗長，舉撮機要，專取關國家盛衰，繫生民休戚，善可為法，惡可為戒者，為編年一書，使先後有倫，精粗不雜，私家力薄，無由可成。伏遇英宗皇帝，……爰詔下臣，俾之編集。臣夙昔所願，一朝獲伸，……先帝仍命自選辟官屬，於崇文院置局，許借龍圖、天章閣、三館、祕閣書籍，賜以御府筆墨繒帛及御前錢以供果餌，以內臣為承受……。

⓫《後漢書》，卷六十二，〈荀悅傳〉。

後司馬光貶居洛陽，「仍聽以書局自隨，給之祿秩，不責職業」，這樣司馬光才能遍閱舊史，抉擿幽隱，評其異同，完成了上起戰國，下訖五代的《資治通鑑》二百九十四卷，《目錄》三十卷，《考異》三十卷。協助司馬光修《資治通鑑》的劉攽、劉恕、范祖禹，又都是「通儒碩學，非空談性命之流」的著名史學家，⑫因而為後世留下這部不朽的歷史名著。

二

因此，裴松之奉詔注《三國志》，可能和他以前的荀悅，以後的司馬光一樣，由皇家提供紙筆，並配備助手，參考祕閣圖籍，在裴松之主持下，才能在短短一年之中，完成這件繁重的工作。至於裴松之所負責的工作，則是發凡起例，最後總其成。所謂《三國志注》的體例，也就是他在〈上《三國志注》表〉所說：

> 臣前被詔，使采三國異同以注陳壽《國志》。壽書銓敘可觀，事多審正。誠遊覽之苑囿，近世之嘉史。然失在于略，時有所脫漏。臣奉旨尋詳，務在周悉。上搜舊聞，傍摭遺逸。按三國雖歷年不遠，而事關漢、晉，首尾所涉，出入百載。注記紛錯，每多舛互。

⑫《四庫全書總目提要》，卷四十七，「《資治通鑑》」條。

> 其壽所不載，事宜存錄者，則罔不畢取以補其闕。或同說一事而辭有乖雜，或出事本異，疑不能判，並皆抄內以備異聞。若乃紕繆顯然，言不附理，則隨違矯正以懲其妄。其時事當否及壽之小失，頗以愚意有所論辯。

歸納起來，裴松之所定的《三國志注》體例有四種，即補闕、備異、懲妄、論辯。補闕也就是《四庫全書總目》所說「一曰傳所有之事，詳其委曲；一曰傳所無之事，以補其闕佚；一曰傳所有之人，詳其生平；一曰傳所無之人，附以同類。」這是補陳壽《三國志》失之在略，《三國志注》多屬於這種注釋形式。其次則是備異聞的部分，即選擇一則主要的材料置在前面，數種相類的材料依次並列。這是魏晉時代受釋氏譯經說經影響，而出現的一種新的注釋形式，稱之為「合本子注」。⓭《四庫全書總目》又說裴松之注《三國志》，「雜引諸書，亦時下己意」；即「參諸書之說，以核訛異」及「引諸家之論，以辨是非」。⓮這也就是裴松之〈上《三國志注》表〉所說的「隨違矯正以懲其妄」與「頗以愚意有所論辯」。這一類形式的注釋，可稱為裴松之的自注，在《三國志注》中，稱之為「臣松之案」及「臣松之以為」。前者是對

⓭ 《三國志注》與漢晉間經注的轉變〉，頁四一三。

⓮ 同❶。

於所引用材料的考辨異同，後者則是裴松之個人對史事的議論，以及對歷史人物的評價。⓯這一類形式的注釋，在整個《三國志注》中所佔的分量並不多。但卻是《三國志注》的精旨深義所在。因為裴松之作《三國志注》，不僅拾遺補闕而已，必須有所「發明」的。那就是他在〈上《三國志注》表〉所謂「續事以眾色成文，蜜蠭以兼采為味，故能使絢素有章，甘踰本質。」所以，在《三國志注》中的裴松之自注，所討論的範圍不僅局限在陳壽的《三國志》中，而對於所引用的魏晉史學著作皆有議論。自來討論《三國志》的學者，祇著眼於《三國志注》保存魏晉史料之功，而忽略了裴松之自注在中國史學發展中的價值。因為，《三國志注》保存了豐富的魏晉史料，祇是一個意外的收穫。裴松之自注卻是魏晉史學脫離經學轉變過程中，一個重要的轉捩點。裴松之的自注，不僅對魏晉史學作了批評性的總結，並且為中國史學評論闢創了新的蹊徑，是劉知幾史學批評的先行者。

因此，可以將《三國志注》的四種不同注釋形式，分成兩類：一是補闕與備異，是對於材料的歸納和整理，這一部分是在裴松之的助手協助下完成。一是懲妄與論辯，則是「臣松之案」與「臣松之以為」，是裴松之的自注。這是裴松之對歸納整理的材料，經過校勘考證後所提出的個人意見。也許這樣可以對《三國志注》編纂過程，有一個比較接近的認識。並且

⓯ 同❽。

對《四庫全書總目》批評裴松之的兩個問題，有一個較合理的解釋。

《四庫全書總目》說裴松之「往往嗜奇愛博，頗傷蕪雜。如〈袁紹傳〉中之胡母班，本因為董卓使紹而見，乃注曰班嘗見太山府君及河伯，……斯已贅矣。〈鍾繇傳〉乃引《陸氏異林》一條，載繇與鬼婦狎昵事。〈蔣濟傳〉中引《列異傳》一條，載濟子死為泰山伍伯，迎孫阿為泰山令事。此類鑿空語怪，凡十餘處，悉與本事無關，而深於史法有礙……。」[16]對於《三國志注》引魏晉時代的志異作品，一般意見大致與《四庫全書總目》相同，都認為「不經之談，不應入史」。[17]不過，將怪異之事寫入歷史著作，是魏晉時代史學寫作的一種特殊現象，和魏晉思想轉變過程中，儒家思想失去其原有的權威地位，其他思想的地位提升後，對非儒家思想價值觀念的再肯定，有著密切的關係。[18]

在現存的史學著作中，《三國志注》是最先引用魏晉志異著作的。前後分別引用了《列異》，葛洪的《神仙傳》，干寶的《搜神記》，以及《陸氏異林》。其中除《陸氏異林》、《隋書・經籍志》不著錄，不知作者是誰。[19]《列異》、《神仙傳》、《搜神記》都是魏晉時代著名的志異作

[16] 同[1]。

[17] 盧弼，《三國志集解・序》。

[18] 拙作，〈魏晉志異小說與史學的關係〉。

品。《三國志注》前後兩引《列異傳》，一見卷十三〈華歆傳〉注引，敘華歆少年遇鬼事。一見卷十四〈蔣濟傳〉注引，敘蔣濟亡兒事。《列異》，《隋書・經籍志・史部・雜傳類・小序》稱「魏文帝作《列異》，以序鬼物奇怪之事，……相繼而作者甚眾」。《隋志》有《列異傳》三卷，魏文帝作。《舊唐志》作一卷，張華作。《三國志・華歆傳》首引《列異傳》僅稱《列異傳》曰，不言作者。案裴松之注《三國志》體例，凡首次引用某書，必先敘作者姓名。因此，《列異傳》可能不是魏文帝親撰，或從其所編纂的中國首部類書《皇覽》中析出，單獨成冊，一如《皇覽簿》。⑳

至於《三國志注》引葛洪《神仙傳》，分別見〈蜀志・先主傳〉注引敘仙人李意其事，〈吳書・士燮傳〉注引敘董承事。又〈吳書・吳範〉、〈劉惇〉、〈趙達傳〉注引敘介象事。裴松之並且說，葛洪的《神仙傳》，「頗行世，故撮取數事，載之篇末也」。葛洪的《神仙傳》，是當時流行的志異著作，《三國志注》是最早引用這部著作的。干寶的《搜神記》，是《三國志注》引用最多的志異著作，前後凡十四次。干寶的《搜神記》是魏晉時最著名的志異著作，不僅見引於《三國志注》，魏晉時代與以後的史學著作也都相繼引用。由此可以了解志異入史，在

⑲ 此書或為陸機之子所著，案《晉書・陸機傳》機有子蔚、夏二人，不知此書作者為誰。

⑳ 同⑱。

魏晉時代是非常普遍的。魏晉時代的史學家對於這些怪異現象，不僅認為是一個真實的存在，而且是值得確信的。所以，魏晉時代著名的志異作者，多出於當時著名的史家之手。干寶既撰《晉紀》又著《搜神記》，並被譽為鬼中的董狐。志異著作在當時就被視為是史學著作的一類，《隋書・經籍志》敘魏晉史籍，志異著作被納入〈史部・雜傳類〉之中，正說明了這個潮流在魏晉時代發展的趨向。

所以，王隱的《晉書》，何法盛的《晉中興書》，不僅在〈瑞異記〉，〈懸象記〉及〈方技傳〉中，保存了大量的志異材料，並且將許多志異的材料歸納成篇，單獨成立〈鬼神傳〉或〈鬼神錄〉。陳壽的《三國志》就引用這些志異的材料，《三國志・魏書》，卷八，〈公孫淵傳〉：

> 初，淵家數有怪，犬冠幘絳衣上屋，炊有小兒蒸死甑中。襄平北市生肉，長圍各數尺，有頭目口喙，無手足而動搖。

三

《三國志注》不僅用了《搜神記》、《神仙傳》與《列異》的志怪材料，並用了顧愷之的

《啟蒙注》，與《傅子》的材料並敘女子死後復活事。《傅子》，《隋志》有《傅子》百二十卷，晉司徒司隸校尉傅玄撰。《晉書》本傳稱他「撰論經國九流及三史故事，評斷得失，各為區例，名為《傅子》」。篇成後，傅玄之子傅咸，以其書示司徒王沈，王沈與傅玄書，稱讚《傅子》「存重儒教，足以塞楊墨之流，齊孫孟於往代」。㉑由此可知《傅子》是一部以儒家為正統立場的著作，可是卻收納了志異的材料。梁阮孝緒編《七錄》，其〈紀傳錄〉即後來《隋書·經籍志·史部》的藍本，〈紀傳錄〉十二類史學著作中，〈鬼神〉就是其中的一目。劉知幾《史通·採撰篇》批評魏晉志異入史，「晉世雜書，諒非一族，……或神鬼怪物。其事非聖，揚雄所不觀；其言亂神，宣尼所不語。皇（唐）朝新撰晉史，多採以為書。」㉒唐代所修《晉書》是集諸家《晉書》而成，所以才保存了這些材料，劉知幾的批評似乎僅從「子不語怪力亂神」著眼，但卻忽略魏晉史學發展的特殊時代性格。

因此，《三國志注》繼承了魏晉史學特殊的發展趨勢，引用了部分志異材料，是不足為奇的。不過，裴松之因為多少受到時代風氣的感染，並未完全排除這些志異材料，但他還是基於史家的立場審慎地考辨志異材料，並採取了保留的態度。《三國志》卷十三〈華歆傳〉注引

㉑《晉書》，卷四十七，〈傅玄傳〉。

㉒《史通》，卷五，〈採撰篇〉。

《列異傳》曰：

歆為諸生時，嘗宿人門外。主人婦夜產。有頃，兩吏詣門，便辟易卻，相謂曰：「公在此。」躊躇良久，一吏曰：「籍當定，柰何得住？」乃前向歆拜，相將入。出並行，共語曰：「當與幾歲？」一人曰：「當三歲。」天明，歆去，後欲驗其事，至三歲，故往問兒消息，果已死。歆乃自知當為公。

此事亦見於孫盛的《晉陽秋》，不過寄宿者是魏舒不是華歆。裴松之自注稱：「臣松之按《晉陽秋》說魏舒少時寄宿事，亦如之，以為理無二人俱有此事，將由傳者不同，今寧信《列異》。」因此裴氏懷疑《晉陽秋》所敘，是裴氏考辨材料方法之一，但由此例仍無法看出他對志異材料的態度。至於《三國志・吳書》卷十八〈吳範、劉惇、趙達傳〉注引孫盛《晉陽秋》及葛洪《抱朴子》與《神仙傳》，分別敘「玄覽未然」及葛仙公、姚光、介象等奇異事跡，裴松之卻有較為清楚的看法，其自注稱：

孫盛曰：「夫玄覽未然，逆鑒來事……」臣松之以為：「……古之道術，蓋非一方，

> 探賾之功，豈惟六爻，苟得其要，則可以易而知之矣。……」
>
> 臣松之以為葛洪所記，近為惑眾，其書文頗行世，故撮取數事，載之篇末也。神仙之術，詎可測量，臣之臆斷，以為惑眾，所謂夏蟲不知冷冰耳。

裴松之似乎認為逆占未來與神仙方術是「蓋非一方」的道術，但《三國志注》中卻出現了許多這一類的材料，也許是基於「備異」而加以引用。裴松之懷疑神仙方術，甚至批評葛洪所記跡近惑眾。因此，在《三國志注》中保存了這種材料，並非完全與他的「嗜奇愛博」有關。由於這個時代到處充斥著志異材料，裴松之似乎無法視若無睹，但他對這些材料多少是採取一些批判的態度。

《四庫全書總目》又說裴松之注《三國志》，「初意似亦欲如應劭之注《漢書》，考究訓詁，引證故實。」這個工作沒有完成，但「又惜所已成，不欲刪棄，故或詳或略，或有或無，亦頗為例不純」。㉓的確，《三國志注》中存在一部分音義訓注。這一類形式的注，被劉知幾稱之為儒宗訓解的史注。這種形式的史注，是為了「開導後學，發明先義，古今傳授」的需要而產生的。㉔由於漢晉之間，史學逐漸脫離經學的桎梏，邁向獨立的過程中，史學提升到與

㉓ 同❶。

經學同等的地位，並被稱之為經史。史學也像經學一樣列為教學的對象，為了適應這種轉變趨勢的需要，因而出現了大批類似經注訓解式的史注。不過這種訓解式的史注，和裴松之「掇眾史之異辭，補前史之所闕」形式的《三國志注》，是完全不同的。因為裴松之的《三國志注》是以達事為主。㉕但在其中卻存在許多訓解式的注，似體例不純。《三國志・魏書》卷一〈武帝紀〉建安十八年條下：「五月丙申，天子使御大夫郗慮持節策命公為魏公曰……」這篇策封文引用了許多典故，皆一一以訓解的形式注出：

「當此之時，若綴旒然」：《公羊傳》曰：「君若贅旒然。」何休云：「贅猶綴也。旒，旂旒也。以旒譬者，言為下所執持東西也。」

「惟祖惟父，股肱先正」：〈文侯之命〉曰：「亦惟先正。」鄭玄云：「先正，先臣，謂公卿大夫也。」

「群后釋位以謀王室」：《左氏傳》曰：「諸侯釋位以閒王政。」服虔曰：「言諸侯

㉔《隋書・經籍志・史部》形成的歷程〉，頁二十九。

㉕錢大昭，《三國志辨疑・自序》指出：「注史與注經不同，注經以明理為宗。理寓于訓詁，訓詁明而理自見。注史則以達事為主，事不明，訓詁雖精無益也。」

釋其私政而佐王室。」

「致屆官渡，大殲醜類」：《詩》曰：「致天之屆，于牧之野。」鄭玄云：「屆，極也。」《鴻範》曰：「鯀則殛死。」

「綏爰九域，莫不率俾」：〈盤庚〉曰：「綏爰有眾。」鄭玄曰：「爰，於也，安隱於其眾也。」〈君奭〉曰：「海隅出日，罔不率俾。」率，循也。俾，使也。四海之隅，日出所照，無不循度而可使也。

「君勸分務本，穡人昏作」：〈盤庚〉曰：「墮農自安，不昏作勞。」鄭玄云：「昏，勉也。」

「君糾虔天刑，章厥有罪」：「糾虔天刑」語出《國語》，韋昭注曰：「糾，察也。虔，敬也。刑，法也。」

「對揚我高祖之休命」：後漢尚書左丞潘勗之辭也。勗字元茂，陳留中牟人。

這是非常典型的「考究訓詁，引證故實」注釋形式，一如應劭的《漢書注》，及其子裴駰的《史記集解》。但《三國志注》中存在這類的注解形式，並不是裴松之的未竟之作，而是裴松之注《三國志》的體例之一。那就是對陳壽《三國志》所引用的詔令表奏中，論及的古籍或典故所作的解釋。如《三國志・魏書》卷二〈文帝紀〉黃初三年條下：

「鄯善、龜茲、于闐王各遣使奉獻，詔曰：『……頃者西域外夷並款塞內附……。』」注引應劭《漢書注》曰：「款，叩也；皆叩塞門來服從。」

又《魏書》卷二〈文帝紀〉延康元年條下：

「冬十（一）月癸卯，令曰：諸將征伐，士卒死亡者，或未收斂，吾甚哀之；其告郡國給槥櫝殯斂……。」注引《漢書》高祖八月（盧弼謂當作「年」）令曰：「士卒從軍死，為槥。」應劭曰：「槥，小棺也，今謂之櫝。」應璩〈百一詩〉曰：「槥車在道路，征夫不得休。」陸機〈大墓賦〉曰：「觀細木而悶遲，睹洪櫝而念槥。」

又《魏書》卷十一〈管寧傳〉：

「明帝即位，太尉華歆遜位讓寧，遂下詔曰：『……夫以姬公之聖，而耆德不降，則鳴鳥弗聞。』」注引〈尚書・君奭〉曰：「耇造德不降，我則鳴鳥不聞，矧曰其有能格。」鄭玄曰：「耇，老也。造，成也。《詩》云：『小子有造。』老成德之人，不降志與我並在位，則鳴鳥之聲不得聞，況乃曰有能德格於天者乎！言必無也。鳴鳥謂鳳也。」

〈管寧傳〉載太僕陶丘一、中書侍郎王基等薦管寧表，稱寧「參蹤巢、許。斯亦聖朝同符唐、虞，優賢揚歷，垂聲千載。」注引《今文尚書》曰：『優賢揚歷』，謂揚其所歷試。左思〈魏都賦〉曰「優賢著于揚歷也」。又〈吳書〉卷二〈吳主傳〉注引《禹貢》釋魏文帝策命孫權詔書「遠遣行人，浮于潛漢。」注引《禹貢》曰：「沱、潛既道，注曰：『水自江出為沱，漢為潛。』」〈蜀書〉卷十二〈郤正傳〉注引《尚書》釋郤正所作「釋譏」文中之「九考不移」一事：「三載考績，三考黜陟幽明。九考則二十七年。」然後又分別引《淮南子》、《越絕書》、《呂氏春秋》為其文作注。

《三國志注》引用經書，諸子以及漢以前典籍，多是對《三國志》中詔令表奏作訓解之用，甚少例外。當然，並不是所有訓解式的注釋，衹存在於詔令表奏，或個人的論著之中。偶爾也有其他釋地、解字的注釋，出現於卷中的字裡行間。如〈魏書〉卷一〈武帝紀〉，建安十三年條下：「春正月，公還鄴，作玄武池以肄舟師。」盧弼云：原注（即松之注）稱：『肄，以四反。』」又〈魏書〉卷一〈武帝紀〉建安九年條下：「尚將沮鵠守邯鄲……。」注稱：「沮音菹，河溯間今猶有此姓。鵠，沮授子也。」這些注往往是不引書名的，因而被認為也是裴松之的自注。因為裴松之注《三國志》的體例，所引用有關書籍或材料，凡首見必列舉作者與書名，以後再引，則僅舉書名而不再更列作者。所以這些既無書名又未列作者的注，長久以來一直被認為這是裴松之的自注。㉖不過，《三國志注》中的裴松之的自注，不論稱之為「案」或「以為」，甚至稱「檢之」，「訊之」或「曰」，其上必冠以「臣松之」三字。至於那些既未列書名與作者，又無「臣松之」三字的，很可能是由裴松之的助手所注的。這些注釋並不僅限於音義訓解，也有補人敘事以及校勘的。裴松之往往在這些注釋之後，表現了個人的意見，對這些注釋作進一步解釋。〈魏書〉卷二〈文帝紀〉：

「(黃初)三年，冬十月甲子，表首陽山東為壽陵，作終制曰：『禮，國君即位為椑……。』」(裴注)曰：「椑，音扶歷反。臣松之案：禮，天子諸侯之棺，各有重數；棺之親身

㉖ 案《三國志》，卷一，〈魏書．武帝紀〉稱「太祖一名吉利，小字阿瞞」。未列書名。官本考證，李龍官曰，裴注所引皆有書名，此為脫落無疑。盧弼《集解》則認為：「裴注無書名者為自注，如〈吳志．張昭傳〉，注論舊君諱事，即不引書名也。」

者曰樽。」

又〈魏書〉卷四〈三少帝紀〉：

「（甘露三年秋八月）丙寅，詔曰：『……關內侯王祥，履仁秉義，雅志淳固。關內侯鄭小同，溫恭孝友，帥禮不忒。其以祥為三老，小同為五更。』」

〈裴注〉曰：「鄭玄注〈文王世子〉曰：『三老、五更各一人，皆年老更事致仕者也。』注〈樂記〉曰：『皆老人更知三德五事者也』。蔡邕〈明堂論〉曰：『更』，應作『叟』。叟，長年之稱。字與『更』相似，書者遂誤以為『更』。『嫂』字『女』傍。『叟』，今亦以為『更』。以此驗知應為『叟』也。臣松之以為邕謂『更』為『叟』，誠為有似，而諸儒莫之從，未知孰是。」

〈蜀書〉卷十五〈鄧芝傳〉：

「權與亮書曰：『丁厷掞張，陰化不盡……。』」

〈裴注〉曰：「掞音夷念反，或作艷。臣松之案《漢書・禮樂志》曰：『長離前掞光耀明』。左思〈蜀都賦〉：『摛藻掞天庭』。孫權蓋謂丁厷之言多浮艷也。」

以上釋「更」、「椑」、「掞」等等，裴松之皆有所補充，而他的補充解釋都冠有「臣松之」三字。不過，裴松之也有不引書名直接解釋的，如〈魏書〉卷十二〈崔琰傳〉：

「始琰與司馬朗善，晉宣王方壯。琰謂朗曰：『子之弟，聰哲明允，剛斷英跱，殆非子之所及也。』」

臣松之案：『跱』或作『特』，竊謂『英特』為是也。」

又〈魏書〉卷十二〈司馬芝傳〉：

「特進曹洪乳母當，與臨汾公主侍者共事無澗神繫獄。」

臣松之案：「無澗，山名，在洛陽東北。」

對於洛陽附近的事物，裴松之常常有自注解釋。〈魏書〉卷二〈文帝紀〉黃初元年條下：

「初營洛陽宮，戊午幸洛陽。」

臣松之案：「諸書記是時帝居北宮，以建始殿朝群臣，門曰承明，陳思王植詩曰『謁帝承明廬』是也。至明帝時，始於漢南宮崇德殿處起太極、昭陽諸殿。」

又〈文帝紀〉黃初四年九月甲辰條注引《魏書》：「是冬，甘露降芳林園。」裴松之自注稱「臣松之案：芳林園即今華林園，齊王芳即位，改為華林。」又〈魏書〉卷三〈明帝紀〉青龍三年條下，注引《魏略》曰：「是年……。起太極諸殿，築總章觀，高十餘丈，建翔鳳於其上；又於芳林園起陂池，楫櫂越歌……。」芳林或改於此時。〈魏書〉卷四〈三少帝紀〉注引《搜神記》曰：

及明帝立，詔三公曰：先帝昔著《典論》，不朽之格言，其刊石於廟門之外及太學，與石經並，以永示來世。

臣松之昔從征西至洛陽，歷觀舊物，見《典論》石在太學者尚存，而廟門外無之，問諸長老，云晉初受禪，即用魏廟，移此石于太學，非兩處立也。竊謂此言為不然。

案《宋書》裴松之本傳：「高祖北伐，領司州刺史，以松之為州主簿，轉治中從事史。既克洛陽，高祖敕之曰：裴松之廊廟之才，不宜久尸邊務，今召為世子洗馬。」裴松之從征洛陽「歷觀舊物」，而有《北征記》、《述征記》之作。[27]有關洛陽附近事物的自注，或即出於此。這些自注也都是不引書名的。不過，這些未引書名的注都冠有「臣松之」三字，可稱為裴松之的自注，和那些既未列書名，又沒有舉其名字的注釋，是有區別的。也許可以從這個線索，對裴松之注《三國志》的過程，得到較進一步的了解。

這種「臣松之案」與「臣松之以為」式的裴松之自注，其所表現的意義，非僅是補陳壽的闕漏而已。透過這些裴松之的自注，不僅可以了解裴松之的史學及其思想，並可探索中國史學脫離經學轉變中，史學評論形成的過程。

[27] 〈裴松之與《三國志注》〉，頁三二九。

《三國志注》引用的魏晉材料

世多稱裴松之《三國志注》保存魏晉材料之功，魏晉時期戰亂頻仍，圖書文獻屢遭烽火帙散，裴松之輯錄的魏晉材料多全首尾，魏晉材料得流傳今日，都是裴松之蒐集之功。清錢大昭、趙翼、沈家本皆有裴氏引書目之作，然互有出入。

錢大昭《三國志辨疑》，認為裴松之所徵引的書目有❶：

一、漢：華嶠、謝承《後漢書》，司馬彪《續漢書》，張璠、袁彥伯《後漢紀》，劉艾《靈帝紀》、《獻帝紀》，袁思光《獻帝春秋》，樂資《山陽公載記》，孔衍《漢魏春秋》，習鑿齒《漢晉春秋》、《獻帝起居注》、《獻帝傳》。

二、蜀：譙周《蜀本紀》，王隱《蜀記》，孫盛《蜀世譜》。

三、魏：王沈《魏書》，吳人《曹瞞傳》，郭頒《魏晉世語》，孫盛《魏氏春秋》、《魏世譜》、

❶《三國志辨疑・自序》。

《魏世籍》，魚豢《魏略》，陰澹《魏記》、《毋丘儉志記》、《魏武故事》、《魏名臣奏》。

四、吳：張勃《吳錄》，胡沖《吳曆》，韋昭《吳書》，環濟《吳紀》。

五、晉：王隱、摯虞《晉書》，干寶《晉紀》，習鑿齒《晉陽秋》，孫盛《晉陽秋》，陸機《晉惠帝起居注》，李軌《泰始起居注》，傅暢《晉諸公贊》。

六、地理：司馬彪《九州春秋》，荀綽《九州紀》，虞預《會稽典錄》，趙岐《三輔決錄》，常璩《華陽國志》，王隱《交廣記》，左思〈蜀都賦〉、〈魏都賦〉，庾闡〈揚都賦〉、《太平三年地記》、《襄陽記》，王範《交廣二州春秋》。

七、人物：皇甫謐《帝王世紀》、《高士傳》、《逸士傳》、《列女傳》，魏文帝《異傳》，王粲《英雄記》，張隱《文士傳》，葛洪《神仙傳》，周裴《汝南先賢傳》，張方《楚國先賢傳》，陳壽《益都耆舊傳》，陳術《益都耆舊雜記》，蘇林《陳留耆舊傳》，虞溥《江表傳》、《零陵先賢傳》、《先賢行狀》、《漢末名士傳》、《魏末傳》。

八、官制：山濤《啟事》、《晉百官名志》、《晉百官表》、《褒獎令》。

九、雜書：顧愷之《啟蒙注》，晉武帝《中經簿》，荀勖《晉中經簿》，張儼《默記》，張華《博物志》，東方朔《神異經》，楊孚《異物志》，干寶《搜神記》，傅休奕《傅子》，葛洪《抱朴子》，袁準《袁子》，劉向《說苑》、《新序》，衛恆《四體書勢序》，殷基《通語》，陸氏《異林》，應璩《書林》，虞喜《志林》，司馬彪《戰略》，應劭《風俗通》，徐眾《三國評》、《孫綽評》，蔣濟《萬機論》，孫盛《異同評》、《異同雜記》，魏文帝《典論》、《決疑安注》。

十、文章：摯虞《文章志》，荀勖《文章敘錄》。

十一、別集：孔融、高貴鄉公、陳思、王植、嵇康、石崇、潘岳、諸葛亮、姚信、王朗、傅咸、張超等集。

十二、家傳：王朗、傅暢、廬江何氏、會稽邵氏等族；《杜氏新書》，《山濤行狀》，《袁氏世紀》，《裴氏家記》，《陸氏世頌》，《陸氏祠堂像贊》等。

十三、譜牒：孫氏、嵇氏、劉氏、王氏、諸葛氏、庾氏、阮氏、孔氏、郭氏、崔氏等諸譜。

十四、別傳：濟北王志、鄭康成、荀彧、禰衡、邴原、吳質、劉廙、任嘏、孫資、王弼、嵇康、管輅、趙雲、費禕、虞翻、諸葛恪、荀勖、程曉、潘岳、潘尼、孫思、顧譚、盧諶、鍾會母張氏、陸機、凌雲等諸家別傳。

以上錢大昭所著錄裴松之注引的材料，計東漢十三種，蜀三種，魏十一種，吳四種，晉八種，地理十四種，人物十八種，官制四種，雜書二十七種，文章二種，別集十二種，家傳十二種，譜牒十一種，別傳二十六種，共一百六十三種。

另外，趙翼《廿二史箚記》，❷也著錄裴注所引的書，計有：

謝承《後漢書》，司馬彪《漢書》、《九州春秋》、《戰略》、《序傳》，張璠《漢紀》，袁暐《獻帝春秋》，孫思光《獻帝春秋》，袁宏《後漢紀》，習鑿齒《漢晉春秋》，孔衍《漢魏春秋》，華嶠《漢書》、《靈帝紀》、《獻帝紀》、《獻帝起居注》、《山陽公載記》、《三輔決錄》、《獻帝傳》、《漢書地理志》、《續漢書郡國志》，蔡邕《明堂論》、《漢末名士錄》、《先賢行狀》、《汝南先賢傳》、《陳留先賢傳》、《零陵先賢傳》，荀綽《冀州記》、《襄陽記》、《英雄記》。

王沈《魏書》，夏侯淳《魏書》，陰澹《魏紀》，魏文帝《典論》，孫盛《魏世籍》、《魏氏春秋》、《魏略》、《魏世譜》、《魏武故事》、《魏名臣奏》、《魏末傳》，吳人《曹瞞傳》，魚氏《典略》，郭頒《魏晉世語》，王隱《蜀記》、《益州耆舊傳》、《益都耆舊雜記》、《華陽國志》、《蜀本記》，汪隱《蜀記》，郭沖《記諸葛五事》，孫盛《蜀世譜》，韋曜《吳書》，胡沖《吳曆》，張勃《吳錄》，環氏《吳紀》，虞溥《江表傳》，虞預《會稽典錄》，王隱《交廣記》、《吳志》。

王隱《晉書》，虞預《晉書》，干寶《晉紀》、《晉陽秋》，傅暢《晉諸公贊》，陸機《晉惠帝起居注》、《晉泰始起居注》、《晉百官表》、《晉百官名》、《太康三年地理記》。

---

❷《廿二史箚記》，卷六，「裴松之《三國志注》」條。

《帝王世紀》，《河圖括地象》，皇甫謐《逸士傳》、《列女傳》，張隱《文士傳》，虞喜《志林》，陸氏《異林》，荀勖《文章敘錄》、《文章志》、《異物志》、《博物記》、《列異傳》、《高士傳》、《文士傳》，孫盛《雜語雜記》、郭同《異評》，徐眾《三國評》、《傅子》、《袁子》，干寶《搜神記》，葛洪《神仙傳》、《抱朴子》，衛恆《書勢序》，張儼《默記》，殷基《通語》，顧禮《通語》，摯虞《決疑》。

《曹公集》，《孔融集》，《傅咸集》，《嵇康集》，《高貴鄉公集》，《諸葛亮集》，《王朗集》，庾闡《揚都賦》。

《孔氏譜》，《庾氏譜》，《孫氏譜》，《嵇氏譜》，《劉氏譜》，《王氏譜》，《郭氏譜》，《陳氏譜》，《諸葛氏譜》，《崔氏譜》，華嶠《譜敘》，《袁氏世紀》。

《鄭玄別傳》，《荀彧別傳》，《禰衡傳》，《荀氏家傳》，《邴原別傳》，《程曉別傳》，《王弼傳》，《孫賓別傳》，《曹志別傳》，《陳思王傳》，《王朗家傳》，《何氏家傳》，《裴氏家記》，《劉廙別傳》，《任昭別傳》，《鍾會母傳》，《虞翻別傳》，《趙雲別傳》，《費禕別傳》，《管輅別傳》，何劭《王弼傳》，〈華佗別傳〉，〈諸葛恪別傳〉，《顧譚傳》，〈會稽邵氏家傳〉，《陸氏世頌》，《陸氏祠堂像贊》，《陸機陸遜銘》，《機雲別傳》，蔣濟〈萬機論〉，陸機〈辯亡論〉，繆襲《仲長統昌言表》，《馬先生序》。

以上趙翼著錄裴注引書計一百五十一種，但趙氏自己卻說：「今案松之所引書凡五十餘種。」❸因此，沈家本在他的《古書目四種‧《三國志注》所引書目‧序》中，就說「檢《笥記》所列僅五十餘種，遺漏實多。」❹這顯然是趙翼在「五十餘種」之上，脫刻一個「百」字而引起的誤解。

雖然趙翼和錢大昭所著錄裴松之引書數目不同，但他們的體例卻相似，即錢大昭所謂（裴氏）「所引群經注，爾雅訓詁，方言土語，諸子百家之說，無與史事，而引以銓釋字句者，又不下數十種」，❺均未列入。這種體例和王念祖《三國志人名志附錄》，《三國志裴注引用書目》所用的體例相同，即「引用古書以為注釋者不錄，裴氏自注與諸家注釋而無書名者不錄」，所以這並不是一份裴松之引書完整的書目。

錢大昭和趙翼對於無與史事，而引以銓釋字句的引書不錄。但事實上，在他們的引書目中，卻先後出現劉向的《說苑》、《新序》，東方朔的《神異經》，《漢書》的〈地理志〉，《續漢書地理志》等書。這些都是裴松之「引以銓釋字句」用的，與史事完全無關。除此之外，錢

---

❸ 同❷。

❹ 《《三國志注》所引書目‧序》，《沈寄簃先生遺書》。

❺ 同❶。

大昭和趙翼所引列的書目更有些是值得商榷的。例如錢大昭所列的裴注引書中，有一部《石崇集》。可是裴注共計四處引注石崇事，即：卷十三引《晉諸公贊》：「（王）愷與衛尉石崇友善，俱以豪侈競於世。」❻卷二十：「臣松之案：（曹）嘉入晉，封高邑公，元康中與石崇俱為國子博士……嘉以詩遺崇……。」❼卷二十六注引荀綽《冀州紀》：「（招）秀有儁才……於太康中為衛瓘、崔洪、石崇等所提攜。」❽並無一處引用《石崇集》。祇有卷十六注，松之案：

> （蘇）愉子紹，字世嗣，為吳王師，石崇妻，紹之兄女也。紹有詩在《金谷集》。❾

《金谷集》據《晉書》卷三十三〈石苞附崇傳〉說：

---

❻《三國志》，卷十三，〈魏志・王朗傳〉，注引《晉諸公贊》。

❼《三國志》，卷二十，〈魏志・楚王彪傳〉。

❽《三國志》，卷二十六，〈魏志・牽招傳〉，注引荀綽《冀州紀》。

❾《三國志》，卷十六，〈魏志・蘇則傳〉，注引「松之案」。

出為征虜將軍，假節監徐州諸軍事，鎮下邳，崇有別館，在河陽之金谷，一名梓澤，送者傾都，飲於此焉。[10]

又《世說新語・品藻篇》注引石崇〈金谷詩敘〉：

余……有別廬在河南縣界金谷澗中，或高或下，有清泉茂林，眾果、竹柏、藥草之屬，莫不畢備。又有水碓、魚池、土窟，為娛目歡心之物備矣。時征西大將軍祭酒王詡，當還長安，余與眾賢共送往澗中，晝夜遊宴，屢遷其坐，或登高臨下，或列坐水濱……各賦詩以敘中懷，或不能者，罰酒三斗，感性命之不永，懼凋落之無期，故具列時人官號、姓名、年紀，又寫詩著後，後之好事者，其覽之哉。凡三十人，吳王師議郎關中侯始平武功蘇紹，字世嗣，年五十，為首。[11]

從上述記載看來，《金谷集》是一部合集，並非石崇個人的專集。此事可再由《世說新語・企

[10] 《晉書》，卷三十三，〈石苞附崇傳〉。

[11] 《世說新語》，中卷，〈品藻篇〉，注引石崇《金谷詩・敘》。

羨篇》謂：「王右軍得人以《蘭亭集序》方《金谷詩序》，又以己敵石崇，甚有欣色。」一條，及注引王羲之《臨河敘》（并參余嘉錫箋疏）清楚看出。何況裴注祇說蘇紹有詩在《金谷集》，錢氏卻誤將《金谷集》作《石崇集》。

至於趙翼著錄裴注引書目，所發生的錯誤更多，茲舉六項例證如下：

一、《王弼傳》與何劭作《王弼傳》：案〈魏志〉卷二十八〈鍾會傳〉：「初，會弱冠與山陽王弼並知名。」裴注稱：「弼字輔嗣，何劭為其傳……」。⓬補述王弼的事蹟。又，〈魏志〉卷十四〈劉曄傳〉注引《王弼傳》，補敘劉陶善論縱橫事。⓭雖沒說明何人所著，但應為一書。何劭是何曾之子，字敬祖，「才識深博，有經國體儀。」⓮裴松之除了引用何劭撰寫的《王弼傳》外，還引用他的《荀勖傳》。《王弼傳》隋唐兩志都未著目，《太平御覽》卷四六四、七五三，《世說新語》注，都引作《王弼別傳》。《王弼傳》和《王弼別傳》，應當是一書，但趙氏卻誤為兩書。

二、《張衡文士傳》與《文士傳》：案《隋書・經籍志》：「《文士傳》五十卷，張隱作。」⓯

⓬《三國志》，卷二十八，〈魏志・鍾會傳〉，本文及裴注。

⓭《三國志》，卷十四，〈魏志・劉曄傳〉，注引《王弼傳》。

⓮《三國志》，卷十二，〈魏志・何夔傳〉，注引《晉諸公贊》。

兩《唐志》、《崇文總目》、《中興書目》皆作「張騭」。鍾嶸也說：「張騭文士，逢文即書。」裴注或作張衡、或作張隱、或作張騭，都是騭之訛誤。章宗源《隋書經籍志考證》，沈家本《古書目考證四種》，⑯都認為應作張騭。裴松之所引未列作者的《文士傳》，實際上都是張騭所作。案〈魏志・王粲傳〉注引《文士傳》，記王粲說劉琮降曹操事：「粲說琮曰：『……曹公摧袁氏於官渡，驅孫權於江外，逐劉備於隴右，破烏桓於白登。』」松之案：「孫權自此以前，尚與中國和同，未嘗交兵，何云『驅權於江外』乎？魏武以十三年征荊州，劉備卻後數年方入蜀，備身未嘗於關、隴，而於征荊州之年，便云逐備於隴右，既已乖錯，而白登在平城，亦魏武所不經，北征烏丸，與白登永不相豫，以此知張騭偽假之辭，而不覺其虛之身露也。凡騭虛偽妄作，不可覆疏，如此類者，不可勝紀。」⑰又同卷注引《文士傳》：「太祖雅聞（阮）瑀名，辟之，不應，連見逼促，乃逃入山中，太祖焚山，得瑀，送至，召入。太祖時征長安，大延賓客，怒瑀不與語，使就技人列。瑀善解音，能鼓琴……因造歌曲曰：『奕奕天

⑮《隋書》，卷三十三，〈經籍志〉。

⑯《《三國志注》所引書目・序》。

⑰《三國志》，卷二十一，〈魏志・王粲傳〉，注引《文士傳》。

門開，大魏應運來……士為知己死，女為悅者玩，思義苟敷暢，他人焉能亂？』」松之案：「魚氏《典略》，摯虞《文章志》並云瑀建安初辭疾避疫，不為曹洪所屈，得太祖召，即投杖而起，不得逃入山中，焚之乃得出事也。又《典略》載太祖初征荊州，使作書與劉備，及征馬超，又使瑀作書與韓遂，此二書今俱存。至長安之前，遂等破走，太祖始以十六年得入關耳。張騭云『初得瑀時，太祖在長安，此又乖戾，瑀以十七年卒，太祖十八年策為魏公，而云瑀歌舞辭稱大魏應期運』，愈知其妄。又其辭『他人焉能亂』，了不成語，瑀之吐屬，必不如此。」⑱以上裴松之兩引《文士傳》，雖未列作者之名，但其後裴松之批評這兩段材料，屢說「張騭假偽之辭」，「凡張騭虛為妄作」，又「張騭云」等等。因此，裴松之所引未舉作者姓名的《文士傳》，即張騭之作，但趙翼卻誤為兩書。

三、《陳思王傳》與《陳思王植集》：案《陳思王傳》，《隋書・經籍志》未著目，《太平御覽》卷四五九引作《曹植別傳》，遍檢全書無一處注引《曹植別傳》，而《三國志・魏志・文帝紀》，注引曹植為〈曹丕誄〉，⑲又卷十四注引曹植作〈曹操誄〉，又其本注

---

⑱ 同⑰。

⑲ 《三國志》，卷二，〈魏志・文帝紀〉。

引作〈琴瑟調歌〉，卷二十九注引東河王〈辨道論〉，皆出自《曹植集》。案曹植本傳稱：「景初中詔曰：『……撰錄植前後所著賦頌詩銘雜論凡百餘篇，副藏內外。』」⑳這是後世的《陳思王集》。《隋書・經籍志》有《陳思王集》三十卷，但趙翼卻將《陳思王集》作《陳思王傳》。

四、袁暐《獻帝春秋》與孫思光《獻帝春秋》：案《隋書・經籍志》作：「《獻帝春秋》十卷，袁曄撰」。兩《唐志》同，《後漢書》、《續漢志》、《文選》等注，《御覽》引皆作袁曄。但裴松之所引屢作袁暐。案《三國志》卷五十七〈陸瑁傳〉：「（袁）迪孫曄，字思光，作《獻帝春秋》。」㉑知暐是曄之訛。但趙氏卻將「迪孫，字思光，作《獻帝春秋》」，誤為孫思光，這是不可原諒的疏忽。

五、殷基《通語》與顧禮《通語》：案《隋志・子部・儒家》，有《通語》十卷，晉尚書左丞殷興續；侯康《補三國藝文志》云：《七錄》有《通語》十卷，晉尚書左丞殷興撰。《唐志》則作顧禮《通語》十卷，殷興續；是必有其書，而興續之。蓋即續殷興之書，二書遂合而為一，故《七錄》直以為興所撰也。裴松之注〈費禕傳〉、〈顧邵傳〉、

⑳《三國志》，卷十九，〈魏志・陳思王植傳〉。

㉑《三國志》，卷五十七，〈吳志・陸瑁傳〉裴注。

〈朱據傳〉、〈孫和傳〉俱引殷基《通語》。㉒又案〈吳志・顧邵傳〉：「初雲陽殷禮，起乎微賤，邵拔而友之。為立聲譽，……至零陵太守。」又裴注：「禮子基，作《通語》。」㉓下引殷基《通語》，敘其父禮與張溫使蜀，諸葛亮甚稱嘆之。又同卷裴注引《文士傳》：禮子基，無難督以才學知名，著《通語》數十卷。㉔由此可見《通語》是殷基所著，而趙氏卻將顧邵、殷禮拆散後合成顧禮，所以才有顧禮《通語》之作。

六、王沈《魏書》與夏侯湛《魏書》：案《晉書・陳壽傳》：「撰魏、吳、蜀三志……夏侯湛時著《魏書》，見壽所作，便壞己書。」㉕因此，夏侯湛所著的《魏書》，因陳壽《三國志》而壞，根本沒有流傳，同時裴注也沒有引用這部書，而趙氏竟列此書，不知何據。

他如王隱《蜀記》與汪隱《蜀記》：「汪」是「王」之訛；《任昭別傳》是《任嘏別傳》之誤，這些都是明顯的錯誤。

㉒《補三國藝文志》。

㉓《三國志》，卷五十二，〈吳志・顧邵傳〉。

㉔同㉓。

㉕《晉書》，卷八十二，〈陳壽傳〉。

所以，錢大昭和趙翼的《三國志引書目》，不僅都有商討的餘地，而且還有很多錢大昭所稱「群經傳注，爾雅訓詁，方言土語，諸子百家之說，無與史事，而引以銓釋字句者，又不下數十種」的目錄㉖，都沒有列入，並不是一份完整的裴注引書目。到目前為止，沈家本《古書目四種》中的《三國志注》所引注書目》較為完整。這份引書目「依《隋書・經籍志》之例，分為四部，計經部廿二家，史部一百四十二家，子部廿三家，集部廿三家，凡二百十家。」㉗他所列的書目是這樣的：

一、經部：

《易》，《今文尚書》，馬融《尚書注》，《尚書》鄭玄注，《詩》鄭玄注，《周禮》，《禮記》鄭玄注，《孔子三朝記》，《蔡邕明堂論》，《禮論》，《左傳》服虔注，《公羊》何休注，《論語》，《孟子》，《河圖括地象》，《國語》韋昭注，《戰國策》，《三蒼》，揚雄《方言》郭璞注，《字林》，顧愷之《啟蒙注》，衛恆《四體書勢》等廿二部。

二、史部：

1.正史：《史記》、《漢書》應劭《音義》，蘇林《漢書音義》，謝承《後漢書》，司馬彪

㉖ 同❶。

㉗ 同⓰。

《續漢書》，華嶠《漢書》，《典略》，《魏略》，王沈《魏書》，韋曜《吳書》，張勃《吳錄》，徐眾《三國評》，王隱《晉書》，虞預《晉書》等十四部。

2. 古史：張璠《漢紀》，袁宏《漢記》，劉艾《靈帝紀》，《獻帝紀》，袁暐《獻帝春秋》，《山陽公載記》，孔衍《漢魏春秋》，習鑿齒《漢晉春秋》，孫盛《魏氏春秋》，《異同雜語》，陰澹《魏紀》，環氏《吳紀》，干寶《晉紀》，《晉陽秋》等十四部。

3. 雜史：《漢末英雄記》，司馬彪《九州春秋》，《戰略》，王隱《蜀記》，《魏末傳》，荀綽《九州記》，郭頒《魏晉世語》，傅暢《晉諸公讚》，《帝王世紀》，譙周《蜀本紀》，胡沖《吳曆》等十一部。

4. 載記：《華陽國志》一部。

5. 起居注：《獻帝起居注》，《晉泰始起居注》，陸機《惠帝起居注》等三部。

6. 舊事：《魏武故事》，《舊事》等二部。

7. 職官：《百官名》，《百官名志》，《晉百官名》，《武帝百官名》，《咸熙元年百官名》，《晉百官表》等六部。

8. 儀注：摯虞《決疑要注》一部。

9. 刑法：《魏名臣奏》，《魏臺訪議》，《魏郊祀奏》，《褒賞令》等四部。

10. 雜傳：《三輔決錄注》，《先賢行狀》，皇甫謐《逸士傳》，《高士傳》，《漢末名士錄》，虞溥《江表傳》，張隱《文士傳》，張衡《文士傳》，《楚國先賢傳》，《零陵先賢傳》，《汝南先賢傳》，《陳留先賢傳》，陳壽《益部耆舊傳》，《益部耆舊傳雜記》，《襄陽記》，《會稽典錄》，《杜氏新書》，《荀氏家傳》，廬江《何氏家傳》，《會稽邵氏家傳》，傅暢《裴氏家記》，《袁氏世紀》，《郭林宗傳》，《鄭玄別傳》，吳人《曹瞞傳》，《毌丘儉志記》，《管輅別傳》，《平原禰衡傳》，《荀彧傳》，何劭《荀粲傳》，《邴原別傳》，《陳曉別傳》，何劭《王弼傳》，《孫資別傳》，《曹志別傳》，《嵇康別傳》，《吳質別傳》，《潘岳別傳》，《劉廙別傳》，《盧諶別傳》，夏侯湛《辛憲英傳》，《任嘏別傳》，《華佗別傳》，《鍾會生母傳》，《趙雲別傳》，《費禕別傳》，《孫惠別傳》，陸機《顧譚傳》，《機雲別傳》，《諸葛恪別傳》，《山濤行狀》，傅玄《馬鈞序》，《王朗家傳》，《郭沖五事》，《胡沖答問》，皇甫謐《列女傳》，葛洪《神仙傳》，《列異傳》，《搜神記》，《陸氏異林》等六十二部。

11. 地理：王範《交廣二州春秋》，王隱《交廣記》，《太康三年地記》，《異物志》等四部。

12. 譜系：孫盛《蜀世譜》，《魏世譜》，《庾氏譜》，《華嶠譜敘》，《孫氏譜》，《阮氏譜》，《孔氏譜》，《嵇氏譜》，《劉氏譜》，《陳氏譜》，《王氏譜》，《郭氏譜》，《胡氏譜》，《崔氏譜》，《諸葛氏譜》，《陸氏世頌》等十六部。

13.簿錄：劉向《七略》，《晉武帝中經簿》，荀勖《文章敘錄》，摯虞《文章志》等四部。

三、子部：

1.儒家：《魯連子》，劉向《說苑》，桓譚《新論》，《典論》，《袁子》，虞喜《志林》，殷基《通語》，王昶《家誡》等九部。

2.道家：《莊子》，葛洪《抱朴子》等二部。

3.法家：《管子》一部。

4.雜家：《呂氏春秋》，《淮南子》，《風俗通》，蔣濟《萬機論》，《傅子》，張儼《默記》，張華《博物志》，《皇覽》等八部。

5.兵家：《孫子兵法》一部。

6.五行：《相書》一部。

7.醫方：《解寒食散方》一部。

四、集部：

1.別集：《張超集》，《孔融集》，《王粲集》，《曹公集》，《高貴鄉公集》，《王朗集》，《繆襲集》，《應璩集》，《嵇康集》，《諸葛亮集》，《姚信集》，《傅咸集》，《左思集》，《潘岳集》，《陸機集》，《庾闡集》，《曹嘉集》，《頭責子羽》，《陸氏祠堂像贊》等二十部。

2. 總集：《晉武帝太始五年詔》，《山濤故事》等三部。

以上所列，是沈家本的《三國志注引書目》，雖然比較完整，但其中仍有小疵。有許多書目未被注引，如：《易傳》、《孝經》、《春秋大傳》、《毛詩》、《左傳》、《公羊傳》、《春秋玉皈讖》、《春秋佐功期》、《孝經中黃讖》、《孝經神契》、鄭玄《文王世子注》、鄭玄《樂記注》、《詩箋》……等。另外，於史部中僅列應劭、蘇林的《漢書音義》，未列服虔、如淳二家的注，甚至未將《漢書》列入。事實上，裴注曾先後引《漢書》的〈郊祀志〉、〈地理志〉、〈禮樂志〉、〈張湯傳〉、〈霍光傳〉等。他如《越絕書》、《虞翻別傳》、《曹氏家傳》、《荀勖別傳》、荀綽《冀州記》、《三朝錄》、《劉琨集》等都沒有列入。除此之外，作為直接材料的〈曹騰碑〉、〈魯芝碑〉，和裴松之引用其本人著作也未列入。因此，沈家本的《裴注引用書目》四卷，雖然考證源流甚詳，但仍然不是最完備的。

依《隋書・經籍志・史部》分類，有正史、古史、雜史、霸史、起居注、職官、儀注、雜傳、地理、譜系、簿錄等十三類。這十三類中，霸史以上屬於史書的範圍；霸史以下屬於史料的範圍，因為這些材料尚未經史家的刪削，仍然保持原有的面目。所以要先將史書和史料作一個區分之後，然後對裴松之引用的材料，才可得到一個清晰的了解。不過，裴松之所引用的材料，並不限於這個範圍而已。他除了引用魏晉史書與史料外，還引用大批不屬於這兩個範圍的魏晉時代的著作，和一部份魏晉以前的經傳和史書。這個界限可以清晰的劃分出來：因為他所引用魏晉以前的著作，都是音義注釋的，所以可劃於史料的範圍以外，至於他引用魏晉時代的著作，是「增廣異聞」，補陳壽《三國志》的不足。根據這個標準，可以將裴松之《三國志注》引用的魏晉時代的材料，劃分成三個範圍，即史書、史料、史料以外的材料，茲列舉如下：

一、史書：

謝承《後漢書》，司馬彪《續漢書》，魚豢《典略》，《魏略》，王沈《魏書》，韋曜《吳書》，張勃《吳錄》，王隱《晉書》，虞預《晉書》，張璠《漢紀》，袁宏《漢紀》，劉艾《靈帝紀》，《獻帝紀》，袁暐《獻帝春秋》，《山陽公載記》，孔衍《漢魏春秋》，習鑿齒《漢晉春秋》，孫盛《魏氏春秋》，陰澹《魏紀》，環氏《吳紀》，干寶《晉紀》，《晉陽秋》，王粲《漢末英雄傳》，司馬彪《九州春秋》，《戰略》，王隱《蜀記》，《魏末傳》，荀綽《九州記》，《兗州記》，《冀州記》，郭頒《魏晉世語》，傅暢《晉諸公贊》，皇甫謐《帝王世紀》，譙周《蜀本紀》，《輔臣贊》，《主得名臣頌》，胡沖《吳曆》，《華陽國志》，《獻帝傳》等三十九種。

二、史料：

《獻帝起居注》，《晉泰始起居注》，《晉惠帝起居注》，《魏武故事》，《舊事》，《百官名》，《百官名志》，《晉武帝百官名》，《咸熙百官名》，《晉百官名》，《魏名臣表》，摯虞《決疑要注》，《魏名臣奏》，《魏臺訪議》，《魏郊祀奏》，《褒賞令》，《三輔決錄》，《三輔決錄注》，《先賢行狀》，皇甫謐《逸士傳》，《高士傳》，《漢末名士錄》，虞溥《江表傳》，張騭《文士傳》，《楚國先賢傳》，《零陵先賢傳》，《汝南先賢傳》，《陳留先賢傳》，陳壽《益部耆舊傳》，《益部耆舊傳雜記》，《襄陽記》，《會稽典錄》，《杜氏新書》，《荀氏家傳》，《盧江何氏家傳》，《會稽邵氏家傳》，傅暢《裴氏家記》，《袁氏世紀》，《曹氏家傳》，《郭林宗傳》，《鄭玄別傳》，吳人《曹瞞傳》，《毋丘儉志記》，《管輅別傳》，《平原禰衡傳》，《荀彧別傳》，何劭著《荀粲傳》，《邴原別傳》，《曹志別傳》，《嵇康別傳》，《吳質別傳》，《潘尼別傳》，《潘岳別傳》，《劉廙別傳》，《盧諶別傳》，夏侯湛著《辛憲英傳》，《任嘏別傳》，《華佗別傳》，鍾會為其母傳，《鍾會生母傳》，《趙雲別傳》，《費禕別傳》，《孫資別傳》，陸機著《顧譚別傳》，《機雲別傳》，《孫惠別傳》，《陳曉別傳》，《嵇康別傳》，何劭著《王弼傳》，《諸葛恪別傳》，《山濤行狀》，傅玄著《馬鈞序》，《司馬彪序傳》，《王朗家傳》，郭沖《難諸葛亮五事》，皇甫謐《列女傳》，葛洪《神仙傳》，《列異》，

《搜神記》，《陸氏異林》，王範《交廣二州春秋》，王隱《交廣記》，《太康三年地記》，《異物志》，孫盛《蜀世譜》，《庾氏譜》，《華嶠譜序》，《孫氏譜》，《阮氏譜》，《孔氏譜》，《嵇氏譜》，《劉氏譜》，《陳氏譜》，《王氏譜》，《郭氏譜》，《胡氏譜》，《崔氏譜》，《諸葛氏譜》，《陸氏世頌》，《晉武帝中經簿》，荀勖《文章敘錄》，摯虞《文章志》，《虞翻別傳》等一〇一種。

三、史料以外的材料：

蔡邕《明堂論》，《禮論》，《字林》，顧愷之《啟蒙注》，孫盛《異同評》，《異同雜語》，衛恆《四體書勢》，徐眾《三國評》，《三朝錄》，桓譚《新論》，《袁子》，虞喜《志林》，趙基《通語》，王昶《家誡》，葛洪《抱朴子》，蔣濟《萬機論》，《傅子》，張儼《默記》，《皇覽》，《相書》，《張超集》，《孔融集》，《王粲集》，《曹公集》，《高貴鄉公詩》，《王朗集》，《繆襲集》，《應璩集》，《嵇康集》，《諸葛亮集》，《姚信集》，《左思集》，《潘岳集》，《陸機集》，《庾闡集》，《曹嘉集》，《陳思王集》，《頭責子羽》，《陸氏祠堂像贊》，《劉琨集》，《晉武帝太始元年詔》，《山公啟事》，《河圖括地象》，〈曹騰碑〉，夏侯湛著〈魯芝碑〉，裴松之《西征記》，《孫綽評》等四十九種。

以上共錄裴松之《三國志注》引用魏晉時代的著作一百八十七種，較錢大昭所著錄的一百六十三種，多出二十四種；較趙翼所列一百五十一種，多三十六種。如果將錢、趙二氏所錄魏晉以前的書目刪除，當然更不止此數。其中更有許多是沈家本等沒有著錄的，如〈曹騰碑〉、〈魯芝碑〉、裴松之《西征記》、《劉琨集》、《陳思王集》、《三朝錄》、《虞翻別傳》、《輔臣像贊》、《主得名臣頌》、《曹氏家傳》等。裴松之所引的魏晉材料，多首尾俱全，而且這些著作在唐宋後多散佚。所以，後世對裴松之保存魏晉材料之功，多所稱贊。

《三國志注》與漢晉間經注的轉變

中國自古經史不分，魏晉以後史學漸漸脫離經學，但史學仍和經學有密切的關係。不過，漢晉間經注本身也在轉變，這種轉變同樣反映在裴松之的《三國志注》中。

一

兩漢以來，講經必嚴守家法，但降至東漢，家法章句之學逐漸式微，當時的博學通儒已不僅祇通一經，例如鄭康成就是博採古今，遍注群經，成為兩漢經學總結的宏儒。到了魏晉以後，儒者講經則不僅超越家法的羈縶，儒學經師也大多兼修玄釋，不僅講經的方式採汲釋家儀式，❶經學的注疏形式也受到沙門的影響。梁啟超認為：

---

❶ 牟潤孫師，〈論儒釋兩家之講經與義疏〉。

夫隋唐義疏之學，在經學界有特別價值，此人所共知矣。此種學問實與佛典疏鈔之學同時發生，吾固不敢逕指此為翻譯文學之產物，然最少有彼此互相之影響。❷

可惜梁啟超祇含混指出「同時發生」與「彼此互相影響」，卻沒有對這個問題作進一步的分析。關於這個問題，可從魏晉以來所流行的「合本子注」加以探討。「合本子注」是將幾種不同說法與來源的材料，分別注於一個較完善的材料之下。❸這是魏晉釋氏講經注經的形式，湯用彤說：

安世高善《毗曇》學，譯經時並隨文講說。其後（嚴）浮調依其規模，分章句疏釋。此種體裁，於後來注疏，至有影響。❹

案湯氏曾引以下釋典說明注經的形式。《祐錄》第九載晉道安《四阿含暮抄・序》：

---

❷ 梁啟超，〈翻譯文學與佛典〉。

❸ 王鍾翰，〈《三國志》裴注考證〉，《中國文化研究彙刊》，第五期。

❹ 湯用彤，《魏晉南北朝佛教史》，第一分第五章「漢晉講經與注經」一節。

> 又有懸數懸數事，皆訪其人，為注其下。

《祐錄》第七載道安《道行經．序》：

> 余集所見，為解句下。

這是道安釋經作為疏解所用的體裁，但這種體裁並不是道安所創，而出於嚴浮調。《祐錄》第十載《十法句義．序》：

> 昔嚴浮調撰《十慧章句》，康僧會集《六度要目》，每尋其迹，欣有寤焉。然猶有闕文行未錄者，今鈔而第之，名曰《十法句義》。若其常行之注解，昔未集之貽後，同我之倫，儻可察焉。

釋道安即取嚴浮調的遺法，採取前人已注解而未集的數事，解釋它的義旨。「鈔而第之」也就是逐條注解之意，竺曇無蘭次列三十七品，採輯各經不同文字，繫之於後，就是這種形式。

《祐錄》卷十載其序文：

> 序二百六十五字，本二千六百八十五字，子二千九百七十字，凡五千九百二十字，除後六行八十字不在計中。

湯氏認為「此書合列經文，有似會譯。而分列事數，取一經文為母，其他經事數列為子。雖非注疏，然亦係師嚴氏之意。後世之會譯子注，蓋均原出於此。」❺湯氏所說的「會譯子注」即陳寅恪所謂「合本子注」，實際上都是「同源數譯」。因為釋氏講經，集合一經的幾種不同譯本，決定一本主要的母本，其餘的為子本。在講經的時候，以母本為主，並採用子本作為比擬，使學者容易領悟。這是由講經的方式漸漸演變而成，在魏晉時代非常盛行，同時也影響到那個時代儒家講經與注疏的形式，甚至於影響到當時史注的形式。

裴松之〈上《三國志注》表〉，自敘其注旨意：

---

❺ 同❹。

> 同說一事而辭有乖離，或出事本異，疑不能判，並皆抄內以備異聞。❻

這正是「合本子注」的典型形式，裴松之《三國志注》幾乎全部都採用這種形式。亦即將不同來源材料，選擇一種比較完善的材料作為母本，其他的材料作為子注，不加剪裁及參與個人意見，排列於後，所以陳寅恪就直接指出這是「合本子注」的形式。❼裴氏用這種「合本子注」的例子如《魏書》卷一〈武帝紀〉「太祖乃變易姓名，間行東歸」條下注引：

> 一、《魏書》曰：「太祖以卓終必覆敗，遂不就拜，逃歸鄉里。從數騎過故人成皋呂伯奢；伯奢不在，其子與賓客共劫太祖，取馬及物，太祖手刃擊殺數人。」

---

❻〈上《三國志注》表〉。

❼陳寅恪，〈支愍度學說考〉、〈讀《洛陽伽藍記》書後〉。又，陳氏在〈陳述《遼史補注》序〉更明白指出：「裴世期之注《三國志》，深受當時內典合本子注之薰習。此蓋吾國學術史之一大事，而後代評史者局於所見，不知古今學術系統之有別流，著述體裁之有變例，以喜聚異同坐長煩蕪為言，其實非也。」案：陳氏所說「後代評史者」，就是指唐代劉知幾而言。《史通・補注篇》即譏裴松之注是「喜聚異同，不加刊定，恣其擊難，坐長煩蕪。」但陳氏認為劉知幾所論非是。

二、《世語》曰：「太祖過伯奢，伯奢出行，五子皆在，備賓主禮。太祖自以背卓命，疑其圖己，手劍夜殺八人而去。」

三、孫盛《雜記》曰：「太祖聞其食器聲，以為圖己，遂夜殺之。既而悽愴曰：『寧我負人，毋人負我！』遂行。」

又，〈魏書〉卷六〈董卓傳〉：「卓遂將其眾迎帝于北芒，還宮」條下注引：

一、張璠《漢紀》曰：「帝以八月庚午為諸黃門所劫，步出穀門，走至河上。諸黃門既投河死，時帝年十四，陳留王年九歲，兄弟獨夜步行欲還宮，闇暝，逐螢火而行，數里，得民家以露車載送。辛未，公卿以下與卓共迎帝於北芒阪下。」

二、《獻帝春秋》曰：「先是童謠曰：『侯非侯，王非王，千乘萬騎走北芒。』卓時適至，屯顯陽苑。聞帝當還，率眾迎帝。」

三、《典略》曰：「帝望見卓兵涕泣。群公謂卓曰：『有詔卻兵。』卓曰：『公諸人為國大臣，不能匡正王室，至使國家播蕩，何卻兵之有！』遂俱入城。」

四、《獻帝紀》曰：「卓與帝語，語不可了。乃更與陳留王語，問禍亂由起；王答，自初至終，無所遺失。卓大喜，乃有廢立意。」

五、《英雄記》曰：「河南中部掾閔貢扶帝及陳留王上至雒舍止。帝獨乘一馬，陳留王與貢共乘一馬，從雒舍南行。公卿百官奉迎於北芒阪下，故太尉崔烈在前導。卓將步騎數千來迎，烈呵使避，卓罵烈曰：『晝夜三百里來，何云避，我不能斷卿頭邪？』前見帝曰：『陛下令常侍小黃門作亂乃爾，以取禍敗，為負不小邪？』又趨陳留王，曰：『我董卓也，從我抱來。』乃於貢抱中取王。」

由上舉二例，可見一斑。由於當時的史學是一種專家之學，因此裴松之的兒子裴駰《史記集解》指出「或義可疑，則數家並列。」❽應是傳其家學，應用了「合本子注」的方法。不過，這種合本子注的方式，自唐貞觀以後孔穎達的《五經正義》成，便逐漸失傳。因此，劉知幾對於這種形式也不了解，而批評裴松之「喜聚異同，不加刊定，恣其擊難，坐長煩蕪。」❾

由上可知，魏晉時代釋氏「合本子注」的形式，影響儒家的講經與注經。而從裴松之的著作看來，裴氏本人更深通經學，因此將這種「合本子注」的形式，轉移應用到史注方面，

❽ 裴駰，《史記集解・序》。

❾ 《史通》，卷五，〈補注篇〉。

並且融合魏晉時代史學發展的新內容，創鑄了中國史注的新形式，這種史注的新形式，直接影響劉孝標的《世說新語注》、劉昭、陸澄的《續漢書注》、劉彤的《晉紀注》。

雖然魏晉時代釋家講經的形式，對於《三國志注》的形式有一定程度的影響。不過，裴松之的《三國志注》在本質上仍然是從傳統的經注蛻變而出。關於這個問題，可以從魏晉時代經注本身的轉變加以分析。

二

自漢武帝設五經博士，經書被認為是國家御用的學問，至唐代初年撰定《五經正義》，其間凡八百年。位處這段期間的魏晉時代，是中國經學發展的重要關鍵時期，因為中國經書的注如王弼的《易注》、韓康伯的《尚書孔氏傳注》、鄭玄的《毛詩箋》、《禮記注》、杜預的《春秋左氏傳注》等，就是在這個時代形成的。《隋書・經籍志》著錄的各種經書的傳、注，其形成的時代自兩漢至東晉為止。南北朝以後，出現了許多義、疏、義注、大義、述義等不同名稱的經書解釋，其意義都是指「義疏」而言，亦即附於過去的經注，對於經義作進一步的疏通與說明，這種義疏之學可稱之為「注釋的注釋」。不過，其形成卻以經注的形成為前提。換句話說，沒有魏晉時代許多經注出現，以後的義疏之學是不會存在的。

經注始於西漢，此時正是今文五經博士立於官學，並最具權威的時代。這個時期解釋經義的基本態度，是闡釋字句，重視訓詁。這種情形的出現，有其必然的因素：因為詩書等經都是以古代語言記載，為了配合當時的政治環境和讀經者的實際需要，必須以當代語言加以解釋，因此解經、訓詁之作紛紛出現。例如《漢書‧藝文志》著錄有關詩書的解釋著作，有《大小夏侯解詁》二十九篇、《魯故》三十五篇、《齊后故》二十卷、《齊孫氏故》二十七卷、《韓故》三十六卷。❿西漢最初設立今文五經博士時，對於經義的闡釋，特別注意將帝國的權威與實際政治配合解釋，求其微言，敷衍經義，作多方面的運用。《漢書‧藝文志》著錄關於五經的「災異」、「傳」、「記」、「說」等，都屬於這一類。今文學最主要的特色是嚴守師法與析其微言的章句之學，正如劉歆所說的「分文析義，煩言碎辭，學者罷老且不能專研一藝。」⓫班固《漢書‧儒林傳》也認為是干祿之途。⓬

後漢的今文學仍然是國家所公認的正統學問，雖然當時學者研究經書的態度，還是為了現實政治的運用，但由於求知的需要，研究的態度也有若干轉變。他們雖然一方面仍遵先師

❿《漢書》，卷三十，〈藝文志〉。

⓫《漢書》，卷三十六，〈劉歆傳〉引〈移讓太常博士書〉。

⓬《漢書》，卷八十八，〈儒林傳〉。

之說加以演繹，另一方面卻對豐富的文獻資料加以比較檢討。換言之，就是對於秦火以前的古文資料的重視，成為當時學術界的主流，並有壓倒今文官學的趨勢。他們對於經書的解釋，據其章句分為傳、注、箋、解。雖然終漢之世古文沒有設博士，但在野的古文學卻獲得決定性的勝利，終於在魏文帝黃初年間成立官學。設置博士，獲得正式的承認。這種轉變同樣促使經書的解釋發生變化。魏晉經書的注就是繼承東漢古文的成果，並以它為基礎，而作推陳出新的發展。

東漢古文學的發展，是對今文煩瑣章句之學的否定，並形成一種「通儒之學」。「通儒」是指不專一經，不守章句，博古通今的學者。例如：

1. 揚雄「少好學，不為章句，博覽無所不見。」⓭
2. 桓譚「博學多通，偏習五經，皆訓詁大義，不為章句，能文章，尤好古學，數從劉歆、揚雄辨析疑異……，喜非毀俗儒，由是多見排抵。」⓮
3. 班固「及長，遂博覽載籍，九流百家之言，無不窮究。所學無常師，不為章句，舉大義而已。」⓯

⓭《漢書》，卷五十七，〈揚雄傳〉。

⓮《後漢書》，卷二十八，〈桓譚傳〉。

4.梁鴻「後受業太學，家貧而尚節介，博覽無不通，而不為章句。」⓰

5.王充「師事扶風班彪，好博覽而不守章句……遂博通眾流百家之言。……充好論說，始若詭異，終有實理，以為俗儒守文，多失其真。」⓱

6.荀淑「少有高行，博學而不好章句，多為俗儒所非。」⓲

7.盧植「少與鄭玄俱事馬融，能通古今學，好研精而不守章句。」⓳

以上所舉七人都是當時的通儒，可歸納出其中的典型：不守章句、無常師、博覽群書，舉其大義。此外，劉勰《文心雕龍》也稱通儒為「通人」，⓴其條件也就是王充《論衡》所說的「博覽古今」與「弘暢雅言，審定文義。」㉑和通儒相對的就是「俗儒」，《漢書・藝文志》說：

⓯《後漢書》，卷四十，〈班固傳〉。

⓰《後漢書》，卷八十三，〈逸民傳〉。

⓱《後漢書》，卷四十九，〈王充傳〉。

⓲《後漢書》，卷六十二，〈荀淑傳〉。

⓳《後漢書》，卷六十四，〈盧植傳〉。

⓴《文心雕龍》，卷四，〈論說篇〉。

㉑《論衡》，卷十三，〈超奇篇〉。

> 後世經傳既已乖離，博學者又不思多聞闕疑之義，而務碎義逃難，便辭巧說，破壞形體；說五字之文，至於二三萬言。後進彌以馳逐，故幼童而守一藝，白首而後能言；安其所習，毀所不見，終以自蔽。此學者之大患也。㉒

文中所指正是今文學者分裂經文、增飾經義所作的煩瑣解釋。而後漢所出現的這些不守章句、不專一經、博學好古的通儒，開創出一條嶄新的學術研究路線，不僅賦予當時的經學新的生命，對魏晉以後的學術發展更發生啟導作用。譬如當時的代表學者班固、賈逵父子、鄭眾父子、桓譚、張衡、馬融、鄭玄等人，都對今文章句的批評與否定不遺餘力，因此也建立了新的學術體系，亦即「通儒之學」。

「通儒之學」所表現的本質，是對古文經傳研究的重視與「通理研明」；其條件是博學、博覽、不專一經，也就是超越帝國所公認的五經範圍。古文經傳資料與今文五經博士所述，在文字和義意方面都不一樣，前漢末劉歆積極提倡古文學，主張《左氏春秋》、《毛詩》、《逸禮》、《古文尚書》皆立學官。他曾繼承其父劉向校定宮中書籍，對古文經傳的價值有明確的

㉒ 同❿。

認識，並且近乎絕對的信賴。雖然他的建議被今文五經博士激烈的反對而未實現，但對古文經傳的價值卻發生肯定性的作用。

古文學者企圖探求經書的真意，而他們的研究方法與態度，則表現在文字訓詁方面。由於古文經傳所用的是先秦文字，與今文所用的漢代流行文字不同，因此古文學者必須首先突破文字歧異的困難，才能應用古文資料對今文經師的分文析字，破壞形體的解釋予以有力的反擊。王國維說西漢古文家多小學家的原因在此，許慎的《說文解字》在這時候出現，也不是偶然的。

對於章句之學的批評與否定，首先要重視古文資料，根據它來校讎錯簡與脫落。劉氏父子相繼整理古籍的基本工作，是以古文經傳為祖本，整理當時所通行的經傳，肯定其價值；然後才確立據傳解經的方法。因為古來的經書與傳、注是相即不離的，所以這種解釋經籍的方法，是對今文學者有效的打擊。因此，訓詁的研究與古文經傳系統的整理，成為東漢通儒對經書所作的傳、注的最基礎工作。這種工作對魏晉經籍解釋的傳注，發生直接的影響，但魏晉時代卻將這種探索知識的理性精神，表現得更徹底。

通儒之學的另一個本質是對經傳「通理明究」，即樹立有系統的解釋經典的體系，它對於魏晉時期的經典解釋也有直接的影響。舉何休為例來說，他被稱為是公羊學忠臣，雖然也被後世視為今文學家，但他的《春秋公羊傳解詁》，卻被視為通儒之學的代表。他既精研六經，更注《論語》等書，雖固執公羊學的本位，但卻是一個博覽的通儒。他所注的書，皆「經緯典謨，不與守文同說」，「典謨」也就是《尚書》的二典三謨。由此可見他的解釋，是以古文資料為根據的。㉓至於「守文」，即如《後漢書・王充傳》所稱：「俗儒守文，多失其真。」㉔亦即何休《公羊傳・序》所批評的：「守文持論，敗績失據。」㉕因此，何休認為守文之徒最大的缺陷是「倍經任意、反傳違戾」與「援引他經，失其句讀」。他注《公羊》的方法，是「追述李育意，以難二傳」。㉖李育少習《公羊春秋》，因為認為陳元、范升等言《左傳》，「多

㉓《後漢書》，卷七十九，〈儒林・何休傳〉：「為人質朴，訥口而雅有心思，精研六經，世儒無及者。……太傅陳蕃辟之，與參政事。蕃敗，休坐廢錮，乃作《春秋公羊解詁》，覃思不闚門。十有七年，又註訓《孝經》、《論語》、《風角七分》，皆經緯典謨，不與守文同說。又以《春秋》駁漢事六百餘條，妙得《公羊》本意。休善曆算，與其師博士羊弼，追述李育意，以難二傳。作《公羊墨守》、《左氏膏肓》、《穀梁廢疾》……。」

㉔同⑰。

㉕《公羊傳・序》。

㉖《後漢書》，卷七十九，〈儒林・何休傳〉。

引圖讖，不據理體」，於是作《難左氏意》，在白虎觀論經之時又以《公羊》難賈逵，「往返皆有理證」。㉗「理體」與「理證」的意思，是依理而辯證，這是李育研究《公羊》的方法。何休既追師李育，他的《春秋公羊解詁》，目的就是在探求《公羊傳》的理體，而他所用的方法，則是理證。㉘他超越古文學者引用古文資料的訓詁研究，更進一步探求義理。換言之，就是以客觀的態度檢證古文資料後，歸納這些資料，然後究明經義而通其理，有系統的樹立經傳的客觀解釋體系。

關於這種樹立經傳客觀解釋體系的企圖，西漢末的劉歆也曾作過類似的努力。《漢書・劉歆傳》說：

㉗《後漢書》，卷七十九，〈儒林・李育傳〉：「扶風漆人也，少習《公羊春秋》，沈思專精，博覽書傳，知名太學，深為同郡班固所重。……頗涉獵古學，嘗讀《左氏傳》，雖樂文采，然謂不得聖人深意，以為前世陳元、范升之徒。更相非折，而多引圖讖，不據理體。於是作《難左氏義》四十一事。建初元年，衛尉馬廖舉育方正，為議郎，後拜博士。四年，詔與諸儒論五經於白虎觀，育以《公羊》義難賈逵，往返皆有理證，最為通儒。」

㉘《春秋公羊傳注疏》題：「何氏之意，以為三科九旨，正是一物。若總言之，謂之三科，科者，段也；謂之九旨，旨者，竟也。言三個階段之內有此九種之意。」

> 初《左氏傳》多古字古言，學者傳訓故而已。及歆治《左氏》，引傳文以解經，轉相發明，由是章句義理備焉。㉙

案《三國志・蜀志・尹默傳》說：

> 尹默字思潛，梓潼涪人也。益部多貴今文而不崇章句，默知其不博，乃遠游荊州，從司馬德操、宋仲子等受古學。皆通諸經史，又專精於《左氏春秋》，自劉歆《條例》，鄭眾、賈逵父子、陳元、服虔注說，咸略誦述，不復按本。㉚

由是知劉歆治《左氏春秋》是有條例的，此後治《左氏》者也都有條例。例如賈逵有《春秋條例》二十一篇，鄭眾父鄭興治《左氏》也有「條例」，後漢末的穎容有《左氏條例》五萬餘言，荀爽也有《春秋條例》。雖然劉歆的《左氏條例》，是引傳文以解經，轉相發明，在方法

㉙《漢書》，卷三十六，〈劉歆傳〉。

㉚《三國志》，卷四十二，〈蜀志・尹默傳〉。

上與何休、李育不同，但目的卻是一樣的，亦即廣泛搜集資料，從材料中歸納出對經傳的客觀解釋體系。這是後漢中期以後，古文學的研究方法成為學術界主流，在這種影響下而確立的。不過，正如錢大昕所言：「有訓詁而得有義理，訓詁者，義理之所由。」義理必須以訓詁的發展為前提，亦即東漢對經傳的解釋向義理方面轉變，其目的在於對經傳通理明究，這是由於訓詁研究發展產生的結果。

因此，研究古文資料而出現的訓詁，及由訓詁而通理明究經義所出現的義理，不僅成為後世解釋經傳的雙軌，同時也表現出東漢通儒的本質，尤以後者對魏晉經典的解釋，更發生顯著的影響。

通儒又稱之為通人，《說文解字》釋「通」為「達也」，《釋名》引稱「通，洞也，無所不貫洞也。」因此，東漢的通儒不僅研究古文資料與通究終義，而且貫通古今。鄭玄駁難何休之學，傳稱「義據深通」，又稱「休見而歎曰：『康成入吾室，操吾矛以伐我乎？』」㉛可見總結兩漢經學的鄭玄是貫通古今的。馬融、盧植也是如此。《後漢書．盧植傳》稱其「能通古今學，好研精而不守章句。」㉜讀書好深思明究而求其通，此處的「通」必須以貫通古今

㉛《後漢書》，卷三十五，〈鄭玄傳〉。

㉜同⑲。

為前提來理解。

魏晉的經書解釋，是承繼通儒之學的基礎而發展出來的。通儒之學，如上文所述是對於古文經傳的重視，研究的結果，使經傳資料完備而系統化。另一方面，則是對經傳解釋通理明究方法的確立。這兩個成果引導魏晉經籍解釋的發展。不過，由於東漢末年集古今大成的鄭玄，對於作為經傳解釋重要基礎的經傳資料，已經作出總結性的成果。因此魏晉的經學解釋者，就朝向通儒之學通理明究這個方面發展，在經學解釋方面表現為「論」、「辯」，這正是魏晉經學傳注的特色。雖然東漢的通儒也長於論辯，㉝但在魏晉的談辯卻格外盛行。

魏晉社會由於清談的影響，談、辯非常盛行。由於後來談論漸次形成，故魏晉名士清言往復論難辯駁，其最終目的亦如東漢通儒在求通理。魏晉談論的意義在於論難、辯駁以決勝負，最後目的則歸於理的究明，以促起在精神文化體系中自覺意識的覺醒。例如建安七子之一的徐幹，在其所著的《中論》，對當時流行的「利口繁辭」的談辯，曾予以激烈的批評，並賦予「辯」以一個適當的概念，他說：

㉝ 東漢通儒亦長於論辯，例如《後漢書・桓譚傳》稱其「數從劉歆、揚雄，辨析疑異。」而韓融「少能辨理而不為章句」、王充「好論說，始若詭異，後有理實」、李育「以《公羊》義難賈逵，往返皆有理證」等等。

> 夫辯者，求服人心也，非屈人口也。故辯之為言別也，為其善分別事類而明處之也，非謂言辭切給而以陵蓋人也。故傳稱：《春秋》微而顯，婉而辯者。然則辯之言，必約以至，不煩而諭，疾徐應節，不犯禮教，足以相稱，《樂》盡人之辭，善致人之志，使論者各盡得其願，而與之得解。……君子之辯也，欲以明大道之中也，是豈取一坐之勝哉？[34]

至於「論」的本質，劉勰《文心雕龍・論說篇》解釋稱：

> 論如析薪，貴能破理，斤利者，越理而橫斷，辭辨者，反義而取通，覽文雖巧，而檢跡如妄，唯君子能通天下之志，安可以曲論哉？[35]

徐幹和劉勰從析理明究方面著眼，來理解辯與論的意義和本質，與東漢末年通儒正相吻合。

---

[34]《中論・覆辯篇》。

[35] 同[20]。

劉勰更曾將「論」之體，分為：

> 詳觀論體，條流多品：陳政，則與議說合契；釋經，則與傳注參體；辨史，則與贊評齊行；銓文，則與敘引共紀。故議者宜言，說者說語，傳者轉師，注者主解，贊者明意，評者平理，序者次事，引者胤辭：八名區分，一揆宗論。論也者，彌綸群言，而研精一理者也。㊱

劉勰所提的八名，可歸納為四類，即屬於議說的政論、屬於評贊的史論、屬於序引的文論、以及釋經的傳注。名稱雖然不同，但卻有共同的目的，就是「研精一理者也」，即在求「其義圓通，辭忌枝碎，必須心與理合，彌縫莫見其隙。」㊲所以劉勰所說的「論」，其意義與目的，和經書解釋的方法與目的是一致的，這也是東漢末通儒所追求的理想。對於經書的注釋，劉勰認為：

㊱ 同⑳。

㊲ 同⑳。

> 若夫注釋為詞，解散論體，雜文雖異，總會是同。若秦延君之注〈堯典〉，十餘萬字；朱普之解《尚書》，三十萬言；所以通人惡煩，羞學章句。若毛公之訓《詩》，安國之傳《書》，鄭君之釋《禮》，王弼之解《易》，要約明暢，可為式矣。[38]

劉勰這一段批評，正指出東漢以後通儒與俗儒最顯著的區別，這也說明魏晉的經籍解釋是繼承東漢以來通儒的傳統，繼續發展的。

三

劉勰所舉《毛箋》、《孔傳》、《鄭禮》、《王易》等，正是唐代孔穎達《五經正義》所採用的傳注，這些經傳的注都是在東漢末年至魏晉時代相繼形成。但值得注意的是：劉勰並沒有將杜預《春秋左氏經傳集解》列入。他在《文心雕龍．史傳篇》說到《左傳》：

> 夫子……因魯史以修《春秋》。舉得失以表黜陟，徵存亡以標勸戒；褒見一字，貴踰軒冕；貶在片言，誅深斧鉞。然睿旨存亡幽隱，經文婉約；丘明同時，實得微言，乃原

㊳ 同⑳。

始要終，創為傳體。傳者，轉也，轉受經旨，以授于後，實聖文之羽翮，記籍之冠冕也。[39]

這裡涉及到《左傳》為經為史的問題，這個問題自《史記・十二諸侯年表・序》以來，就有兩種不同的說法。太史公認為孔子先搜集周室的史料，然後約其文辭而成《春秋》，左丘明又恐怕這些被孔子刪約的材料，因口耳相傳而失實，因此依孔子所搜集的材料，具論其語而成《左氏春秋》。[40]因此《左傳》是依據《春秋》寫成的。太史公又說鐸椒、虞卿、呂不韋、荀卿、孟子、公孫固、韓非等人，「往往捃摭《春秋》之文以著書」，[41]他們都不是附經而獨立別行、自成一家之言的。至劉歆、班固則認為《左傳》以傳釋經全附於《春秋》。《漢書・劉

---

[39] 《文心雕龍》，卷四，〈史傳篇〉。

[40] 《史記》，卷十五，〈十二諸侯年表・序〉：「孔子明王道，干七十餘君，莫能用，故西觀周室，論史記舊聞，興於魯而次《春秋》，上記隱下至哀之獲麟，約其辭文，去其煩重。以制義法、王道，備人事浹。七十子之徒。受其傳指，為有所刺譏、褒諱、挹損之文辭，不可以書見也。魯君子左丘明懼弟子人人異端，各安其意，失其真，故因孔子史記，具論其語，成《左氏春秋》。」

[41] 同[20]。

歆傳》有謂「引傳文以解經」；[42]〈藝文志〉則謂「論本事以作傳，明夫子不以空言說經」，[43]他們同樣認為《左傳》是附經而行的。自此以後，後漢盧植稱左丘明傳《春秋》，「博物盡變，囊括古今，表裡人事」。至晉摯虞則稱丘明為經傳而獨自孤行，王接也稱《左氏》辭義贍富自是一家，賀循則直稱「《左氏傳》傳史之極也」。前所謂《左傳》獨立孤行的，都有視《左傳》為史的傾向。至於稱《左傳》附經而行的，則視《左傳》為經。自劉歆讓諸博士不應稱《左傳》不傳《春秋》，此後鄭眾、賈逵、服虔都力爭《左氏》為經學。

上述這種現象，到了魏晉時代略有轉變，因為這時史學已有逐漸脫離經學而獨立的色彩。例如被稱為《左氏》功臣的杜預，他的《春秋左氏經傳集解》詳為條理，他證明經之條貫必

[42] 《漢書》，卷三十六，〈劉歆傳〉：「及歆校秘書，見古文《春秋左氏傳》，歆大好之。……初《左氏傳》多古字古言，學者傳訓故而已。及歆治《左氏》，引傳文以解經，轉相發明，由是章句義理備焉。」

[43] 《漢書》，卷三十，〈藝文志〉：「周室既微，載籍殘缺，仲尼思存前聖之業。乃稱曰：「夏禮吾能言之，杞不足徵也；殷禮吾能言之，宋不足徵也。文獻不足故也，足，則吾能徵之矣。」以魯周公之國，禮文備物，史官有法，故與左丘明觀其史記，據行事，仍人道，因興以立功，就敗以成罰，假日月以定曆數，藉朝聘以正禮樂，有所褒諱貶損，不可書見，口授弟子，弟子退而異言。丘明恐弟子各安其意，以失其真，故論本事而作傳。明夫子不以空言說經也。」

出於傳，而傳之述事不論或先經，或後經，或依經，或錯經，都以釋經為主。杜預更堅持《左傳》是經學，他說：

> 左丘明受經於仲尼，以為經者不刊之書也。故傳或先經以始事，或後經以終義，或依經以辯理，或錯經以合義，隨義而發。㊹

不過，雖然杜預堅持《左傳》是經學，但他認為左丘明曾受經於孔子，所以能傳述孔子「不可書見」之意，同時認為左丘明身為國史，故能疏通證明史跡的本末，與策書的大體。前者肯定《左傳》為經學的地位，後者卻將史的意識灌注在他的《左傳集解》裡。㊺因此杜預注

㊹《春秋左傳集解・序》。

㊺《春秋左傳集解・序》：「春秋者，魯史記之名也……《周禮》有史官，掌邦國四方之事，達四方之志，諸侯亦各有國史。大事書之於策，小事簡牘而已。孟子曰：楚謂之檮杌、晉謂之乘、而魯謂之春秋，其實一也。韓宣子適魯，見《易象》與《魯春秋》，曰周禮盡在魯矣。……韓子所見，蓋周之舊典禮經也。周禮既衰，官失其守，上之人不能使春秋昭明，赴告策書，諸所記注多違舊章，仲尼因魯史策書成文，考其真偽而志其典禮，上以尊周公之遺志，下以明將來之法，其教之所存，文

《左氏》，不但承繼東漢到魏晉間通儒通理明究的傳統，更感染了這個時代史學逐漸脫離經學而獨立的色彩。也許這就是劉勰不將他的《左氏注》，與《毛詩箋》、《禮注》、《尚書傳》、《易注》並列的原因。因此，杜預的《左傳集解》是經注過渡到史注的橋樑，由明理而達事，對裴松之探索事實真象的《三國志注》，有所啟發與影響。

之所害，則刊而正之，以示勸戒。其餘則皆即用舊史，史有文質，辭有詳略，不必改也，……左丘明受經於仲尼，……（以）身為國史，躬覽載籍，必廣記而備言之，其文緩，其旨遠，將令學者，原始要終，尋其枝葉，究其所窮。」從這一段記載看來，杜預雖堅持《左傳》是依經而理辯，但他卻已將史的意識形態，貫注在他對《左傳》的解釋之中。

裴松之與魏晉史學評論

在魏晉史學脫離經學轉變過程中，中國的史學評論也隨著這個轉變逐漸形成。在這個轉變過程中，裴松之的《三國志》自注，不僅總結了魏晉史學的發展，並對這個時期的史學提出了評論。❶所以，裴松之《三國志注》中的史學評論，雖然繼承魏晉史學評論發展的遺緒，但卻開拓了中國史學評論的新境界，並且對後來劉知幾的《史通》發生啟導性的影響，的確是中國史學評論發展過程中重要的環節，但卻一直被忽略了。

一

在裴松之的著作之中，有《史目》一種。案《史記・五帝本紀》張守節《正義》引裴松之《史目》稱：「『天子稱本紀、諸侯曰世家』。本者，繫其本系，故曰本；紀者，理也，統

❶〈經史分途與史學評論的萌芽〉，頁二五三。

理眾事，繫之年月，名之曰紀」。《史目》，《隋書‧經籍志》未著錄，僅《正義》一引，未見他書。但從《史目》對《史記》本紀所作的解釋，顯然已不是單純的簿錄之作了。很可能是一部系統的史學評論著作。❷如果這個推論屬實，那麼，中國史學評論的專門著作，在劉知幾《史通》前的兩百多年已經出現了。

裴松之的《史目》雖然佚失，但裴松之史學評論的論點，卻仍有跡可尋。尤其他對魏晉史學所作的評論，散見於他《三國志注》的自注中。過去或現在的學者，在討論《三國志注》的價值時，似乎都一致稱讚其保存魏晉史料之功。的確，《三國志》裴注前後引用魏晉時期的史學著作與材料，以及當時有關的著作共一百八十六種，而且所引用的材料多首尾俱全，不像酈道元注《水經》、李善注《文選》那樣，將材料剪裁得瑣碎零亂。❸自東漢末年至魏晉時期的一些史學著作，能保留到現在，不能不說是《三國志注》的功勞。不過，《三國志注》保存了大批的魏晉史料，祇是一個意外的收穫。而且《三國志注》對魏晉材料的蒐集與整理，也不是裴松之個人之力，而是在一批現在已不知名的助手協助下完成的。❹

---

❷〈裴松之與《三國志注》〉，頁三二九。

❸拙作，〈裴松之《三國志注》引雜傳集釋〉，《國立臺灣大學歷史系學報》第一期。

❹〈裴松之《三國志注》的自注〉，頁三六三。

至於裴松之對中國史學所作的貢獻，則是在補陳壽闕失之外，對魏晉史學所作的評論。這些評論包括對材料的考證、歷史人物與事件的評價，以及對陳壽《三國志》與魏晉其他史學著作所作的評論。這些考證、評價、或評論，集中在裴松之《三國志注》的自注中。自注也就是《三國志注》中的「臣松之案」與「臣松之以為」。這是裴松之主持《三國志》的銓注工作，在他的助手完成材料的排比後，經他最後校訂，所發表的個人意見，一如溫公的《通鑑考異》與《通鑑》的「臣光曰」。❺

雖然，裴松之的自注在《三國志注》中所佔的比重不多，僅十分之一左右，但卻是裴松之撰集《三國志注》的精旨深義所在。因為裴松之認為對某種著作所作的注釋，非僅拾遺補闕而已，必須有所見識與發明的。❻這種理想已顯明地表現在他〈上《三國志注》表〉之中，也就是他所說的「繢事以眾色成文，蜜蠭以兼采為味，故能使絢素有章，甘踰本質。」這不僅是裴松之注《三國志》的目的，更是他《三國志注》的最終理想。聚眾色與蜜蜂的兼採，祇是對於材料的蒐集階段，經過醞釀以後，才能「絢素有章，甘踰本質」，那就是他自注中對

---

❺ 同❹。

❻ 《三國志》，卷二十二，〈魏書．衛臻傳〉注引舊事及《傅咸集》。裴松之自注稱：臻孫權作左思〈吳都賦〉敘與注，「敘粗有文辭，至於為注，了無所發明，直為塵穢紙墨，不合傳寫也。」

所蒐集材料的考辨與批評，這才是裴松之《三國志注》的理想。也就是藉陳壽《三國志》的注釋，對脫離經學邁向獨立的魏晉史學，作一次總結性的整理與評論。《三國志注》中的「臣松之案」與「臣松之以為」，正是這種理想的嘗試。

不過，「臣松之案」與「臣松之以為」，所表現的意義並不相同。前者是對所蒐集材料的考證與解釋，後者則是對考證的結果所作的評論。這些評論包括其個人對歷史事件的看法、歷史人物的評價，以及對魏晉史學所作的評論。尤其對魏晉史學所作的評論，更是中國史學評論形成的重要關鍵。「臣松之案」與「臣松之以為」，是裴松之注《三國志》的體例，處理材料過程中的第三、第四階段。先後的程序分明地表現在他〈上《三國志注》表〉中：

> 臣前被詔，使采三國異同以注陳壽《國志》。壽銓敘可觀，事多審正。誠遊覽之苑囿，近世之嘉史。然失在于略，時有所脫漏。臣奉旨尋詳，務在周悉。上綴舊聞，旁摭遺逸。按三國雖歷年不遠，而事關漢、晉。首尾所涉，出入百載。注記紛錯，每多舛互。其壽所不載，事宜存錄者，則罔不畢取以補其闕。或同說一事而辭有乖雜，或出事本異，疑不能判，並皆抄內以備異聞。若乃紕繆顯然，言不附理，則隨違矯正以懲其妄。其時事當否及壽之小失，頗以愚意有所論辯。

歸納裴松之自敘其注《三國志》體例，有補闕、備異、懲妄、論辯等四種。前二者是對材料的蒐集與歸納。但其所補的脫漏，不僅陳壽失之在略而已，並包括所引用的其他魏晉史學著作在內。這種補闕的形式，就是《四庫總目提要》謂「傳所有之事，詳其委曲」；「傳所無之事，補其闕佚」；「傳所有之人，詳其生平」；「傳所無之人，附以同類」。❼不過，由於魏晉史學著作豐富，往往同一歷史事件有數種不同的記載。因此，裴松之還採用了當時釋氏譯經講經的「合本子注」形式，即選擇一種主要的材料，其他不同記載，附於其後。這就是裴松之所稱「並皆抄內以備異聞」。❽不過，這兩部分的工作卻是裴松之發凡起例，由他的助手協助完成的。

至於「懲妄」與「論辯」，則是應用以上的成果，所作的進一步的討論；這一部分工作由裴松之親自負責，分別以「臣松之案」與「臣松之以為」的形式處理。「臣松之案」也就是他上表中說「若乃紕繆顯然，言不附理，則隨違矯正以懲其妄」。這是對所引用材料的考證，並在考證完畢後進行總結批判。案《三國志》卷三十三〈蜀志・後主傳〉：「（章武）三年夏四

❼《四庫全書總目提要》，卷四十五，「《三國志》」條。

❽ 同❷。

月，先主殂于永安宮。五月，後主襲位於成都，時年十七。」條下注引《魏略》曰：

初備在小沛，不意曹公卒至，遑遽棄家屬，後奔荊州。禪時年數歲，竄匿，隨人西入漢中，為人所賣。及建安十六年，關中破亂，扶風人劉括避亂入漢中，買得禪，問知其良家子，遂養為子，與娶婦，生一子。初禪與備相失時，識其父字玄德。比舍人有姓簡者，及備得益州而簡為將軍。備遣簡到漢中，舍都邸。禪乃詣簡，簡相檢訊，事皆符驗。簡喜，以語張魯，魯乃洗沐送詣益州，備乃立為太子。初備以諸葛亮為太子太傅，及禪立，以亮為丞相，委以諸事，謂亮曰：「政由葛氏，祭則寡人。」亮亦以禪未閑於政，遂總內外。

臣松之案：〈二主妃子傳〉曰「後主生於荊州」，〈後主傳〉云「初即帝位，年十七」，則建安十二年生也。十三年敗於長阪，備棄妻子走，〈趙雲傳〉曰「雲身抱弱子以免」，即後主也。如此，備與禪未嘗相失也。又諸葛亮以禪立之明年，領益州牧，其年與主簿杜微書曰「朝廷今年十八」，與禪傳相應，理當非虛。而魚豢云備敗於小沛，禪時年始生，及奔荊州，能識其父字玄德，計當五六歲。備敗於小沛時，建安五年也，至禪初立，首尾二十四年，禪應過三十矣。以事相驗，理不得然。此則《魏略》之妄說，乃至二百餘言，異也！又案諸書記及《諸葛亮集》，亮亦不為太子太傅。

這是裴松之對魚豢《魏略》，所記載劉禪幼年與劉備失散事的考證。他以〈二主妃子傳〉、〈趙雲傳〉、《諸葛亮集》的材料，考證《魏略》的記載，所得的結論是「以事相驗，理不得然，此則《魏略》之妄說，乃至二百餘言，異也！」這種對「紕繆顯然」材料的考證形式，是裴松之自注「臣松之案」常見的一種考證形式。

至於對「言不附理」的材料，裴松之往往以推理的形式加以考辨。案《魏志》卷一〈武帝紀〉建安五年條下：

八月，（袁）紹連營稍前，依沙埴為屯，東西數十里。公亦分營與相當，合戰不利。時公兵不滿萬，傷者十二三。

臣松之以為魏武初起兵，已有眾五千，自後百戰百勝，敗者十二三而已矣。但一破黃巾，受降卒三十餘萬，餘所吞并，不可悉記；雖征戰損傷，未應如此之少也。夫結營相守，異於摧鋒決戰。本紀云：「紹眾十餘萬，屯營東西數十里。」魏太祖雖機變無方，略不世出，安有以數千之兵，而得逾時相抗者哉？以理而言，竊謂不然。紹為屯數十里，公能分營與相當，此兵不得甚少，一也。紹若有十倍之眾，理應當悉力圍守，使出入斷絕，而公使徐晃等擊其運車，公又自出擊淳于瓊等，揚旌往還，曾無抵閡，明紹力不能制，是不得甚少，二也。諸書皆云公坑紹眾八萬，或云七萬。夫八萬人奔散，非八千人所能縛，而紹之大眾皆拱手就戮，何緣力能制之？是不得甚少，三也。將記述者欲以少見奇，非其實錄也。案〈鍾繇傳〉云：「公與紹相持，繇為司隸，送馬二千餘匹以給軍。」《本紀》與《世語》並云公時有騎六百餘匹，繇馬為安在哉？

這是裴松之以推理的方法，辯證材料失實的形式，也是裴松之自注常見的另一種考證形式。這種析辨材料的方式，顯然是受魏晉談辯之風的影響。不論「以事相驗，理不得然」，或「以理而言，竊謂不然」，其目的都是批評材料記述的失實。裴松之即以此為基礎，對魏晉史學進行評論。案《蜀書》卷六〈馬超傳〉注引《山陽公載記》：

超因見備待之厚，與備言，常呼備字，關羽怒，請殺之。備曰：「人窮來歸我，卿等怒，以呼我字故而殺之，何以示於天下也。」張飛曰：「如是，當示之以禮。」明日大會，請超入，羽、飛並杖刀立直，超……乃大驚，遂一不復呼備字。明日嘆曰：「我今乃知其所以敗。為呼人主字，幾為關羽、張飛所殺。」自後乃尊事備。

臣松之按以為超以窮歸備，受其爵位，何容傲慢而呼備字？且備之入蜀，留關羽鎮荊州，羽未嘗在益土也。故羽聞馬超歸降，以書問諸葛亮「超人才可誰比類」，不得如書所云。羽焉得與張飛立直乎？凡人行事，皆謂其可也，知其不可，則不行之矣。超若果呼備字，亦謂於理宜爾也。就令羽請殺超，超不應聞，但見二子立直，何由便知以呼字之故，云幾為關、張所殺乎？言不經理，深可忿疾也。袁暐、樂資等諸所記載，穢雜虛謬，若此之類，殆不可勝言也。

「臣松之以為」是裴松之自注的另一種形式。這種自注的形式，往往是經過對材料的考證後，進一步「頗以愚意有所論辯」，對所引的史學著作進行批評，當然批評的範圍，不僅限於陳壽的《三國志》。如上述被裴松之認為「言不經理，深可忿疾也」的《山陽公載記》，首見引於《魏書・武帝紀》，然不著作者名。《隋書・經籍志・雜史類》有《山陽公載記》十卷，樂資撰。《史通・雜述篇》稱：「若陸賈《楚漢春秋》、樂資《山陽公載記》……，此之謂偏紀者也。」裴松之在他的自注中，評論樂資《山陽公載記》時，往往與袁暐的《獻帝春秋》相提並論。《魏書》卷六〈袁紹傳〉注稱：

> 樂資《山陽公載記》及袁暐《獻帝春秋》並云太祖兵入城，審配戰于門中，既敗，逃于井中，於井獲之。
>
> 臣松之以為配一代之烈士，袁氏之死臣，豈當數窮之日，方逃身于井，此之難信，誠為易了。不知資、暐之徒，竟為何人，未能識別然否，而輕弄翰墨，妄生異端，以行其書。如此之類，正足以誣罔視聽，疑誤後生矣。寔史籍之罪人，達學之所不取者也。

袁暐，《隋書·經籍志》作袁曄，〈古史類〉有《獻帝春秋》十卷，袁曄撰。案〈吳書〉卷十二〈陸瑁傳〉稱「廣陵袁迪」，注稱「迪孫曄，字思光，作《獻帝春秋》……。」《三國志注》前後引《獻帝春秋》二十餘條，由於記載失實，裴松之深不滿其書，如〈荀彧傳〉注引，稱其「虛罔」，〈張紘傳〉注引，則譏其「虛錯」，此處批評其與樂資的《山陽公載記》，「疑誤後生矣，寔史籍之罪人」，詆譭最深。裴松之對於記述失實，批評最為激烈。又〈魏書〉卷二十一〈王粲傳〉注引《文士傳》載勸劉琮歸曹事，王粲說魏武「雄略冠時，智謀出世，摧袁氏於官渡，驅孫權於江外，逐劉備於隴右，破烏丸於白登」云云。裴松之自注稱：

臣松之案：孫權自此以前，尚與中國和同，未嘗交兵，何云「驅權於江外」乎？魏武以十三年征荊州，劉備卻後數年方入蜀，備身未嘗涉於關、隴。而於征荊州之年，便云逐備於隴右，既已乖錯；又白登在平城，亦魏武所不經，北征烏丸，與白登永不相豫。以此知張騭假偽之辭，而不覺其虛之自露也。凡騭虛偽妄作，不可覆疏，如此類者，不可勝紀。

又《魏書》卷二十一〈王粲傳〉稱：「時又有譙郡嵇康，文辭壯麗，好言老、莊，而尚奇任俠。至景元中，坐事誅。」注分別引虞預《晉書》、孫盛《魏氏春秋》與《晉陽秋》、《嵇氏譜》、《嵇康別傳》、《嵇康集目錄》，以及郭頒的《魏晉世語》等書，輯補嵇康的事蹟。裴松之考訂這些材料後，其自注稱：

臣松之案〈本傳〉云康以景元中坐事誅，而干寶、孫盛、習鑿齒諸書，皆云正元二年，司馬文王反自樂嘉，殺嵇康、呂安。蓋緣《世語》云康欲舉兵應毋丘儉，故謂破儉便應殺康也。其實不然。山濤為選官，欲舉康自代，康書告絕，事之明審者也。案《濤行狀》，濤始以景元二年除吏部郎耳。景元與正元相較七八年，以《濤行狀》檢之，如

〈本傳〉為審。又〈鍾會傳〉亦云會作司隸校尉時誅康；會作司隸，景元中也。干寶云呂安兄巽善於鍾會，巽為相國掾，俱有寵於司馬文王，故遂抵安罪。尋文王以景元四年鍾、鄧平蜀後，始授相國位；若巽為相國掾時陷安，焉得以破毋丘儉年殺嵇、呂？此又干寶之疏謬，自相違伐也。

這是裴松之自注非常典型的「懲妄」例子。通過考證不僅證明注引《世語》所謂「毌丘儉反，康有力，且欲起兵應之，以問山濤，濤曰：『不可。』儉亦已敗」的誤述。並且由此論及習鑿齒的《漢晉春秋》、孫盛《魏氏春秋》、干寶的《晉紀》述及這個問題時，也犯了同樣的錯誤。所以如此，完全是由於引用郭頒《魏晉世語》材料所致。案郭頒《魏晉世語》，《隋書・經籍志・雜史類》有《魏晉世語》十卷，晉襄令郭頒撰。兩《唐志》同，唯避唐諱，「世」作「代」。《三國志注》引省「魏晉」，但稱《世語》。《三國志注》前後引郭頒《世語》八十餘處，但裴松之對其評論甚苛，〈魏書〉卷四，正元二年條下注引《世語》稱：

大將軍奉天子征儉，至項；儉既破，天子先還。

臣松之檢諸書都無此事，至諸葛誕反，司馬文王始挾太后及帝與俱行耳。故發詔引漢二祖及明帝親征以為前比，知明帝已後始有此行也。案張璠、虞溥、郭頒皆晉之令史，璠、頒出為官長，溥，鄱陽內史。璠撰《後漢紀》，雖似未成，辭藻可觀。溥著《江表傳》，亦粗有條貫。惟頒撰《魏晉世語》，蹇乏全無宮商，最為鄙劣，以時有異事，故頗行於世。干寶、孫盛等多采其言以為《晉書》，其中虛錯如此者，往往而有之。

裴松之對張璠《後漢紀》、虞溥《江表傳》、郭頒《魏晉世語》各有不同的評價。他認為張璠《後漢紀》「辭藻可觀」，《隋書．經籍志》有張璠《後漢紀》三十卷，兩《唐志》同。案袁宏《後漢紀．序》稱其撰《後漢紀》「經營八載，疲而不能定，頗有傳者，始見張璠所撰書，其言漢末之事差詳，故復採而益之。」由此可知張璠的《後漢紀》，在當時評價很高。後來劉知幾將其與荀悅的《後漢紀》相提並論，《史通．二體篇》就說「荀悅、張璠，丘明之黨也」。

至於裴松之評為「粗有條貫」的《江表傳》，案《晉書》卷八十二〈虞溥傳〉稱其「注《春秋經》、《傳》，撰《江表傳》及文章詩賦數十篇。卒於洛，……子勃，過江上《江表傳》於元帝，詔藏于秘府。」《江表傳》、《隋書．經籍志》不著錄。《唐志．雜傳類》有虞溥《江表傳》三卷，〈雜史類〉重出作五卷。所記多孫吳事，《三國志注》前後引《江表傳》近百次，以〈吳書〉引注最多。裴松之對《江表傳》所載失實雖有譏評，但認為《江表傳》較胡沖《吳歷》

為實。

雖然裴松之評郭頒《魏晉世語》，「蹇乏全無宮商，最為鄙劣」，但「以時有異事，頗行於世」，所以《三國志注》前後屢引其書。而且裴松之更說「干寶、孫盛等多采其言以為《晉書》」。同時習鑿齒的《漢晉春秋》，也引用《魏晉世語》的材料。干寶、孫盛、習鑿齒都是東晉時著名的歷史學家，《晉書》與陳壽同傳。《三國志注》先後引用了干寶的《晉紀》與《搜神記》、習鑿齒的《漢晉春秋》與《襄陽記》、孫盛的《魏晉春秋》、《晉陽秋》、《異同雜語》與《蜀世譜》。裴松之對他們的著作皆有評議。

干寶，《晉書》本傳稱其「少勤學，……以才器召為著作郎」，後來王導上疏請立史官，稱：「當中興之盛，宜建立國史，撰集帝紀」，並薦舉干寶等，漸就撰集。於是干寶始領國史「著《晉紀》，自宣帝迄于愍帝五十三年，凡三十卷，奏之。其書簡略，直而能婉，咸稱良史。」對於干寶的《晉紀》歷來都有好評。何法盛《晉中興書》認為「評論切中」，劉勰則稱「干寶述紀，以審正得序」。❾劉知幾對魏晉史學非常苛刻，卻獨青睞干寶《晉紀》。但由於干寶引用《魏晉世語》材料，所發生的錯誤，裴松之因此批評「干寶之疏謬，自相違伐也。」至於《三國志注》所引用的干寶《搜神記》，是干寶「集古今人物、靈異神祇變化」的志異著作。

❾《文心雕龍》，卷四，〈史傳篇〉。

《三國志注》先後引用的魏晉志異作，除干寶的《搜神記》，還有葛洪的《神仙傳》、《列異》與《陸氏異林》。因而後世譏其「嗜奇愛博，頗傷蕪雜」，認為這些「不經之談，不應入史」。❿這批志異的材料，裴松之對這批包括葛洪《神仙傳》在內無法考證的神仙方術的資料，曾予以「近為惑眾」的評論。⓫

習鑿齒的《漢晉春秋》，據裴松之謂也引用《魏晉世語》為書。案《晉書》卷八十二本傳稱習鑿齒為榮陽太守，「是時（桓）溫覬覦非望，鑿齒在郡，著《漢晉春秋》，以裁正之。起漢光武，終於晉愍帝。於三國之時，蜀以宗室為正，魏武雖受漢禪晉，尚為篡逆，至文帝平蜀，乃為漢亡而晉始興焉。……明天心不可以勢力強也。凡五十四卷。」案《隋書・經籍志》有《晉陽秋》四十七卷，迄愍帝，晉滎陽太守習鑿齒撰，「春秋」作「陽秋」，避簡文帝太后諱。《唐志》作五十四卷與本傳合。劉知幾非常推崇《漢晉春秋》，《史通・論贊篇》：「孫安國都無足採，習鑿齒時有可觀。」尤其對習鑿齒帝蜀偽魏更為稱贊，《史通・探賾篇》稱：「（鑿齒）以魏為偽國者，此蓋定邪正之途，明順逆之理耳。而檀道鸞稱其當桓氏執政，故撰此書，

---

❿ 拙作，〈魏晉志異小說與史學的關係〉。

⓫ 《三國志》，卷六十三，〈吳書・吳範劉惇趙達傳〉，注引葛洪《抱朴子》及《神仙傳》條後，裴松之自注。參拙作〈裴松之《三國志注》的自注〉。

欲以絕彼瞻烏，防茲逐鹿。歷觀古之學士，為文以諷其上者多矣。若齊冏失德，〈豪士〉於焉作賦；賈后無道，〈女史〉由其獻箴。斯皆短什小篇，可率爾而就也，安有變三國之體統，改五行之正朔，勒成一史，傳諸千載，而藉以權濟物議，取誡當時。」裴松之對習鑿齒的《漢晉春秋》亦有好評，案《魏書》卷四〈三少帝紀〉注引《漢晉春秋》、《魏晉世語》、《晉諸公贊》、干寶《晉紀》、孫盛《魏氏春秋》與《魏末傳》，敘成濟犯蹕事。裴松之自注稱：

> 臣松之以為習鑿齒書，雖最後出，然述此事差有次第。故先載習語，以其餘所言微異者次其後。

雖然，裴松之認為習鑿齒的《漢晉春秋》，與孫盛的《晉陽秋》對材料的搜集不遺餘力，因此稱「孫盛、習鑿齒，搜求異同，罔有所遺」。不過，對材料的敘述方面，仍有討論的餘地。案《魏書》卷四〈三少帝紀〉注引：

> 《漢晉春秋》曰：丁卯，葬高貴鄉公于洛陽西北三十里瀍澗之濱。下車數乘，不設旌旐，百姓相聚而觀之，曰：「是前日所殺天子也。」或掩面而泣，悲不自勝。

> 臣松之以為若但下車數乘，不設旌旒，何以為王禮葬乎？斯蓋惡之過言，所謂不如是之甚者。

裴松之不僅以推理的方式，討論《漢晉春秋》的材料，並且更以習鑿齒另一著作《襄陽記》與《漢晉春秋》互校。案習鑿齒《襄陽記》，首見引〈蜀書・諸葛亮傳〉。《隋書・經籍志》有《襄陽耆舊記》五卷，習鑿齒撰。兩《唐志》卷同，「記」作「傳」。章宗源《隋書經籍志考證》稱：「《郡齋讀書後志》曰：記五卷前載襄漢人物，中載山川城邑，後載牧守。觀其記錄，叢雜非傳體也，當從《隋志》。」《襄陽記》應是雜傳類郡書一類的著作。〈蜀志〉卷九〈董允傳〉注引《襄陽記》，敘董恢教費禕對孫權語。裴松之自注稱：

> 臣松之案：《漢晉春秋》亦載此語，不云董恢所教，辭亦小異，此二書俱出習氏，而不同若此。本傳云「恢少年官微」，若已為丞相府屬，出作巴郡，則官不微矣。以此疑習氏之言為不審的也。

二

裴松之對材料的考證，是為了追求歷史的真實，他的態度是相當固執的。《宋書》本傳載其〈上禁斷私碑表〉就說「顯彰茂實，使百世之下知其不虛……。」這正是考辨材料的目的。雖然《三國志注》蒐集了各種不同的材料，但裴松之對某些材料仍持保留的態度。《三國志》卷十四〈魏書・劉放傳〉注引《孫資別傳》載帝問誰可用為射聲校尉事。裴松之自注稱：

> 臣松之以為孫、劉于時號為專任，制斷機密，政事無不綜。資、放被託付之問，當安危所斷，而更依違其對，無有適莫。受人親任，理豈得然？案本傳及諸書並云放、資稱贊曹爽，勸召宣王，魏室之亡，禍基於此。資之別傳，出自其家，欲以是言掩其大失，然恐負國之玷，終莫能磨也。

別傳是魏晉時期所出的一種史學著作形式，或出其家，或撰自其親婭，或由其門生故舊所纂述。⓬這種材料《三國志注》引用不少。但這些材料如裴松之所指確有「是言掩其大失」之

⓬〈魏晉別傳的時代性格〉，頁一〇一。

處，與其《宋書》本傳所指碑銘之作，「勒銘寡取信之實，刊石成虛偽之常」的缺誤相似。由此可見裴松之對辨別材料真偽所堅持的態度。裴松之〈上《三國志注》表〉稱：「及壽之小失，頗以愚意有所論辯」。從本文以上所述可知，其所論辯的範圍並不僅限於陳壽的《三國志》，並且包括所引用的魏晉其他史學著作。當然，裴松之對陳壽《三國志》材料的取捨、材料的真偽、傳記的編撰各方面，也都提出其個人的看法。案《三國志》卷五十四〈吳書・魯肅傳〉：

> 時諸葛亮與備相隨，肅謂亮曰：「我子瑜友也」，即共定交。備遂到夏口，遣亮使權，肅亦反命。
>
> 臣松之案：劉備與權併力，共拒中國，皆肅之本謀。又語諸葛亮曰：「我子瑜友也」，則亮已亟聞肅言矣。而〈蜀書・亮傳〉曰：「亮以連橫之略說權，權乃大喜。」如似此計始出於亮。若二國史官，各記所聞，競欲稱揚本國容美，各取其功。今此二書，同出一人，而舛互若此，非載述之體也。

又《三國志》卷五十二〈吳書・諸葛瑾傳〉載瑾與劉備牋曰：

> ……陛下以關羽之親何如先帝？荊州大小孰與海內？俱應仇疾，誰當先後？若審此數，易如反掌。
>
> 臣松之云：……瑾以大義責備，答之何患無辭；且備、羽相與，有若四體，股肱橫虧，憤痛已深，豈此奢闊之書所能迴駐哉？載之於篇，實為辭章之費。

裴松之雖然批評陳壽記載孫劉結盟，計出於魯肅或諸葛亮，〈吳書〉與〈蜀書〉有不同的記載，對這種說法迥異的材料，裴松之認為二者應擇一，若二者共載，則非記載之體。至於將諸葛瑾與劉備牋載之於傳，裴松之認為是辭章之費。不過，裴松之對陳壽敘述甄后之死，卻有好評。案《三國志》卷五〈魏書·后妃傳〉稱：「后愈失意，有怨言，帝大怒，二年六月，遣使賜死，葬於鄴。」注引王沈《魏書》曰：

> 有司奏建長秋宮，帝璽書迎后，詣行在所，……璽書三至而后三讓，言甚懇切。時盛暑，帝欲須秋涼乃更迎后，會后疾遂篤，夏六月丁卯，崩於鄴，帝哀痛咨嗟，策贈皇后璽綬。
>
> 臣松之以為《春秋》之義，內大惡諱，小惡不書。文帝之不立甄氏，及加殺害，事有

明審。魏史若以為大惡邪，則宜隱而不言，若謂為小惡邪，則不應假為之辭，而崇飾虛文乃至於是，異乎所聞於舊史。推此而言，其稱卞、甄諸后言行之善，皆難以實論，陳氏刪落，良有以也。

案王沈《魏書》，《晉書》本傳稱其「正元中，……典著作。與荀顗、阮籍共撰《魏書》，多為時諱，未若陳壽之實錄也。」《史通．曲筆篇》謂「王沈《魏錄》濫述貶甄之詔」，即指此言。劉知幾認為王沈這樣的記載是「記言之奸賊，載筆之凶人。」顯然是受裴松之論陳壽刪節這段材料，「良有以也」的影響而來。又〈魏書〉卷十〈荀彧荀攸賈詡傳〉評曰：

荀攸、賈詡，庶乎算無遺策，經達權變，其良、平之亞歟！

臣松之以為列傳之體，以事類相從，張子房青雲之士，誠非陳平之倫。然漢之謀臣，良、平而已。若不共列，則餘無所附，故前史合之，蓋其宜也。魏氏如詡之儔，其比幸多，詡不編程、郭之篇，而與二荀並列；失其類矣。且攸、詡之為人，其猶夜光之與蒸燭乎！其照雖均，質則異焉。今荀、賈之評，共同一稱，尤失區別之宜也。

綜合以上裴松之對陳壽《三國志》所作的評論，其範圍包括對材料的辨證、敘述、取捨，以及傳記人物的分類等等。而且如上所述，裴松之的評論不僅限於陳壽的《三國志》，評論的範圍更擴及其所引用的其他魏晉史學著作。所以，裴松之注陳壽的《三國志》，非僅補陳壽之漏失，同時也對魏晉史學作了總結性的評論，其基礎是建築在考辨材料的真偽上。由考辨材料的真偽，對魏晉的史學著作進行評論。不過，這種史學評論的形式，是魏晉史學評論習用的一種形式，在裴松之之前的魏晉史學家，常用這種方式，對其他的史學著作進行評論，裴松之就是繼承這個評論的傳統而加以發展的。

在《三國志注》所引用的魏晉史學著作中，有孫盛的《異同評》、徐眾的《三國評》，傅子、袁子、以及習鑿齒、干寶等人的史論。雖然這些史論，多是對歷史事件的議論，或歷史人物的評價，不過也有些涉及史學評論的，孫盛的《異同評》便是其中的一種。

孫盛的《異同評》，《三國志注》引用時，或僅稱孫盛評曰。這本史學著作，《隋書・經籍志》不見著錄。歷來對這本史學著作的討論，都認為是與孫盛另一本《異同雜語》的不同稱呼。⓭孫盛的《異同雜語》，《三國志注》首引見於〈魏書・武帝紀〉。夏侯玄、呂虔、姜維傳

⓭ 沈家本認為此書《隋志》不著錄，《唐志》有孫秦《異同雜譜》八卷，或即是此書。章宗源則以為省「異同」二字，《世說・假譎》注引操入張讓宅事，與武帝注引同，當是一書。其曰孫盛《異同評》，

中也分別注引。孫盛的《異同雜語》，《隋書・經籍志》也沒有著錄。《唐書・經籍志》有《魏氏春秋異同雜語》八卷，撰者卻是孫壽。孫壽可能是孫盛之譌。但高似孫的《史略》，在孫盛《魏氏春秋》二十卷之後，有《魏氏春秋異同雜語》八卷，卻將作者誤為陳壽了。《三國志注》注引孫盛《異同雜語》外，還引用了孫盛《異同評》、或《評》、與《孫盛曰》三種不同稱呼的著作。而且從所引注的文字看來，這三種不同的名稱是有區別的。〈魏書・武帝紀〉引孫盛《異同雜語》所敘曹操入張讓宅的一段記載，同時也見引於《世說新語・假譎篇》注引。祇稱孫盛《雜語》，所記載的是歷史事實。《孫盛曰》則是對歷史事件或歷史人物的議論。至於孫盛的《異同評》、或《評》，卻是對歷史材料的考辨，以及對歷史著作的評論，則屬於史學評論的部分。

又曰《孫盛評曰》，恐《雜語》之異名。又裴注引但稱孫盛曰，而不著書名，亦當是評語。丁國鈞、黃逢元則認為《異同評》、《異同雜語》、或《雜事》皆是一書。盧弼則認為是二書，其謂嚴可均《全晉文》引作《魏氏春秋評》、《魏氏春秋異同評》。至《唐志》之《魏氏春秋異同》，疑別為一書。高似孫《史略》於孫盛《魏氏春秋》二十卷下，又有《魏陽秋異同》八卷，陳壽撰，則明為二書。諸家以《魏陽秋異同》為孫盛《雜語》，皆沿章氏《隋書經籍考證》而誤。盧氏之說，亦誤。案《異同雜語》、《異同評》或《評》，與孫盛曰之同是一書之不同部分。

孫盛的《異同評》，嚴可均《全晉文》引作《魏氏春秋評》，或《魏氏春秋異同評》。因此，如果《三國志注》所引的三種不同的名稱，同屬於孫盛《魏氏春秋異同雜語》這本著作，那麼這本著作同時包括了歷史的敘述、歷史事件與歷史人物的評價，以及對歷史著作的評論三個不同部分。這類鈔錄舊史並且表示個人意見的著作，是魏晉時期一種流行的歷史寫作形式。《隋書・經籍志・雜史・小序》就說：「自後漢已來，學者多皆鈔撮舊史，自為一書」。後世將這類形式的史學著作稱為「史鈔」。漢晉時期這類著作，著錄於雜史之中，計有「約《史記》要言，以類相從」的《史要》十卷，漢魏颯撰。又有吳太子太傅張溫的《三史略》三十卷。在這些著作之中，以葛洪的三十卷《漢書鈔》是大家熟悉的。葛洪《抱朴子・自序》稱其「鈔五經七史百家之言，方技、短雜三百一十卷。」「五經七史」，《晉書》本傳作「五經《史》《漢》」。《唐書・藝文志》除有葛洪的《漢書鈔》三十卷，並著錄了他的《史記鈔》十卷、《後漢書鈔》三卷。著名的《西京雜記》，就是葛洪鈔《漢書》剩餘的材料編輯而成的。

但在鈔錄史書的過程中，往往幾種材料並列，就會有裴松之所言「同說一事，而辭有乖離，或事出本異，疑不能判」的問題出現。這種問題所以出現，正如《文心雕龍・史傳篇》所說歷史著作：

> 然紀傳為式，編年綴事，文非泛論，按實而書，歲遠則同異難密，事積則起訖易疎，斯固總會之為難也。或有同歸一事，而數人分功，兩記則失於複重，偏舉則病於不周，此又銓配之未易也。

這是史學寫作過程中，選擇材料所遭遇到的問題，這種問題也是鈔錄史書所遭遇到的，於是便有異同之論出現了。《隋書．經籍志》有張緬的《後漢略》三十五卷。《梁書》張緬本傳稱其「尤明後漢及晉代眾家，抄《後漢》、《晉書》眾家異同，為《後漢紀》四十卷」。《隋書．經籍志》又有張緬的《晉書鈔》三十卷，也是一部鈔眾家異同的著作。但在辨析異同的同時，論斷得失的問題也隨著出現。論斷眾史的得失就是史學評論了。傅玄的《傅子》有論斷三史得失部分，就是一個非常明顯的例子。

《三國志注》前後屢引《傅子》。案《晉書》卷四十七傅玄本傳稱其「少時避難河內，專心誦學，後雖顯貴，而著述不廢。撰經國九流及三史故事，評斷得失，各為區例，名為《傅子》，為內、外、中篇，凡有四部、六錄，合百四十首，數十萬言」。《隋書．經籍志》有《傅子》百二十卷，晉司隸校尉傅玄撰。嚴可均《傅子輯本．序》認為《傅子》三篇，內篇論經國九流，這一部分就是王沈與傅玄書所提「省足下所著書，言富理濟，經綸政體，存重儒教，足以塞楊墨之流遁，齊孫孟於往代。」中篇是傅玄撰述的《魏書》底本。《晉書・傅玄傳》稱他「以時譽選入著作，撰集《魏書》」。《史通・古今正史篇》則說：「《魏史》，……司隸校尉傅玄等，復共撰定。」傅玄所撰集的《魏書》，《隋書・經籍志》不著錄。《三國志注》前後引《傅子》近八十條，六千三百字，都是敘述三國史事，可能就是傅玄所撰定的《魏書》底本。

至於外篇則是論斷三史得失部分，也就是《文心雕龍・史傳篇》所言「張衡摘史、班之舛濫，傅玄譏《後漢》之尤煩。」也就是傅玄論斷三史得失之一。但關於傅玄論斷三史得失的評論，卻不見於嚴可均的輯本。《史通・覈才篇》稱：

> 昔傅玄有云：「觀孟堅《漢書》，實命代奇作，及與陳宗、伊敏、杜撫、馬嚴撰《中興紀傳》，其文曾不足觀，豈拘於時乎？不然，何其不類之甚者也。是後劉珍、朱穆、盧植、楊彪之徒，又繼而成之，豈亦各拘於時，而不得自盡乎？何其益陋也？」

這是傅玄對《東觀漢記》的批評。「拘於時」也就是《東觀漢記》所受現實政治的限制，可能就是「傅玄譏後漢尤煩」的一部分評論，也是傅玄論斷三史得失唯一留下的材料。但從這條材料可以推論，傅玄所批評的可能不僅限於《史記》、《漢書》、《東觀漢記》三部史書。因為魏晉時期的三史，是與五經相對並稱的，泛指當時一般史學著作而言。他所以論斷三史得失，或是從鈔錄史書引發的。所以，《傅子》外篇論斷三史得失部分，是孫盛《異同評》、干寶《史議》出現前，已見有系統的史學評論著作，也是中國史學評論形成期間，一部重要的史學評論著作。

三

傅玄曾撰寫過《魏書》，張緬也曾撰寫《晉書》，在他們搜集材料準備編撰之時，已開始考其異同，論其得失了。這種情形同樣反映在孫盛的《異同雜語》之中。孫盛曾先後撰寫過《魏氏春秋》、《晉陽秋》。他的《魏氏春秋異同雜語》，包括了史料、議論和對史書的評論。他對史書的評論則是從鈔錄史書開始，經過考辨異同而形成的。案《三國志》卷五十六〈吳書·朱然傳〉赤烏五年，朱然征柤中，敗魏將蒲忠、胡質等事，注引：

> 孫氏《異同評》曰：《魏志》及《江表傳》云然以景初元年、正始二年再出為寇，所破胡質、蒲忠在景初元年。《魏志》承《魏書》，依違不說質等為然所破，而直云然退耳。《吳志》說赤烏五年，於魏為正始三年，魏將蒲忠與朱然戰，忠不利，質等皆退。

案魏〈少帝紀〉及〈孫權傳〉，是歲並無事，當是陳壽誤以吳嘉禾六年為赤烏五年耳。

這是孫盛鈔錄眾書，考辨異同之後，指出陳壽誤以嘉禾六年為赤烏五年之失。由鈔錄眾書開始，經過考辨異同，最後論斷史書得失。又《三國志》卷四十六〈吳書・孫破虜傳〉載建安五年孫策欲遷帝江東與其為吳郡太守許貢客所殺事，《三國志注》又分別引《江表傳》、司馬彪《九州春秋》補敘其事。裴松之引孫盛考辨異同之後，認為「凡此數書，各有所失」：

> 孫盛《異同評》曰：凡此數書，各有所失。孫策雖威行江外，略有六郡，然黃祖乘其上流，陳登間其心腹，且深險彊宗，未盡歸復，曹、袁虎爭，勢傾山海，策豈暇遠師汝、潁，而遷帝於吳、越哉？斯蓋庸人之所鑒見，況策達於事勢者乎？又案袁紹以建安五年至黎陽，而策以四月遇害，而志云策聞曹公與紹相拒於官渡，謬矣。伐登之言，為有證也。又《江表傳》說策悉識韓當軍士，疑此為詐，便射殺一人。夫三軍將士或有新附，策為大將，何能悉識？以所不識，便射殺之，非其論也，又策見殺在五年，柳城之役在十二年，《九州春秋》乖錯尤甚矣。

對於孫盛的考辨異同，裴松之認為孫盛對司馬彪的批評是正確的。其自注稱：「《傅子》亦云曹公征柳城，將襲許。記述若斯，何其疎哉！」不過，裴松之對孫盛不經材料，直接以析之以理的談辯形式，論斷史書得失，仍有討論的餘地。因此，裴松之自注稱「然孫盛所譏，未為悉是。」他以同樣的形式與孫盛論辯：

> 黃祖始被策破，魂氣未反，但劉表君臣本無兼并之志，雖在上流，何辦規擬吳會？策之此舉，理應先圖陳登，但舉兵所在，不止登而已。于時彊宗驍帥，祖郎、嚴虎之徒，禽滅已盡，所餘山越，蓋何足慮？然則策之所規，未可謂之不暇也。若使策志獲從，大權在手，淮、泗之間，所在皆可都，何必畢志江外，其當遷帝於揚、越哉？案〈魏武紀〉，武帝以建安四年已出屯官渡，乃策未死之前，久與袁紹交兵，則《國志》所云不為謬也。

這種析之以理的論證形式，也就是裴松之〈上《三國志注》表〉所稱「若乃紕繆顯然，言不附理，則隨違矯正以懲其妄。」並「頗以愚意有所論辯。」是裴松之自注常出現的論證形式，〈蜀書·諸葛亮傳〉裴松之自注，難郭沖所述五事，是非常明顯的例子。這種析之以理的論難式辯證，不僅裴松之善予運用，也是魏晉時期盛行的考證形式。這種形式是受魏晉談辯影響形成的，孫盛的《異同評》就是個明顯的例子。

魏晉士人社會流行清談。談辯是清談的形式，辯析名理是清談的內容。孫盛就是當時善談辯者。《魏書》卷十四〈孫放傳〉注引《孫氏譜》稱其「善言名理」。《晉書》本傳稱其「善言名理。于時殷浩擅名一時，與抗論者，惟盛而已。」《世說新語・文學篇》記載孫盛與殷浩談辯的故事，便非常有趣味，同時也說明孫盛是善談辯者。所以，孫盛《異同評》中析之以理的論證形式，顯然受談辯影響。魏晉士人往復論難的目的，是為了探究名理。徐幹對當時士人的談辯，其《中論・覆辯篇》曾予「利口繁辭」的批評。他認為「辯之為言，為其善分別事類，而明處之也。」由考辨異同為起點而形成的史學評論，其目的就在「善分別事類，而明處之」。《文心雕龍・論說篇》將當時論說的體裁分為四類，其一就是「辨史，則與贊評齊行」，正說明了魏晉談辯對史學評論形成的影響。

劉勰不僅將辨史視為論說形式的一種，同時也將注釋歸納在論體之中，即「注釋為詞，解散論體」。雖然注經不可論經，但事實上注釋者個人的議論，已散見於經注之中。魏晉以後史學脫離經學而獨立，史學的地位上升至經學同等地位，並稱為經史。史學也像經學一樣做為教學的對象，為了教學的實際需要，出現了大批史學的注釋。《隋書・經籍志・史部・正史類．序》就說：「《史記》、《漢書》，師法相傳，並有解釋。」尤其《漢書》，「始自漢末，迄乎陳世，為其注解者凡二十五家，至於專門受業，遂與五經相亞。」這些《史》《漢》注釋的形式，承繼經注訓解的傳統，所以劉知幾《史通．補注篇》說：「裴、李、應、晉，訓解《三史》，開導後學，發明先義，古今傳授，是曰儒宗。」儒宗訓解式的史注，也是從具列異同開始，其間就有論說，而且超越經注解經不可駁經的束縛，進一步論斷史書的得失，劉寶的《漢書駁議》就是在這種情形下形成的。案《隋書．經籍志》有《漢書駁議》二卷，晉安北將軍劉寶撰。顏師古《漢書敘例》說劉寶，字道真，曾任太子中庶子，「侍皇太子講《漢書》，別有《駁議》。」所以，魏晉史注的興起，也是促使史學評論形成的另一個原因。

不僅史注的興起促使史學評論的發展，魏晉時期史例的中興，也是史學評論形成的另一個原因。紀昀認為劉知幾激於史例的繁雜，而發憤著《史通》。紀昀《史通削繁．序》稱：「史之有例，其必與史俱興矣。沮誦以來，荒遠莫考，簡策記載之法，惟散見左氏書，說者以為周公之典也。」他又說自《史記》、《漢書》以後，「體益變，文益繁，例亦益增，其間得失是非，遂遞相掎摭而不已，劉子元激於時論，發憤著書，於是乎《史通》作焉。」的確，劉知幾是非常重視史例的，《史通．序例篇》說：「史之有例，猶國之有法。國無法，則上下靡定；史無例，則是非莫準。」他認為魏晉是史例中興的時代，《史通．序例篇》又說：

> 昔夫子修經，始發凡例；左氏立《傳》，顯其區域。科條一辨，彪炳可觀。降及戰國，迄乎有晉，年踰五百，史不乏才，雖其體屢變，而斯文終絕。唯令升（干寶字）先覺，遠述丘明，重立凡例，勒成《晉紀》，鄧、孫已下，遂躡其蹤。史例中興，於斯為盛。

劉知幾論魏晉史例中興，是由《文心雕龍．史傳篇》引申而來。劉勰說：

> 干寶述紀，以審正得序；孫盛《陽秋》，以約舉為能。按《春秋》經傳，舉例發凡；自《史》《漢》以下，莫有準的。至鄧璨《晉紀》，始立條例，又擺落漢魏，憲章殷周，雖湘川曲學，亦有心典謨。乃安國立例，乃鄧氏之規焉。

劉勰論兩晉史例的發展，首舉干寶《晉紀》。干寶所撰《晉紀》「咸稱良史」，後世評價甚高，已見前述。《晉書》本傳稱干寶《晉紀》三十卷，《隋書．經籍志．編年類》有干寶《晉紀》二十三卷。《史通．古今正史篇》作二十二卷，《史議》一卷別行。這一卷《史議》就是干寶敘述其撰《晉書》的體例，以及根據其所定的體例標準，對當時史學所作的評論。干寶

《晉紀》體例，完全以《左傳》為依據。《史通・煩省篇》稱：

> 干令昇《史議》，歷詆諸家，而獨歸美《左傳》，云：「邱明能以三十卷之約，括囊二百四十年之事，靡有孑遺。斯蓋立言之高標，著作之良模也。」

《史通・煩省篇》所引，即干寶《史議》中的文字。這段文字又見《史通・二體篇》：「晉世干寶著書，乃盛譽丘明而深抑子長，其義云：能以三十卷之約，括囊二百四十年之事，靡有遺也」。干寶認為《左傳》是「立言之高標，著作之良模」。所以《晉紀》的體例完全以《左傳》是則，劉知幾就說：「干寶議史，以為宜準丘明，其言委曲臣下，以為譜注。」因此，干寶《晉紀》體例中書事的五個準則：體國經野之言則書之；用兵征伐之權則書之；忠臣烈士孝子貞婦之節則書之；文誥專對之辭則書之；才力技藝殊異則書之。⓮顯然是據《左傳》之例引申而來。案杜預《春秋左氏傳・序》稱：

> 發傳之體有三，而為例之情有五：一曰微而顯，文見于此，而起義在彼。……二曰志

⓮《史通》，卷八，〈書事篇〉。

> 而晦，約言示制，推以知例。……三曰婉而成章，曲從義訓，以示大順。……四曰盡而不汙，直書其事，具文見意。……五曰懲惡而勸善，求名而亡，欲蓋而章。……推此五體以尋經傳，觸類而長之，附于二百四十年行事，王道之正，人倫之紀，備矣。

由「為例之情有五」引申出《左傳》的五大凡例，杜預認為這五項凡例，都是「王道之正，人倫之紀」的「周公所制禮樂」。干寶《史議》的依據由此而出，具體表現在他的《晉紀》之中，更明顯出現在他激昂慷慨的《晉紀・總論》裡。將儒家的道德規範意識，融於史學著作之中，是編年體寫作的重要特色。魏晉是中國編年體復興的時期。劉知幾《史通・二體篇》稱：

> 班荀二體，角力爭先，欲廢其一，固亦難矣。後來作者，不出二途，故晉史有王、虞，而副以《干紀》；《宋書》有徐、沈，而分為《裴略》。各有其美，並行於世。異夫令升之言，唯守一家而已。

由於東漢末年以來，政治權力中心的不穩定，以及後來邊疆民族在黃河流域建立或久或暫的政權，於是《春秋》尊王攘夷的意識復現，因而使荀悅編《漢書》為《漢紀》的編年體，在東晉渡江以後流行起來。由於「志乎典謨」的編年體裁復興，又為魏晉史學增添了某種程度的經典意味。最初荀悅的《漢紀》，就有這種傾向：「立典有五志焉：一曰達道義，二曰彰法式，三曰通古今，四曰著功勳，五曰表賢能。于是天人之際，事物之宜，粲然顯著，罔不備矣。」[15]。也可以說是荀悅《漢紀》的體例。由這個準則推演出《漢紀》十五種記事的方式。所以，編年體較紀傳體更具有儒家的規範意識。祇是干寶的《晉紀》作了更高度的發揮，而且較同時代其他編年史家，更堅持編年體的準則。這也就是劉知幾說「令升之言，唯守一家而已」。因此形成其《史議》，「歷詆諸家，而獨歸美《左傳》」。雖然，干寶所作「盛譽丘明而深抑子長」的史學評論，無法表現客觀的評論標準，但事實上已俱備了史學評論的形式。所以，干寶敘述《晉紀》體例，兼評論其他史學著作的《史議》，應是論斷三史得失的《傅子》之後，另一具有史學評論的形式的著作。而且干寶編年寫作的體例，不僅直接影響孫盛、鄧璨的史學著作，並且對孫盛的《異同評》也發生了啟導性的作用。

自東漢末年儒家的思想，失去原有的權威地位，史學也像其他的學術一樣，脫離了經學的羈絆，邁向獨立的里程。司馬遷的《太史公書》轉稱《史記》，象徵著史學跨向獨立的第一

[15] 《漢紀》，卷一，〈高祖皇帝紀〉。

步，而中國史學評論也隨著對司馬遷《史記》的討論與批評而逐漸萌芽。至魏晉之際，討論的範圍由《史記》漸漸擴及《漢書》與《後漢書》等三史。魏晉時代是中國史學脫離經學轉變的關鍵時代，許多新的史學寫作形式紛紛出現，其中有一類是史鈔。史鈔是鈔錄眾書自成一書的史學著作，史學家在鈔錄眾書的過程，由於比較材料的異同，進而考證材料的真偽，最後開始評論得失，傅玄《傅子》中的論斷三史得失，孫盛《異同雜語》中的異同評，對當時史學所作的評論，就是這樣形成的。

另一方面，由於史學脫離經學而獨立，史學擺脫經學的附庸，上升至經學同等地位，與經學並稱為經史，也被視為一種教學的對象。為了教學的實際需要，出現了大批史學的注釋著作。雖然，這些史書的注釋是承繼經注訓解的形式，但卻超越了過去注經不可論經的範疇，對所講授或注釋的史書，提出討論與批評，劉寶的《漢書駁議》就是這類的著作。同時因為編年體的流行，使具有濃厚儒家規範意識的史例中興，史學家根據自己既定的體例，對其他不同形式的史學著作進行批評，也是促成史學評論在魏晉發展的另一個原因，干寶自敘其體例的《史議》，就是個典型的例子。上述許多因素是史學評論在魏晉時期形成的原因。但如果沒有史學脫離經學而獨立的前提，那麼史學評論也就無法在這個時期形成。

裴松之的《三國志注》，不僅對魏晉史學作了一個總結，其自注「臣松之案」與「臣松之以為」，更承繼了傅玄的論斷三史、干寶的《史議》，尤其孫盛的《異同評》等魏晉史學評論發展的基礎，對那個時代的史學進行了廣泛的評論。雖然，他的史學評論也是從比較異同開始，經過材料考辨以後提出的評論，但評論的範圍比魏晉史學家更廣泛深入，除了對材料真偽的考辨外，還包括對材料的選擇與取捨、歷史語言的應用、傳記人物的分類、歷史寫作的辭彙，以及歷史人物評價問題等等，這些問題都是構成史學評論的重要條件。所以，裴松之的《三國志注》，非僅世論所稱補陳壽之闕漏，保存魏晉史料之功而已，同時對脫離經學轉變中的魏晉史學，作了一次系統的整理與總結，並提出了評論，不僅拓展了中國史學評論的領域，更為後來劉知幾的《史通》創造了繼承與發展的條件。

當然，劉知幾的《史通》總結了自上古以來中國史學的發展，並作出了系統性的評論，這是無可否認的事實。馬端臨《文獻通考・經籍考》即由於「今世鈔節之學不行，而論說者多」，因而廢史部的史鈔，而將原來著錄於史鈔類中的史學評論著作析出，結合了文史類中的論史部分，另立史評一目。史評類首列劉氏《史通》三十卷。後世循此，皆以劉知幾《史通》居史評類之首，於是劉知幾的《史通》便成為中國史學評論的創始者。

但歷來討論劉知幾的學者，在分析劉知幾《史通》的形成，或探索其淵源由來時，往往徘徊於枝節之間，卻忽略了魏晉以來史學本身的發展與演變對劉知幾《史通》所發生的作用與影響。因為包括史學評論在內的任何學術評論，其先決的條件，必須是這類學術已形成獨立的門類以後，才能作出系統的評論。劉知幾的《史通》是中國史學獨立後的產物，中國史學在魏晉以後，才擺脫與經學千絲萬縷的牽連，漸漸邁向獨立的歷程。中國史學評論也隨著史學的獨立，逐漸萌芽與形成，其發展與演變的線索是有跡可尋的。透過裴松之的《三國志注》對魏晉史學所作的評論，可以對魏晉史學評論的發展，有一個清晰的認識，更可以對劉知幾《史通》的淵源，提供一個可追尋的線索。事實上，如果沒有魏晉史學評論的基礎，劉知幾的《史通》也是無法完成的。

司馬光《通鑑考異》與裴松之《三國志注》

潁川荀氏，累世傳經，是漢魏之際的名族。荀彧幼有王佐之譽，漢末天下大亂，荀彧舉宗族，走河北依袁紹。後又間關歸曹操，竭力為其策劃，終成霸業。至曹操欲進爵國公，九錫備物，荀彧期期以為不可。曹操由是心中不平，荀彧遂飲藥而卒。《後漢書》、《三國志》并為荀彧立傳。於是，魏晉間乃有荀彧為漢臣或魏臣之議。

一

《通鑑》敘「荀彧之死」，〈漢紀〉五十八，獻帝建安十七年條云：

> 冬，十月，曹操東擊孫權。董昭言於曹操曰：『自古以來，人臣匡世，未有今日之功。有今日之功，未有久處人臣之勢者也。今明公恥有慙德，樂保名節；然處大臣之勢，

使人以大事疑己，誠不可不重慮也。』乃與列侯諸將議，以丞相宜進爵國公，九錫備物，以彰殊勳。荀彧以為：『曹公本興義兵以匡朝寧國，秉忠貞之誠，守退讓之實；君子愛人以德，不宜如此。』操由是不悅。及擊孫權，表請彧勞軍于譙，因輒留彧，以侍中、光祿大夫、持節、參丞相軍事。操軍向濡須，彧以疾留壽春，飲藥而卒。」

司馬光視荀彧之死，為漢魏之際權力轉移重大的歷史事件。《稽古錄》亦載此事，建安十七年條云：「冬，操擊孫權，荀彧卒於壽春。」《通鑑》此條，取材陳壽《三國志》，并參考范曄《後漢書》、袁宏《後漢紀》而成。然於荀彧之死，〈魏志．荀彧傳〉謂彧「以憂薨。」《通鑑》則云：「飲藥而卒。」所謂「飲藥而卒」，《後漢書．荀彧傳》云：「彧病留壽春，操饋之食，發視，乃空器也。於是，飲藥而卒。」范氏所敘，取材裴注所引孫盛《魏氏春秋》。袁宏《後漢紀》則謂彧以「憂薨。」同陳壽《三國志》。荀彧之死，於魏晉間已存兩說。故《通鑑考異》云：

陳《志》〈彧傳〉曰：「以憂薨」。范《書》〈彧傳〉曰：「操饋之食，發視，乃空器也。於是，飲藥而卒。」孫盛《魏氏春秋》亦同。案彧之死，操隱其誅。陳壽云以憂卒，蓋闕疑也。今不正言其飲藥，恐後世為人上者，謂隱誅可得而行也。

兩說之中，《通鑑》取「飲藥而卒」。蓋荀彧之死，和曹操欲進魏公有直接關係。先是董昭以其計密諮於荀彧，荀彧期期以為不可。曹操由是「不平」，然後乃有荀彧之死。《後漢書》、《三國志》同為荀彧撰傳，然於其死，則所載各有不同。趙翼以為：「荀彧一傳，陳壽以其為操謀主，已列魏傳內，蔚宗以其為心向王室，乃入漢臣。」❶由於對荀彧之死的記載不同，引發出荀彧為「漢臣」或「魏臣」的問題。所謂荀彧為「漢臣」或「魏臣」，完全繫於荀彧與曹操的關係，以及曹操與漢獻帝的關係上。由於後世正統論的出現，而有陳壽曲筆或迴護的爭議，❷荀彧之死亦牽扯其中。牛運震就說：「荀彧本以飲藥死，傳云：以憂薨，亦曲詞。」❸

《三國志・魏志・荀彧傳》，列於〈諸夏侯曹傳〉後。〈諸夏侯曹傳〉實際是曹魏的宗室傳。〈荀彧荀攸賈詡傳〉則是曹魏開國功臣傳，而荀彧又居曹魏開國功臣之首。潁川荀氏，漢魏名族，案〈魏志・荀彧傳〉荀彧於初平二年，去袁紹歸曹操。當是時曹操為奮武將軍，荀

---

❶《廿二史箚記》，卷六，「〈荀彧傳〉」條。

❷李宗侗師，〈正統的觀念〉，《中國史學史》。

❸《讀史糾謬》，卷四，「〈三國志・荀彧荀攸賈詡傳〉」條。

彧為其司馬，時年二十九歲。自此以後，至荀彧建安十七年飲藥而卒，前後二十餘年間，傳稱「太祖雖征伐在外，軍國事皆與彧籌焉。」由於荀彧竭盡其力籌劃，曹操終成霸業。案《通鑑》獻帝興平二年條，載曹操以陶謙死，欲取徐州。荀彧議先平兗州。荀彧認為曹操以兗州首事，「昔高祖保關中，光武據河內，皆深根固本以制天下」。曹操從荀彧議，分兵平州縣，敗走呂布，兗州遂平。《通鑑》獻帝建安元年條，載曹操擊破黃巾，獻帝自河東還洛陽。曹操欲奉獻帝都許。眾以山東未定，未可卒制。彧力排眾議，謂「高祖為義帝縞素而天下歸心。」曹操從其議，自此曹操得挾天子以令諸侯，天下「雖有逆節，其何能為?」又《通鑑》獻帝建安五年條，載袁紹將攻許，許下諸將皆懼。荀彧曾作客袁氏，對其陣營內部，知之甚深。故謂袁氏「兵雖多而法不齊，可一戰而禽也。」力促曹操迎戰袁紹。其兩軍相持於官渡，曹操與荀彧書，欲罷兵歸。彧復書云：「今穀食雖少，未若楚、漢在滎陽、成皋間也。是時，劉、項莫肯先退者，以為先退則勢屈也。」荀彧力阻，曹操終於大破袁紹。官渡戰後，曹操欲南伐劉表，荀彧諫阻，得以乘勝平定河北，統一北方。

《通鑑》載此三事，乃曹操成霸業關鍵，荀彧為其設計，皆以天下為標的。故杜牧即謂「彧之勸魏武取兗州，比之高、光。官渡不令還許，則比之楚、漢，及事就功畢，乃邀名於漢代，譬之教盜穴牆發匱而不與挈，得不為盜乎!」❹然曹操對荀彧所策劃，尤其官渡之役，阻曹操罷兵還許。官渡役後，諫其勿南伐劉表，最獲操心。故曹操上表薦荀彧曰：「向使臣退於官渡，紹必鼓行而前，有傾覆之形，無克捷之勢。後若南征，委棄兗、豫，利既難要，將失本據。彧之二策，以亡為存，以禍致福，謀殊功異，臣所不及也。」因此，曹操奏請荀彧為尚書令。荀彧退讓十數。曹操為此與荀彧書云：「君之策謀，非但所表二事。前後謙沖……況君密謀安眾，光顯於孤者以百數乎！」曹操征戰於外，軍國大事，皆與彧謀。曹操甚至說「天下之定，彧之功也。」❺曹操對荀彧心存感激，其與荀彧書云：「與君共事已來，立朝廷，君之相為匡弼，君之相為舉人，君之相為建計，君之相為密謀，亦以多矣。」❻所以鍾繇說：「以太祖之聰明，每有大事，常先諮之荀君，則古師友之義也。」❼陳壽據此，列荀彧為曹魏開國功臣之首。

〈魏志．荀彧傳〉評曰：「荀彧清秀通雅，有王佐之風，然機鑒先識，未能充其志也。」對荀彧之死似有未竟之意，其後袁宏《後漢紀》更有所申論：

---

❹《樊川文集》，卷六。《資治通鑑》，卷六十九，「獻帝十七年」條「臣光曰」亦引。

❺《三國志》，卷十，〈荀彧傳〉注引《荀彧別傳》。

❻同❺。

❼同❺。

> 劉氏之澤未盡，天下之望未改。故征伐者奉漢，拜爵賞者稱帝，名器之重，未嘗一日非漢。魏之平亂，資漢之義，功之尅濟，荀生之謀。謀適則勳隆，勳隆則移漢，劉氏失天下，荀生為之也。若始圖一匡，終與事乖，情見事屈，容身無所，則荀生之識為不智矣。若取濟生民，振其塗炭，百姓安而君位危，中原定而社稷亡，於魏雖親，於漢已疏，則荀生之功為不義也。

袁宏引申陳壽之論，代表當時一般人對荀彧之死的看法，裴松之視為「世論」。其以此批評陳壽：「世之論者，多譏彧協規魏氏，以傾漢祚；君臣易位，實彧之由。雖晚節立異，無救運移；功既違義，識亦疚焉。」❽因而有荀彧為漢臣的爭議，其焦點即集中於荀彧之死。

范曄《後漢書》則認為荀彧之死為漢盡節，以其與孔融同傳，入《後漢書．鄭太孔融荀彧傳》。王鳴盛〈孔融傳論〉云：「前陳藩傳論，以漢亂不亡百餘年，為陳藩之力也。孔融傳論，以曹操不敢及身篡漢，孔融之功。」❾案《後漢書．孔融傳》論曰：「文舉之高志直情，

---

❽《三國志》，卷十，〈魏志．荀彧傳〉裴松之論辯諸家對荀彧之評論。

❾《十七史商榷》，卷三十八，〈孔融傳論〉。

其足以動義慨而忤雄心。故使移鼎之跡，事隔於人存，代終之規，啟機於身後也。」孔融於《三國志》無傳，僅〈崔琰傳〉附載寥寥數語：「初，太祖性忌，有所不堪者，魯國孔融、南陽許攸、婁圭，皆以恃舊不虔，見誅。」〈傳〉稱崔琰「聲姿高暢」，「傲世怨謗」見誅。曹操令曰：「琰雖見刑，而通賓客，門若市人，對賓客虯鬚直視，若有所瞋」而賜死。琰「通賓客，門若市人」，與孔融「雖居家失勢，而賓客日滿其門」同。崔琰見誅，時人冤之，陳壽將孔融「恃舊不虔」，誅死，附於〈崔琰傳〉，有其微意在焉。孔融《三國志》無傳，裴松之分別以司馬彪《續漢書》、《九州春秋》、張璠《漢記》、孫盛《魏氏春秋》、郭頒《世語》材料，補注孔融事跡，敘之甚詳。范曄所撰〈孔融傳〉亦取材於此。孔融、荀彧同處曹氏政治集團之中，孔融對曹操「恃舊不虔」，但卻間接阻止曹操迅速奪取漢室政權的野心。荀彧雖竭誠為曹操謀劃，卻無法阻止曹操奪取漢室政權，最後祇有飲藥而卒，以死明志。范曄認為孔融見誅、荀彧飲藥，同樣為漢盡節，是為漢臣。故《後漢書》二人同傳。《後漢書·荀彧傳》論荀彧之死云：

> 自遷帝西京，山東騰沸，天下之命倒懸矣。荀君乃越河、冀，間關以從曹氏。察其定舉措，立言策，崇明王略，以急國艱。豈云因亂假義，以就違正之謀乎？誠仁為己任，

> 期紓民於倉卒也。及阻董昭之議，以致非命，豈數也夫！……方時運之屯邅，非雄才無以濟其溺，功高執強，則皇器自移矣。此又時之不可并也。蓋反其歸正而已，亦殺身成仁之義也。

范曄《後漢書》不僅視荀彧為漢臣，并且對荀彧之死，以「反其歸正，殺身成仁」論之，「殺身成仁」在儒家道德價值體系中，是非常高的評價。

荀彧是曹魏的開國功臣，還是為劉氏盡節，魏晉以來就無定論。尤其自習氏《漢晉陽秋》出，而有帝蜀寇魏之論。由於對曹操的評價問題，使荀彧之死也成為一個爭議的論題。

兩宋正閏之論，形成的原因很多，但和當時經學發展有密切的關係。宋人治經，談義理則言《易》，論政者則說《春秋》。⑩宋人論述經部著作，以《春秋》類為最多。北宋論《春秋》首在尊王，其議倡於孫復。孫復字明復，稱泰山先生，有《春秋尊王發微》十二卷，晁公武《郡齋讀書志》謂其書「詳著諸大夫功罪，以考時之盛衰，而推見治亂之跡，故得經之意為多。」晁氏之論，援自歐陽修。歐陽修〈孫明復先生墓誌〉云：「先生治《春秋》不惑傳注，不為曲說以亂經。其言簡易，明于諸侯大夫功罪，以考時之盛衰，而推見王道之治亂，

---

⑩ 牟潤孫師，〈兩宋春秋學之主流〉。

得于經之本義為多。」此即孫復《春秋》尊王的意旨，其反映於史學則為正統論之所出。北宋之正統論形成於歐陽修，歐陽修撰《新五代史》立凡例、書法，以及對史事的議論與歷史人物評價，皆在闡明春秋大一統之義。這種春秋大一統的觀念，具體表現在其前後所著〈正統論〉、〈明正統論〉等七篇之中。其謂正統，「傳曰：君子居正。又曰：王者大一統。正者，所以正天下之不正也。統者，所以合天下之不一也。由不正與正，然後有正統之論作。」⓫又說：「王者，布德行政，以順民心，是之謂奉天。王者奉天則得大統。」⓬此即正統。其後章望之有〈明統論〉之作，分統為二，有正統霸統之說，正閏之分。而蘇軾又作〈後正統論〉，駁章氏之說而歸歐陽修。

不過，司馬光認為「正閏之論，誠為難曉。」并且說「近世歐陽公作正統論以斷之，自謂無以易矣。有章表明者，作〈明統論〉三篇以難之。則歐公之論，似有所未盡也。」⓭又說「正閏之論，皆一己之偏辭，非大公之通論也。」所以司馬光在《通鑑》魏文帝黃初二年條下「臣光曰」中，詳細討論這個問題，并提出個人的看法：「正閏之論，自古及今，未有

⓫《歐陽文忠公文集》，卷六，〈原正統論〉。

⓬同⓫。

⓭《司馬文正公傳》，卷六十一，〈答郭純長官〉。

能通其義，確然使人不可移奪者也。臣今所述，止欲敘國家之興衰，著生民之休戚，使觀者自擇其善惡得失，以為勸戒，非若《春秋》立褒貶之法，撥亂世反諸正也。正閏之際，非所敢知，但據其功業之實而言之。」⓮所以，司馬光不以正閏為局限，空作《春秋》褒貶之法。他所修撰《通鑑》，「敘前世帝王，但以授受相承，借其年而繫事耳，亦非有所取捨抑揚也。」。《通鑑》藉年繫事，以見國家的興衰，生民的休戚，至於其善惡得失，則由觀者自擇。因此，《通鑑》祇作歷史真象的探索，不作是非價值的論斷。有所論斷則是在探討當時歷史發展而後提出的。司馬光分析漢末歷史情勢的演變。荀彧在「建安之初，四海蕩覆，尺土一民，皆非漢有」的實際歷史情況下，佐曹操興，然後又阻曹操進爵魏公飲藥而卒。因此，司馬光論荀彧佐曹操興功業，喻為管仲佐齊桓一匡天下。《通鑑》獻帝建安十七年條下「臣光曰」：

> 孔子之言仁也重矣，……而獨稱管仲之仁，豈非以其輔佐齊桓，大濟生民乎！齊桓之行若狗彘，管仲不羞而相之，其志蓋以非桓公則生民不可得而濟也。漢末大亂，群生塗炭，自非高世之才不能濟也。然則荀彧捨魏武將誰事哉！齊桓之時，周室雖衰，未若建安之初也。建安之初，四海蕩覆，尺土一民，皆非漢有。荀彧佐魏武而興之，舉

⓮《資治通鑑》，卷六十九，「魏文帝黃初二年」條「臣光曰」。

賢用能，訓卒厲兵，決機發策，征伐四克，遂能以弱為強，化亂為治，十分天下而有其八，其功豈在管仲之後乎！管仲不死子糾而荀彧死漢室，其仁復居管仲之先矣！

司馬光將荀彧佐曹操興功業，與荀彧飲藥而卒分別討論。因為在當時尺土一民非漢所有的情勢下，荀彧除了和曹操合作外，似乎沒有其他的選擇。司馬光將荀彧助曹操，與管仲佐桓公相提並論。唯有如此，才能濟生民於水火。司馬光認為荀彧最後以身殉節，是為殺身成仁，甚於管仲。

司馬光從當時實際的歷史情勢論荀彧，與裴松之所論同。〈魏書・荀彧傳〉「臣松之以為」云：

彧豈不知魏武之志氣，非衰漢之貞臣哉！良以于時王道既微，橫流已極，雄豪虎視，人懷異心，不有撥亂之資，仗順之略，則漢室之亡忽諸，黔首之類殄矣。夫欲翼讚時英，一匡屯運，非斯人之與而誰與哉？是故經綸急病，若救身首，用能動于嶮中，至於大亨。蒼生蒙舟航之接，劉氏延二紀之祚，豈非荀生之本圖，仁恕之遠致乎？及至霸業既隆，翦漢跡著，然後亡身殉節，以申素情，全大正於當年，布誠心於百代，可謂任重道遠，志行義立。

裴松之認為荀彧既知曹操非劉漢之貞臣，但卻不得不藉其一匡屯運，然後「蒼生蒙舟航之接，劉氏延二紀之祚。」是荀彧的本圖。待曹操霸業既隆，篡漢之跡日顯，唯有亡身殉節。裴松之論荀彧不僅超越當時漢臣或魏臣的範疇，而且從當時的情勢討論，荀彧不得不與曹操合作，的確不同於一般「世論」，是魏晉以來討論荀彧與荀彧之死，最深刻持平之論。裴松之謂荀彧「仁恕之遠致」，可能對後來司馬光論荀彧「其仁復居管仲之先矣。」有某種程度的啟發作用。

二

裴松之、司馬光論荀彧之死，都在考辨材料之後，從當時歷史發展的客觀情勢，分析荀彧之死及其生存時代的關係，和一般的世論不同。他們的論點，和其所處時代的史學發展有相互的關聯。裴松之於史學脫離經學獨立之際，「顯彰茂實」，為其探索歷史事實真象，所堅持的準則。司馬光所處的史學環境，如劉恕《通鑑外紀後序》云：「本朝去古益遠，書益煩雜。學者索於屬文，專尚《西漢書》。博賢者乃及《史記》、《東漢書》，於近代頗知《唐書》。自三國至隋，下逮五代，懵然莫識，承平日久，人愈怠惰。莊子文簡易明，玄言虛誕而近理，功省易習，陋儒莫不尚之。史學浸微矣。」司馬光雅不喜經生論史，不據史實，橫生褒貶。其自謂「性識駑鈍，學問空淺，偶自幼齡，粗涉群史。」又云其「學術荒疏，凡百事為，皆出人下。獨于前史，粗嘗盡心，自幼至老，樂之不厭。」所以，司馬光奉詔撰修《通鑑》，即欲力挽頹風，敘事論人，皆以史實為據。司馬光於《通鑑》撰修之初，即有《叢目》、《長編》之作。其編纂《長編》即在廣摭材料，作為撰修《通鑑》史實的依據。

李燾〈上續資治通鑑長編表〉云：「司馬光之作《資治通鑑》也，先使其寮采摭異聞，以年月日為《叢目》。《叢目》既成，乃修《長編》。」李燾所說司馬光的僚屬，即劉恕、劉攽、范祖禹等。《叢目》、《長編》即出於彼等之手，但體例卻由司馬光自訂。其與范祖禹論《叢目》、《長編》體例云：「稍于事時者，皆須依年注所出卷篇，于逐事之下。實錄所無者，亦須依年月添附。無日者附于其月之下，稱是月。無月者附於其年之下，稱是歲。無年者于其事之首尾，無事可附者，賱約其時之早晚，附一年之下。但稍與其事相涉者，即注之，過多無害。」⑮以時繫事，年經事緯，以成綱目。綱目既立，更編輯《長編》。至於《長編》的體例，司馬光云：「據事目下所核新、舊之紀、志、傳及雜史、小說、文集，盡檢出一閱。其中事同文異者，則請擇一明白詳備者錄之。彼此互有詳略，則請左右采獲，錯綜銓次，自用文辭修正之，

⑮《司馬文公傳集》，卷六十二，〈答范夢得書〉。

一如《左傳》敘事之體也。此并作大字寫，若彼此年月事跡，有相違戾不同者，則請選擇一證據分明，情理近于得實者，脩入正文，餘者注於其下，仍為敘述所以取此捨彼之意。」⑯體例既定，乃命僚屬劉恕等分別采摭材料，其下更有書吏相助，「用草紙錄出，每一事中間空一行許，以備翦黏。」

作為《通鑑》材料彙編的《長編》，「寧失于繁，無失于略」，以供司馬光刪削撰成《通鑑》。例如：范祖禹「分職唐史」，匯集了唐代的相關材料成六百卷的《長編》，最後被司馬光刪成八十卷的《唐鑑》。不過，在《長編》刪削為《通鑑》的過程中，必須經過考辨材料異同與取捨的階段，則決之於司馬光一人。劉恕之子劉義叟《通鑑問疑》云：「先人在書局，止類事跡，其是非予奪之際，一出於君實。」於是司馬光乃有《通鑑考異》之作。《叢目》、《長編》成於眾人之手，《考異》則由司馬光個人獨力完成。元豐七年，《目錄》、《考異》各三十卷，與《通鑑》同時進呈，另行。《通志・藝文略・史類・編年》有《資治通鑑》二百九十四卷，司馬光撰。未將《目錄》、《考異》計算在內。《郡齋讀書志》卷五〈編年類〉有《資治通鑑》二百九十四卷，《目錄》三十卷，《考異》三十卷。又謂「略舉事目，年經國緯，以備檢閱，別為《目錄》。參考同異，俾歸一途，別為《考異》，各一編。」《直齋書錄解題》略同。《資

---

⑯ 同⑮。

治通鑑》二百九十四卷，《目錄》三十卷，《考異》三十卷。并謂《目錄》仿《史記》年表，年經國緯，用劉羲叟的長曆氣朔，而撮為新書精要，散於其中。《考異》則「參諸家異同，正其謬誤，而歸一總」。所謂「參諸家之異同，正其謬誤」，也就是對《長編》所引用的材料，作一次總結性的考辨，以定其取捨。《長編》采摭材料範圍甚廣，王應麟《玉海》謂「在正史之外，博而約之……稗官野史，暨夫百家譜錄、文集、別集、墓誌、行狀，存而不敢少忽也。」司馬光〈答范夢得書〉，即謂「其實錄，正史未必皆可據；雜史、小說未必皆無憑。在高鑒擇之。」即對這些材料經過嚴謹的考證與鑒別之後，定其取捨。最後擇其關乎國家興衰，民生休戚者，修成《通鑑》。其對材料鑒別與取捨的方法，歸納言之，有參取眾書而從其長者，兩存或兩棄者，存疑或兼存於《考異》中。⑰所以《四庫全書總目》卷四十七《資治通鑑考異》條下，謂此書之作云：「光既擇可信者從之，復參考同異，別為此書，辨正謬誤，以祛將來之惑。」

《考異》三十卷，其條目共二千九百七十七。高似孫《史略》據此撰集〈《通鑑》考據書〉，列出《通鑑》引書二百二十六家。後人據此更有增添。⑱今以荀彧所生存的漢魏之際為例，

⑰ 張須，《通鑑學》。

⑱ 邱居里，〈從《通鑑考異》看《通鑑》材料來源與選材特點〉，《史學史研究》一九八五年三期。

自漢獻帝即位之初平元年，至魏文帝曹丕受禪之黃初元年之間，共得《考異》七十一條。其於材料真偽的考辨與取捨，除以范曄《後漢書》、袁宏《後漢紀》、陳壽《三國志》互證，定其時代之先後與材料之取捨，并用裴松之《三國志注》所引若干魏晉間的史書與材料多種，以補證正史的不足。

諸條《考異》前後所引謝承《後漢書》、王沈《魏書》、韋曜《吳書》、張璠《漢紀》、張勃《吳錄》、《獻帝紀》、樂資《山陽公載記》、司馬彪《九州春秋》、袁暐《獻帝春秋》、吳沖《吳歷》、虞溥《江表傳》、郭頒《魏晉世語》、孫盛《異同評》、《獻帝起居注》、《漢末英雄記》、《魏名臣奏》、《先賢行狀》、虞喜《異林》、傅玄《傅子》等。這些魏晉時期的史學著作，其中部分在隋唐時期已經佚散，不見著錄於《隋書・經籍志》，或新舊《唐志》。至宋則蕩然無存，不見著錄。《郡齋讀書志》云：「東京史籍不倫，謝承、司馬彪之徒，錯謬同異，無所取正，惟張璠《（漢）紀》差詳，因參摭記傳，以損益之，比諸家號為精密。」案張璠《漢紀》，〈魏志・武帝紀〉裴注首引。《隋志》有張璠《漢紀》三十卷，兩《唐志》同，在〈古史類〉。張璠，案〈魏志・三少帝傳〉裴注云：「案張璠，晉之令史，璠撰《後漢紀》，雖似未成，辭藻可觀。」《史通・二體》云：「荀悅、張璠，丘明之黨也。」是張璠《漢紀》世頗推重，然至宋已逸散，不見著錄。所以，司馬光《考異》所引魏晉史學著作，並非取自他書，完全取自《三國志》的裴松之注。裴松之注《三國志》引用豐富的魏晉史學著作，這些魏晉史學著作提供司馬光《考異》「參考異同」與「辨證謬誤」的資料來源。這批資料使《考異》可以超越范曄《後漢書》、袁宏《後漢紀》、陳壽《三國志》的局限，對魏晉史料有一個較寬廣比較異同的機會。不過，裴松之《三國志注》除了提供這批資料外，對《考異》還有其他方面的影響。《四庫全書總目》《資治通鑑考異》條下，云：

> 昔陳壽作《三國志》，裴松之注之，詳引諸書錯互之文，折衷以歸一是，其例最善。而修史之家，未有自撰一書，明所以去取之故者，有之，實自光始。

雖然，《考異》「明所以去取之故」，而自成一書，自司馬光開始。然而其「詳辨群書，評其異同，俾歸一途」的體例，和裴松之《三國志注》的「詳引諸書錯互之文，折衷以歸一是」，對材料的考辨方法是相同的。所以《考異》的體例，受到裴松之《三國志注》的影響，也是有跡可尋的。司馬光不僅引用《三國志注》的魏晉史書與史料，同時也引用裴松之對這些材料的考辨，就是很好的旁證。

裴松之《三國志注》對蒐集的材料經過考辨之後，斷以己意，然後以「臣松之案」或「臣松之以為」的形式表現。所謂「臣某某」如何如何，是很容易理解的。因為司馬光《資治通鑑》與裴松之《三國志注》都是奉詔撰修，有所論辯皆冠以「臣」字。這種情形自唐代以後，撰史出於史局，正史論贊皆冠「史臣曰」。⑲不過，魏晉六朝以這種形式表現的，卻自裴松之始。但後世稱讚裴松之，都集中在他對魏晉史料保存之功，完全忽略「臣松之案」與「臣松之以為」的作用與功能。錢大昭就認為裴松之《三國志注》，有「博引載籍，廣徵異聞」的貢獻。其《三國志注辨疑》序云：

> 夫世期引據博洽，其才實能會通諸書，別成畦町。若依後世《新唐書》、《五代史》之例，可自作一史，與承祚方軌並駕。乃不為自為之注者，謙也。竊嘗論之，注史與經不同，經以明理為宗。理寓於訓詁之中，訓詁明而理自見。注史以達事為主，事不明，訓詁雖精無益也。嘗怪服虔、應劭之注《漢書》，裴駰之於《史記》，其時去古未遠，稗官記載碑刻尚多，不能會而通之，考異質疑，而徒箋箋於訓詁。豈若世期博引載籍，廣增異聞，是是非非，使天下後世讀者，昭然共見。

---

⑲ 《史通》，卷四，〈論贊篇〉。

錢大昭之論，將經注與史注以其性質區分，有明理與達事的不同。理寓於訓詁，訓詁明則理自見。史注達事，以事跡注釋前史之闕。事不明徒囿於箋箋訓詁，亦無補於事。因此，錢氏對應劭等注《漢書》，裴駰等注《史記》，以解經形式注史，甚為不解。然而此種情況的發展，與魏晉史學的轉變有關。漢魏之際史學脫離經學的羈絆邁向獨立，史學地位上升，以三史配五經，省稱經史。於是史書亦被列為講授課目，為講授史書實際的需要，而有「儒宗」訓解形式的史注出現。⑳《史通・補注篇》云：「如韓、戴、服、鄭，鑽仰六經。裴、李、應、晉，訓解三史，開導後學，古今傳授。」這種儒宗訓解形式的史注，是魏晉史學演變期間的過渡現象，但卻成為魏晉六朝史注的主流。裴松之《三國志注》中亦夾雜此類形式的史注。《四庫全書總目》即謂裴松之「初意似欲如應劭之注《漢書》，考究訓詁，引證故實。」又謂「惜所作未成，不欲刪棄。故或詳或略，或有或無，亦頗為例不純。」不過，裴松之《三國志注》中有關儒宗訓解形式的史注，亦有其例，即對陳壽《三國志》所載詔令表奏，引用古籍或典故部分，皆採用訓詁形式注釋。裴松之《三國志注》所引用的經書、諸子及魏晉以前的典籍，則用於此類形式的注解，甚少例外。裴松之《三國志注》中「考究訓詁，引證故實」的注釋，也是裴松之《三國志注》的體例之一，并非未竟之作。㉑

⑳《隋書・經籍志・史部》形成的歷程〉，頁二十九。

其後，隨著史學脫離經學的轉變與發展，兩晉間而有「委曲敘事，存於細書，此之注釋，異夫儒士者矣」的史注出現，㉒如摯虞注《三輔決錄》、陳壽注《季漢輔臣贊》、周處注《陽羨風土記》、常璩注《華陽國志》皆屬此類，這類「委曲敘事」的史注，已脫離儒宗訓解形式，漸漸具有史注達事的性格。至兩晉後的劉宋，始有「掇眾史之異辭，補前書之所闕」完全達事的史注出現。㉓裴松之《三國志注》與劉宋時玄、儒、文、史四館成立，先後完成。這種新形式的史注出現，象徵史學脫離經學獨立已發展至一個新的階段。自裴松之《三國志注》以後，又出現「躬為史臣，手自刊補，列為子注」的史注形式，㉔如蕭大圜《淮海離亂志》、楊衒之《洛陽伽藍記》、宋孝王《關東風俗傳》皆各為自注，這類形式的史注，是在裴松之《三國志注》基礎上發展形成的。所以，魏晉六朝史注的形成與演變，與魏晉史學脫離經學而獨立發展與演變的過程正相契合，而裴松之《三國志注》則為演變過程中重要的關鍵。

由於劉知幾謂裴松之《三國志注》「掇眾史之異辭，補前書之所闕」。所以，後世討論裴

㉑〈裴松之與《三國志注》〉，頁三二九。

㉒《史通》，卷五，〈補注篇〉。

㉓同㉒。

㉔同㉒。

松之《三國志注》，多集中於其魏晉史料保存方面的討論。關於裴松之《三國志注》引書目錄也成為討論的對象，自乾嘉以來，錢大昕、錢大昭、趙翼、沈家本皆有《三國志注引書目》之作，然各家之作互有乖誤出入。㉕據眾家之作，核對裴松之《三國志注》之後，除注引經書、諸子以及魏晉以前典籍作為訓解者以外，計得魏晉時期史書與史料一百四十七種，魏晉時期文集與相關著作四十九種，合計一百九十六種，這些著作見於《隋書‧經籍志》者，祗得百分之四六‧二。唐統一後佚書重現，其著錄於兩《唐志》者較多，也不過百分之五四‧七。至宋以後，其見於《崇文總目》、《郡齋讀書志》、《直齋書錄解題》者，已十不存一。㉖而且裴松之《三國志注》既以達事為主，故其所引諸書，不似酈道元注《水經》、李善箋《文選》剪裂殘卷，裁剖舊文。裴松之《三國志注》所引諸書多全首尾，保持原來舊貌。這也是司馬光撰《考異》，不得不間接採用《三國志注》所引諸書，作為考辨之資料的原因。

三

歸納裴松之《三國志注》的體例，有補闕、備異、懲妄、論辯等四種。其〈上《三國志

㉕ 同㉑。

㉖ 同㉑。

注》表〉云：

> 臣前被詔，使采三國異同以注陳壽《國志》。壽書銓敘可觀，事多審正。誠游覽之苑囿，近世之嘉史。然失在于略，時有所脫漏。臣奉旨尋詳，務在周悉。上搜舊聞，傍摭遺逸。按三國雖歷年不遠，而事關漢、晉。首尾所涉，出入百載。注記紛錯，每多舛互。其壽所不載，事宜存錄者，則罔不畢取以補其闕。或同說一事而辭有乖雜，或出事本異，疑不能判，並皆抄內以備異聞。若乃紕繆顯然，言不附理，則隨違矯正以懲其妄。其時事當否及壽之小失，頗以愚意有所論辯。

由於陳壽撰《三國志》之時，有許多材料未出，或因對現實政治有所忌諱。因此「失之在略，時有脫漏」。裴松之奉詔注《三國志》則務在周悉，以補陳壽之闕。《三國志》裴注全書共二千三百八十九條，絕大部分都是「壽所不載，事宜存錄者，則罔不畢取以補其闕」形式的注。其補陳壽之闕的體例，《四庫全書總目》云：「傳其所有之事，以詳委曲；傳其所無之事，以補闕佚；傳其所有之人，詳其生平；傳其所無之人，以附同類。」所謂「傳其所有之事，以詳委曲。」上述《考異》敘荀彧飲藥而卒，所引孫盛《魏氏春秋》，實際間接採自〈魏志・荀彧傳〉：「彧疾留壽春，以憂薨」。條下引《魏氏春秋》所云，始知荀彧之死的委曲。然當時對荀彧之死，還有一種傳自江南的說法，即袁曄《獻帝春秋》所載荀彧匿伏后與其父書不告，曹操以此恨彧。裴松之辯之曰：「臣松之案《獻帝春秋》云彧欲發伏后事而求使至鄴，而方誣太祖云『昔已嘗言』。言既無徵，迴託以官渡之虞，俛仰之間，辭情頓屈，雖在庸人，猶不至此，何以玷累賢哲哉！凡諸云云，皆出自鄙俚，可謂以吾儕之言而厚誣君子者矣。袁曄虛罔之類，此最為盛也。」裴松之既斥袁曄虛罔鄙俚，然仍全錄其文，此即「壽所不載，事宜存錄者，則罔不畢取以補其闕」之例，亦即《四庫》云「傳其所有之事，以詳委曲」之謂。

至於「同說一事而辭有乖離，或出事本異，疑不能判，並皆抄內以備異聞。」此裴松之《三國志注》常見之例。〈魏志．武帝紀〉注引王沈《魏書》、郭頒《世語》、孫盛《雜語》敘曹操過呂伯奢，殺其家人事。諸書並列，不加刊定。故劉知幾譏裴松之「喜聚異同，不加刊定，恣其繁雜，坐長煩蕪。」㉗然此即魏晉間流行的釋氏譯經所採「會譯子注」或「合本子注」之法。「合本」是以同本異譯之經典互相參校。「合本子注」，即將幾種不同說法來源的材料，分別注於一個較完善的材料之下，這是魏晉釋氏講經注經的形式。湯用彤氏謂「合列經文，有似會譯，而分列數事，取一經文為母，其他經事數列為子，雖非注疏，……後世之會

㉗ 同㉒。

譯子注，蓋均原出於此。」㉘會譯子注，即「合本子注」。也就是同源數譯。因為釋氏講經，集合一經數種不同譯本，採擇其一為主要母本，其餘則為子注。於講經時以母本為主，并采用子注作為比擬，使聽經僧眾易於領悟。這種由講經逐漸演變成解經形式，在魏晉時期非常盛行。同時也影響到當時儒士講經與注經的形式，更影響正在形成的史注。劉知幾謂「定彼榛楛，列為子注」，其形式是「注列行中，如子從母」。案陳寅恪〈支愍度學說考〉云：「子注之得名，由於以子從母，即為子注。」支愍度《合維摩詰經序》云：「或辭句出入，先後不同；或有無離合，多少各異。……若其偏執一經，則失兼通之功，廣披其三，則文煩難究。」以一本為正文，為母。以他本為注文，為子，合而為一，以便研尋。於是有合本子注之體。裴松之「並皆抄內以備異聞」形式的注，即援此而來。後來「定彼榛楛，列為子注」形式的史注，即受其啟導而形成。㉙司馬光《長編》「紀、志、傳及雜史、文集，盡檢出一閱，其中事同文異者，則擇一明白詳備者錄之。」及「彼此年月事跡，有違戾不同者，則請選擇其一，證據分明，情理近于得實者，修入正文，餘書注于其下。」此即合本子注的形式，亦為裴松之「備異聞」之例。

㉘ 湯用彤，《魏晉南北朝佛教史》，第一分第五章「漢晉講經與注經」。

㉙ 《三國志注》與漢晉間經注的轉變〉，頁四一三。

裴松之《三國志注》體例的補闕與備異，集中於材料的匯集與整理，因而許多魏晉的史料得以保存，并留傳於後世。不過，對於材料的保存與留傳，祇是一個意外的收穫。因為補闕與備異僅是材料處理的初階，而且這一部分工作是由一批助手協助裴松之完成的。一如司馬光纂修《長編》，由其助手協助完成一樣。《宋書・裴松之傳》云：「上使注陳壽《三國志》，松之鳩集傳記，增廣異聞，既成，奏上。上善之，曰：『此為不朽矣。』」裴松之〈上《三國志注》表〉載其上表日期為元嘉六年七月二十四日，亦即《三國志注》完成之日。然未言其始注日期。其上〈表〉又云：「自就撰集，已垂期月，校寫始訖，謹封上呈。」期月，即周月，周一年十二月之謂。則裴松之奉詔注《三國志》，在一年或一年之內完成。裴松之上表時的官職為黃門侍郎。其任黃門侍郎，則在元嘉三年奉詔以本官國子博士兼散騎常侍，出使湘州以後。轉黃門侍郎，司、冀二州大中正，裴松之奉詔注《三國志》，當在此後，或於元嘉五年夏秋之交。

裴松之以一年時間注《三國志》。一年成書，史亦有例。沈約《宋書》百卷，即在一年之內完成。然其志書三十卷未就。紀、傳七十卷，則有何承天、蘇寶生、徐爰的藍本可據，稍事增刪，即可成書。但裴松之《三國志注》卻不同，其例初創，無則可依，且引用材眾多，互有紛錯，首先必須作系統整理。其所補陳壽之闕，幾與《三國志》相等，工作繁重，非一人之力，於一年之期所能完成。故其補闕與備異，乃由一批助手協助完成。前此，荀悅奉詔刪《漢書》為《漢紀》，即由「尚書供紙筆，虎賁給書吏」的協助下，[30]於兩年之內完成。荀悅則發凡起例，總撮其成。其後，司馬光撰《通鑑》，關於材料的歸納與處理，則由劉攽、劉恕、范祖禹率領一批僚吏，彙編成《長編》。

裴松之敘其《三國志注》體例，即補闕、備異、懲妄、論辯。四種體例可分為兩類，一是補闕與備異，此種注釋形式，僅止於材料的歸納與整理，當由助手協助完成。一是懲妄與論辯，則是對經過整理的材料，加以考證與辨析異同，然後斷以己意，分別以「臣松之案」或「臣松之以為」的形式表現。「臣松之案」是對陳壽書，或其注所用其他魏晉材料的考辨。「臣松之以為」是以經過考辨異同的材料為基礎，對歷史人物所作的評價，以及對歷史事件引發的議論。所以裴松之注《三國志》，不僅補陳壽之闕而已，還有更深層的史學意義。可以說，「臣松之案」與「臣松之以為」，是裴松之以補闕與備異的資料為基礎，進一步提出其個人的意見，可視為裴松之《三國志注》的自注。[31]「臣松之案」與「臣松之以為」，在《三國志注》為數不多，僅二百五十九條，但卻是裴松之《三國志注》精意所在，即其上表所謂「續

---

[30]《漢紀・序》。

[31]〈裴松之《三國志注》的自注〉，頁三六三。

事以眾色成文，蜜蠭以兼采為味，故能使絢素有章，甘踰本質。」也就是對其引用魏晉史學著作的考辨異同，不僅對陳壽的《三國志》，并且對魏晉史學提出總結性的探討與批判，所以，裴松之《三國志注》的「臣松之案」與「臣松之以為」，象徵中國史學脫離經學而獨立，發展至此，已逐漸洗滌經學的鉛華，從「義」的注疏轉向對事實真象的探索，此即錢大昭所謂史注「達事」精神所在。裴松之《三國志注》的「臣松之案」經過對材料的考辨異同後提出的批判，則是後來劉知幾《史通》淵源所自，是中國傳統史學評論形成的關鍵，因為中國傳統的史學評論，正是由考辨材料的異同開始。㉜

裴松之《三國志注》懲妄與論辯形成的「臣松之案」與「臣松之以為」，是應用補闕與備異的成果，作進一步的討論。「臣松之案」即前述「若乃紕繆顯然，言不附理，則隨違矯正以懲其妄。」案〈蜀志・後主傳〉云：「（章武）三年夏四月，先主殂于永安宮。五月，後主襲位於成都，時年十七。」注引魚豢《魏略》載劉禪幼年與劉備失散事，謂劉備敗於小沛，棄家屬奔荊州。時劉禪數歲，竄匿民間，後為扶風人劉括買得，以為養子，與娶妻生一子云云。裴松之甚不以為然：

㉜〈裴松之與魏晉史學評論〉，頁四三九。

> 臣松之案：〈二主妃子傳〉曰：「後主生於荊州」，〈後主傳〉云：「初即帝位，年十七」，則建安十二年生也。十三年敗於長阪，備棄妻子走。〈趙雲傳〉曰：「雲身抱弱子以免」。即後主也。如此，備與禪未嘗相失也。又諸葛亮以禪立之明年領益州牧，其年與主簿杜微書曰：「朝廷今年十八」。與禪傳相應，理當非虛。而魚豢云備敗於小沛，禪時年始生，及奔荊州，能識其父字玄德，計當五六歲。備敗於小沛時，建安五年也，至禪初立，首尾二十四年，禪應過三十矣。以事相驗，理不得然。此則《魏略》之妄說，乃至二百餘言，異也！又案諸書記及《諸葛亮集》，亮亦不為太子太傅。

裴松之以《魏略》所載，與〈二妃子傳〉、〈趙雲傳〉、《諸葛亮集》考辨之，最後乃曰：「以事相驗，理不得然」，因而斥魚豢《魏略》「妄說」！此種對材料「紕繆顯然」的考辨形式，是「臣松之案」典型的懲妄例子，也是「臣松之案」慣用的考證形式。司馬光《考異》往往以此為據，考辨材料異同。案《通鑑》獻帝初平二年條云：「(孫)堅乘勝，夜追(黃)祖。祖部曲兵復從竹木間，暗射堅，殺之。」

> 《考異》曰：《范書》：「初平三年春，堅死。」〈吳志・孫堅傳〉亦云初平三年。……

《山陽公載記》載策表曰：「臣年十七，喪失所怙。」裴松之按策以建安五年卒，時年二十六，計堅之亡，策應十八，而此表云十七，則為不符。張璠《漢紀》及胡沖《吳歷》並以堅初平二年死，此為是而〈本傳〉誤也。

「此為是而〈本傳〉誤也。」司馬光這項結論，正是以「臣松之案」為據。案〈吳志・孫破虜傳〉云「曹公表策為討逆將軍，封吳侯。」裴注引《吳錄》曰：「策上表謝曰：『……臣年十七，喪失所怙。懼有不任堂構之鄙，以忝析薪之戒。誠無去病十八建功，世祖列將弱冠佐命。』」云云。「臣松之案」：「本傳云孫堅以初平三年卒。策以建安五年卒，策死時年二十六，計堅之亡，策應十八，而此表云十七，則為不符。張璠《漢紀》及《吳歷》并以堅初平二年死，此為是而本傳誤也。」《考異》此條全取「臣松之案」的結論，繫孫堅之死，於初平二年。

又《通鑑》獻帝初平三年「揚州刺史汝南張溫，卒。袁紹使袁遺領揚州。袁術擊破之，遺走至沛，為兵所殺，術以下邳陳瑀為揚州刺史。」條：

《考異》曰：〈獻帝紀〉：「四年，三月，袁術殺陳溫，據淮南。」〈魏志・術傳〉云：

「術殺溫，領其州。」裴松之按：《英雄記》，溫自病死，不為術所殺。《九州春秋》曰：「初平三年，揚州刺史陳禕死，術以瑀領揚州。」蓋陳禕當為陳溫，實以三年卒，今從之。

案〈魏志・袁術傳〉云：「術以餘眾奔九江，殺揚州刺史陳溫，領其州。」條臣松之案：「《英雄記》：『陳溫，字元悌，汝南人。先為揚州刺史，自病死。袁紹遣袁遺領州，敗散，奔沛國，為兵所殺。袁術更用陳瑀為揚州。瑀字公瑋，下邳人。』……如此，則溫不為術殺，與本傳不同。」《考異》此條，從「臣松之案」訂正。

所以，司馬光《長編》採摭史料，於漢魏之際多轉採裴松之《三國志》所引魏晉史書，而《考異》之考辨異同，亦往往依從「臣松之案」之說。或謂孫盛之《魏陽秋異同》，亦如《通鑑》之有《考異》。㉝似謂《考異》對材料的考辨，其體例源於孫盛。詳究源流，則此說不確。案：考辨史料異同，《史記》「太史公曰」早開其端。其後於漢魏之際，因討論司馬遷「是非頗謬於聖人」的問題，遂有司馬遷引用材料的考辨。其先為范升、陳元關於《史記》引用《左氏春秋》的辯論，至魏晉之間乃有譙周《古史考》之作。《隋志》有《古史考》二十五卷，

㉝ 同⑰。

晉義陽侯譙周撰，附《史記》之後。《史通・古今正史篇》謂譙周「以遷書周、秦已上或采家人諸子，不專據正經，於是作《古史考》二十五篇，皆憑舊典，以糾其繆。」譙周《古史考》至唐仍與《史記》並行，是一本系統的考史之作。後汲郡書出，司馬彪乃據以駁譙周之非。《晉書・司馬彪傳》云：「復以為周未盡善也，條《古史考》中，凡百二十二為不當，多據《汲冢紀年》之義。」由譙周《古史考》據儒家經典批判《史記》的材料，到司馬彪依汲冢新材料批駁《古史考》專以經典為據，是魏晉之際史學脫離經學轉變的重要關鍵。在這個轉變的過程中，其間更有傅玄論斷三史得失的《傅子》、孫盛的《魏氏春秋異同雜語》，㉞以及徐眾《三國評》及裴松之《三國志注》，皆為考辨異同之作。㉟「臣松之案」有所懲妄，非僅局限於陳壽一書，對魏晉以來史學著作進行一次總結性的考辨，所以司馬光《考異》體例並非出於孫盛，實源自裴松之《三國志注》的「臣松之案」，其承傳與演變有跡可尋。

裴松之《三國志注》後，有劉昭注范曄《後漢書》及司馬彪《續漢志》，劉昭伯父劉彤搜集眾家《晉書》，以注干寶《晉紀》，劉孝標注《世說新語》，皆承裴松之的餘緒。尤其劉孝標

㉞《三國志注》引孫盛書作《異同雜語》、《異同評》或「孫盛曰」。其書包括史料考辨與史事及歷史人物評論，《資治通鑑》亦引「孫盛曰」作為評論。

㉟〈經史分途與史學評論的萌芽〉，頁二五三。

注《世說》不僅保存豐富的魏晉史料，而且對材料考辨尤為精湛。劉知幾云：「孝標善於攻繆，博而且精，固以察及泉魚，辨窮河豕」。㊱陳氏《直齋書錄解題》則謂《世說》「取材間有採擷紕謬處，已有孝標所糾正，有俾於考證。」《四庫全書提要》亦謂劉孝標注《世說》「糾正義慶之紕繆，尤為精核。」劉孝標精於考辨異同，世所稱贊。至宋乃有王皞著《唐餘錄》，仿裴松之《三國志注》為注。《郡齋讀書志》謂王皞《唐餘錄》「芟五代舊史繁雜之文，采諸家之說，仿裴松之體附注之。」陳氏《直齋書錄解題》亦謂王皞《唐餘錄》「有紀，有志，有傳，又博采諸家小說，仿裴松之《三國志注》，附其下方，蓋五代別史。」王皞《唐餘錄》成，歐陽修書未出，《通鑑》間亦采之。由是知裴松之《三國志注》，其緒至宋未絕，《考異》得以承之考辨異同。

四

綜合以上所述，裴松之《三國志注》的「臣松之案」，對魏晉的史書作一次總結性的考辨，司馬光的《考異》則對魏晉以來的史學著作，再一次的辨其異同，作為《通鑑》去取的依據。「臣松之案」考辨異同，即為對材料的處理。「臣松之以為」則是對歷史人物的評價，或

㊱ 同㉒。

對歷史事件的議論。其所有評價或議論，皆以考辨異同為基礎形成的。前述司馬光、裴松之論荀彧之死，即為對歷史人物的評價。傳統史家有所評價或議論，形成中國傳統史傳的論贊。

史傳論贊是中國傳統史學的特殊寫作形式。雖然史學家有所論斷，皆由其所敘的歷史事實所引發，即「論由史出」。然而史學家所作的論斷，則代表其個人的意見。歷史敘述與個人的意見，卻有客觀與主觀的不同。客觀的敘述與主觀的論斷，正是史學與文學的區別之處。蕭統編《文選》，將褒貶是非、記別異同的記事之史、繫年之書摒而未選，劃清魏晉以來文史合流的現象。自此以後，文學與史學各有其獨立發展的空間。[37]但卻認為「錯比文華，事出沈思」的史傳論贊，與文學性質相近，不僅將史傳論贊輯入《文選》，并另闢〈史論〉一類。[38]所以，史傳論贊是一種具有文學性質的史學寫作形式。

史傳論贊由《史記》「太史公曰」，兼蓄《左傳》「君子曰」而形成。然《文選．史論類》，所選史傳論贊卻自班固《漢書》始。《文選》不選「太史公曰」的理由，是因為司馬遷的「太史公曰」，除了史事議論與人物評價外，還包括材料的處理。章學誠認為「太史公曰」，在於「明述作之本旨，見去取之從來」，為司馬遷撰《史記》的自注。[39]所謂「見去取之從來」，

---

37 拙作，〈史傳論贊與《史記》「太史公曰」〉，《新史學》三卷二期。

38 《文選．序》。

即為對材料的處理，包括對材料搜集與選擇，然後經過鑒別與考辨異同的過程，最後定其去取。〈五帝本紀〉「太史公曰」，敘其如何從迂誕怪異的神話材料中，在「不離古文者近是」的原則下，「擇其言尤雅者」，將神話黃帝提升為歷史黃帝的過程。至於神話的黃帝，則沉澱於〈封禪書〉中。[40]〈五帝本紀〉為《史記》之首，其「太史公曰」則為司馬遷撰《史記》，諸篇處理材料的凡例。至於其對於歷史人物的評價，則見於〈伯夷列傳〉的「太史公曰」。〈伯夷列傳〉為《史記》列傳之首，亦為七十列傳的序例。其「太史公曰」不僅是對歷史人物評價的標準，并且以此標準選擇列傳人物。以人繫事，以事闡釋本紀古今之變的由來。[41]所以《史記》「太史公曰」，包括史事議論和人物評價，以及對材料處理兩個部分。對歷史材料的處理，則和文學全無關聯。這是《文選》不選「太史公曰」的原因。

以〈古今人表〉為評價標準的《漢書》論贊，將歷史人物完全納入儒家價值標準的框限中，鑄成為後世史傳論贊的版型。[42]《史記》「太史公曰」至裴松之《三國志注》始得其遺意。

---

39 《文史通義》，卷三，〈史注〉。

40 拙作，〈漢武帝封禪與《史記·封禪書》〉，國立中興大學歷史系（編），《第三屆史學史國際研討會文集》（臺中：青峰，民八十）。

41 拙作，〈《史記》列傳及其與本紀的關係〉，《臺大歷史學報》第二十期。

《三國志注》的「臣松之案」與「臣松之以為」，則包括材料處理，和史事議論與人物評價兩個部分。雖然，司馬光《考異》單獨成書，其目的仍在對《通鑑》材料的考辨與去取。至於其對史事議論與人物評價，則見於《通鑑》「臣光曰」，《考異》與「臣光曰」雖分在兩書，實為《通鑑》一體之兩面。中國史學中的兩司馬，一為紀傳體的肇始者，一為編年體的功臣，其間經裴松之《三國志注》的轉折，彼此相承脈絡可以顯現。

㊷〈魏晉對歷史人物評價標準的轉變〉，頁一三九。

滄海叢刊書目（二）

國學類

先秦諸子繫年	錢　穆　著
朱子學提綱	錢　穆　著
莊子纂箋	錢　穆　著
論語新解	錢　穆　著
周官之成書及其反映的文化與時代新考	金春峰　著
尚書學述（上）、（下）	李振興　著
周易縱橫談	黃慶萱　著
考證與反思 ——從《周官》到魯迅	陳勝長　著
左海鉤沈	劉正浩　著

哲學類

哲學十大問題	鄔昆如　著
哲學淺論	張　康　譯
哲學智慧的尋求	何秀煌　著
哲學的智慧與歷史的聰明	何秀煌　著
文化、哲學與方法	何秀煌　著
人性・記號與文明 ——語言・邏輯與記號世界	何秀煌　著
傳統・現代與記號學 ——語言・文化和理論的移植	何秀煌　著
記號・意識與典範 ——記號文化與記號人生	何秀煌　著
邏輯與設基法	劉福增　著
知識・邏輯・科學哲學	林正弘　著
現代藝術哲學	孫　旗　譯
現代美學及其他	趙天儀　著
中國現代化的哲學省思 ——「傳統」與「現代」理性的結合	成中英　著
從中國文化到現代性：典範轉移？	石元康　著
不以規矩不能成方圓	劉君燦　著

恕道與大同	張起鈞 著
現代存在思想家	項退結 著
中國思想通俗講話	錢　穆 著
中國哲學史話	吳怡、張起鈞 著
中國百位哲學家	黎建球 著
中國人的路	項退結 著
中國哲學之路	項退結 著
中國人性論	臺大哲學系主編
中國管理哲學	曾仕強 著
孔子學說探微	林義正 著
心學的現代詮釋	姜允明 著
中庸誠的哲學	吳　怡 著
中庸形上思想	高柏園 著
儒學的常與變	蔡仁厚 著
智慧的老子	張起鈞 著
老子的哲學	王邦雄 著
老子哲學新論	劉福增 著
當代西方哲學與方法論	臺大哲學系主編
人性尊嚴的存在背景	項退結編訂
理解的命運	殷　鼎 著
馬克斯・謝勒三論	阿弗德・休慈原著 江日新 譯
懷海德哲學	楊士毅 著
海德格與胡塞爾現象學	張燦輝 著
洛克悟性哲學	蔡信安 著
伽利略・波柏・科學說明	林正弘 著
儒家與現代中國	韋政通 著
思想的貧困	韋政通 著
近代思想史散論	龔鵬程 著
魏晉清談	唐翼明 著
中國哲學的生命和方法	吳　怡 著
生命的轉化	吳　怡 著
孟學的現代意義	王支洪 著
孟學思想史論（卷一）	黃俊傑 著
莊老通辨	錢　穆 著
墨家哲學	蔡仁厚 著

柏拉圖三論	程石泉 著
倫理學釋論	陳　特 著
儒道論述	吳　光 著
新一元論	呂佛庭 著
儒家思想 ——以創造轉化為自我認同	杜維明 著
煮酒論思潮	陳奎德 著
朱熹哲學思想	金春峰 著

宗教類

佛教思想發展史論	楊惠南 著
佛教思想的傳承與發展 ——印順導師九秩華誕祝壽文集	釋恆清主編
佛典成立史	水野弘元 著 劉欣如 譯
圓滿生命的實現（布施波羅密）	陳柏達 著
薝蔔林・外集	陳慧劍 著
維摩詰經今譯	陳慧劍譯註
龍樹與中觀哲學	楊惠南 著
公案禪語	吳　怡 著
禪學講話	芝峰法師 譯
禪骨詩心集	巴壺天 著
中國禪宗史	關世謙 譯
魏晉南北朝時期的道教	湯一介 著
佛學論著	周中一 著
當代佛教思想展望	楊惠南 著
臺灣佛教文化的新動向	江燦騰 著
釋迦牟尼與原始佛教	于凌波 著
唯識學綱要	于凌波 著
從印度佛教到中國佛教	冉雲華 著
中印佛學泛論 ——傅偉勳教授六十大壽祝壽論文集	藍吉富主編
禪史與禪思	楊惠南 著
禪思與禪詩 ——吟詠在禪詩的密林裡	楊惠南 著

社會科學類

中華文化十二講	錢　穆 著
民族與文化	錢　穆 著
楚文化研究	文崇一 著
中國古文化	文崇一 著
社會、文化和知識分子	葉啟政 著
儒學傳統與文化創新	黃俊傑 著
歷史轉捩點上的反思	韋政通 著
中國人的價值觀	文崇一 著
奉天承運 ——古代中國的「國家」概念及其正當性基礎	王健文 著
紅樓夢與中國舊家庭	薩孟武 著
社會學與中國研究	蔡文輝 著
比較社會學	蔡文輝 著
我國社會的變遷與發展	朱岑樓主編
三十年來我國人文及社會科學之回顧與展望	賴澤涵主編
社會學的滋味	蕭新煌 著
臺灣的國家與社會	徐正光、蕭新煌主編
臺灣的社區權力結構	文崇一 著
臺灣居民的休閒生活	文崇一 著
臺灣的工業化與社會變遷	文崇一 著
臺灣社會的變遷與秩序（政治篇）、（社會文化篇）	文崇一 著
臺灣的社會發展	席汝楫 著
臺灣社會的人文迷思	葉啟政 著
臺灣與美國社會問題	蔡文輝、蕭新煌主編
鄉村發展的理論與實際	蔡宏進 著
透視大陸	政治大學新聞研究所主編
寬容之路 ——政黨政治論集	謝延庚 著
周禮的政治思想	周世輔、周文湘 著
儒家政論衍義	薩孟武 著
制度化的社會邏輯	葉啟政 著
自由憲政與民主轉型	周陽山 著
蘇東巨變與兩岸互動	周陽山 著
教育叢談	上官業佑 著

不疑不懼　王洪鈞 著
戰後臺灣的教育與思想　黃俊傑 著
太極拳的科學觀　馬承九 編著
兩極化與分寸感　劉笑敢 著
——近代中國精英思潮的病態心理分析
唐人書法與文化　王元軍 著
C 理論——易經管理哲學　成中英 著
人力資源管理　佐護譽 原著；蘇進安、林有志 譯

史地類

國史新論　錢穆 著
秦漢史　錢穆 著
秦漢史論稿　邢義田 著
三國典略輯校　（唐）丘悅 撰；杜德橋(Glen Dudbridge)、趙超 輯校
魏晉史學及其他　逯耀東 著
魏晉史學的思想與社會基礎　逯耀東 著
宋史論集　陳學霖 著
宋代科舉　賈志揚 著
中國人的故事　夏雨人 著
明朝酒文化　王春瑜 著
劉伯溫與哪吒城　陳學霖 著
——北京建城的傳說
歷史圈外　朱桂 著
歷史的兩個境界　杜維運 著
近代中國變局下的上海　陳三井 著
當代佛門人物　陳慧劍 編著
弘一大師論　陳慧劍 著
弘一大師傳（修訂新版）　陳慧劍 著
杜魚庵學佛荒史　陳慧劍 著
蘇曼殊大師新傳　劉心皇 著
近代中國人物漫譚　王覺源 著
近代中國人物漫譚續集　王覺源 著

影響現代中國第一人 ——曾國藩的思想與言行	石永貴編著
魯迅這個人	劉心皇　著
沈從文傳	凌　宇　著
胡適與當代史學家	逯耀東　著
三十年代作家論	姜　穆　著
三十年代作家論續集	姜　穆　著
當代臺灣作家論	何　欣　著
史學圈裏四十年	李雲漢　著
師友風義	鄭彥棻　著
見賢集	鄭彥棻　著
思齊集	鄭彥棻　著
懷聖集	鄭彥棻　著
憶夢錄	呂佛庭　著
古傑英風 ——歷史傳記文學集	萬登學　著
走向世界的挫折 ——郭嵩燾與道咸同光時代	汪榮祖　著
周世輔回憶錄	周世輔　著
三生有幸	吳相湘　著
孤兒心影錄	張國柱　著
我這半生	毛振翔　著
我是依然苦鬬人	毛振翔　著
八十憶雙親、師友雜憶（合刊）	錢　穆　著
烏啼鳳鳴有餘聲	陶百川　著
日記(1968～1980)	杜維明　著

語文類

標點符號研究	楊　遠編著
訓詁通論	吳孟復　著
翻譯偶語	黃文範　著
翻譯新語	黃文範　著
翻譯散論	張振玉　著
中文排列方式析論	司　琦　著
杜詩品評	楊慧傑　著
詩中的李白	楊慧傑　著

寒山子研究	陳慧劍 著
司空圖新論	王潤華 著
詩情與幽境 ——唐代文人的園林生活	侯迺慧 著
歐陽修詩本義研究	裴普賢 著
品詩吟詩	邱燮友 著
談詩錄	方祖燊 著
情趣詩話	楊光治 著
歌鼓湘靈 ——楚詩詞藝術欣賞	李元洛 著
中國文學鑑賞舉隅	黃慶萱、許家鸞 著
中國文學縱橫論	黃維樑 著
漢賦史論	簡宗梧 著
古典今論	唐翼明 著
亭林詩考索	潘重規 著
浮士德研究	李辰冬 著
十八世紀英國文學 ——諷刺詩與小說	宋美瑾 著
蘇忍尼辛選集	劉安雲 譯
文學欣賞的靈魂	劉述先 著
小說創作論	羅盤 著
小說結構	方祖燊 著
借鏡與類比	何冠驥 著
情愛與文學	周伯乃 著
鏡花水月	陳國球 著
文學因緣	鄭樹森 著
解構批評論集	廖炳惠 著
細讀現代小說	張素貞 著
續讀現代小說	張素貞 著
現代詩學	蕭蕭 著
詩美學	李元洛 著
詩人之燈 ——詩的欣賞與評論	羅青 著
詩學析論	張春榮 著
修辭散步	張春榮 著
修辭行旅	張春榮 著

橫看成嶺側成峯　文曉村　著
大陸文藝新探　周玉山　著
大陸文藝論衡　周玉山　著
大陸當代文學掃描　葉穉英　著
走出傷痕——大陸新時期小說探論　張子樟　著
大陸新時期小說論　張放　著
大陸新時期文學（1977－1989）——理論與批評　唐翼明　著
大陸「新寫實小說」　唐翼明　著
兒童文學　葉詠琍　著
兒童成長與文學　葉詠琍　著
累廬聲氣集　姜超嶽　著
林下生涯　姜超嶽　著
青　春　葉蟬貞　著
牧場的情思　張媛媛　著
萍踪憶語　賴景瑚　著
現實的探索　陳銘磻　編
一縷新綠　柴扉　著
金排附　鍾延豪　著
放　鷹　吳錦發　著
黃巢殺人八百萬　宋澤萊　著
泥土的香味　彭瑞金　著
燈下燈　蕭蕭　著
陽關千唱　陳煌　著
種　籽　向陽　著
無緣廟　陳艷秋　著
鄉　事　林清玄　著
余忠雄的春天　鍾鐵民　著
吳煦斌小說集　吳煦斌　著
卡薩爾斯之琴　葉石濤　著
青囊夜燈　許振江　著
我永遠年輕　唐文標　著
思想起　陌上塵　著
心酸記　李喬　著
孤獨園　林蒼鬱　著

離　訣	林蒼鬱　著
托塔少年	林文欽　編
北美情逅	卜貴美　著
日本歷史之旅	李希聖　著
孤寂中的廻響	洛　夫　著
火天使	趙衛民　著
無塵的鏡子	張　默　著
關心茶 ——中國哲學的心	吳　怡　著
放眼天下	陳新雄　著
生活健康	卜鍾元　著
文化的春天	王保雲　著
思光詩選	勞思光　著
靜思手札	黑　野　著
狡兔歲月	黃和英　著
老樹春深更著花	畢　璞　著
列寧格勒十日記	潘重規　著
文學與歷史 ——胡秋原選集第一卷	胡秋原　著
晚學齋文集	黃錦鋐　著
天山明月集	童　山　著
古代文學精華	郭　丹　著
山水的約定	葉維廉　著
明天的太陽	許文廷　著
在天願作比翼鳥 ——歷代文人愛情詩詞曲三百首	李元洛輯注
千葉紅芙蓉 ——歷代民間愛情詩詞曲三百首	李元洛輯注
醉樵軒詩詞吟草（附聯選）	楊道淮　著
陳寅恪晚年詩文釋證（增訂新版）	余英時　著
鳴酬叢編	李飛鵬編纂
秩序的探索 ——當代文學論述的省察	周慶華　著
樹人存稿	馬哲儒　著
清靜的熱鬧 ——白馬湖作家群論	張堂錡　著

藝術類

音樂與我	趙　琴　著
音樂隨筆	趙　琴　著
美術鑑賞	趙惠玲　著
爐邊閒話	李抱忱　著
琴臺碎語	黃友棣　著
樂林蓽露	黃友棣　著
樂谷鳴泉	黃友棣　著
樂韻飄香	黃友棣　著
樂海無涯	黃友棣　著
樂教流芳	黃友棣　著
弘一大師歌曲集	錢仁康編著
立體造型基本設計	張長傑　著
工藝材料	李鈞棫　著
裝飾工藝	張長傑　著
人體工學與安全	劉其偉　著
現代工藝概論	張長傑　著
藤竹工	張長傑　著
石膏工藝	李鈞棫　著
色彩基礎	何耀宗　著
當代藝術采風	王保雲　著
都市計劃概論	王紀鯤　著
建築設計方法	陳政雄　著
古典與象徵的界限——象徵主義畫家莫侯及其詩人寓意畫	李明明　著
民俗畫集	吳廷標　著
畫壇師友錄	黃苗子　著
自說自畫	高木森　著
日本藝術史	邢福泉　著